좋은 부모되기를 위한

예비부모교육

Good Parenting

좋은 부모되기를 위한 **예비부모교육**

정민지 · 윤경원 · 도유록 공저

동문사

들어가면서

본 도서는 예비부모를 위해 이론을 바탕으로 한 <좋은 부모되기> 부모교육 실천을 목적으로 하고 있다.

저출산고령화 사회가 되어 버린 한국에 사는 젊은 세대는 연애는 필수, 결혼은 선택이며, 자녀도 선택하고 있다.

왜 그렇게 되었을까? 이유는 여러 요인이 있겠지만, 자녀를 양육한다는 것이 엄청난 부담이고, 자녀와 함께하는 방법을 잘 알지 못하고, 자녀가 주는 행복의 가치를 잃어버렸기 때문일 것이다. 가족을 구성하는 결혼이 오늘날은 성과 사랑을 바탕으로 서로 생존하기 위한 좋은 제도이다. 그에 따라 자녀 출산과 양육은 일상을 의미 있게 하는 가족관계에 생동적인 에너지를 준다. 귀여운 아이들의 웃음소리와 성장을 돕는 과정은 어떤 일보다 행복 에너지를 만들어 준다.

그런 즐거운 일상의 삶을 잃어 가는 한국의 초저출산과 함께 가족의 힘은 점차 역동성을 잃어 가고 있다. 그렇기 때문에 자녀양육의 긍정성을 일깨워 주는 예비부모교육은 젊은 세대에게는 중요한 학습이 되었다.

특히 맞벌이 가족이 이제는 대세이고, 자녀를 함께 키우는 공동 양육의 가치가 젊은 세대에게 정착됨으로써, 좋은 부모되기 교육은 필수이다. 본 도서는 그러한 긍정 양육 가치를 실현하기 위해 가족 및 부모교육 전문가가 함께 공동 저술 작업을 하였다.

제1부는 긍정적 양육 가치와 좋은 부모됨, 부모가 되기 전에 알아야 할 자녀양육 스타일이 성격에 따라 어떻게 다른지 먼저 알아본다. 세계 아동 인권 선언에서 나타난 자녀의 권리와 가치를 먼저 상식적으로 알아본다. 특히 역사 속에 나타난 자녀양육 가치관을 살펴봄으로써, 우리 부모님의 부모됨은 어떠한가를 이해한다.

제2부에서는 생애주기에 따라 성장하는 자녀 특징과 이슈에 대해 부모는 어떻게 대처할 것인지 알아보고, 영유아기, 학령기, 청소년기, 성인기의 부모 역할과 상호작용에 대해 구체적으로 살펴볼 것이다. 특히 현재 이슈파이팅

되는 주제를 언급해 볼 것이다.

제3부에서는 자녀양육의 기술 및 자녀양육 태도, 자녀와의 효과적인 대화법, 자녀의 강점 찾기, 현재 실행 중인 자녀양육지원제도 등을 구체적으로 실천하는 정보를 습득한다. 앞으로 시대적 가치를 반영하여 자주 업그레이드할 생각이다. 좋은 부모되기를 목표로 하는 예비부모교육 도서로서 한 역할을 하기를 기대해 본다.

저자를 대표하여

정민자 교수

차 례

CONTENTS

03 PART 자녀양육의 기술 및 자녀양육 태도

PART 01

좋은 부모되기 이해

본 도서는 성인기 또는 대학생이 부모가 되기 이전에 "좋은 부모"로서 알고 실천해야 할 지식과 기술 중심으로 서술하였다. 부모가 된다는 것에 대한 부담과 신화가 혼재하는 현대 한국은 저절로 부모가 되었고, 아이들은 자기 밥그릇을 갖고 태어난다는 전통적 신념과 산업사회를 거쳐 오면서 다출산에서 초저출산 사회로 변화는 더욱 좋은 부모가 되기 어려운 여러 상황을 경험하고 있다.

이에 제1부에서는 좋은 결혼을 하고, 부부가 함께 일하고, 양성평등한 사회에서 공동 양육을 희망하는 젊은이들이 알아야 할 양육과 관련된 비타민들을 제공하고자 한다. 따라서 부모됨에 대한 이해와 좋은 부모란 무엇인지를 먼저 살펴보고, 우리가 성인으로서 서로 어떻게 다르고, 추구하는 바에 대한 서로의 이해 근거를 살펴본다. 그에 따라 부모됨과 역할은 자녀성장발달에 따라 달라져야 함과 그에 대한 문제해결을 살펴보고, 자녀를 함께 키우자는 지방정부나 국가는 어떤 양육지원제도를 갖고 있는지 살펴본다. 이는 자녀양육 스트레스를 해소하는 기초 근거를 제공해 줄 것이다.

CHAPTER

01 예비부모교육 왜 필요한가?

1장은 예비부모교육의 필요성을 살펴보고, 2021년 국가가 발표한 "긍정훈육129"를 구체적으로 살펴보아, 좋은 부모가 무엇인지 그 원칙을 명심하도록 한다. 특히 유엔권리협약을 통한 "아동의 기본인권"을 살펴봄으로써, 부모가 아동을 어떻게 인식하고 있어야 하는가를 제공할 것이다. 부모가 되기 전에 최소한 알아야 할 아동인권 의식에 근거한 부모됨과 부모역할 수행의 기초를 알 수 있다.

1. 예비부모교육의 필요성

부모가 되기 전에 자녀를 어떻게 양육할 것인가? 전에 더 중요한 것은 자녀는 우리에게 어떠한 존재이며, 자녀를 사랑한다면, 어떤 존재로 인식하며 일상생활을 현명하게 할 것인가를 생각해 보아야 한다. 그럼에도 불구하고 오늘날 아동(자녀)학대가 이슈가 되고, 부모가 범죄자가 될까? 이에 대한 문제를 함께 간략히 살펴보고, 훈육과 학대를 구분하는 기초 지식을 알아야 할 것이다.

1) 아동학대 증가

우리나라 아동학대의 70~80%가 가정에서 일어나고 있다. 2020년 아동학대연차보고서(보건복지부, 2019, 2021)에 의하면 아동학대 피해 보호 건수

역시 매년 증가하여 2011년에 6,058건에서 2020년에는 3만905건으로 증가했고, 2021년에는 4만2,251건으로 신고 접수되었다. 거의 700%가 증가하였다. 아동들의 피해 유형은 정서학대가 8,732건, 신체학대가 3,807건, 방임이 2,737건, 성학대가 695건이지만, 정서학대를 포함한 중복학대가 14,934건으로 가장 많았다. 그중 부모 학대가 82.1%로서 충격을 주고 있다. 실제 부모로부터 사랑받고 존중받아야 할 자녀가 오히려 가정이 지옥 같고, 부모가 두려움의 대상이 되는 아이들이 있다.

급기야 보건복지부가 아동권리보장원(2021)에서 자녀들에 대한 "학대와 훈육의 경계선은 어디인가"에 대한 정책 토론회(2021.12.06.)를 열어야 할 정도로 아동(자녀)학대는 국가적 문제로 떠올랐다. 전문가와 깨어 있는 부모들은 "아동은 부모의 소유물이 아니다"는 점과 "훈육을 가장한 가정의 체벌은 더 이상 용납되어서는 안 된다"고 주장하였다. 현재 우리나라는 아동권리보장원이 설립되어 아동인권을 보호하고 아동정책기본계획을 수립하고 있으며, 현재 2차 기본계획이 수립되어 아동보호와 인권을 보호하기 위한 가치관 및 환경, 시설 증대 등을 위해 노력하고 있다.

아동권리보장원 사이트에 들어가 봅시다.

아동권리보장원: https://www.ncrc.or.kr/ncrc/main.do

아동권리보장원 | 365케어 | 기관소개 | 사업소개 | 정보공개 | 알림마당 | 소통과참여 | 아동복지기관현황 | 교육·평가 | ENG

2) 부모됨의 교육 부재

인간발달과 가정이란 교과목이 중·고등학교에 있지만, 입시 위주의 학습편성 등으로 본 교과는 그리 중요하게 여겨지지 않고 있다. 특히 교양인으로 성숙하는데, 인간과 부모됨에 대한 기본적인 사고를 하고, 체험을 할 수 있는 시간 부족이 성장기에서는 좋은 부모가 되는 소질을 향상시키는 기회가 박탈되었다고 볼 수 있다. 즉, 부모가 된다는 것이 어떤 것인지?에 대한 체계적인 교육이 거의 부재하였다.

현재의 부모들은 "부모 미러링(mirroring)"으로 자신의 부모한테 양육받은 그대로 자신의 자녀에게 행하다 보니 시대에 맞지 않는 양육 방법이거나, 자녀의 개성과 교육제도에 고려하지 않은 자녀교육을 하여, 서툶과 양육 스트레스에 힘들어하고 있다.

외국 사례를 보면 이혼이나 자녀 학대 문제를 예방하기 위해 다양한 방식으로 법을 제정하여 교육을 의무화하고 있다. 예를 들면 대만은 2003년 가족교육법을 제정하여 예비 부부교육과 부모교육을 활성화하고 있다. 특히 일본, 대만, 미국, 호주, 싱가포르 등에서는 중·고등학교 교육과정에 예비부모교육이나 오후 방과후 과정에 의사소통 교육, 성교육 등을 진행하고 있다. 앞에서 언급한 바와 같이 우리나라는 고등학교 교과과정에 '기술·가정' 과목이 있으나 입시 위주의 교과 과정운영으로 시수 배정이 매우 적어 실제 가족관계나 부모됨을 위한 예비 교육이 거의 진행되지 않는 상황이다. 2024년부터 기술과학과 가정 과목이 분리된다고 하여 기대해 볼 일이다. 점차 국가도 부모 역할과 실천을 중요하게 인식하고, 문제의식을 갖게 되었다.

여성가족부(2017)는 육아정책연구소를 중심으로 '생애주기별 부모교육 활성화'를 위해 부모교육매뉴얼을 12권으로 발간하였다. 또한 한국건강진흥원에서는 부모교육전문강사 제도를 운영하고 있으며, 가족센터를 중심으로 다양한 대상으로 부모교육을 공공기관 내에서 진행하고 있다.

한국건강진흥원에서 시행하는 부모교육강사 제도를 알아보자: https://www.kihf.or.kr/

3) 가족 환경의 변화

한국 가족 구조 변화는 급변하여 초저출산으로 외동이 가족이 많고, 맞벌이 가족이 보편적인 가족 형태로 변화하였다. 이로 인해 자녀 출산은 곧 여성 취업에 불이익을 가져오고, 자녀양육으로 인한 삶의 질에 대해 회의를 갖게 되었다. 자녀가 가족의 행복과 기쁨을 주는 선물로 인식되어야 하는데, 가족에게 스트레스 폭탄으로 존재하는 가족원으로 나타난 것이다.

이에 국가는 육아정책연구소를 두고 육아 문제를 해결하기 위한 다양한 정책개발과 한국건강진흥원을 중심으로 "일과 가정의 균형"을 위한 가족 정책이나 법을 제정하여 실행 중이다. "낳기만 하십시오, 정부가 책임지겠습니다!" 구호를 외치던 대통령도 있었고, 그에 따라 돌봄지원센터, 공공형 어린이집의 등장, 아이돌봄센터, 다함께돌봄센터 등의 다양한 돌봄지원정책이 등장하였다.

그렇지만 현재도 젊은 세대는 점차 만혼으로 결혼 연령이 늦어지며, 자녀 출산 및 양육의 문제는 이제 가족 안에서 해결 불가능하다고 인식하고 있다. 또한 다문화 가족, 이혼 재혼 가족, 별거 가족 등의 다양한 가족 환경이 등장하여, 이에 대한 맞춤형 자녀양육과 부모 상담 등이 요청되고 있다. 즉, 다양한 가족 환경 속에 태어난 자녀들을 위하여 맞춤형 부모 역할과 부모지원체계가 필요한 시대가 된 것이다.

4) 인권 의식 향상

언론에 등장하는 아동폭력, 성폭력이나 가정폭력, 학교폭력 등의 문제가 학대를 넘어 죽음에 이르는 등의 폭력성 사회로 인권 부재가 나날이 심각해지고 있다. 특히 한국은 유엔아동권리협약 가입 국가로서 아동권리 보호가 하위권에 머무르며, 양성평등지수도 세계 하위권에 있고, 청소년 자살률도 세계 최상위권에 이르는 등 국민의 기본권이 침해받는 부분이 많다. 이에 정부는 인권센터 등을 설립하고 전 국민이 인권교육을 받을 수 있도록 독려하고 있다. 여기서 우리는 부모가 자녀(아동, 청소년)에 대해 인권 의식을 갖고 대해야 한다는 점을 강조한다. 현재 민법에 있던 자녀징계권이 삭제된 것을 계기로 더욱 자녀를 긍정적 훈육을 하도록 보건복지부(2021.12.17.)는 "긍정적 훈육 129원칙"을 제시하였다. 이에 대한 내용은 좀 더 구체적으로 살펴보도록 한다.

5) 자녀성장과 부모역할 변화

생애주기적 관점에서 본다면 자녀의 성장은 질적, 양적 변화가 일어나며, 그 변화는 시간에 따라 근본적으로 다르고 과거의 영향은 다음 변화 성장에 지대한 영향을 미치기 때문에 성장 발달의 이해가 매우 중요하다. 특히 자녀의 고유한 특성이나 성격을 제대로 모르거나, 자신과 배우자의 성격이나 가치관의 장단점이나 다른 점을 제대로 모르고 있다면 건강한 자녀양육을 하기가 쉽지 않다. 또한 시대적 상황이 변화하였는데 그에 대한 정보력이 부족하다면 그 또한 좋은 양육의 기초를 놓칠 수 있다. 예를 든다면 산업사회에서 정보사회로의 변화, 디지털 사회로 전환, 학교 교육 현장과 수업 내용의 질적 변화 등을 알고 있어야 한다

자녀의 학습 내용이나, 인터넷 접속 시간이 길어지고, 스마트폰의 과다 사용 등에 대한 부모 역할이 과거 자신이 양육된 방식으로는 부족할 수밖에 없다. 따라서 4차 혁명, 정보사회에 맞는 부모 역할과 학습을 동시에 해야 하는 환경에 있다. 특히 인간발달은 앞으로 진행되는 불가역성을 갖고 있는 존재이기 때문에 자녀의 성장과 성숙 과정에 맞는 맞춤형 부모 역할이 요구된다. 따라서 자녀의 성숙과 성장 발달을 관찰하고, 그 욕구에 맞는 부모 역할 학습과 이해를 해야 좋은 부모가 될 수 있다.

2. 좋은 부모란 어떠한가?

좋은 부모에 대한 논쟁은 역사를 통하여 아동 가치관이나 가족 가치관을 반영하고 있다. 엄부자친(嚴父慈親)은 전통 한국 가족의 부모 역할 가치를 표현하는 언어이다. 이 언어에서 보듯 아버지의 역할은 자녀에게 엄하고 훈육권을 가지며, 어머니의 역할 기본은 자애롭고 정서적으로 자녀를 양육하는 역할 분리를 말하지만, 오늘의 좋은 부모는 어떠해야 하는가? 과

연 우리는 자녀를 스스로 생각하게 하고, 독립적인 인간으로 성장시킬 마음의 준비를 하고 있는가?

1) 부모가 된다는 것은?

부모란 고대의 '부斧'는 손에 도끼를 잡고 있는 형상으로 훗날 父가 되었고, 母는 '여(女)' 자에 유방을 상징하는 기호를 표시하여, 아이가 있는 어미를 나타냈다(이재운, 조규천, 2008). 전통적으로 아버지는 밖에서 돈을 벌어오고, 어머니는 집에서 자녀를 양육한다는 의식이 지배적이었다. 가족사회학자인 Parsons는 아버지는 도구적 역할, 어머니는 표현적 역할로 나타냈으며, 도구적 역할은 아버지의 역할로 제공자, 판단을 결정하는 사람, 궁극적인 훈육의 책임자로서 자녀로 하여금 장래 계획을 설계하도록 하며, 자녀를 능력 있고 독립적인 성인으로 자랄 수 있도록 이끌어 주는 역할로 규정하였다. 표현적 역할은 어머니의 역할로서 정서적 표현과 헌신적 사랑과 모성애를 중심으로 자녀를 지원하며, 가족의 소비생활과 인간관계의 융합을 맡아서 성역할 분리적이고 그 역할에 각자 충실함으로써 가족의 자녀양육 기능을 조화롭게 실천함을 강조하였다.

그러나 현대 사회는 자유로운 연애와 양성평등한 관계를 지향하며, 특히 가정경제 운영에 있어 경제공동체를 함께 운영하며, 함께 바깥에서 직업활동을 하는 사회로 전환하게 되었다. 따라서 "공동 자녀양육"의 가치와 활동이 필요함에도 불구하고, 과거의 습관과 가치는 그렇게 크게 변하지 않았다. 즉, 여성은 바깥에서 취업활동을 하면서도 가사노동과 자녀양육을 여성에게 주된 역할로 부여되어 있어, 여성은 슈퍼우먼 콤플렉스를 겪고 있다. 따라서 양성평등 가치와 가족 내 공동양육 실천이 아직 어렵고, 현실은 전통적인 성역할 분리, 부모 역할의 여성화 및 양육부담은 여전히 남아있는 관습이라고 볼 수 있다.

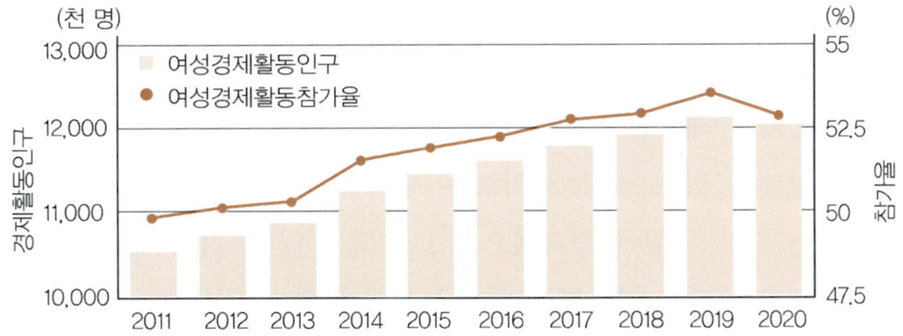

그림 1-1 여성경제활동인구 및 참가율 추이

출처: 통계청(2020).

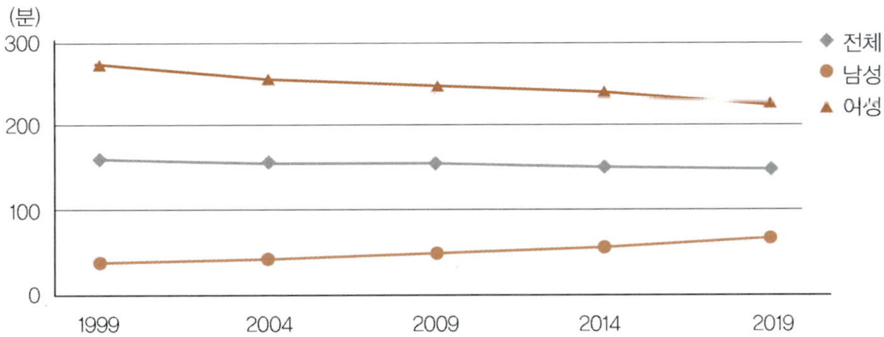

그림 1-2 가사노동시간

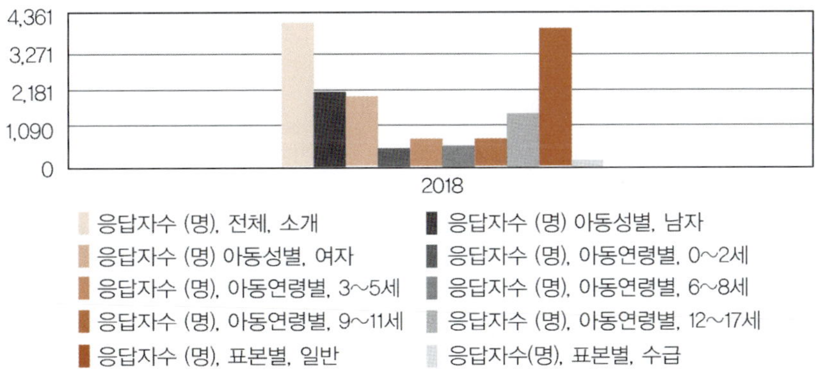

그림 1-3 자녀양육스트레스

2) 좋은 부모가 된다는 것은?

현재 언론을 통해 사회문제로 이슈화되고 있는 것은 자녀에 대한 폭력으로 자녀학대를 넘어 죽음에 이르는 사건이나, 성폭력을 딸을 대상으로 버젓이 하는 친부 폭행이 충격적으로 보도되고 있다. 다음 사례 2를 보면, 이것이 부모인가?라는 생각이 든다. 이에 대해 여러분의 입장은 어떠한지? 논의해 봅시다.

사례 1 **아빠 성폭행, 엄마의 방임… "나는 말하고 싶다"**

이지영(가명 · 33) 씨가 성·본을 변경하기로 한 이유는 이것뿐이다. 아버지라는 사람이 물려준 성을 바꾸는 일. 가해자와 같은 성으로 살고 싶지 않았다. 이렇게라도 인연을 끊고 싶었다.

30년간 '김지영'(가명)으로 살아온 이지영 씨는 친족 성폭력 피해자다. 일곱 살 무렵 시작된 아버지의 성추행은 10년간 이어졌다. 단둘이 있을 때 성인의 입맞춤을 따라 해보자며 시작된 친부의 행동은 얼마 뒤 이씨를 침대로 데려가 성추행을 하는 것으로 범행 강도가 세졌다. 범행은 시도 때도 없이 이어졌다. 한밤중 자고 있는 중학생 딸의 방에 들어가 가슴을 주무르고는 "가슴이 작다"고 불평을 했고, 깜짝 놀라 잠에서 깬 딸에게 "엄마인 줄 알았다"고 핑계를 댔다. 반항하려 하면 손부터 올라갔다. "어느 날은 성기가 아프니 주무르라는 요구도 받았다"고 했다.

이씨는 밤마다 언제 아버지가 들어올지 몰라 전전긍긍하며 선잠을 자야 했다. 방문을 잠그기라도 하면 불호령이 떨어졌기에 열린 문을 박차고 아빠가 들어오면 어쩌나 두려움에 떨며 잠을 설쳤다. 중학생 무렵 시작된 수면장애는 서른 살이 넘은 지금까지 약 없이 잠들기 힘들 정도로 그를 따라 다닌다.

이씨는 피해 직후 어머니에게 사실을 알렸다. "엄마, 아빠가 자꾸 나 괴롭혀. 이상한 데 만져." 어머니는 "잠결에 그랬다"는 말로 아빠를 감쌌다. 이씨는 입을 다물 수밖에 없었다. 엄마가 나섰다면 아빠의 범행을 막았을 수도 있지 않았을까. 하지만 이씨는 엄마를 원망하진 않으려 했다.

"엄마도 삶에 지쳤으니까요."

"엄마는 저와 언니를 돌봐줄 여유가 없었어요. 엄마 자신이 어떤 상태인지도 돌아볼 수 없었으니까요."

어머니의 방임 아래 아버지의 불쾌한 성희롱과 성추행은 계속됐다.

출처: 여성신문 2021.06.03.

사례 2 '교사인 친부가 4살 때부터 성폭행' 20대 여성의 청원

교사인 친부에게 어릴 적부터 성폭력을 당했다는 20대 여성이 청와대 국민청원을 통해 아버지에 대한 엄벌을 촉구했다. 지난 14일 청와대 국민청원게시판에는 '네 살 때부터 성폭력을 저지른 친아빠를 처벌해 주세요'라는 제목의 청원이 올라왔다.

청원인 A씨에 따르면 교사인 그의 아버지는 매일같이 술을 마시고 가전제품이나 의자를 집어 던지는 등 가족들을 대상으로 가정폭력을 했다고 한다. 심지어 A씨 아버지는 친딸인 A씨를 상대로 성폭력까지 저질렀다.

A씨는 "네 살 무렵, 부친과 나만 집에 있던 날 아버지가 내 몸과 성기 주변을 만졌다"며 "그런 일은 연례행사처럼 반복됐고 해가 갈수록 수위가 높아졌다. 부모님이 크게 싸운 날 어머니가 언니 방으로 가면 아버지는 내 방으로 왔다"고 당시를 회상했다.

A씨는 "(친부가) 내 위로 올라와 몸과 성기 주변을 더듬었다. 그럴 때마다 난 눈을 감고 자는 척했다. 이 시간이 빨리 지나가기만 빌었다"고 털어놨다. 이 밖에도 A씨 아버지는 샤워하는 딸을 '도와준다'는 명목으로 욕실에 들어와 신체를 만지고 유사 성행위를 했다고 한다.

A씨는 아버지로부터 폭력과 함께 '죽여버리겠다'는 폭언도 들었다. 이 일로 결국 집을 나오게 된 A씨는 이후 성폭력 상담소와 상담을 통해 아버지에 대한 법적 대응을 결심했고, 지난해 아버지를 고소했다.

A씨는 "나는 어릴 적 당한 폭력의 영향으로 심한 외상 후 스트레스 장애와 희귀 난치병을 앓고 있다"며 "어린 내게 끔찍한 성폭력을 한 아버지를 재판장에 세울 수 있도록 도와달라. 다시 시작될 수사에서 충분한 절차를 통해 사실을 밝혀 달라"고 촉구했다.

출처: 서울경제 2022.02.17.

이제 이에 대해 자녀들이 더 이상 참지 않다는 점이다. 학교 내에서 인권교육이나 성폭력, 가정폭력 폭력 피해 예방 교육 등이 진행됨으로써, 112나 119 등을 통해 부모의 학대 행위에 대해 지혜롭게 신고하는 시대이다. 특히 부모의 자녀 징계권이 민법에서 사라짐으로써, 부모는 더 이상 자녀 처벌을 함부로 할 수 없게 되었다. 따라서 자녀를 어떻게 대화하고, 훈육할 것인가를 학습해야 할 시기가 도래하였다. 이에 좋은 부모됨(good parenting)을 새롭게 정의하고, 이에 대한 교육과 부모교육이 매우 필요함을 인식해야 한다. 좋은 부모되기 운동을 한 <가정을 건강하게 하는 시민의 모

임>(2021)은 좋은 부모상을 제정하고, 좋은 부모의 유형을 다음과 같이 나누었다.

표 1-1 좋은 부모상 7개 분야

신나는 부모상 (Pride)	부모됨이 자랑스럽고 기쁘고 즐거운 부, 모
참교육 부모상 (Acceptance)	자녀를 다른 아이와 비교하지 않고 있는 그대로 받아들이며, 부모의 욕심으로 자녀를 판단하지 않는 부, 모
책임 있는 부모상 (Responsibility)	자녀의 독립을 존중하고 건강한 방식으로 자녀를 독립시킨 부, 모
노력하는 부모상 (Empowerment)	부모교육이나 가족 봉사 참여 등 좋은 부모가 되기 위해 꾸준히 노력하는 부, 모
이웃 나눔 부모상 (Neighborhood)	가족 품앗이 활동을 통해 이웃과의 긍정적인 관계를 실천하는 부, 모
반반 아빠상 (Time)	일과 가정을 함께하며 평등하게 자녀 돌봄에 참여하는 아버지
안전지킴이 부모상 (Security)	자녀와 가족을 둘러싼 지역과 환경의 안전과 지속가능성을 고민하며 실천하는 부, 모

출처: 가정을 건강하게 하는 시민의 모임 제36차 가족정책포럼 자료집(2021).

3) 긍정 훈육 원칙

좋은 부모가 된다는 것은 시대와 문화에 따라 다를 수밖에 없으며, 자녀의 성장과 발달 수준에 따라 부모 역할과 현안 문제가 다르다. 이에 정부는 앞에서 말한 바와 같이 여성가족부는 부모교육 매뉴얼을 생애주기적으로 교육하도록 제시한바 있고, 아동권리보장원을 중심으로 양육전문가들의 중심으로 긍정훈육 129원칙을 제시한바 있다. 또한 가정을 건강하게 하는 시민의 모임(2021)은 가족정책 포럼에서 “돌봄 공동체: 가정에서 마을로, 마을에서 국가로”라는 주제에서 좋은 부모되기 행동 강령을 제안하였다(표 1-2 참고).

표 1-2 굿피 7대 강령

Pride	좋은 부모는 부모됨을 자랑스럽게 여긴다.
Acceptance	좋은 부모는 자녀를 있는 그대로 수용한다.
Responsibility	좋은 부모는 자녀에 대한 책임을 다한다.
Empowerment	좋은 부모는 건강한 부모역할을 다하기 위해 노력한다.
Neighborhood	좋은 부모는 이웃과 함께한다.
Time	좋은 부모는 자녀와 함께 시간을 보낸다.
Security	좋은 부모는 자녀를 위한 안전한 환경조성을 위해 노력한다.

출처: 가정을 건강하게 하는 시민의 모임 제36차 가족정책포럼 자료집(2021).

사단법인 가정을 건강하게 하는 홈페이지 참고 http://healthyfamily.or.kr/

"긍정 양육 129원칙"은 2021년 1월 민법상 징계권 조항이 폐지된 것을 계기로 일상생활에서 자녀를 양육할 때, 어려움을 겪고 있는 많은 부모들을 돕고자 보건복지부와 아동권리보장원, 민간 아동단체가 함께 논의하여 관련 전문가의 감수를 받아 마련되었다. 이를 정리해 보면 다음과 같다.

(1) 1긍정 양육의 기본 전제 → 자녀는 존중받아야 할 독립적 인격체이다.
(2) 2긍정 양육의 기본 원리 → • 부모 자신과 자녀의 이해에서 시작한다.
• 부모와 자녀는 서로에 대한 믿음을 가진다.
(3) 긍정양육의 실천 방법(9)
① 자녀알기 ② 나 돌아보기 ③ 관점 바꾸기 ④ 같이 성장하기
⑤ 온전히 집중하기 ⑥ 경청하고 공감하기 ⑦ 일관성 유지하기
⑧ 실수 인정하기 ⑨ 함께 키우기

출처: 관계부처 합동 보도 자료(2021.11.19.).

이에 대한 자세한 내용은 다음 홈페이지를 참고하면 된다.

아동권리보장원 홈페이지: https://www.ncrc.or.kr/ncrc/main.do

4) 유엔아동권리협약

모든 사람은 어린 시절이 있었다. 심리치료의 이론 중 "내면아이 치료"를 하는 분야가 있다. 성인이 되었다 하더라도 우리 내면엔 어린 시절에 행복했거나, 아픈 트라우마를 가지고 있다는 것이다(John Bradshow; 오제은 역, 2017). 과거는 잊히는 것이 아니라 무의식이나 잠재의식 속에 차곡차곡 파일로 있어서 살아 움직이는 역동적 존재이다. 그래서 프로이트의 정신분석 이론을 근간으로 한 많은 정신 역동 전문가들이 어린 시절의 경험을 현재의 행동을 움직이게 하는 중요한 기제로 보는 것이다.

여기서 우리가 어린 시절, 즉 영유아기를 비롯한 아동기, 청소년기 등 성장하는 동안에 자신을 세상과 환경, 특히 가까이 있는 부모가 자기를 어떻게 규정하고, 일상을 대하였는가를 알고 있다. 그 기억이 왜곡되었든, 사실이든, 건강하고 행복하게 기억하고 있는 이들은 현재를 건강하고 행복하게 영위할 수 있는 방향성과 에너지를 갖고 있다.

자유민주주의와 평등, 평화 속에 아동도 차별받지 않고 건강하게 자랄 수 있어야 함을 1989년 유엔에서 "아동권리협약"을 선언한 것도 알고 보면 인간의 어린 시절이 얼마나 중요한가를 깨우쳐 준 많은 정신 심리와 가족 및 아동심리와 문제들이 궤를 같이한다.

상처받은 내면아이 치유를 경험해 본 필자에 의하면 인간을 성장시키고, 자녀를 양육하는 부모와 인간교육을 하는 많은 교사나 전문가들, 관련 기관종사자들은 적어도 아동이란 어떤 권리와 가치가 있는지를 기본적으로 알아야 한다. 예비부모교육을 수강하는 이들이 자신은 어떤 아이로 취급받아 왔는가? 성장지원을 받았는가? 학대나 폭력의 경험이 어떠한가? 논의해 보고, 필요하면 상담이나 치유활동을 하는 것이 좋은 부모됨을 습득하는 데 매우 도움이 될 수 있다.

이에 적어도 유엔아동권리협약의 내용을 알아야 우리가 자녀를 어떻게 대하고, 그들의 인권을 수용하고, 부모의 역할에 대한 내용과 방향성을 알 수 있을 것이다(https://www.ncrc.or.kr/ncrc/main.do: 유엔아동권리협약 링크참고).

비차별주의 모든 아동은 동등한 권리를 누린다.	아동최선의 원칙 아동에게 영향을 미치는 모든 사람은 아동의 이익을 가장 먼저 생각하고 결정한다.
아동의견존중 아동은 아동에게 영향을 주는 것에 대해 의견을 말할 수 있고, 존중받아야 한다.	생존과 발달의 원리 아동이 안전하게 살아가고, 건강하게 성장하기 위한 보호와 지원이 있어야 한다.

출처: https://www.ncrc.or.kr/ncrc/main.do (2022) 재구성.

다음은 유엔아동권리협약 아동 버전 한국어판으로 작업한 내용이다(아동권리보장원, 2021). 이 내용은 아동의 의견을 듣고, 한국 아동권리보장원 위원회에서 감수한 것이다. 따라서 본 내용을 살펴보면 우리가 아동을 어떻게 보호하고 양육해야 할 것인가에 대한 가치관과 방향, 아동 성장에 관련된 기본 인권과 양육의 내용들을 포함하고 있다. 그동안 전통적인 자녀양육의 근간을 없애고, 민주적이고 평등한 사회에서 한 인격체로서 아동을 우리가 어떻게 대할 것인지를 분명히 하고 있다.

적어도 부모가 되기 전에 또는 보육교사나 돌보미, 유치원, 초등, 중고등 교사나 상담사, 복지 기관 등에서 휴먼서비스를 제공하는 이들은 아동권리를 기본적으로 알고 있어야 한다.

번호	내용
1	아동은 18세 미만의 사람이다.
2	모든 아동은 누구라도 어디에 살든, 어떤 언어를 쓰든, 어떤 종교를 믿든, 어떤 생각을 하든, 어떻게 생겼든, 남자든 여자든, 장애가 있든 없든, 부자이든 가난하든, 부모나 가족이 어떤 사람이든, 부모나 가족이 무엇을 믿거나 무슨 일을 하든 이 모든 권리를 가집니다. 어떤 이유로도 아동을 차별해서는 안 된다.
3	어른은 자신의 결정이 아동에게 미칠 영향을 생각하여 결정해야 한다. 또한 아동에게 최선이 되는 행동을 해야 한다. 국가는 필요한 경우 다른 사람이 아동을 보호하고 돌보도록 노력해야 한다. 또한 아동들을 돌볼 책임이 있는 사람과 기관이 일을 잘하고 있는지 확인해야 한다.
4	국가는 아동이 권리협약에 담긴 아동의 권리를 누릴 수 있도록 할 수 있는 모든 것을 해야 한다.
5	국가는 아동이 자라며 최선의 방식으로 권리를 누리는 방법을 가족과 사회로부터 배울 수 있도록 해야 한다.
6	아동은 생존권이 있다. 국가는 아동이 최선의 방식으로 살아가고 자랄 수 있도록 해야 한다.

7	아동은 태어나면 반드시 등록되고 국가가 공식적으로 확인할 수 있는 이름을 가져야 한다. 반드시 국적이 있어야 한다. 아동은 가능한 한 부모가 누구인지 알고 부모의 돌봄을 받아야 한다.
8	아동은 정체성의 권리가 있다. 정체성의 권리는 이름, 국적, 가족관계 등을 포함하며 아동이 누구인지 알려주는 공식적인 기록이다. 그 누구도 아동의 정체성을 빼앗을 수 없으며, 혹시 그런 일이 생긴다면 국가가 빨리 도와야 한다.
9	부모가 아동을 학대하거나 제대로 돌보지 않는 상황이 아니라면 아동은 부모와 함께 살아야 한다. 또한 부모와 함께 살지 않는 아동도 아동에게 해롭지 않다면 부모와 연락하며 지내야 한다.
10	아동이 부모와 다른 나라에 산다면 국가는 아동과 부모가 연락하며 지내며 함께할 수 있도록 도와야 한다.
11	국가는 법을 어기면서 아동을 다른 나라로 데려가는 것을 반드시 막아야 한다. 예를 들어 누군가 아동을 납치하거나 부모의 한쪽이 동의하지 않은 상태에서 다른 한쪽이 아동을 다른 나라로 데려가는 것은 법을 어기는 행동이다.
12	아동은 아동에게 영향을 주는 문제에 대해 자유롭게 의견을 말할 권리가 있습니다. 그리고 어른은 아동의 의견을 잘 듣고 진지하게 받아들여야 합니다.
13	아동은 배우고 생각하고 느낀 것을 말, 그림, 글 또는 다른 사람에게 피해를 주지 않는 여러 방법으로 자유롭게 나눌 권리가 있다.
14	아동은 스스로의 생각, 의견, 종교를 선택할 권리가 있다. 하지만 다른 사람이 권리를 누리는 것을 막으면 안 된다. 부모는 아동이 자라며 이러한 권리를 올바르게 사용하도록 가르쳐야 한다.
15	다른 사람에게 피해를 주지만 않는다면 아동은 모임이나 단체에 가입하거나 만들고, 다른 사람들을 만날 수 있다.
16	모든 아동은 사생활을 보호받을 권리가 있다. 법은 아동의 사생활, 가족, 가정 통신 정보, 명예를 보호해야 한다.
17	아동은 인터넷, 라디오, 텔레비전, 신문, 책 등으로 정보를 얻을 권리가 있다. 어른은 아동이 얻은 정보가 해롭지 않은지 확인해야 한다. 국가는 대중매체가 다양한 정보를 모든 아동이 이해할 수 있는 언어로 전달하도록 장려해야 한다.
18	아동을 키울 책임이 가장 큰 사람은 부모이다. 아동에게 부모가 없다면 다른 어른이 '보호자'가 되어 아동을 책임진다. 부모와 보호자는 아동에게 무엇이 최선인지 항상 고민해야 한다. 그리고 국가는 부모와 보호자를 도와야 한다. 부모가 다 있다면 양쪽 모두 아동을 키울 책임이 있다.
19	국가는 보호자의 폭력, 학대, 방치로부터 아동을 보호해야 한다.
20	가족의 돌봄을 받을 수 없는 아동은 아동의 종교, 문화, 언어, 삶의 전반적인 부분을 존중하는 사람의 놀봄을 받을 권리가 있다.
21	아동이 입양된다면 아동에게 무엇이 최선인지를 고려하여 제공하는 것이 가장 중요하다. 예를 들어 아동이 자신의 나라에서 제대로 돌봄을 받지 못한다면 다른 나라에 입양될 수 있다.

22	태어난 국가가 안전하지 않아서 다른 국가로 이동하게 된 난민 아동은 도움과 보호를 받아야 한다. 그 국가에서 태어난 아동과 같은 권리를 누린다.
23	장애가 있는 아동도 사회에서 최선의 삶을 누려야 한다. 국가는 장애 아동이 사회에 적극적으로 참여하고 혼자서도 생활할 수 있도록 모든 방해 요소를 없애야 한다.
24	아동은 최선의 의료서비스를 받고 깨끗한 물을 마시고 건강한 음식을 먹고, 깨끗하고 안전한 환경에서 살 권리가 있다. 모든 어른과 아동은 안전하고 건강하게 지낼 수 있는 정보를 얻을 수 있어야 한다.
25	아동이 돌봄, 보호, 건강을 위해 집이 아닌 다른 장소에서 생활한다면 국가는 그 장소가 아동에게 가장 좋은 곳인지, 아동이 잘 지내고 있는지 정기적으로 확인해야 한다.
26	국가는 가난한 가정에 아동에게 돈이나 다른 형태의 지원을 제공해야 한다.
27	아동은 잘 자랄 수 있도록 음식을 먹고, 옷을 입고, 안전한 곳에서 살 권리가 있습니다. 국가는 형편이 안 되는 가족과 아동을 도와야 한다.
28	모든 아동은 교육받을 권리가 있다. 초등교육은 무료로 제공되고, 모든 아동은 원하는 경우 중등교육과 고등교육을 받을 수 있어야 한다. 또한 아동은 가능한 한 더 높은 수준의 교육을 받을 수 있도록 격려 받아야 한다. 학교에서는 아동을 지도할 때 아동의 권리를 존중해야 하며 폭력을 사용해서는 안 된다.
29	교육을 통해 아동의 성격, 재능, 능력이 충분히 개발될 수 있어야 한다. 또한 아동이 스스로의 권리를 이행하고 다른 사람의 권리, 문화차이를 존중할 수 있도록 교육받아야 한다. 교육은 아동이 평화롭게 살고, 환경을 보호하는 데 도움이 되어야 한다.
30	아동의 언어, 문화, 종교를 많은 사람들이 잘 알지 못하더라도 아동은 이를 누릴 권리가 있다.
31	모든 아동은 편안하게 쉬고, 재미있게 놀고, 문화활동과 창작활동에 참여할 권리가 있다.
32	아동은 교육, 건강, 발달에 위험하거나 나쁜 일로부터 보호받을 권리가 있다. 아동이 일을 한다면 아동은 안전하게 일하고 공정하게 돈을 받을 권리가 있다.
33	국가는 아동이 해로운 약을 먹거나 만들거나 전달하거나 팔지 않도록 아동을 보호해야 한다.
34	국가는 돈을 벌기 위해 아동에게 성행위를 강요하거나 아동의 사진이나 영상을 만드는 성적 착취(이용)와 성적 학대로부터 아동을 보호해야 한다.
35	국가는 아동이 유괴되거나 팔려가거나 다른 국가나 장소로 끌려가서 착취(이용)를 당하지 않도록 반드시 아동을 보호해야 한다.
36	착취(이용)의 종류가 아동권리협약에 자세히 적혀 있지 않지만, 아동은 어떤 식으로든 착취(이용) 당하지 않도록 보호받을 권리가 있다.
37	아동이 법을 어겼다는 혐의가 있더라도 아동은 죽임을 당하거나 고문을 받거나 잔인한 대우를 받지 않아야 하고 평생 감옥에 갇히거나 어른과 같은 감옥에서 지내면 안 된다. 아동을 감옥에 보내는 것은 항상 최후의 선택이어야 하고, 보내게 되더라도 기간은 최대한 짧아야 한다. 감옥에 있는 아동은 법적 도움을 받고 가족과 연락할 수 있어야 한다.
38	아동은 전쟁 중에도 보호받을 권리가 있다. 15세 미만의 아동을 군대에 보내거나 전쟁에 참여시켜서는 안 된다.

39	아동이 다치거나 혼자 방치되거나 나쁜 대우를 받거나 전쟁으로 피해를 받고 있다면 건강과 존엄성을 되찾을 수 있도록 도움 받을 권리가 있다.
40	법을 어겼다는 혐의가 있는 아동도 법적 도움과 공정한 대우를 받을 권리가 있다. 아동이 사회의 훌륭한 시민으로 자라도록 돕는 다양한 방법을 마련해야 하며 아동을 감옥에 보내는 것은 가장 마지막 선택이어야 한다.
41	우리나라의 법이 아동 권리협약보다 아동을 더 잘 보호한다면 우리나라의 법이 우선되어야 한다.
42	국가는 아동과 어른이 아동의 권리를 알도록 아동권리협약의 내용을 적극적으로 알려야 한다.
43	43~54조는 모든 아동의 권리를 다 누릴 수 있게 하기 위해 국가와 유엔(유엔아동권리위원회와 유엔아동기금을 포함), 다른 기관이 어떻게 일해야 하는지 설명해야 한다.

출처: https://www.ncrc.or.kr/ncrc/main.do (2022) 유엔아동권리협약 일부 재구성.

5) 예비부모교육의 효과

예비부모교육은 성인뿐 아니라 대학생, 청소년, 중고등학교 현장 등에서 인간발달의 성장과 이해뿐 아니라 부모지원과 가족 역량 강화 교육으로서 포함되어야 할 주제이다. 따라서 다양한 대상을 다양한 주제를 생애주기에 맞추어 교육을 하게 될 경우 다음과 같은 효과를 기대할 수 있다. 이에 대한 객관적인 평가와 효과성 검증은 많은 연구를 통하여 추후 증명될 것으로 본다.

① 생애주기에 맞추어 좋은 부모되기를 위한 긍정 훈육 기반 부모교육을 장기적으로 실시할 경우, 자녀양육에 대한 자신감(자녀양육 효능감)이 생긴다.

② 좋은 부모가 된다는 것은 부모로서 인성교육의 근간이 되며, 부모 자신도 성장할 수 있다.

③ 부부공동양육의 가치를 갖고 부부와 자녀를 중심으로 친밀한 가족관계를 형성하여 가족생활의 만족과 행복감을 증진시킨다.

④ 자녀의 입장에서는 부모에게 충분한 사랑과 믿음을 근간으로 성장하기 때문에 건강한 인성을 형성한다.

⑤ 자신을 존중하고 생명체로서 가치를 인정받음으로써, 사회환경을 긍

정적으로 바라보며, 상호존중하고, 협력하는 관계를 할 수 있는 품성을 갖는다.

⑥ 세상을 적극적이고 긍정적으로 인식하며, 인권존중, 생명존중을 하는 내면을 가진 인간으로 성장한다.

⑦ 사회제도적 측면에서는 부모가 자녀를 학대하지 않으면, 폭력으로 인한 아동보호시설이나 유관기관들이 줄어지고, 사회적 비용이 줄어들 것이다.

⑧ 자녀 선호 가치가 높아지면, 점차 가족과 자녀를 중요하게 여기고, 그에 따른 가족친화 정책들이 더욱 많아질 것이다.

⑨ 아동이 행복한 사회, 부모가 중요한 사회, 결혼과 가족의 삶이 중요한 사회는 인간중심의 시간과 여가 등의 문화, 즉 라이프스타일이 의미있게 될 것이다.

⑩ 좋은 부모가 되기 위한 지식과 기술 훈련과 관련한 전문가들이 새로운 직업으로 존중받는 직업 영역이 창출될 것이다.

⑪ 장기적으로는 인간생명 존중사상과 그에 따른 전 지구적 활동들이 증가하고, 세계 평화 운동이 될 것이다.

⑫ 가장 중요한 국가적 문제인 저출산의 문제를 해결하고, 자녀와 가족을 소중하게 다루는 사회정책과 국가 예산들이 투입될 것이다.

생각해 볼 문제

1. 좋은 부모되기 운동은 어떻게 시작하면 좋을까요?

2. 나에게 있어 "우리 부모님"은 어떤 존재이며, "나는" 부모에게 어떤 존재입니까?

3. 유엔아동권리협약에서 4대 기본원칙에 대해 자세히 정리해 봅시다.

4. 여러분은 어떤 부모가 좋은 부모라고 생각합니까?

CHAPTER

02 좋은 부모되기 입문과정

본 장에서는 인간의 성격과 성향이 기본적으로 다르다는 점을 인식하고자, 일반적으로 많이 사용되는 MBTI를 중심으로 하여 기본적인 이해와 자녀양육에 적용될 수 있도록 하였다. 특히 부모의 양육 스타일은 성격 유형에 따라 다르며, 자녀의 성격 유형에 따라 학습스타일과 지도 방법도 달리 해야 한다는 점을 강조하였다. 자신과 같은 유형의 자녀일 경우는 "A라면 열 명이라도 키우겠다. 네 속을 훤히 안다!"라고 말할 수 있다. 이제 여러분의 부모와 자신은 어떤 성향을 가졌으며, 어떻게 성장해 왔는가?를 살펴보자.

1. 좋은 부모되기 1단계(나와 너의 이해)

많은 사람들은 내 마음에 드는 사람을 배우자로 선택한다. 그런데 결혼 후 내가 선택한 배우자가 결혼 전에 내가 본 배우자와 달라 당황하고 힘들어한다. 또한 결혼 전에 매력적이던 모습이 소위 콩깍지가 벗겨졌을 때는 원망과 미움의 요소로 바뀌어 있는 경우도 종종 보게 된다. 배우자는 이러한 선택의 과정을 거치는 기회가 주어지지만, 자녀는 이러한 선택의 과정으로 고를 수 있는 기회조차 없다. 준비된 임신이든, 준비되지 않은 임신이든 많은 부모들은 임신을 하면 자녀에 대한 기대와 함께 두려움을 가지게 된다.

'얼마나 사랑스러운 아이일까' 하는 기대와 함께 '내가 좋은 부모가 될 수 있을까' 하는 두려움을 함께 가진다. 자녀를 양육하는 부모들은 '어쩌면 이렇게 안 닮을 수가 있지?'라는 의문을 가지게 되는 경험도 하게 된다. 또 다른 한편으로는 자신과 매우 닮은 자녀를 보며 '유전자의 힘이 정말 대단하다'라고 느끼며 자신을 뒤돌아보는 경험을 하는 부모 또한 많다. 흔히 부모는 자녀와 함께 성장한다고 한다.

이 장에서는 좋은 부모가 되는 부모되기 1단계로 부모의 성격유형을 알아보고, 부모가 자녀의 고유한 성격 경향이 지닌 잠재력을 발견하도록 도와주는 역할을 할 수 있도록 도움을 주고자 한다. 다시 말하면 내가 원하는 자녀를 마음대로 선택해서 낳을 수는 없지만, 나의 성격유형을 먼저 알고 자녀의 성격유형을 알면 자녀와 함께 호흡을 맞춰 가는 방법을 배울 수 있는 것이다.

1) 성격유형과 부모되기

대부분의 부모들은 자녀에게 좋은 부모가 되길 원한다. 좋은 부모가 되기 위해 가장 먼저 시작해야 하는 것은 무엇일까? 아마도 자기 자신을 정확하게 아는 것에서부터 시작해야 할 것 같다.

많은 부모들이 자신을 정확히 파악하지 못한 채 완벽하고 좋은 부모의 이미지만으로 자녀를 대하면서 여러 가지 시행착오를 겪게 된다. 자녀를 양육하면서 일어나는 시행착오를 줄이기 위해서 부모 자신을 정확하게 아는 것이 필요하다. 그러나 자신을 아는 것은 결코 쉬운 일이 아니다. 자신을 알아보는 방법은 여러 가지가 있다. 이 장에서는 그중에서 가장 널리 사용되고 있는 MBTI 검사를 통해 부모 자신의 성격유형을 알아보고자 한다.

우리는 자신의 성향을 이해하는 도구로 융(Jung)의 분석심리학을 기반으로 하는 MBTI를 사용할 수 있다. MBTI는 Myers-Briggs Type Indicator의 머리글자를 따서 만들어진 심리검사이며, 브리그스(Briggs)와 그녀의 딸 마이어스(Myers), 그리고 손자인 피터 마이어스(Peter Myers)에 이르기까지 무려 3대에 걸쳐 70여 년 동안 계속 연구 개발한 인간 이해를 위한 성격유형 검사도구이다.

부모들은 다른 사람들이 자신의 아이를 어떻게 생각할까 하는 것에는 관심이 많지만, 아이가 자기 스스로를 어떻게 느끼는가에 관심이 적다. 서로 다른 기질을 갖고 태어난 두 명의 아이가 똑같은 행동을 하더라도 아이들에게는 전혀 다른 경험으로 느껴질 것이다. 하지만 어른인 부모는 "나도 어릴 적에 이미 다 겪었던 일이야" 하고 판단하고 있기 때문에 자신이 경험한 것을 기준으로 아이들을 이해하려고 한다. 이러한 과정에서 어른인 자신과 다른 관점을 지닌 아이에게는 틀림을 지적하고 고쳐주고 바로잡으려 애를 쓴다. 이러한 행동을 하는 어른들은 한결같이 아이를 위해서라고 이야기한다. 하지만 아이의 관점에서는 침해 혹은 침범을 당하는 것으로 느낄 수 있다는 것에 주의해야 한다.

우리의 아이들은 처음부터 나와는 전혀 다른 존재이다. 아무리 많은 훈계나 조언도 우리 아이를 나와 같은 존재로 만들 수는 없는 것이다. 훌륭한 부모가 되기 위해 부모는 우리 아이가 나와 다른 존재라는 것을 받아들이고 인정할 수 있어야만 되는 것이다.

2) MBTI에 대한 이해

융(Jung)은 유형 이론을 통해 아동의 성격이 형성되는 과정에서 환경이 굉장히 중요한 역할을 한다고 하였다. 환경적 요인은 개인의 타고난 선호경향을 그대로 실현하고 강화시켜 발달시킬 수 있게 하기도 하고, 반대로 타고난 유형이 선호하지 않는 활동을 강요하는 것에서 타고난 기능보다 그 반대의 기능을 사용하게 만듦으로써 유형의 변조가 일어난다고 하였다.

자기가 타고난 유형이 아니더라도 계속 사용하다 보면 적응이 되나 만족감이라든가 유능감을 덜 느끼고 자기가 타고난 능력을 발휘하지 못할 수가 있다고 하였다(김정택, 심혜숙, 제석봉, 1995).

유형론의 창시자인 융(Jung)은 환경의 영향력이 지니는 중요성을 과소평가하지는 않지만 사람의 심리유형을 결정하는 것은 그 사람의 기질에서 찾아야 한다고 주장하였다. 즉, 사람의 심리유형은 선천적이라는 것이다. 모든 사람들이 내부로부터 충동하는 많은 본능(원형)을 갖고 있지만 근본적으로 서로 다르다고 말하였다. 여기에서 가장 중요한 것은 우리의 마음이 어떻게 기능하는가를 결정하는 우리 자신의 선호성이다. 즉, 선호성이란 태어나면서부터 둘 중 하나를 더 즐겨 사용하는 성향이 있다는 것을 의미한다.

자기다움을 찾아가기 위해 자신의 선천적인 성향을 탐색할 수 있도록 돕는 것은 교육적으로 중요하다. 이는 아동과 청소년기뿐만 아니라 성인이 된 이후에도 평생에 걸쳐 추구할 과제이기도 하다.

MBTI 성격유형검사는 전문가의 안내에 따라 자신이 직접 검사와 채점을 실시한 후 지표 설명을 들으면서 자신의 에너지 방향 및 인식과 판단 기능의 선호 방향을 찾는 자기보고식 방식을 택하고 있다. 전문가의 지표 설명을 통해 이 방향들이 개인들의 행동에 어떠한 영향을 미치는가를 알아볼 수 있는 것이다. 네 가지 선호지표는 외향－내향(E-I), 감각－직관(S-N), 사고－감정(T-F), 판단－인식(J-P)으로 방향성에 따라 한 개인이 환경과 상호작용하는 패턴과 그 개인의 반응 양식은 달라지며 이 상이함이 성격 차이를 가져온다고 보았다. 또한 이 선천적 선호 방향에 따라 그 개인의 행동, 흥미, 관심 영역이 달라지기 때문에 한 개인을 이해하려면 그 개인이 지닌 선천적 경향성을 이해하는 것은 매우 중요한 것이다.

3) MBTI 선호지표 이해

MBTI의 첫 번째 선호지표를 살펴보면 에너지의 방향에 의해 외향(E)과 내향(I)으로 구분이 된다. 융(Jung)은 이것을 외부지향과 내부지향의 의미로 구분하였다. 사람은 누구나 외향적이거나 내향적인 성향을 띤다. 바깥으로 향해 활동을 할 때는 외향적이 되는 것이고, 내부로 향해 활동을 하면 내향적이 되는 것이다. 외향형들은 외부활동으로 인해 에너지를 얻게 되는 것이고, 내향형들은 혼자 반추하는 시간을 가질 때 에너지를 얻게 된다. 그렇기 때문에 외향형들은 말로 자신을 드러내며 외부활동에 적극적이다. 또한 다양한 에너지를 얻을 수 있는 폭넓은 대인관계를 선호한다. 반면에 내향형들은 내부에서 에너지를 스스로 만들어 사용하는 사람들이기 때문에 내부활동에 집중하는 사람들이다. 조용하고 신중하며 이해한 다음에 경험하는 사람들로 서서히 다른 사람에게 알려지는 사람들이다.

MBTI의 두 번째 선호지표를 살펴보면 인식의 기능 즉 정보를 수집하는 방향에 따라 감각(S)과 직관(N)으로 나뉜다.

감각형은 정보를 수집할 때 오감에 의존하는 경향을 띤다. 지금 현재 상황을 일어나고 있는 일에 대해 집중하며 실제적이고 현실적인 사람들이다. 또한 자신이 직접 경험하고 있는 일을 중시하며 관찰력이 뛰어나고 세부적인 것까지 기억을 잘하는 구체적인 사람이다. 감각형의 사람은 순서에 따라 차근차근 업무를 수행에 나가는 성실근면형이며 세부적이고 구체적인 사실을 중시하는 경향으로 인해 전체적 상황을 보지 못할 수 있는 사람들이다.

직관형은 오감보다는 육감이나 영감에 의존하여, 구체적인 사실이나 사건뿐만 아니라 그 이면에 숨겨져 있는 의미 혹은 관계 가능성을 중요하게 여기는 사람들이다. 그렇기 때문에 직관형은 눈앞의 상황보다는 앞으로의 비전을 중시하는 사람들이다. 직관형은 본질적인 패턴을 이해하려고 애쓰기 때문에 미래의 성취와 변화, 다양성에 관심을 두는 사람이다. 직관형은 상상력이 풍부하기 때문에 다양한 아이디어를 제시하는 경향이 있다. 이들은 또한 이론적이고, 추상적이고, 미래지향적이며 창조적이다. 이러한 성격적 특징은 구체적인 것보다는 전체를 보려는 것에 집중하기 때문에 세부적인 것을 놓치기 쉽고, 실제적, 현실적인 면을 고려하지 못하는 실수를 하기도 한다. 감각형이 볼 때 직관형은 새로운 일 또는 복잡한 일에 뛰어드는 경우가 많기 때문에 현실을 직시하지 못하고 뜬구름 잡는 사람으로 오해받기도 한다.

MBTI의 세 번째 선호지표를 살펴보면 인식된 정보에 가지고 판단을 내릴 때 쓰는 기능으로 사고(T)와 감정(T)으로 나뉜다.

사고형은 객관적 기준으로 정보를 비교 분석한다. 그렇기 때문에 논리적 결과를 바탕으로 판단을 하게 되는 것이다. 사고형은 사람들 간의 관계나 인정에 얽매이기보다는 원칙과 규칙에 입각하여 판단한다. 그렇기 때문에 정의와 공정성, 무엇이 옳고 그른가에 따라 행동하게 된다. 사고형은 감정형에게 때로는 인간적이지 않고 냉정한 사람으로 오해를 받을 수 있다. 객관적 기준을 중시하기 때문에 타인의 마음이나 기분을 놓치는 상황이 종종 발생하기 때문이다.

감정형은 흔히 따뜻한 사람들이라고 표현되어진다. 이들은 다른 사람들과 관계를 중요하게 생각하여 내가 좀 손해를 보더라도 따뜻하고 조화로운 인간관계를 유지하려고 한다. 사고형은 객관적인 기준을 중시하여 판단을 하지만, 감정형은 자기 자신과 다른 사람들이 부여하는 가치를 중시하는 판단을 한다. 즉, 논리 분석을 하는 사고형과 달리 감정형은 자기 자신이나 타인에게 어떤 영향을 줄 것인가 하는 점을 더 신경 쓰는 사람들이다. 즉, 원리원칙보다는 사람의 마음을 다치지 않게 하는 데 더 신경을 쓰는 사람들인 것이다. 감정형의 이러한 성격적 특성으로 인해 우유부단한 행동이 나타나기도 한다. 사고형이 볼 때 이러한 감정형의 특성은 공과 사를 구분하지 못하는 사람으로 오해하게 만드는 것이다.

MBTI의 네 번째 선호지표를 살펴보면 외부세계에 대한 태도나 적응에 있어서 어떤 과정을 선호하는가에 따라 판단(J)과 인식(P)으로 나뉜다.

판단형은 어떤 일을 진행해 나갈 때 조직적 체계적으로 진행해 나가는 특성이 있다. 그렇게 때문에 판단형은 일을 추진해 나갈 때 미리 계획을 짜고, 계획된 일들도 미리미리 준비하여 진행하기 때문에 계획된 시간 내에 일을 마무리해야 직성이 풀리는 사람들이다. 이들의 행동은 빈틈없고 단호하며 목적의식이 뚜렷한 사람으로 보인다. 판단형은 한 가지 일을 끝내고 다음 일을 진행하는 사람들이다.

인식형은 삶을 통제하고 조절하기보다는 그때그때 상황에 따라 자율적으로 살아가기를 원하는 사람들이다. 이들은 일을 진행해 나감에 있어 자발적이며 호기심도 많고 적응력 또한 높아 새로운 사건이나 변화를 추구하게 되는 사람들이다. 인식형은 동시에 여러 가지 일을 벌이지만, 뒷마무리를 못하는 경우가 계획성이 없는 사람으로 오해받기도 한다.

표 2-1 MBTI의 4가지 선호지표

외향(E) Extraversion	에너지의 방향(주의초점) ◀──────▶	내향(I) Introversion
감각(S) Sensing	정보수집(인식의 기능) ◀──────▶	직관(N) Intuition
사고(T) Thinking	판단과 결정(판단의 기능) ◀──────▶	감정(F) Feeling
판단(J) Judging	이해양식(생활양식) ◀──────▶	인식(P) Perceiving

출처: MBTI 성장프로그램 지도자안내서 Ⅰ-한국심리검사연구소, 1998: 19.

2. 좋은 부모되기 2단계(성격유형과 양육 스타일 알기)

1) MBTI에 따른 자녀들의 특성 알기

부모가 자녀의 성격유형을 파악하거나 또는 자녀가 자신의 성격유형을 파악하는 데 도움을 받을 수 있는 지표를 정리한 것이다. 해당 여부를 체크하여 유형을 추측해 보자.

표 2-2 어린이들의 성격지표(E, I)

E		I	
1. 처음 보는 아이들과도 쉽게 이야기하거나 친해지는 편이다.		1. 친한 사람이나 친구가 없는 모임에 가면 매우 불편해하는 편이다.	
2. 모르는 사람이 많이 모여 있는 곳에서도 비교적 활발하게 행동하는 편이다.		2. 친구를 쉽게 사귀는 편이 아니며 친한 소수의 친구들과 아주 친하게 지낸다.	
3. 여기저기 친구나 아는 사람이 많다.		3. 평소 침착하고 조용하다는 말을 자주 듣는다.	
4. 모임에서 상대적으로 말을 많이 하는 편이며 적극적으로 행동하는 편이다.		4. 혼자 놀거나 조용히 책을 읽는 모습이 자주 눈에 띈다.	
5. 슬프거나 기쁜 일이 생기면 즉시 부모님에게 이야기하는 편이다.		5. 먼저 신중히 생각한 다음에 행동하는 편이다.	
6. 활발하고 적극적이라는 말을 많이 듣는 편이다.		6. 부끄러움을 쉽게 타는 편이다.	
7. 시간이 걸리는 일이나 놀이에 싫증을 내고 새로운 놀이나 활동을 원한다.		7. 자신의 의견이나 감정을 표현하는 데 재빠르지 않은 편이다.	
8. 혼자 조용히 있거나 책을 읽는 것보다 사람들과 어울리는 것을 좋아한다.		8. 누가 물어보았을 때에야 대답을 하는 편이다.	
9. 새로운 유행이 시작되면 다른 친구들보다 먼저 시도해 보는 편이다.		9. 낯선 곳에 혼자 심부름 가기를 매우 주저한다.	
10. 기분을 잘 드러내기 때문에 남들이 나의 기분을 잘 알게 된다.		10. 생각에 빠질 때가 자주 있다.	
합계		합계	

출처: 열여섯 빛깔 아이들, 정경연 · 박정묘 · 이동갑 · 김영란, 2010: 84-85(재구성).

표 2-3 어린이들의 성격지표(S, N)

S		N	
1. 비유적이고 상징적인 표현보다는 구체적이고 정확한 표현을 잘 이해한다.		1. 상상 속의 이야기를 잘 만들어 내는 편이다.	
2. 주변 사람들의 외모나 다른 특징들을 잘 기억한다.		2. 종종 물건을 잃어버리거나 어디에 두었는지 기억을 못 할 때가 있다.	
3. 꾸준하고 참을성 있다는 말을 자주 듣는 편이다.		3. 창의력과 상상력이 풍부하다는 말을 자주 듣는다.	
4. 공부할 때 세부적인 내용을 잘 암기할 수 있다.		4. 다른 아이들이 생각하지도 않은 엉뚱한 행동이나 상상을 할 때가 종종 있다.	
5. 손으로 직접 만지거나 조작하는 것을 좋아하는 편이다.		5. 질문을 많이 하는 편이다.	

6. 꼼꼼하다는 말을 자주 듣는 편이다.		6. 공상 속의 친구가 있기도 한다.	
7. 새로운 일이나 활동보다는 늘 하는 일이나 활동이 더 편하다.		7. 신기한 것에 호기심이 많다.	
8. "그게 정말이야?"라는 식의 질문을 많이 한다.		8. 장난감을 분해하고 탐색한다.	
9. 새로운 방법을 시도하기보다는 남들이 하는 대로 따라서 하는 것이 필요하다.		9. "하고 싶다, 되고 싶다"라는 꿈이 있다.	
합계		합계	

출처: 열여섯 빛깔 아이들, 정경연 · 박정묘 · 이동갑 · 김영란, 2010: 84-85(재구성).

표 2-4 어린이들의 성격지표(T, F)

T		F	
1. "왜"라는 질문을 자주 한다.		1. 부모님이나 선생님의 말을 잘 듣는 편이다.	
2. 의지와 끈기가 강한 편이다.		2. 감정이 풍부하고 인정이 많다는 말을 많이 듣는다.	
3. 궁금한 점이 있으면 꼬치꼬치 따져서 궁금증을 풀고 싶어 한다.		3. 정이 많고 순하다는 말을 자주 듣는다.	
4. 참을성이 있다는 말을 자주 듣는다.		4. 주위에 불쌍한 사람이나 친구들이 있으면 마음 아파하고 도와주고 싶어 한다.	
5. 야단을 맞거나 벌을 받아도 눈물을 잘 보이지 않는 편이다.		5. 야단을 맞거나 벌을 받으면 눈물부터 나온다.	
6. 한번 마음먹은 일은 꾸준히 밀고 나가는 편이다.		6. 다른 사람의 반응에 민감하다.	
7. 주변 어른들이 귀엽다고 말하거나 쓰다듬어 주면 어색해 할 수 있다.		7. 매를 맞으면 쉽게 잘못했다고 하는 편이다.	
8. 성적이 올랐거나 잘했을 때 직접적인 칭찬을 받아야 좋아한다.		8. 싹싹하고 연하다(부드럽다)는 소리를 잘 듣는다.	
9. 논리적이고 구체적인 설명으로 부모나 친구들을 설득하는 편이다.		9. 양보를 쉽게 하는 편이다.	
10. TV나 책에서 경찰관이 악당을 벌주는 내용이 나오면 매우 신나한다.		10. 음식, 장난감을 선택할 때 쉽게 결정을 못 내릴 때가 있다.	
합계		합계	

출처: 열여섯 빛깔 아이들, 정경연 · 박정묘 · 이동갑 · 김영란, 2010: 84-85(재구성).

표 2-5 어린이들의 성격지표(J, P)

J		P	
1. 대체로 먼저 공부나 할 일을 해 놓고 노는 편이다.		1. 계획을 잘 세우지 않고 일이 생기면 그때그때 처리하는 편이다.	
2. 시험보기 전에 미리 여유 있게 공부계획을 짜 놓는다.		2. 어떤 일을 할 때 마지막 순간 한꺼번에 처리하는 경향이 있다.	
3. 마지막 순간에 쫓기면서 일하는 것을 싫어한다.		3. 방이 어수선하게 흐트러져 있어도 개의치 않는다.	
4. 계획에 따라 규칙적인 생활을 하는 편이다.		4. 주변에서 일어나는 일들에 호기심이 많고 새로운 상황에 잘 적응한다.	
5. 목표가 뚜렷하고 자신의 의견을 분명히 표현하는 편이다.		5. 남의 지시에 따르기보다 자신의 마음에 따라 행동하는 것을 좋아한다.	
6. 계획에 없던 일이 생기면 힘들어한다.		6. 노트나 책가방 등을 덜 챙기는 편이다.	
7. 학교나 친구들 모임에서 책임 있는 일을 맡고 싶어 한다.		7. 신발이나 옷이 떨어져도 무관심한 편이다.	
8. 예정에 없던 일이 생겨 계획을 바꾸어야 하면 힘들어한다.		8. 자기 것을 덜 주장하고 고집하는 편이다.	
9. 깨끗이 정돈된 상태를 좋아한다.		9. 자기 것을 형제나 친구들에게 비교적 잘 나누어 주는 편이다.	
합계		합계	

출처: 열여섯 빛깔 아이들, 정경연 · 박정묘 · 이동갑 · 김영란, 2010: 84-85(재구성).

이 지표의 특성들은 자신의 성격유형을 추측하기 위한 자료일 뿐이므로, 자녀의 정확한 유형을 알고자 하는 사람은 MMTIC 전문교육을 받은 전문가를 통해 검사를 받고 정확한 해석을 받는 것을 필요로 한다.

2) 성격유형에 따른 부모의 양육 스타일

부모로써 내가 자녀를 양육할 때 어떤 특성을 나타내는지 잘 이해하고 있다면 아이와의 관계에서 생길 수 있는 갈등이나 스트레스를 잘 조절하고 대처할 수 있을 것이다. 각 선호 경향마다 아이와 어떤 활동을 하는 것을 선호하는지, 아이와의 관계 중 어떤 부분에서 특히 힘들어하는지를 한번 알아보자.

표 2-6 16가지 어머니 유형

ISTJ 책임감의 어머니	ISFJ "부드러운 사랑으로 보살피는" 어머니	INFJ "자기 자신을 잘 알도록 강조하는" 어머니	INTJ "개인적 성실" 지향 어머니
ISTP "아이들에게 여유를 주세요" 어머니	ISFP "주고자 하는" 어머니	INFP "빨리 알아차리는" 어머니	INTP "배우는 것을 좋아하는" 어머니
ESTP "행동과 모험"의 어머니	ESFP "항상 그 곳에 있는" 어머니	ENFP "아이들은 재미있어요" 어머니	ENTP "독립적인" 어머니
ESTJ "어떻게 하는가"를 보여주는 어머니	ESFJ "함께 행복하고자" 하는 어머니	ENFJ "마음과 마음을 나누는" 어머니	ENTJ "총지휘자"적인 어머니

출처: 성격유형과 자녀양육태도, Janet Penley, 1998. 한국심리검사연구소(재구성).

(1) 외향형 부모의 양육태도

외향형의 부모는 에너지가 외부로 향해 있기 때문에 자녀가 외부세계를 경험하도록 바깥으로 데리고 나가려하고, 자녀가 끊임없이 다양한 활동에 참여하도록 독려한다. 또한 자녀에게 다른 사람들과 어울리는 기회를 지속적으로 제공하려고 한다. 자녀와의 대화를 즐기고 여러 가지 질문을 통해 자녀를 알아가려 한다.

외향형의 부모가 자녀를 양육할 때 특히 힘들어하는 점은 취학 전의 어린 자녀와 집에서만 생활할 때이다. 특히 자녀가 내향적일 경우 자녀와 대화할 때 말하기보다 듣기를 해야 할 때, 내향형 자녀의 개인적인 공간과 시간을 존중해 주는 것 또한 외향형의 부모에게는 힘든 일이다.

외향형의 부모는 자녀를 양육할 때 자녀양육에만 매몰되기보다는 자신이 고립되어 있다는 느낌이 들지 않도록 지역 내의 여러 활동에 참여하고 주말에 시간을 내어 다른 사람들과 어울리는 노력을 할 필요가 있다. 때로는 과감하게 자녀를 배우자나 전문기관에 맡기고 외부 활동에 참여하여 외향형의 욕구를 해소시켜 주는 지혜가 필요하다. 또한 나와 다르게 혼자 있는 것을 선호하는 자녀도 자신의 내향적 성향을 드러내며 잘 성장하고 있는 것이라는 신념을 가지고 믿어주는 것이 필요하다.

(2) 내향형 부모의 양육태도

내향형의 부모는 자녀를 깊이 이해하기 위해 자녀에 대해 관찰하고 생각하려고 한다. 자녀의 활동을 주도하거나 강요하기보다는 자녀 스스로 활동하도록 지켜봐 준다. 혼자만의 시간을 고집하는 자녀의 욕구를 이해하고 존중하려고 한다. 내향형의 부모는 내적인 갈등이 있더라도 자녀에게 고요하고 침착한 모습을 보여준다. 자녀의 뒤에서 묵묵히 지켜보며 되도록 자녀나 가족에게 좀 더 중점을 두는 태도를 보인다.

내향형의 부모는 아이들 문제, 여러 집안일, 직장 문제 등 내향형의 한계를 넘어서는 여러 가지 일에 동시에 집중해야 하는 것을 힘들어한다. 자녀가 외향형일 경우 말로 표현하는 아이를 다 수용해 주는 것을 힘들어하며, 활동적인 자녀의 에너지 수준을 맞추는 것을 어려워한다. 때로는 이러한 내향형의 부모는 외향형의 자녀에게 정서적 관심을 표현이 부족하여 무심하다고 느껴질 수 있다.

내향형의 부모는 혼자만의 시간을 자주 가지면서 자신을 성찰할 수 있는 기회가 필요하다. 내향형의 부모는 직접적으로 개입하지 않아도 나와 다른 아이의 외적 자극을 충족시켜 줄 수 있는 방법을 찾는 것이 필요하다. 자신의 내향성을 가치 있게 여기고 외향형의 부모와 비교하며 힘들어하지 않도록 한다.

(3) 감각형 부모의 양육태도

감각형의 부모는 자녀들의 일상적 생활(먹는 것, 자는 것, 씻는 것 등)을 잘 할 수 있도록 꼼꼼히 잘 챙기는 부모이며, 선물을 주는 등의 구체적인 방법으로 자녀에게 관심을 표현하는 사랑을 하는 부모이다.

감각형의 부모는 상상력이 풍부한 직관형의 자녀가 하는 환상을 이해하여 동참하는 것은 어려워하고, 자신이 생각하는 상식의 선을 벗어나는 자녀를 이해하는 것을 힘들어한다. 사소한 일에 지나치게 집중하여 장기적인 안목으로 자녀의 비전을 키워 주는 것을 간과하기 쉽다.

감각형의 부모는 직관형의 자녀를 이해하기 위해 전문가의 도움을 받거나 직관형의 친구에게 조언을 구하여 자녀의 아이디어와 꿈을 펼칠 수 있도록 해주는 노력이 필요하다. 자녀의 상상놀이에 억지로 참여하기보다 자녀가 나의 상식을 벗어나는 비현실적인 상상을 하더라도 허용하고 인정해 주려는 노력이 필요하다.

(4) 직관형 부모의 양육태도

직관형의 부모는 자녀양육을 자신의 개인적인 성장이나 잠재력을 발달시킬 수 있는 하나의 촉매로 여기기 때문에 자녀의 창조성, 상상력, 새로운 접근법을 가치 있게 여기고 지지하여 주면서 대안과 가능성을 제시하고 자녀가 선택할 수 있도록 하는 것을 잘하는 부모이다.

직관형의 부모는 자녀에게 세부적이고 구체적인 일상적인 생활을 챙기는 것을 어려워하는 부모이기 때문에 감각형 자녀의 실제적이고 체계적인 학습 태도를 이해하고 지도하는 것을 어려워하는 부모이다. 이상적이고 의미 있는 일상을 보내기 때문에 지금 현재의 일에 집중하고 순간의 즐거움을 즐기는 것을 어려워하는 부모이다.

직관형의 부모는 가치 있고 이상적인 부분만 추구하는 것이 아니라 소소한 일에서 즐거움을 찾기 위해 노력하는 것이 필요하다. 직관형의 부모는 감각형 자녀의 재능과 명석함을 신뢰해 주고 다양한 놀이를 활용하여 감각형 자녀의 감각 기능과 구체적인 정보력을 개발해 주도록 노력해야 한다.

(5) 사고형 부모의 양육태도

사고형의 부모는 자녀에게 독립적인 사고를 할 수 있도록 물리적이고 심리적인 공간과 기회를 마련해 주고자 하는 노력을 게을리하지 않는다. 부모가 대신 해주는 것보다는 자녀로 하여금 스스로 상황을 분석하도록 도우며 문제를 해결하도록 한다. 또한 자녀가 자기 신뢰와 자신감을 갖도록 격려해 주는 것으로 자녀의 성장을 돕는 활동을 잘하는 부모이다. 또한 자녀가 모든 상황에서 정의와 공정성을 추구할 수 있도록 돕는 부모이다.

사고형의 부모는 자녀를 평가하거나 많은 기대를 하기 때문에 자녀를 있는 그대로 받아들이는 것을 어려워하는 부모이다. 달라붙거나 보채는 아이를 편안한 마음으로 받아 주는 것이 어려운 부모이기 때문에 엄하다는 인상을 줄 수 있는 부모이다.

사고형의 부모는 자녀의 능력에 대해 칭찬과 인정을 자주 할 수 있도록 노력해야 한다. 자녀가 부모를 의지하고 어느 정도는 의존하는 것은 당연하며, 독립적이지 못한 것이 아니라는 것을 인정하고 받아들이는 노력이 필요하다.

(6) 감정형 부모의 양육태도

감정형의 부모는 자녀가 부모에게 감사함을 가지고 인정하고 수용하는 것을 매우 기쁘게 받아들이기 때문에 부모의 희생이 따르더라도 자녀를 행복하게 해주는 것을 더 만족스럽게 느끼는 부모이다. 감정형의 부모는 자녀가 사랑받고 있고 특별한 존재라는 것을 느끼고 보호받고 있음을 느낄 수 있도록 하는 것을 우선순위에 둔다. 그렇기 때문에 자녀에게 신체적, 정서적 친밀감을 제공하려고 노력하며 자녀에게 있는 좋은 면을 찾으려 노력하고 자녀의 장점을 수용하고 인정하고자 노력하는 부모이다.

감정형의 부모는 자녀를 지나치게 부모에게 붙들어 두려고 하며 자녀와 정서적 분리를 어려워한다. 자녀에게 초점을 맞추다 보니 자신의 욕구를 파악하고 충족시키는 것은 뒷전으로 미루기 쉬운 부모이다. 자녀에게 100%의 관심을 기울이지 못했을 경우 죄책감에 힘들어하는 부모이다.

감정형의 부모는 완벽한 가족의 화목보다는 80% 정도의 친밀감을 목표로 하여 자녀에게 맞추기보다 부모의 욕구가 무엇인지부터 파악하고 그것을 충족시키려는 노력이 필요한 부모이다.

사고형 자녀의 흑백을 가리는 질문, 정직한 피드백에 상처받지 말고 사고형 자녀의 또 다른 애정 표현의 방식임을 기억하는 것이 필요하다.

(7) 판단형 부모의 양육태도

판단형의 부모는 자녀의 장래를 위해 부모가 인내하고 서서히 자녀의 성공을 만들어 가는 타입으로서 질서와 순조로운 흐름을 최우선으로 여기며, 어떤 일을 진행함에 있어 지시하고 한계를 설정하는 특성을 나타내는 부모이다. 자녀가 챙겨야 할 준비물, 과제물 등을 잊지 않게 하기 위해 일상생활을 조직화하고, 식사 시간이나 취침 시간 등 가족의 규칙에 대해서도 철저히 지키도록 하는 것을 중요하게 여기는 부모이다.

판단형의 부모는 자녀가 해야 할 일을 제때에 하지 않는 것을 너그럽게 기다려 주지 못하는 부모이다. 어떤 일이든 부모가 생각하는 바른 방식으로 실행하도록 자녀를 통제하려는 경향이 커 자녀가 스스로 자신을 통제할 수 있도록 도와주는 것이 어려운 부모이다.

판단형의 부모는 자녀들이 본인의 방식으로 통제되지 않아 좌절감을 느낄 때 자녀 이외의 다른 일을 통해 통제 욕구를 해소하는 것이 필요하다. 집안일은 완벽하게 끝내기 어렵다. 따라서 판단형의 부모는 때로는 자신의 일을 모두 끝내지 못했을 때에도 휴식이나 여가를 취할 수 있도록 계획을 세우는 것이 필요하다.

(8) 인식형 부모의 양육태도

인식형의 부모는 자녀로 하여금 선택의 허용범위를 넓게 주며 부모와 다른 자녀의 선택도 기꺼이 받아들인다. 인식형의 부모는 사람들을 접할 때나 다양한 새로운 경험을 접할 때 개방된 마음으로 이를 받아들이는 특성이 있다. 자녀와 함께 시간 보내며 놀기를 즐기고, 자녀의 방해가 귀찮음에도 이를 잘 응대해 준다. 이들은 자녀에게 강요하거나 정해진 틀에 가둬 두려는 행동을 하지 않으며, 자녀로 하여금 스스로 자신의 일에 대해 책임을 갖고 행동하도록 하며, 그로인해 발생하는 잘못된 결과에 대해서도 자녀에게 수용적이며 관대한 태도로 대하는 부모이다.

인식형의 부모는 집안을 정리정돈하고, 매일매일 집안일들을 반복적으로 하는 것을 어려워하는 부모이다. 자녀들에게 한계를 정해 주고 일관성 있게 지도하는 것을 힘들어하는 부모이며, 자녀들의 시간 관리를 어려워한다.

인식형의 부모는 지나치게 많은 규칙을 세우기보다는 융통성과 여지를 남겨 놓는 것이 필요하다. 집안일의 경우는 꼭 해야 하는 급한 것들에 대해 목록을 작성하여 처리하는 것이 필요하다. 자녀들에게 일관성 있게 지켜야 하는 몇 가지 규칙에 대해서는 제한을 두는 현명함이 요청된다.

3) 성격유형에 따른 자녀 학습 스타일

(1) 외향형의 학습 스타일

외향형들은 다른 사람들과 주제에 대해 토론하기를 즐기는 적극적인 학습자이다. 그래서 이들은 상호작용을 통해 학습의 능률을 높이는 활동으로 그룹 작업이나 짝을 지어 공부하는 것을 선호한다. 외향형들은 대개 책을 읽기보다는 워크숍에 참석하는 것을 선호한다. 따라서 외향형의 자녀에게는 과제를 하기 시작하기 전에 친구들과 해결해야 하는 문제에 관해 이야기할 수 있는 기회를 먼저 주는 것이 좋다. 이 유형의 자녀들은 대화를 위한 시간이 필요하다.

외향형의 자녀들은 여러 번의 시행착오를 통해 학습이 될 수 있도록 충분한 시간을 주었을 때 환경에 자유롭게 적응하며 하고자 하는 학습을 효율적으로 하게 되는 것이다. 친구들과 함께 어울려 말하면서 공부하는 것이 효과적이기는 하나 혼자 정리하는 시간도 꼭 필요한 유형이다. 이 유형은 많은 양의 자료를 수집하기보다 적절한 양의 자료로 학습하는 것이 효과적일 수 있다.

(2) 내향형의 학습 스타일

내향형들은 주어진 학습 주제에 대해 혼자 탐구하기를 좋아하는 사려 깊은 학습자이다. 따라서 이들은 방해받지 않는 조용한 공간이 제공되었을 때 학습효과가 가장 커지는 것이다. 조용한 나만의 공간에서 읽고, 관찰하고 성찰할 시간을 가지므로 학습의 능률을 올리는 것이다. 내향형들은 대개 집단 활동을 피하는 경향이 있으며 개별적으로 공부하는 것을 선호한다.

이 유형의 자녀들에게는 문제에 대한 답을 재촉하기보다는 모든 사실적인 요소와 가능성들에 대해 여유 있게 생각할 시간을 주는 것이 필요하다. 즉, 내적 통찰의 과정을 위한 시간을 배려해 주는 것이 바람직한 것이다. 이들이 집단토론이나 문제해결과정에 참여하기 전에 미리 문제에 대해 파악하는 시간을 마련해 주고 실행하기 전에 자녀가 스스로 설명하고 질문하고 답하는 과정으로 이해하고 관찰을 통하여 과제에 대해 이해할 수 있도록 돕는 것이 필요하다. 새로운 상황이나 개념은 그것을 경험하기 전에 먼저 그것을 이해시키도록 한다. 이들이 공부하기 전에 음악 감상이나 시, 수필 등을 읽는 것은 공부를 하기 위한 워밍업이므로 여유를 가지고 지켜봐 주어야 한다. 이들에게 활동적인 휴식은 오히려 과도한 에너지를 쓰게 하기 때문에 효과적이지 못한 것이다.

(3) 감각형들의 학습 스타일

감각형들은 학습에 대한 구체적인 목적과 계획을 알아야 하는 현실적인 학습자이다. 이들은 지식을 실제 생활에서 적용하고 싶어 하며 실생활에 적용되는 구체적인 사례를 좋아한다.

"보는 것이 믿는 것이다"라는 말이 이 유형의 자녀들에게 가장 적합한 방법이다. 따라서 영화, TV, 여러 시청각교재를 이용하는 것이 효과적이다. 감각형의 자녀들은 주의 깊은 관찰, 기억 등 직접적인 경험을 요구하는 활동들을 선호한다. 실생활에 적용되는 개념들에 대해 구체적인 예를 제시하고 실생활에서 어떻게 작용하는가를 이야기해 주어 점차적으로 새로운 자료들을 이용하게 하도록 하는 것이 좋다. 이전에 배웠던 지식들을 실생활에서 활용하고 습득한 기술들을 실생활에서 응용하도록 돕는 것이 필요하다. 이들에게는 세부적인 것에 너무 얽매이지 말도록 전체적인 맥락이나 전체적인 구도를 파악하도록 돕는 것이 필요하다. 막히는 부분에 너무 오랜 시간 집중하지 말고 대충 넘어가고, 대단원과 소단원의 계열관계를 살펴보도록 하는 것이 필요하다. 브레인스토밍(brain storming)이나 마인드 맵(mind map)을 이용한 공부도 효과적일 수 있다.

(4) 직관형들의 학습 스타일

직관형은 미래에 초점을 맞추어져 있으며 새롭고 창의적인 아이디어를 만들어낸다. 이들은 세계를 매우 장기적인 관점으로 바라보며 주어진 정보에서 새로운 경향성을 찾아내는 데 능하다. 아이디어가 실용적이냐에 대해서는 거의 관심이 없으며, 사실과 세부 사항에 집중하고 초점을 맞추는 것을 힘들어한다.

직관형의 자녀들은 전체적인 윤곽에 초점을 두는 것을 잘한다. 상상력을 자극할 수 있는 과제를 제공하고 다양한 해답이 존재하는 개방형의 문제를 고안하여 제시하면 흥미로워한다. 평범한 것이나 반복적인 것은 빨리 싫증을 내므로 여러 가지 다양한 시도를 할 필요가 있다. 또한 직관형의 자녀는 자기 페이스(pace)에 맞는 학습을 즐기며 이전에 해 왔던 방식을 적용하는 것보다는 새로운 방법으로 학습하기를 더 좋아한다. 문제해결에 있어서 지나치게 단순화하거나 복잡하게 생각하지 말고 출제자의 의도를 생각해 볼 필요가 있다.

(5) 사고형들의 학습 스타일

사고형은 분석적이며 객관적인 경향이 있다. 이들은 학습 목표를 요구하며, 교사와 자신들이 유능하기를 원한다. 사고형은 논쟁과 토론을 즐기며 그 과정에서 타인에 대해 비판적이 되기도 한다. 사고형들은 선생님이나 친구들이 자신의 능력에 대해 믿고 신뢰해 주는 것에 중요한 가치를 둔다. 이 유형의 자녀들에게는 자료를 수집하고 조직하여 평가함으로 스스로 문제를 해결할 수 있도록 기회를 주는 것이 바람직하다. 이들은 논리적이며 객관적으로 이러한 문제를 해결해 나갈 것이다. 또한 적절한 행동과 성적을 결정하는 기준이 무엇인지 명확히 알고 싶어 한다. 세상이 공정하다는 믿음을 필요로 하며 수업을 통해 자신의 가치를 인정받고 성취감을 얻고 싶어 한다. 이들은 또한 어떤 일이 왜 일어났는지 대해 자세히 알고 싶어 하므로 일의 인과관계를 분명하게 설명해 주어야 한다.

(6) 감정형들의 학습스타일

감성형들은 가치관에 따라 학습하는 예민한 사람들이다. 이들은 학습활동에 인적 네트워크를 효과적으로 활용하여 개인적인 조언을 받고 배우는 형태로 학습을 한다. 이들은 해당 주제와 관련된 개인적인 이야기를 들려주면 흥미를 느낀다.

감정형의 자녀들은 그들의 과제나 수행에 앞서 그들 스스로 한 개체로 인식되기를 원한다. 그래서 이들은 과제물에 개별적으로 평가를 덧붙이거나 격려와 칭찬의 말을 덧붙여 주는 것을 몹시 소중하게 느낀다. 이들은 조화를 원하므로 급우 간의 갈등, 선생님과의 갈등 상황의 스트레스를 견디기 어려워한다. 자신과 정서적으로 잘 맞는 친구와 공부하는 것이 효과적이며 꾸중이나 비판은 비효과적이다. 칭찬받기를 원하며, 다른 사람을 즐겁게 해주려고 한다. 여럿이 함께 공부하고 토론은 참여하지만, 경쟁은 싫어하는 유형이다. 사람과 관련된 주제를 주면서 이들이 어떤 방식으로 사람을 돕고 영향을 줄 수 있는지 등과 같은 내용으로 풀어가는 학습방법이 좋다.

(7) 판단형들의 학습 스타일

판단형은 학습을 완료하는 것에 초점이 맞추어져 있기 때문에 조직적이며 구조적으로 학습하는 것을 좋아한다. 즉, 이들은 분명한 목표와 계획이 있을 때 학습능력이 향상되는 것이다. 이들의 학습능력 향상을 위해서는 마감시간과 보상을 설정해 놓는 것이 좋다. 또 다른 일을 시작하기 전에 이전에 하던 일을 모두 끝마칠 수 있을 때 학습이 가장 잘 이루어지는 것이다.

수업에 일정한 과정이 제시되어 있어 이를 따르는 것을 좋아한다. 야외수업, 특별활동과 같은 이미 계획되어 있는 변화는 일상적인 것으로 인정하고 수용한다. 하지만 갑작스럽게 변화가 생겼을 때 이들은 당황하기 쉽다. 이들에게는 숙제를 통해 얻을 수 있는 이점을 정확하고 세부적으로 설명해 주는 것이 좋다. 이들은 명료한 과제와 정확하고 구체적인 안내를 요구하는 경우가 많다. 한 과제물을 끝마친 후 다른 과제물을 시작하는 것을 선호하기 때문에 미처 끝마치지 못한 많은 과제물들은 이들에게 큰 스트레스를 줄 수 있다.

(8) 인식형들의 학습 스타일

인식형은 융통성 있고 자발적인 학습자로 미래에 대한 가능성과 선택 가능한 대안들에 대해 배우기를 좋아한다. 자신들의 변화하는 욕구에 맞추어 유동적으로 변화할 수 있는 학습 환경을 선호한다. 다양성이 없으면 쉽게 싫증을 내는 편이다.

인식형 자녀들에게 부모는 융통성을 발휘할 수 있어야 한다. 사상, 사물, 장소 모두 탐험하기를 좋아하는 이들은 한자리에 머무르기보다는 주위를 이동하며 학습하고 싶어 한다. 즉흥적으로 행동하므로, 이런 아동은 시간계획을 세워서 생활할 수 있도록 도와주는 것도 필요하다. 새로운 정보에 대해서 이들은 언제나 개방적이므로 늘 부족한 시간으로 인해 숙제는 막판에 해치우거나, 시간 안에 못 마칠 수도 있다. 결정을 하는 데 어려움을 느끼며 한꺼번에 너무 많은 일들을 벌리기 때문에 마무리하는 데 어려움을 느껴 마무리가 늦어지는 경우가 많다. 자연스럽고 자유롭게 노는 것을 좋아한다. 따라서 이 유형의 자녀들은 행동 제약이 필요할 때 보상으로 자유를 허용해야 한다.

표 2-7 선호경향과 학습 스타일

외향(E)	이 문제에 대해 이야기해 보자.	이 문제에 대해 생각해 봐야겠어.	내향(I)
감각(S)	제발 사실만 알려 주세요.	이제 전부 알 수 있어.	직관(N)
사고(T)	그거 논리에 맞아?	누가 상처받지는 않을까?	감정(F)
판단(J)	일단 뭔가 해봐.	잠깐 멈추고 생각해 봐.	인식(P)

출처: Psychometrics Direct(2004년 6월호), 어세스타 온라인 심리검사 자료실(재구성).

사례 MBTI와 가족(부모)상담

초등학교 5학년 A양은 부모님께 야단맞으면 말없이 집을 나갔다. 부모가 전화를 몇 번 하여도 스마트폰을 받지 않았다. 어떤 때는 친구 집에서 자고 부모가 녹초가 될 때까지 말을 하지 않아 결국은 부모님께 매를 맞았다. A양은 급기야는 부모를 아동학대로 고발할 참이었다. 그녀의 집은 친구 집과 가깝고, 친구 부모가 자초지종을 듣고 그 부모님에게 부모상담을 권유하였다. 왜냐하면 A양은 성적도 우수하고 친구들 사이에는 매우 인기가 있는 활발한 아이였다. 그 가족원들은 모두 MBTI 검사를 받게 되었다.

아버지는 INTJ, 어머니 INTJ, 오빠 ENTJ, A양은 ENFP였다. A양은 왜 집을 나오는가?

생각해 볼 문제

1. 나는 어떤 학습 지도 스타일의 부모를 좋아하는가?

2. 내가 나의 아이(학동기)를 학원에 보낸다면, 어떤 종류 학원을 어떻게 결정하여 보내고 싶은가?

3. 우리 부모와 나는 잘 맞는가? 맞지 않았다면 어떤 요인입니까?

4. 나는 어떤 성격 유형의 배우자를 원하는가?

CHAPTER

03 시대별 자녀양육 유형

우리나라에서는 자녀양육을 자식 농사에 비유하곤 한다. 사농공상(士農工商)이라는 순서로 알 수 있듯이 농사는 매우 중요한 일이었다. 한 해 농사를 망치면 배를 곯아야 했다. 그렇게 중요한 농사에 비유하여 '자식 농사'를 중요시했다는 것을 알 수 있다. 예를 들어 우리가 배추 농사를 지으려면 배추에 대해 배워야 하고 알아야 한다. 배추는 어떤 토질에 심어야 하는지, 심는 시기는 언제로 하는지, 배추가 벌어지지 않게 언제 묶어야 하는지 등을 배워야 한다. 예전에는 부모가 하는 농사를 같이 지으며 어깨너머로 배웠다면, 지금은 누군가에게 배추 농사짓는 방법을 배워야만 농사를 지을 수 있다. 이처럼 부모교육은 자녀양육에 관한 지식과 기술을 배우는 것이다. 자녀가 어떤 강점을 가지고 있는지 관심을 가지고 그것을 개발시켜 주는 것이다. 노벨상을 받은 마리 퀴리는 자녀의 강점을 '꽃봉오리가 피는 것'을 기다리듯 하였다고 한다.

전통적인 사회에서는 자녀양육을 부모뿐만 아니라 조부모와 친척 그리고 마을 사람 모두가 공동 양육을 하였으나, 현대의 핵가족은 사회적 지원 체계가 촘촘하지 못하면 오로지 부모가 자녀를 양육할 수밖에 없게 되고, 자녀에 대한 책임 또한 부모가 오롯이 지게 되는 어려움이 있다.

■ 다음 질문에 대해 자신의 생각을 적어 보자.

1. 어떤 부모가 되고 싶은가?

2. 부모라면 반드시

한다.

3. '부모' 하면 떠오르는 단어는 무엇인가?

'부모' 하면 사랑, 희생, 원망, 고마움, 서운함, 안타까움, 책임, 존경 등등 다양한 생각이 떠오를 것이다.

칼릴 지브란(Kahlil Gibran)은 사람과 사람 사이에는 그 사람에 대한 애정으로 서로를 구속하는 것이 아닌, 하늘의 바람이 그 사람들 사이에서 춤을 출 수 있도록 거리가 있어야 한다고 했다. 그렇다면 부모와 자식 사이에는 어느 정도의 거리가 필요한 것일까? 아마도 자녀의 나이에 따라 그 거리는 달라져야 할 것임은 분명하다. 갓 태어난 신생아에게는 부모의 보살핌이 필요할 것이고, 영아기, 유아기, 아동기, 청소년기, 성년기에 따라 부모와 자녀의 거리는 달라져야 할 것이다.

우리는 가족을 가장 작은 사회(社會)라고 한다. 다음 사전에는 사회(社會)는 공동생활을 하는 사람들의 조직화 된 세계나 집단을 뜻한다. 우리나라 민법상에는 가족의 범위를 규정하고 있다. 그러나 현대에서는 꼭 혈연관계가 아니더라도 서로에 대한 애정과 책임감 등이 있다면 가족이라는 관념들이 넓게 퍼지고 있다. 또한 이혼, 사별, 미혼모·부 등 다양한 이유로 부모와 같이 살지 않는 경우도 많아지고 있다. 이 책에서는 주 양육자가 부모가 아니더라도 부모의 역할을 하는 이를 부모라고 칭하도록 하겠다.

1. 시대별 자녀양육관

세계적으로 출생아 수가 줄어드는 현상이 늘자 각 국가에서는 출생률을 높이기 위한 다양한 정책을 내놓았다. 이전에는 아이는 사회에서 중요한 존재가 아니었으나, 이로 인해 아동의 인권이 사회적 인식의 변화와 더불어 중요하게 부각되기 시작하였다. 아동은 신체적으로나 정신적으로나 발달단계에 있어서 어른과는 다르게 적절한 법적 보호와 더불어 특별한 보호와 배려가 필요하다.

역사 이래 부모 역할 수행을 위하여, 어느 문화권이든 어떠한 형태로든 넓은 의미에서 부모교육을 받아 왔고, 사회의 변화와 인식의 변화와 더불어 자녀양육 방식은 시대에 따라 변화하였다. 고대부터 현재까지 양육관을 드모스(DeMause)는 6가지로 설명하고 있다. 자녀양육은 시대와 문화에 따라서 차이가 있고 개인차도 존재하나 드모스의 이론은 자녀양육을 지나치게 단순 분류한 점과 극단적 사례로 인해 이를 비난하는 학자도 있으나, 아직 드모스의 이론을 능가할 이론이 나타나지 않고 있다. 드모스는 살해형 부모 유형, 포기·유기형 부모 유형, 갈등형 부모 유형, 엄격한 훈련형 부모 유형, 사회화 과정 형성형 부모 유형, 수평적 부모－자녀 관계 유지형 부모 유형으로 나누었으며, 현시대에도 이 여섯 가지 유형의 양육관이 문화권에 따라 공존하고 있다(이원영, 김정미, 2011).

이 장에서는 자녀양육 변화에 대해 드모스(Lloyd DeMause)의 6가지 자녀양육관에 대해 이원영과 김정미(2011)가 제시한 내용을 바탕으로 살펴보도록 하자.

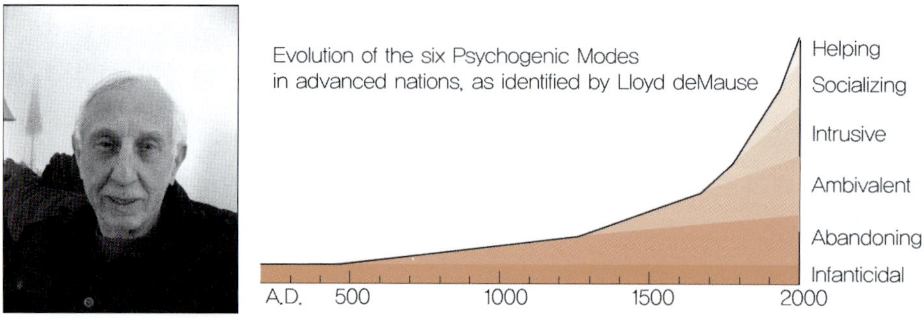

그림 3-1 드모스(Lloyd DeMause, 1931~2020)

출처: https://en.wikipedia.org/wiki/Lloyd_deMause

1) 살해형(Infanticide)

고대에는 인간을 개인보다는 집단의 관점으로 보았다. 기원전 플라톤(BC 428(427)~348(347))은 아동의 양육과 교육이 이상 사회구현을 위한 수단으로, 부패한 정치와 정부에 대한 불신에 대한 대안이라 믿었기에 국가가 아동을 키워야 한다고 주장하였다. 플라톤의 제자인 아리스토텔레스(BC 384~322)는 어린이는 사회의 구성원으로 키워야 함을 피력하였으나, 플라톤과는 달리 가족에 의해 키워져야 하며, 아동은 개인차가 존재하므로 적합한 아동 양육 방식을 사용해야 한다고 주장하였다.

그리스가 멸망하고 로마로 문화의 중심이 옮겨간 후 암흑시대로 불리는 4세기부터 14세기 동안 철학적 · 과학적 사색이 억압되고 인간의 행동과 발달 그리고 부모교육에 관해서는 성서가 바탕이 되었다. 인간은 사악한 존재로 태어나므로 부모는 아동의 바람직하지 않은 특성을 제거할 책임이 있다고 믿었으며, 아동을 부모가 부당하고 심하게 다루면 시민생활과 가정생활에 적합하지 않게 된다는 플라톤과 아리스토텔레스의 사상은 빛이 바래졌다.

이 시기 아동은 한 인간으로 중요한 존재가 아니었다. 고대 스파르타에서는 아이가 태어나면 그 지역의 원로들이 검사하여 건강하다고 판단되는 아이는 선택하고 건강하지 못한 아이는 살해되었다. 또한 로마에서는 가장(家長)의 판단에 의해 아이는 받아들여지거나 버려졌고, 그 시대 영아살해는 합법적이었다. 가장이 들어 올리지 않은 아이는 버려졌고, 누구든 원하는 사람이 그 아이를 데려가 키울 수 있었다. 아이는 아버지로부터 받아들여지지 않거나, 가난해서 또는 재산을 후손에게 물려주기 위해서도 버려졌다. 그리스인과 로마인은 게르만인과 이집트인, 유대인들이 낳은 자식을 버리지 않고 모두 키우는 것을 기이하게 생각하였다. 318년 콘스탄티누스 황제가 영아살해는 죄라고 규정한 이후 바람직하지 않은 일로 인식하게 되었고 영아살해금지법도 생겨났다.

고대 아동의 생존 여부가 어른에 의해서라면 현시대는 어떠한가?

사례 1 **'영아유기 · 살해' 11년간 1495건… 쉴틈없는 베이비박스[반복되는 영아유기①]**

tvN 드라마 '우리들의 블루스' 속 고등학생 커플 방영주와 정현은 갑작스럽게 임신을 하게 된다. 계획되지 않았던 탓에 임신 중단도 고민했지만, 병원에서 아이의 심장 박동 소리를 들은 뒤 출산을 결심한다. 이 고등학생 커플은 주위 어른들에게 출산을 응원 받으며 '해피엔딩'을 맞는다.

이달 13일 경기도 평택에서 자신의 아이를 야산에 유기한 20대 미혼모가 경찰에 붙잡혔다. 그는 자택 화장실에서 출산한 아이를 살해한 뒤 인근 야산에 묻었고, 다음 날 A씨의 집 화장실에서 막힌 변기를 뚫은 작업자가 "태반처럼 보이는 물체를 발견했다"고 경찰에 신고한 것으로 조사됐다. A씨는 경찰에 "아이를 키울 여건이 되지 않았다"는 취지의 진술을 했다고 한다.

그로부터 3일 뒤 서울 동대문구의 한 아파트 단지에서는 갓난아이가 쓰레기봉투에서 숨진 채 발견됐다. 청소 용역업체가 쓰레기 봉지를 차량에 싣는 과정에서 발견된 것인데, 당시 아이는 탯줄이 달린 상태로 전해졌다. 경찰은 아이의 친부모를 유력한 피의자로 보고 유전자 감식 등 조사에 나섰다. 매년 갓 태어난 아기가 버려지거나 살해당하는 사건이 발생하면서 충격을 주고 있다. 이 같은 사건의 피의자 대부분은 아이의 친생부모로, 양육 여건이 마땅치 않아 부적절한 선택을 하는 것으로 알려졌다. 드라마 속 그림과 달리 부모가 자신이 낳은 아이를 해치는 상황까지 내몰리는 데 대해 사회가 함께 고민해야 한다는 지적이 나온다.

21일 경찰청에 따르면 최근 11년간 경찰에 신고된 영아 유기 및 살해 사건은 1,500건에 육박한다. 지난 2010년부터 2020년까지 경찰에 신고된 영아유기는 1,379건, 살해는 116건으로 총 1,495건이다.

출처: 뉴시스 2022.05.21.

한국의 영아유기·살해죄는 1953년 만들어졌으며, 전쟁 직후 극심한 가난으로 아이를 키울 여건이 되지 않는다는 것을 고려하여 형량이 낮게 적용되었다는 지적이 나온다.

> **형법 제251조 (영아살해)** 직계존속이 치욕을 은폐하기 위하거나 양육할 수 없음을 예상하거나 특히 참작할 만한 동기로 인하여 분만 중 또는 분만 직후의 영아를 살해한 때에는 10년 이하의 징역에 처한다.
>
> **형법 제271조(유기, 존속유기)** ① 나이가 많거나 어림, 질병 그 밖의 사정으로 도움이 필요한 사람을 법률상 또는 계약상 보호할 의무가 있는 자가 유기한 경우에는 3년 이하의 징역 또는 500만 원 이하의 벌금에 처한다.
>
> ② 자기 또는 배우자의 직계존속에 대하여 제1항의 죄를 지은 경우에는 10년 이하의 징역 또는 1천500만 원 이하의 벌금에 처한다.
>
> ③ 제1항의 죄를 지어 사람의 생명에 위험을 발생하게 한 경우에는 7년 이하의 징역에 처한다.
>
> ④ 제2항의 죄를 지어 사람의 생명에 위험을 발생하게 한 경우에는 2년 이상의 유기징역에 처한다.

프랑스에서는 영아살해죄를 1992년에 폐지하였고, 독일은 1998년 영아살해죄를 폐지하여 일반 살인죄와 같은 처벌 수준으로 영아살해를 판단하고 있다.

사례 2 **[통큰기사-아이를 위한 도시는 없다. (上)] 육아고통의 끝 학대·방임**

살인미수 혐의로 기소된 서씨는 지난 5월 징역 4년을 선고받았다. 1심 재판을 맡은 수원지법 형사 13부는 판결문을 통해 서씨의 범행을 강하게 꾸짖었다. 재판부는 “우리 사회는 그동안 이 사건과 같은 유형의 범죄에 관하여 ‘부모가 오죽했으면’이라는 온정적인 시각으로 ‘동반자살’로 미화해 왔으나, 이 사건과 같은 범죄는 자녀를 보호 양육해야 할 책임이 있는 부모가 자녀를 부모의 소유물로 여기는 그릇된 인식과 자신이 죽은 후의 자녀의 삶이 불행할 것이라 단정하고 책임진다는 잘못된 판단만으로 아무런 죄도 없는 자녀를 살해하려 한 것에 불가하다”고 적었다.

출처: 경인일보 2021.12.27.

2) 포기형 유기형 양육관(Abandoning)

자녀를 죽이지는 않았으나 양육을 쉽게 포기하거나 버리는 양육관이다. 먹이고 재우는 등의 의식주는 해결해 주나 심리적 필요와 욕구는 무시하며, 아동의 성장발달에 대한 지식이 없었던 시대에 부모들이 가졌던 일반적인 양육관이다. 수도원이나 수녀원에 자녀를 봉헌하거나 견습으로 보내기도 하였다. 유아는 성인의 축소판이라는 생각이 일반적이었고, 유아의 사회적 지위는 매우 낮았으며, 길에 버려진 아이들로 인해 유럽의 거리는 걷기가 힘들 정도였고, 이는 16세기 유럽의 심각한 사회문제였다.

서구사회에서 사회적 지위가 높은 가정의 자녀는 어머니 외의 사람이 키웠는데, 우리나라의 양반 가정에서 유모가 키운 것과 같다.

15세기 프랑스는 모유로 아이를 키우는 것을 야만스럽다거나 이상한 가치관을 가진 사람이라는 인식이 있었다. 영국에서는 모유로 키우기 위해서는 주변의 곱지 않은 시선을 받아들일 수 있는 강한 신념이 필요했으며, 모유로 키운 여성은 묘비명에 기록될 정도였다고 한다.

르네상스 이전 유럽에서는 아이를 유모에게 맡기는 관행이 넓게 확산되었으며, 프랑스에서는 1350년 1월 30일에 반포된 왕의 칙령에는 유모의 월급, 아이를 유모집까지 데려다주는 호송인의 월급을 규정하고 있다.

영국은 20세기 초반에도 부유층은 보모를 두고 자녀양육을 했으며, 이는 타가양육(他家養育)보다는 발전된 형태이나 자녀양육의 주된 책임은 부모 이외의 사람에게 있었다고 볼 수 있다. 아이는 태어나는 즉시부터 3~4세가 될 때까지 농촌이나 다른 지역 가정에 보내져 양육을 받는 타가양육을 받았다. 이 시기 부모 자녀 간 거리는 매우 멀었고, 양육과 교육은 친척이나 가정교사가 맡게 되었고 이들과의 관계가 부모보다 더 가까웠다. 18세기 중반 이후, 아이를 다른 사람에게 맡긴다는 것이 새롭게 비판을 받게 되었다.

현대사회의 포기형 유기형은 자녀를 위해서라고 하나 자녀의 의사와는 무관하게 이른 시기에 조기유학을 보내거나, 이혼하며 자녀를 서로 키우지 않겠다고 하거나, 고아원에 보내 찾지 않는 경우, 조부모에게 보내고 방치하는 경우, 가정에서 충분히 돌볼 수 있는 여건이 되는데도 불구하고 어린 영아를 종일 위탁하는 경우 등을 들 수 있다. 애착이 형성되기도 전에 부모에게 떨어져 멀리 보내 키우는 것은 부모에 대한 애착 형성의 어려움을 겪게 되고 이는 성인 애착으로 이어지기도 한다. 또한 신뢰감을 기르는 시기에 불신감을 갖게 되어 세상을 신뢰하는 데 어려움을 형성하게 될 수도 있다.

사례 1 서울 보호아동 75% '부모가 양육포기' …아동학대는 17%

서울의 보호 대상 아동은 2000년대 초 급증하다가 점차 줄어 2019년 기준 전국에서 차지하는 비중이 18.6%가 됐다. 이는 서울 인구 비례(18.6%)와 같은 수준으로 서울의 보호 대상 아동 발생 사유는 '미혼부모 · 혼외자'(63.5%), '아동학대'(13.7%), '비행 · 가출 · 부랑아'(10.4%), '부모 빈곤 · 사망 · 질병 · 이혼'(7.3%), '유기'(4.5%) 등 순이었다. '유기'와 '미혼부모 · 혼외자', '부모 빈곤 · 사망 · 질병 · 이혼'은 부모가 아이 양육을 포기한 경우로 묶이는데, 모두 합하면 서울 전체 발생의 75.3%에 달했다. 전국의 보호 대상 아동 발생 사유는 '미혼부모 · 혼외자'(32.7%), '아동학대'(32.2%), '부모 빈곤 · 사망 · 질병 · 이혼'(19.9%) 순으로 집계돼, 서울의 '미혼부모 · 혼외자' 비중이 전국 현황과 비교해 특히 큰 것으로 나타났다.

출처: 연합뉴스 2021.05.21.

사례 2 영화 〈캐빈〉에 대하여 평론

인간은 사회적 동물이다. 세상에 홀로 던져진 인간은 끊임없이 다른 사람과 관계를 맺으며 살아간다. 그중 가장 강력한 관계는 단연 '가족'이다. 특히 부모와 자식의 관계는 각별하다. 다른 관계들이 사회적인 상호작용에서 태어나는 것과 달리 부모와 자식의 관계는 운명적으로 결정된다. 사회적 관계는 맺고 끊음이 자유로운 편이지만, 부모와 자식은 피로 묶여 있고, 부모와 자식의 관계에서는 '책임'이라는 특수한 의식이 작용한다. 이 책임은 단순히 아이를 살 수 있도록 도와준다는 차원을 넘어서 나 자신의 욕망과 삶보다 아이를 우선시해야 함을 전제로 한다. 그러나 인간은 자유롭고 싶어 한다. 사회적 관계도 물론 중요하지만 자신의 자유도 보장받고 싶은 양가적 의식이 인간 속에 내재되어 있다. 그런 의식으로 하여금 출산과 양육은 기피하고 싶은 일이 된다. 대부분의 부모는 자유를 포기한다. '아이가 성장하는 것을 지켜보는 행복감'을 자유와 등가 교환한다. 타인을 위해 기꺼이 나 자신을 포기하는 일. 가족을 이룬다는 것은 그런 것이다.

출처: 아트인사이트 2022.07.06.

3) 갈등형 양육관(Ambivalent)

르네상스 전후 유럽의 상류층은 자녀를 다른 집에 보내 키우지는 않았으나 아이의 마음에 악이 존재한다고 믿고 엄하고 무섭게 대하였다. 14세기 말 이후 자녀의 생명을 지키려는 양육관이 새로이 생기기 시작하였고, 16세기 이후 자녀가 병에 걸렸을 때 치료해 주려는 욕구가 매우 뚜렷해졌다. 이는 집단주의적 관점에서 개인적 관점으로 변화된 것을 의미한다. 나는 죽으나 자녀를 통해 내 몸을 영구히 보존할 수 있다는 인본주의적 사고가 생겨났고 자녀는 부모의 관심사 중 가장 중요한 위치로 옮겨졌으며, 자녀 자체를 사랑하고 기쁨이 되는 존재가 되었다.

르네상스기에 발생한 인본주의 사상과 개별화 존중은 부모-자녀 관계에도 변화가 시작되었으나, 아동 발달에 관한 정보 부족과 양육 방법 기술의 부족으로 갈등하게 되었다.

자녀에게 잘해 주고 싶은 본능적 욕구는 있으나 처음부터 버릇을 잘 들이지 않으면 나중에 손쓰기 힘들다는 염려로 자녀양육에 관해 혼란스러워하는 양육관이다. 아이의 마음에는 악이 존재하기에 엄하게 키워야 한다는 생각과 인간적으로 대우해야 한다는 상반된 가치관이 서로 충돌하여 자녀에게 엄하게 대하기도 하고 애정으로 대하기도 한다. 자녀를 어떻게 대해야 할지 혼란스러운 이유 중 사회의 문화가 엄격함을 강조하거나 또는 자녀에게 애정을 어떤 방식으로 표현해야 할지 몰라 갈등하는 유형이다.

현대의 부모들은 다양한 정보의 바다에서 오히려 표류하고 있다는 생각을 가지게 된다. 서점에서도 부모교육과 관련된 책이 넘쳐나고, 유치원, 학교 등에서도 부모교육이 활성화되고 있고, 부모교육에 대한 방송도 많이 있으니 정보는 차고 넘치나 갈피를 잡지 못하는 경우가 많다. 이는 나의 아이에게 딱 맞는 교육법을 찾기 어려워서일 것이다. 아이가 100명이면 100가지 교육법이 있다고 한다. 아이 모두 개별적인 존재이므로 그 아이에게 맞는 교육이 각기 다르듯, 양육 방법 또한 달라져야 하기 때문인데, 그 많은 정보를 두고도 부모 역할에 어려움을 겪는 이유는 부모 자신과 아이에 대해 정확히 알기 어렵기 때문일 것이다. 부모도 자녀도 자신과 가장 가까운 존재로 인식하기에 '나와 같다'는 의식을 가지게 된다. 나와 같은 생각을 가지고 있다고 여긴 상대방이 나의 의사와 반하는 행동을 할 때 통제가 되지 않는다는 생각으로 갈등을 겪게 되는 것이다.

우선 나에 대한 이해와 더불어 자녀에 대한 이해가 된다면 그 이후 다양한 기술을 사용할 수 있을 것이다. 기술도 분명 유용하고 중요하나 더욱 중요한 것은 나와 자녀를 이해하는 것이 우선되어야 할 것이다.

4) 엄격한 훈련형 양육관(Intrusive)

중상류층 서양의 부모들은 이제 아이를 다른 집에 보내거나 수도원에 보내거나 하지 않고 집에서 양육하기 시작하자 부모로서 해결해야 하는 중요한 여러 가지 문제들이 발생했다.

예나 지금이나 아이들을 양육하는 문제는 부모에게 어려운 과제로 자녀의 올바른 습관을 형성하거나, 예절을 지키게 하는 것, 도덕성을 키워 가는 것들이다. 부모들은 자녀를 양육하며 도를 닦으러 산에 가지 않아도 된다고 말하곤 한다. 자녀를 양육하는 과정이 도를 닦는 것과 비견하여 조금도 뒤처지지 않는다는 의미일 것이다.

18세기경 동서양에서 가정의 주도권은 아버지에게 있었다. 가장의 말은 곧 법인 시대에 자녀의 권리를 존중하거나 인정하지 않았으며 부모는 자녀를 엄하게 다스리고 엄격하게 길러야 사회의 구성원이 된다고 생각하였기에 교정의 필요성을 자연스럽게 받아들였다.

초기 미국은 아버지가 통제할 수 없는 아동을 죽일 수 있는 권리를 부여하는 '완고한 아동법'을 제정하였으며, 1870년대에 이르러서야 아내 구타를 불법으로 인정하였다. 아버지들은 자녀를 강인하게 키워야 한다고 확신하여 자녀를 얼음이 많은 강에 던지거나 철갑옷을 입게 하는 등이 관행화되고 있었고, 지금도 자녀를 구타하는 것이 합법이 국가도 존재한다.

18세기에는 자녀를 때려서 키우도록 한 기록으로 남아 있으며, 학교에서 아동을 때리는 것을 부모는 당연시하였다. 현대의 아동중심 양육관은 20세기 초반이 되어서야 확립되기 시작하였고, 자녀양육에서 아버지의 권리가 강화되었고, 유아교육이 권장되었다.

아버지의 온정과 수용의 양육행동은 자녀에 대한 온정적 태도, 애정 표현, 수용과 존중, 이해, 긍정적 평가, 관심과 참여, 경험의 공유, 대화와 설명 등을 의미한다. 거부와 제재는 자녀에 대한 불만, 부정적 평가, 비난, 부정적 감정 표현, 적대적이고 감정적인 훈육, 무시와 비하, 억압, 잔소리, 불신 등의 양육행동을 의미하며, 허용과 방임은 자녀의 요구를 과다하게 들어주는 익애, 굴욕형 허용과 무책임, 무관심형 방임 등의 양육행동으로, 아버지의 온정과 수용의 양육태도는 자녀의 리더십이 높은 결과를 나타내며, 이는 아버지의 따듯함과 수용 등의 태도가 바람직한 자녀의 사회적, 정서적, 지적 발달과 상관이 있음을 알 수 있다(장영애, 2015).

5) 사회화 과정 형성형(Socializing)

부모는 아동이 사회구성원으로 잘 성장하고 사회화되기 위해 지속적인 훈련과 안내를 도와야 한다는 양육관이다. 19세기 이후 교육자, 철학자, 소아과의사, 정신분석학자, 심리학자들이 아동 발달에 관심을 가지면서 이러한 아동관이 점차 형성되기 시작하였다. 20세기가 되어 부모들은 자녀양육의 어려움이 아동의 본성 때문이 아니라 환경 요인을 생각하게 되었고, 환경 요인 가운데 부모 양육 방식 특히 어머니의 양육 방식에 대해 중요하게 생각하게 되었다. 이 양육관은 부모-자녀 갈등에서 모든 문제 원인이 자녀에게 있다는 생각에서 부모에게 원인이 있을 수 있다는 생각으로 변화하는 계기가 되었다.

1940~1950년대 사회화 과정 형성형이 우세한 시기에 부모-자녀 관계는 어머니가 우월한 위치에 있는 수직적인 관계로, 어머니는 좋은 영향을 자녀에게 주기 위하여 자녀의 행동을 조작하려 하였다. 사회화 과정 형성형 양육관은 자녀의 잘못된 행동을 보이면 어머니의 책임이라는 죄의식을 갖게 한 점도 있으나 이 양육관에 영향을 준 이론과 연구 결과들이 부모교육

의 중요한 바탕이 되었다.

현대의 사회화 과정 형성형으로는 헬리콥터맘, 알파맘, 돼지맘, 타이거맘 등이 있다. 현대 부모를 일컫는 다양한 맘들은 다음과 같다.

- 돼지맘
  교육열이 상당히 높고 학원강사, 학원, 교육 방법 등 사교육 정보에 능통한 엄마다. 이들은 학원가에서 다른 엄마들을 이끌고 다닌다는 특징이 있다.
- 캥거루맘
  부모의 과잉보호와 의존도를 꼬집은 단어로 캥거루가 자식을 배 주머니에 담고 키우는 것을 비유한 말이다. 이러한 부모들은 자녀에게 지나친 간섭을 하며, 자식을 아기 캥거루처럼 품고 살려고 하는 데서 비롯되었다.
- 헬리콥터맘
  자녀들이 성장해 학교를 마치고 직장생활을 하지만, 헬리콥터처럼 자녀의 주변을 맴돌면서 자녀가 하는 일을 사사건건 간섭하여 자녀의 독립을 억제하는 엄마를 지칭한다. 이들은 헬리콥터의 프로펠러처럼 소리가 요란하다.
- 사커맘(soccer mom)
  미국의 열성적인 엄마로 아이들을 방과 후에 축구 연습장에 데리고 가고, 데리고 오며 자녀의 축구 연습을 지켜보는 열성적인 엄마를 지칭한다.

출처: https://asocialworker.tistory.com/277

- 스칸디맘(scandi mom)
  북유럽에서는 독서와 산책을 통해 자녀들을 교육하고 소통한다. 단순히 책을 읽도록 강요하는 것이 아니라 자녀에게 책을 읽어주고 대화하며 교감을 나눈다. 산책은 일조량이 적은 북유럽의 환경적 특성상 건강을 위해 중요한 삶의 일부분이며, 산책을 통해 자연스럽게 자녀와 공감하고 자녀가 자연을 느낄 수 있게 한다. 엄격하게 자녀들을 교육시키는 타이거 맘(Tiger Mom)의 반대되는 개념이라 할 수 있다. 타이거 맘은 엄격한 통제와 규율로 자녀를 가르치며, 아이들에게 자율성을 주는 것을 부정적으로 본다.

출처: https://100.daum.net/encyclopedia/view/47XXXXXXXs37

- **폭격기 부모**: 자녀의 인생과 인격을 전투기가 폭탄을 떨어뜨리듯 폭격하여 초토화하는 부모를 지칭한다.
- **인공위성 부모**: 대학진학과 더불어 적극적 관여를 끊고 관망하는 부모이다.
- **알파맘과 베타맘**: 알파맘은 자녀의 재능을 발굴하고 탄탄한 정보력으로 자녀를 체계적으로 교육시키는 유형이라면, 베타맘은 자녀의 자립성 주도성, 독립성 등을 중요하게 생각하기에 자녀 스스로 자신의 인생을 결정할 수 있도록 부모가 옆

에서 도움을 준다.

- 여미마미(yummy mummy): 주로 미국에서 많이 쓰이는 용어로 자녀가 있으나 여전히 아름답고 건강하며 매력적이며 섹시한 엄마로 아가씨같이 보이는 젊은 엄마나 중년이지만 매력적인 엄마를 지칭하는 말이다. 이들은 트렌디한 옷을 입고 좋은 헤어스타일로 외모도 출중해 보인다.

출처: 여성가족부 외.

6) 수평적 부모-자녀 관계 유지형 또는 조력형 양육관

1980년대 이후 전문가들은 유아를 자기결정 능력, 의지력이 있는 능동적인 존재로 의식하기 시작했고, 부모들은 위의 양육관을 인정하기 시작했다.

4세의 아동이 엄마가 갑자기 쓰러지자 엄마 휴대폰에 엄마 지문을 찍고 구급차를 부르는 등 유아들도 최선의 선택을 할 수 있다는 것을 보여 주는 사례는 많다. 이처럼 유아들도 스스로 선택할 수 있는 능동적인 존재로 인정하면서 부모는 성인과 동등하게 수평적 관계를 맺으며 자녀를 양육하기로 하는 양육관이다. 앞서 사회화 과정 형성형의 부모가 자녀에게 필요한 것을 미리 준비하고 제공하는 데 비하여, 조력형 부모는 자녀를 인정하고 상호작용하는 태도를 가지고, 자녀를 관찰하고 그들이 자발적으로 표현하는 것에 도움을 주고자 한다. 수평적 부모-자녀 관계를 유지하기 위해서는 부모 자신도 성숙해야 하고, 노력이 필요하다.

조력형의 부모가 앞서 설명한 양육관보다 더 많은 시간과 노력이 필요하다. 체벌로 자녀를 양육하지 않기 위해서는 부모의 성숙, 아동 발달에 대한 이해, 자녀가 스스로 하는 동안 기다려 주는 등 쉽지 않은 과업이다.

체벌은 자녀를 공포심을 들게 하여 행동을 변화시키려고 하나, 부모가 볼 때 잠시 멈출 뿐 바람직한 행동을 위해서는 부모의 성숙함이 필요하다. 말이 통하지 않는 아이를 이해시키는 것은 결코 쉬운 과업은 아니다. 그러나 자녀와의 지속적인 관계를 위해서 자녀가 어릴 때 많은 시간과 노력을 쏟는다면 점차 자녀가 성장하며 부모와 솔직한 대화와 진솔한 관계가 될 가능성이 높아질 것이다.

생각해 볼 문제

1. 여러분의 양육자들은 어떤 양육관이었는지 생각해 보고, 좋았던 점과 좋지 않았던 점을 작성해 보시오.

2. "우리 사회는 그동안 이 사건과 같은 유형의 범죄에 관하여 '부모가 오죽했으면'이라는 온정적인 시각으로 '동반자살'로 미화해 왔으나, 이 사건과 같은 범죄는 자녀를 보호 양육해야 할 책임이 있는 부모가 자녀를 부모의 소유물로 여기는 그릇된 인식과 자신이 죽은 후의 자녀의 삶이 불행할 것이라 단정하고 책임진다는 잘못된 판단만으로 아무런 죄도 없는 자녀를 살해하려 한 것에 불가하다"라는 것에 대해 자신의 생각을 제시하시오.

3. 시대별 자녀양육 문화가 한국에서는 어떻게 기록되고 있는지 연구해 봅시다.

02

PART

생애주기에 따른 부모역할

부모가 된다는 것은 개인의 삶에서 중대한 변화를 가져오는 사건이다. 부모역할은 자녀의 성장발달에 가장 큰 영향을 미치며, 개별 자녀의 특성과 자녀가 성장함에 맞춰 변화해야 하는 복잡한 과정이고, 중간에 그만둘 수 없다는 불가역적인 특징을 가지고 있다.

부모의 역할은 자녀의 태내발달기에 부모됨을 준비하고, 영 · 유아기에는 아이를 돌보고 관계를 정립하며, 아동기에 자녀를 가르치며, 청소년기에 자녀의 독립성을 존중하여 성인기에는 자녀를 내보내는 과정을 거친다. 따라서 부모가 되고자 준비하는 청년들은 장기적인 신체적 · 심리적 · 경제적 계획을 세우고 부모교육을 받아 양육 지식과 기술을 습득하여 배우자와 함께 자녀양육을 분담할 준비를 해야 한다. 뿐만 아니라 부모역할을 감당하면서 부모는 자녀뿐 아니라 자신 또한 부모로서 성장하는 기회가 될 수 있으므로, 올바른 자아존중감을 통해 배우자와 자녀와의 건강한 관계를 정립해야 한다. 제2부에서는 생애주기에 따른 부모로서 알아야할 성장발달 지식과 그에 따라 일어나는 사건과 사고들, 현안 주제를 중심으로 논의할 수 있도록 제시되어 있다.

CHAPTER

04 태내발달 · 영유아발달과 부모역할

1. 태내발달기의 부모역할

모체에서 정자와 난자가 수정될 때부터 태아의 출산까지 40여주간의 기간은 태아의 관점에서는 발아기, 배아기, 태아기로, 산모의 관점에서는 임신 초기(제1삼분기), 임신 중기(제2삼분기), 임신 말기(제3삼분기)로 나눌 수 있다. 이 책에서는 산모의 관점에서 태내발달을 설명한다. 산모가 마지막 월경을 시작한 날부터 출산까지의 40주간을 3등분하여 월경 시작일부터 13주까지를 임신 초기, 14주 시작일부터 28주까지를 임신 중기, 29주 시작일에서 40주까지를 임신 말기로 나눈다.

1) 태아의 발달과 모체의 변화

전종관 서울대학교 산부인과 교수가 임신부가 안정을 취해야 한다는 대중적 인식에 대해 "전혀 근거가 없다"면서 오히려 산모에게 해로울 수 있다고 우려했다. 전 교수는 19일 방송된 tvN '유 퀴즈 온 더 블럭' 138회 '명의' 특집에 출연했다. 그는 국내 다태아분만의 최고 권위자로 꼽힌다.

… 전 교수는 "제가 볼 때 (산모에게) 제일 안 좋은 게 안정이다"라며 "저는 임신부들에게 안정 빼고 다 해도 된다고 한다"고 강조했다. 이어 "많은 오해 중 하나가 임신 12주까지 안정기라고 하는 것이다. 물론 잘못되는 경우를 보면 임신 12주까지 잘못되는 경우가 80%다"라면서 "임신 12주까지 유산되는 경우가 많은 것은 맞다. 그렇지만 유산될 아기가 유산되는 거다. … 그러면서 "안정을 하면 몸이 나빠진다. 2주만 안정을 취하면 근육이 빠지고, 안 그래도 높은 혈전증의 위험도가 더

높아진다"면서 "삶의 질이 너무 떨어진다"고 설명했다.

출처: 한경라이프 2022.01.20.

(1) 임신 초기(제1삼분기): 마지막 월경 시작일 ~ 13주

임신 초기의 13주는 모체의 외형적 변화는 적지만 수정란은 발아기에서 배아기를 거쳐 태아로 발달하는 시간이다. 이 시기에는 태반과 태아의 신체 기관들이 형성되고 빠르게 발달하는 만큼 유산의 위험도 크고 외부 영향에 취약한 시기이다.

발아기(germinal period)는 수정 후 2주간으로, 난자와 정자가 만나 수정란이 만들어지고 모체의 자궁벽에 착상하는 기간이다. 배란기에 모체가 배출한 성숙한 난자는 질 속에 사정되어 난관까지 헤엄쳐 온 정자와 만나게 된다. 수정란은 이 직후 세포분열을 계속하면서 난관을 지나 자궁으로 하강하여, 1주일 정도의 시간 후 내벽에 착상한다. 이후 태아를 둘러싸는 양막과 양수, 태아와 모체를 연결하는 태반 및 탯줄 등의 구조가 형성된다.

배아기(embryonic period)는 수정 후 3~8주로, 수정란이 빠르게 성장하며 신체 주요 기관과 조직이 형성되는 기간이다. 이 시기에 배아는 외배엽, 중배엽, 내배엽이라는 세 층의 세포 그룹으로 분리되어 각각 신경계와 피부, 순환계와 근육, 소화계와 허파로 발달한다. 이때는 신체의 주요 기관이 형성되는 결정적 시기로 배아기 시기에 형성되는 주요 기관의 이상은 태아의 중대한 구조적 결함으로 이어질 가능성이 높다.

태아기(fetal period)는 수정 후 9주 이후부터는 신체기관과 신경계가 완성되는 시기이다. 9주 차에는 근육과 신경계가 연결되며, 모체의 임신 초기의 마지막인 12주 정도에는 외부 성기가 확인되고 움직이기 시작한다.

임신 초기는 태아의 발달에서 가장 중요한 시기이며 그만큼 취약한 시기라 유산의 80% 정도가 이 시기에 일어난다. 산모는 아직 배가 나오지는 않지만 자궁이 방광을 눌러 소변이 잦아지고, 멜라닌 색소의 증가로 피부에 갈색점이 생기기도 한다. 특히 4~8주 차에 시작하는 입덧은 임산부의 70~80%가

겪는 흔한 증상으로 태반의 융모막 호르몬 등 호르몬의 변화로 인해 구토나 메스꺼움을 느끼게 된다. 입덧이 심해질 경우 탈수, 영양결핍 등으로 이어질 수 있으니 주의하고, 약물 복용과 스트레스에 주의하여야 한다.

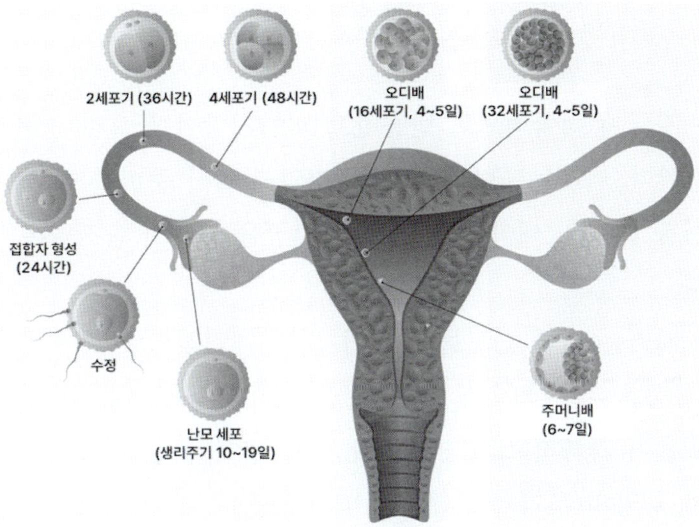

그림 4-1 자궁의 수정과 착상

그림 출처: Freepik

(2) 임신 중기: 14주~28주

임신 중기에는 임신 초기의 입덧 등의 증상이 안정되고 모체가 임신 상태에 적응하여 스트레스가 덜한 시기이다. 태아는 신체의 장기가 발육하며 태아의 뇌세포 70%가 형성되어 빛과 소리, 맛을 느끼고, 감정 표현을 하며, 어머니와 아버지의 목소리를 기억하게 된다. 머리털이 생기고 눈, 귀, 코가 점차 사람처럼 형성되어 17~18주 차에는 표정을 지을 수 있고 팔다리가 발달하여 확실한 태동을 보이게 된다. 27주 차 정도에는 키 35cm, 체중은 1kg 가까이 발달한다.

한편 모체는 호르몬이 안정되고 태반과 자궁, 유방이 커지며 두드러지게 체중이 증가하고 몸의 균형을 잡기가 어려워진다. 아랫배 가운데에는 임신선이 생기고 등~허리가 아프며 팔다리가 쉽게 붓는다. 이때는 태아가 활발하게 성장하는 만큼 영양소를 충분히 섭취해야 하는데, 신경전달물질의 생성을 위해서는 단백질, 세포막을 위해서는 지방, 뇌세포의 에너지원을 위한 탄수화물을 충분히 섭취해야 한다. 또 태반을 통해 태아에게 전달되므로 산모는 안정적인 정서를 유지하고 음악을 듣거나 노래를 불러주는 등이 좋다.

(3) 임신 말기: 28주~40주

태아는 자극에 적극적으로 반응하고 피하지방이 붙으며 근육과 내장지방이 발달한다. 머리는 골반 아래로 내려와서 출산 준비를 하고, 수면과 각성의 주기를 보이며, 태아의 몸이 커져 자궁을 채우며 움직임은 점점 줄어들게 된다.

태아가 자라는 만큼 산모들은 배가 커져 체력적으로 힘에 부치고 허리와 등에 통증을 자주 느끼게 된다. 자궁이 커져 방광, 폐, 위 등 내장을 누르면서 호흡이 가빠지고, 임신 호르몬이 엉덩이와 골반 뼈의 관절을 약하게 만들며, 하체의 부기가 심해지고 배가 뭉친다. 부기가 하루 종일 빠지지 않거나, 일주일에 체중이 1kg 이상 증가하거나, 고혈압, 단백뇨 등의 증상이 있을 경우 임신중독증(자간전증) 검사를 받아야 한다.

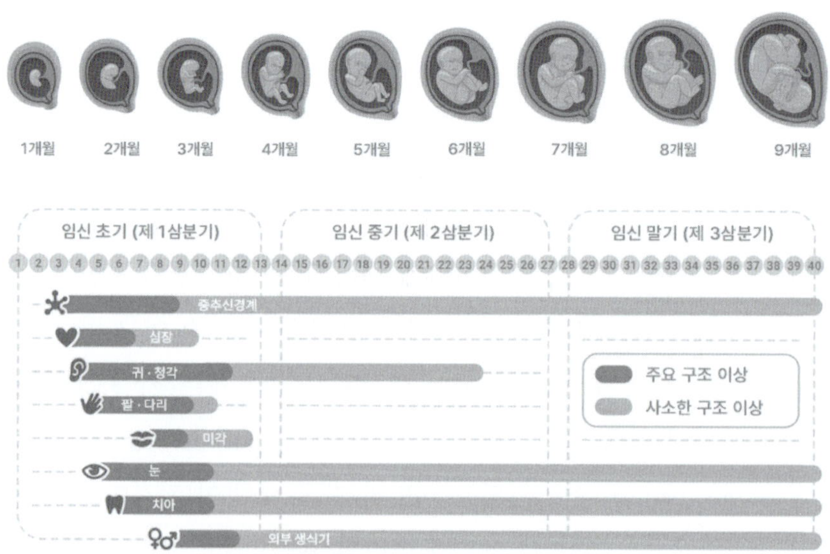

그림 4-2 발달의 결정적 시기

그림 출처: Freepik

(4) 출산

출산의 징후는 규칙적인 진통, 점액질 섞인 출혈(이슬), 양막의 파수이며 이러한 징후가 보이면 병원으로 가서 분만을 준비한다. 이슬은 자궁경부가 열리면서 발생하고, 그 후 양막이 터지면서 양수가 흘러나온다. 분만 과정은 표 4-1과 같이 자궁경부가 열리고, 태아가 만출되며, 태반이 유출되는 3기로 나뉜다.

표 4-1 분만의 과정

명칭	그림	설명
개구기 (분만 1기)	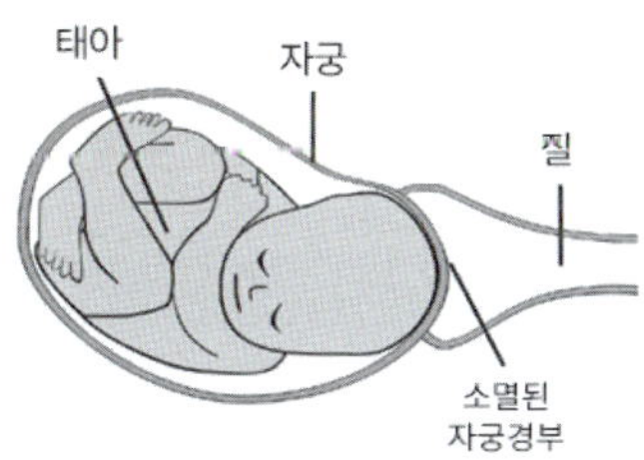	자궁이 약 12~15시간에 걸쳐 규칙적으로 진통하며 입구가 열린다. 이때 자궁 입구는 1~2cm에서 지름 10cm까지 점차 열리고 태아의 머리가 하강한다. 처치로는 의사가 자궁의 상태를 내진하고 관장으로 산도를 넓히며 감시장치를 부착하고 분만 방식을 결정한다.
만출기 (분만 2기)	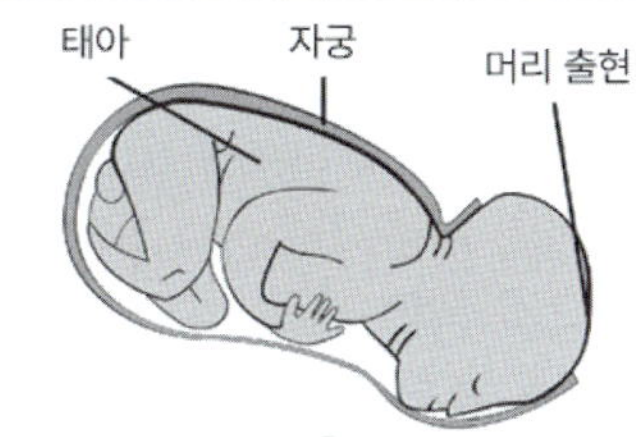	30분~1시간 동안 자궁 입구가 완전히 열리고 태아가 산도를 통과한다. 양수가 터져 산도가 씻기고 아기의 머리가 외음부에 드러난다. 처치로는 먼저 소변을 빼내고 음모를 제거하며, 출산 직전 회음부를 절개하고 의사와 협동하여 힘을 주면서 출산한다.
후산기 (분만 3기)	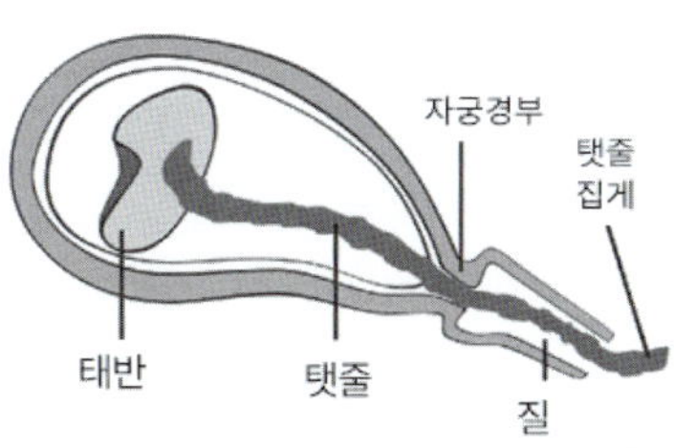	태아가 나온 후 자궁 안에 남은 태반과 난막이 배출되는 시기이다. 자궁이 급격히 수축하고 태반이 벗겨지면서 가벼운 진통이 일어난다. 처치로는 태반이 완전히 배출되었는지, 산모에게 열상이 있거나 출혈이 심한지 체크하고 휴식을 취하게 하며 아기는 코와 입, 식도의 양수와 이물질을 제거하고 탯줄을 자른 후 씻는다.

출처: MetLife 360Health(2021).

산모의 질병이나 임신 중의 상황으로 산모나 태아에게 위험이 일어날 수 있는 임신을 고위험임신이라고 하며, 전체 임신의 20~30%에 해당한다. 고위험임신에 속할 수 있는 모체 측의 위험으로는 고령(35세 이상)이나 저

연령(19세 이하), 흡연이나 음주, 저체중이나 비만, 고혈압, 당뇨, 갑상선질환 등 임신에 영향을 줄 수 있는 질환, 조산이나 기형아 출산 등의 과거 이력 등이다. 또 임신 중 임신성 당뇨병, 모체의 혈액이나 초음파 검사에서의 이상 소견, 자궁 내 태아발육부전, 임신중독증, 전치태반 등의 태반이상, 조기 양막 파수나 조기 진통, 쌍둥이 이상의 다태임신 등이 발생한 경우도 고위험임신에 속한다.

전체 임산부의 10~15%가 유산을 경험하며, 80% 이상의 유산이 임신 초기인 12주 이내에 일어난다. 유산의 원인은 태아 쪽의 원인과 모체 쪽의 원인이 있는데, 태아의 염색체 이상이 50% 이상을 차지하며 임신 초기의 유산은 거의 이러한 이유로 나타난다. 임신 중기 이후의 유산은 자궁이나 난소의 이상, 감염증, 모체의 심한 충격이나 만성질환 등이 이유가 된다.

청소년 임신

에스트로겐 수준이 성인만큼 높지 않은 청소년기의 임신과 출산은 태아의 자궁 내 성장지연이나 사망의 확률이 높으며, 태아의 자궁 미숙아나 저체중아를 출산할 확률이 높다. 뿐만 아니라 청소년기에 미혼모가 되면 가족, 학교 교육, 사회환경과 갈등을 빚을 확률이 높으므로 고위험임신으로 여겨진다(박인호 외, 2012). 그러나 최근 연구에 따르면 청소년 비혼모들이 임신중절이나 입양보다는 직접 양육을 선택하는 경우가 늘고 있다(배희분, 이혜정, 2020).

Q 사회적 지원으로 청소년 비혼모의 위험 요인을 낮추는 방안은 무엇일까? 청소년 비혼모의 육아를 학업과 병행할 수 있도록 어떻게 도와줄 수 있을까? 아이의 아버지들을 청소년 비혼모 육아에 참여시킬 수 있는 방안은 무엇일까?

2) 태내환경과 임산부의 건강관리

하지만 달라지는 재택치료 모니터링 체계에서 집중관리군에 포함되지 않은 임신부는 그 누구보다 각별한 주의가 필요하다. 일반관리군으로 분류된 임산부들이 알아둬야 할 가장 중요한 사항은 자신의 건강 상태 변화를 보다 주의 깊게 관찰해야 한다는 것이다. … 임산부가 코로나19에 감염됐을 경우 태아에게 가장 큰 영향을 주는 증상은 '고열'이다. 특히 태아의 뇌와 척수가 형성되는 임신 초기 4주에서 10주까지는 38.5도 이상의 고열은 태아에게 신경학적인 손상을 줄 수 있다. 48~72시간(2~3일) 열이 섭씨 38도 이상 나면 폐렴으로 진행할 가능성이 높아 바로 비대면 진료나 대면 진료를 받아야 한다.

… 임산부가 코로나19에 감염된 상태로 안전하게 출산할 수 있는 분만 병상은 현재 전국에 70개에 불과하다. 어느 병원에서 출산이 가능한지 미리 알아두는 게 중요하다. 응급 분만이 이뤄질 경우 분만 산부인과를 사전에 지정해서 의료진과 사전에 환자 정보를 알 수 있도록 하는 전산망 구축이 시급하다.

출처: 메디게이트뉴스 2022.02.09.

(1) 태내환경의 영향요인

태내기에는 태아의 신체의 대부분이 구성되고 태내환경에 민감하게 영향을 받으므로 예비부모는 태내환경의 여러 영향 요인을 이해하고 적절한 태내환경을 제공하여야 한다. 태내환경의 영향 요인은 크게 모체의 연령, 영양, 정서, 질병, 흡연·음주, 약물복용 등으로 구분할 수 있다.

먼저 임산부의 연령은 23~28세가 생물학적으로 최적의 가임기로 여겨지며, 35세 이상의 임산부는 의학적으로 고령 임산부로 분류된다. 35세 이상의 여성은 에스트로겐 수준이 감소하여 자연유산, 임신중독증, 자녀의 다운증후군 비율이 급격히 증가하고, 적정 나이대의 산모보다 체중이 쉽게 늘어 비만으로 인한 당뇨나 고혈압 발병률이 높으며, 산도가 굳어 난산을 경험하기 쉽다. 반대로 임부가 20세 이하일 경우도 모체의 생식 기능이 발달하지 못해 미숙아 출산율과 영아 사망률이 높다. 어린 임산부의 위험 요인은 이들이 교육수준이 낮고 가정환경이 충분히 임산부를 지지해 주지 못하는 환경일 가능성이 높기 때문이기도 하다.

모체의 영양은 태아뿐 아니라 자궁과 태반의 발육에 직접적 영향을 준다. 임산부가 충분한 영양을 섭취하지 못하면 사산율이나 미숙아의 출생률이 증가하고, 특히 뇌세포가 급격히 성장하는 태내기의 영양 부족은 정상적인 지적 발달이 이루어지지 않는다. 임산부는 태아와 자신을 위해 칼슘, 단백질, 비타민, 철분을 충분히 섭취하고 혈당 지수를 높이는 식품을 피하며, 특히 혈액을 만드는 데 필요한 철분과 엽산은 임신 준비 3개월 전부터 섭취하는 것이 좋다.

임산부의 안정적인 정서의 중요성은 우리 전통의 태교문화에서부터 강조되어 왔다. 모체의 긴장과 불안은 태아와 연결된 신경조직으로 전달되어 영향을 미친다. 스트레스를 받을 때 분비되는 호르몬이 혈관을 수축시켜 자궁으로부터 태아로 피가 유입되는 것을 막게 되기 때문이다.

임산부의 질병은 태아의 결함을 유발하는 원인 중 하나이다. 풍진, 홍역, 수두, 임질이나 매독 등의 성병, 후천성 면역결핍증(AIDS) 등은 대표적으로 유산이나 태아의 장애 등을 초래하는 치명적인 질병이다. 그 외 B형 간염, 심장질환, 당뇨 또한 태아에게 유해한데, 당뇨의 경우 자궁 내 환경의 높은 혈당으로 인해 태아의 행동발달에 피해를 준다. A형·B형 간염이나 인플루엔자 등의 전염병은 태아에게 영향뿐 아니라 산모에게도 합병증 위험성을 높이므로 자녀를 계획한다면 임신 전에 항체검사와 예방접종을 거쳐야 한다.

약물은 태반을 통해 태아에게 전달되어 심각한 영구적 결함을 초래할 수 있으므로, 임산부는 약물을 복용할 경우 반드시 의사와 상의해야 한다. 태아의 기형이나 결함을 초래하는 대표적인 약물로는 신경안정제인 탈리도마이드(thalidomide), 헤로인이나 코카인 등의 마약류가 있다. 산모의 흡연은 태아에게 산소결핍을, 음주는 태아 알코올 스펙트럼 장애를 발생시켜 치명적인 손상을 입힐 수 있다. 모체만큼이나 아버지의 건강 요인도 태아 발달에 영향을 미치는데, 흡연은 정자 수를 감소시키고 과음은 테스토스테론의 수준을 낮추었다. 아버지가 납, 벤젠, 솔벤트 등의 유해물질에 노출되는 환경에서 일할 경우 역시 미숙아나 저체중아 출산 확률을 높였다.

(2) 임신 과정의 건강관리

① 임신 전 건강관리

임신을 확인하고자 할 때 임산부가 알아차릴 수 있는 가장 대표적인 징후는 월경이 멎는 것이다. 임신을 계획한 후 예정 월경이 1~2주 이상 늦어지면 임신진단을 받는 것이 좋다. 그 외에 기초체온이 높아지고 몸에 열감이 있으며 피로해질 경우, 식욕이 떨어지고 소화가 잘 안 될 경우, 유방이 크고 단단해지며 예민해질 경우, 소변을 자주 보게 되는 경우, 질 분비물이 증가할 경우 등이 임신 초기의 증상이다. 먼저 태아가 건강하게 발달하게 하기 위해 예비부모는 최소 3개월 전부터 건강을 관리할 필요가 있다. 예비 어머니는 배란 주기를 조사하고 건강에 나쁜 음식을 피하며 충분한 영양소와 1일 400mg 정도의 엽산을 섭취하고 운동으로 표준 체중을 유지하도록 한다. 예비 아버지 또한 정자가 생산되는 100일 전부터 음주와 흡연을 절제하고 식사와 운동을 조절해야 한다. 특히 35세 이상의 고령 임산부는 반드시 철저한 계획을 세우고 산전검사와 건강에 더욱 신경을 쏟아야 한다. 임신 전 검사는 임신 동안 정기적으로 받아야 하는 산전검사의 첫 단계로, 유전병, 조산 · 사산, 임신 합병증, 자궁과 난소의 이상 등을 사전에 진단할 수 있는 유전자 검사, 혈액검사, 항체선별검사, B형 · C형 간염검사 등이 있다. 톡소플라즈마증, 풍진, 거대세포바이러스, 단순포진바이러스의 항체를 검사하는 토치(TORCH) 검사는 태아의 감염을 일으키는 바이러스를 검사하는 대표적인 임신 전 검사 항목이다.

② 임신기의 건강관리

임신 초기에는 신체 변화, 출산과 육아에 대한 걱정 등으로 인해 스트레스가 높아지므로 임신부의 정신 건강을 예비 아버지와 함께 관리할 필요가 있다. 또 신체적으로는 호르몬 변화로 인해 입덧과 피로, 불면증을 경험할 수 있다. 입덧으로 인해 영양 섭취가 소홀하지 않도록 균형 잡힌 식단으로 조금씩 자주 먹으며, 스트레스를 줄이고, 가벼운 운동과 규칙적인 수면 시간을 지킨다. 음식을 먹지 못할 정도로 심한 입덧에는 정맥주사를 맞고 구토 완화제를 복용한다.

임신부의 건강을 관리하는 생활습관으로는 먼저 예비 아버지와 가사를 분담하고 무리하게 활동하지 않는 것이 중요하다. 공기가 잘 통하는 편안한 사이즈의 의복을 입고 운동화를 신으며, 임신 후기에는 외출은 하루 30분 정도의 산책을 하고 장거리 여행은 조심스럽게 판단한다. 예비 아버지는 쉽게 붓는 산모의 허리, 골반, 다리를 마사지해준다. 임신 초기의 성생활은 유산이나 조산 위험이 있는 경우를 제외하면 특별한 제한이 없지만 임신 후반기에는 복부를 압박하지 않는 자세가 필요하고 마지막 달에는 금욕하는 것이 좋다.

산전검사 또한 임신 중의 중요한 일 중 하나이다. 여성가족부(2018)는 산전검사를 임신 7개월까지는 한 달에 한 번, 임신 8~9개월에는 한 달에 두 번, 임신 10개월에는 매주 받기를 권장한다. 정기적으로 검사가 필요한 이유는 표 4-2와 같이 임신 개월수에 따라 검사내용이 달라지기 때문이다. 정기적이지 않더라도 임신 중 질 출혈이 있거나, 배가 아프거나, 몸이 붓거나, 두통이 있거나, 임신 후반기에 질에서 맑은 물이 나오거나, 태동이 사라진 경우 즉시 병원에 가야 한다.

표 4-2 임신시기에 따른 검사항목

시기(주수)	실시 항목
최초 방문 시	초음파, 빈혈 검사, 혈액형 검사, 풍진 항체 검사, B형 간염 검사, 에이즈 검사, 소변 검사, 자궁 경부 세포진검사
9~13	초음파(목덜미투명대), 융모막 융모 생검, 이중 표지물질 검사
15~20	사중 표지물질 검사(다운증후군 등 이상), 양수 검사
20~24	임신 중기 초음파, 태아 심장 초음파
24~28	임신성 당뇨 선별 검사, 빈혈 검사
28	Rh 음성인 경우 면역 글로불린 주사
32~36	초음파 검사(태아 체중, 태반 위치, 양수량)

출처: 대한산부인과학회.

산후우울증과는 구별되는 임신 중의 우울증은 임신 초기에 가장 발병 위험이 높은데, 이 시기에는 약물 사용이 자유롭지 않으므로 치료가 더욱 어렵다. 예비 아버지는 산모와 함께 정기검진에 다니고 요리, 산책, 영화 등으로 산모의 건강에 신경 써 주는 것이 좋다. 임신부는 규칙적인 운동을 통해 임신 중의 신체적, 정신적인 안정을 유지하도록 해야 한다.

임신 초기에 생길 수 있는 응급 질환 중 하나로 자궁 외 임신이 있다. 전체 임신의 1~2% 정도의 빈도로 나타나는 자궁 외 임신은 수정란이 자궁 내의 비정상적 위치나 난관, 자궁경관, 난소 등의 위치에 착상되는 현상을 뜻한다. 자궁 외 임신에는 초기에는 둔한 하복부 통증 이외에는 특이한 증상이 없으나 임신이 진행되면 난관이 파열되어 질 출혈이 일어나므로 검사를 통해 빠르게 발견하는 것이 중요하며 초기에 발견되면 약물, 혹은 수술을 통해 치료한다.

임산부의 정서적 안정과 청결, 기초체온 체크는 유산을 방지하기 위해서도 중요하다. 음주, 흡연, 당뇨, 약물 복용, 과량의 방사선, 비소나 중금속 등의 독소 또한 피해야 할 자연유산의 원인이다. 임신 초기에 출혈이 동반되는 절박유산은 50% 가능성으로 임신 유지가 가능하지만, 자궁경부가 열려 양막이 파열된 불가피유산이나 자궁경부가 닫힌 상태에서 태아가 죽은 채로 자궁에 남아 있는 계류유산의 경우 자궁소파술로 내용물을 꺼내야 한다.

③ 분만

임신 말기에는 출산시의 불안을 경감하고 산모와 태아의 건강을 대비하기 위해 부부가 함께 산전교육을 받는 것이 좋다. 분만의 징후로 이슬이 비치거나 파수가 시작되면 병원에 가야 한다. 입원 중에 산모는 복대, 수유 브래지어, 산모용 팬티, 산모용 패드, 유축기 등을 준비하며, 아기를 위해서는 거즈수건, 타월, 물티슈, 배냇저고리, 기저귀와 기저귀 커버, 속싸개와 겉싸개 등을 준비한다.

아이가 나오기 전의 진통은 가진통, 분만을 위한 자궁 수축에 의한 진통은 전진통과 진진통으로 불린다. 임신 9개월부터 불규칙한 진통이 오고, 진진통은 분만이 임박하여 20~30분 간격으로 오는 진통이며 수축 작용과 교대로 일어난다. 진통이 강해지고 2분 내외로 진통이 일어나면 출산할 때가 된 것이다.

출산 시의 태아와 임산부의 상태에 기초해 자연분만이나 제왕절개 중 하나를 선택한다. 제왕절개를 선택해야 하는 조건으로는 태아가 거꾸로 위치해 있거나, 태아의 머리가 너무 크거나, 태반의 전치로 태반이 태아보다 자궁 입구에 가까이 위치할 경우 제왕절개를 실시한다. 제왕절개의 순서는 피부와 피하지방, 근막과 복막, 자궁을 절개하여 태아를 분만하고 태반을 분리한 후 역순으로 봉합한다.

자연분만 방법으로는 출산의 고통을 경감시키기 위해 연상, 호흡, 이완을 이용하는 라마즈 분만, 가족분만실에서 남편과 가족들이 함께 참여하는 가족 분만, 마취를 이용해 근육을 이완시키는 무통 분만 등이 있다.

④ 산후 건강관리

산모가 출산의 여파를 회복하고 자궁을 비롯한 신체가 임신 전 상태로 회복되기까지의 6~8주간의 기간을 산욕기라고 한다. 이때는 산후통이 있고 소변량이 증가하며, 유방이 커지고 통증이 생기며 젖이 나오므로 유방마사지를 통해 초유를 모두 배출하고 유두염, 유선염과 젖몸살을 예방한다.

출산 후 첫 월경은 무배란성 월경으로, 배란이 아니라 두꺼워진 자궁내막이 저절로 탈락해서 생기는 출혈이다. 출산 후 몇 개월은 월경주기와 양이 불규칙할 가능성이 높으나, 6개월 이상 월경주기가 불규칙하면 전문의를 찾아갈 필요가 있다.

초보 부모의 경우 육아가 서툴므로 여러 곳에 도움을 부탁하고 아기를 맡길 수 있는 사람이나 보육 시설, 병원 등을 여럿 찾아 두는 것이 좋다. 가사는 배우자와 함께 분담하고 아기가 자는 동안 매일 적절하게 휴식을 취하도록 해야 한다. 출산 직후에는 적응이나 아기와의 애착형성, 불안, 산모의 호르몬 변화 등으로 부모 모두 산후우울감을 겪을 수 있음을 기억해야 한다. 부부의 생각과 아동의 행동을 면밀히

관찰하고 병원에 찾아간다. 무엇보다 좋은 부모가 되는 유일한 길은 없으므로 기대수준을 낮추고 도움을 요청하는 것을 두려워하지 말아야 한다.

(3) 난임과 체외수정 · 인공수정

건강한 남녀가 결혼하여 피임 없이 성생활을 함에도 불구하고 1년 이상 임신이 되지 않는 상태를 난임이라고 하며, 최근에는 초혼연령 상승으로 20% 정도의 부부가 난임을 겪고 있다. 난임은 남성과 여성, 부부간의 관계 등에 원인이 있다. 먼저 남성의 원인은 정자 생성이나 이송의 이상 및 발기나 사정 장애 등으로 건강한 정자를 여성의 생식기 안으로 보내지 못하는 경우이며, 여성의 경우 배란, 자궁, 난관 기능, 수정란 착상, 만성질환이나 면역학적 요인 등 보다 다양한 장애가 난임을 일으킬 수 있다. 그 외 여성의 몸이 정자에 대한 항체를 만들어 면역으로 인한 난임이 일어나기도 한다. 남편은 고환 촉지를 통해 이상을 파악할 수 있지만, 여성은 정기적인 부인과 검사를 통해 난임요인을 발견하게 된다.

난임검사는 여성의 기초체온을 측정하는 것부터 시작한다. 여성은 배란일에 체온이 올라가며 자궁 내를 수정란이 착상하기 좋은 환경으로 만들게 된다. 난임검사는 여성의 기초체온 측정을 통한 월경주기 파악으로부터 시작하며, 생리 시작 3일째 정도에 병원에 방문하여 호르몬 검사, 자궁 초음파 및 조영촬영, 자궁 경관 검사, 성교 후 검사, 남성의 정액 검사 등을 포함한다. 치료를 위해서는 남성의 경우는 호르몬 치료나 정자의 이동통로 복원, 여성의 경우는 클로미펜을 복용하여 배란을 촉진하거나, 난관 및 자궁 기형 · 자궁 근종 수술을 통해 난임을 치료한다.

난임을 해소하기 위해서는 인공수정이나 체외수정을 통해 임신을 유도하는 방법이 있다. 인공수정을 이용하는 경우는 여성의 자궁 경관이나 점액에 문제가 있거나 자궁 위치에 문제가 있을 경우, 또는 남성의 성교 장애가 있을 경우이다. 먼저 인공수정(IUI; intrauterine insemination)이란 특수처리된 남성의 정자나 공여받은 정자를 여성의 자궁으로 주입하여 난관 안에서 배란과 수정이 이루어지게 하는 방법으로, 수술을 통하지 않아 비교적 간단하다. 한편 체외수정(IVF-ET; In Vitro Fertilization-Embryo Transfer)은 여성의 난관 이상을 수술로 재건하기 불가능하거나 면역성 난임인 경우, 혹은 남성의 정자 수 부족 등의 경우에 이용한다. 체외수정을 위해서는 자연적으로나 호르몬 효능제(GnRH agonist)를 투여해 난자의 과배란을 유도한 후 성숙한 난자와 건강한 정자를 채취한다. 이를 인체 밖에서 인위적으로 수정 및 배양시키고 이 배아를 여성의 자궁내막으로 다시 이식한다.

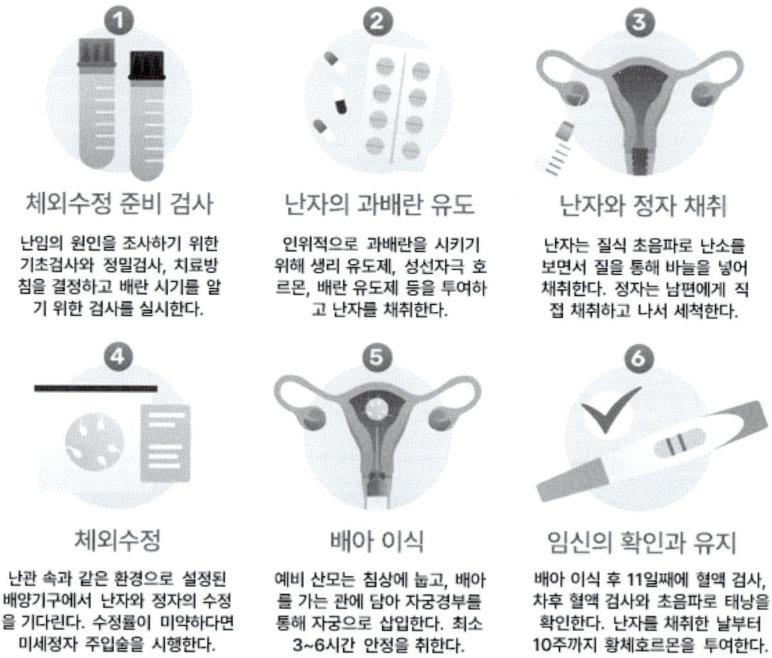

그림 4-3 체외수정(시험관 아기)

출처: 차여성의학연구소(2018).
그림 출처: Freepik

고령 임신

한국 사회는 저출생 및 만혼의 증가와 가임여성의 고령화 추세가 계속되어 2020년에는 합계출산율 0.84, 평균 초산연령은 32.3세를 기록하였다(메디컬타임즈, 2021.1.7.). 현대 사회의 결혼가치관 및 경제구조 변화로 만혼 트렌드는 지속적으로 이어질 것으로 보이지만, 정말 만혼과 산모의 고령화를 저출생의 직접적인 원인으로 볼 수 있을까? 고령임신은 비고령임신에 비해 저체중아 출산과 조산의 비율이 높지만 사회경제적인 요인과 적절한 산전 관리로 차이가 꾸준히 줄어들고 있다고 한다(이소영, 임지영, 2013). 이에 따라 산모의 나이를 바탕으로 무조건 고위험으로 간주하기보다는 각 산모의 건강과 출산 관련 요인을 정확히 파악하고 관리할 수 있는 출산교육과 홍보가 필요할 것이다.

Q 결혼보다 일을 중시하는 가치관과 상승하는 부동산 가격 등으로 결혼과 초산 연령은 계속 늦춰질 전망이다. 현재의 출신과 육아문화는 산모의 고령화에 맞추어 어떻게 변화할까? 나와 내 미래의 배우자는 몇 세쯤에 결혼과 출산을 할 것으로 예상하며, 그때의 출산을 지원하기 위해 어떤 정책이 필요할까?

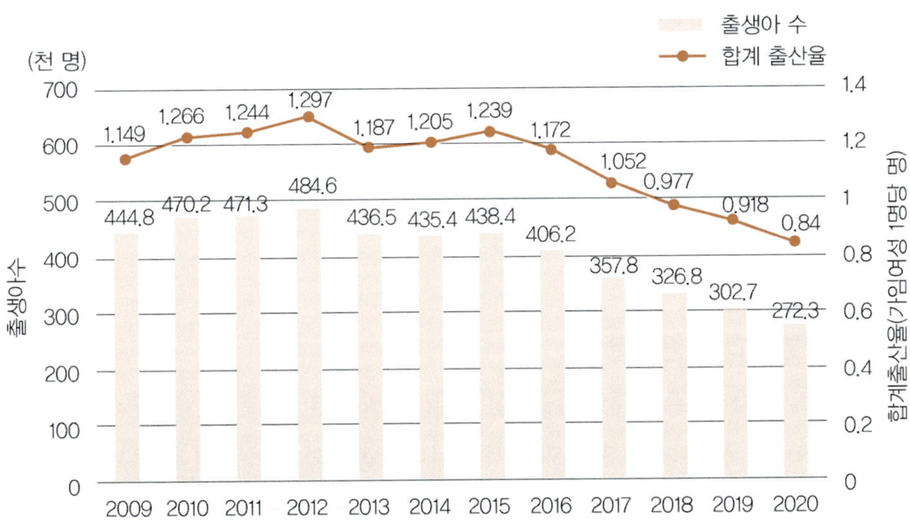

그림 4-4 출생아 수 및 합계출산율(2009~2020)

출처: 통계청(2020).

2. 영 · 유아기의 부모역할

1) 영아기의 발달과 부모역할

주부 이모(32 · 서울 양천구)씨는 얼마 전 아침에 일어나서 아이를 보고 깜짝 놀랐다. 태어난 지 17개월 된 딸이 충전 중이던 이씨의 스마트폰으로 혼자 뽀로로 애니메이션을 틀어서 보고 있던 것이다. 이씨는 평소에 아이가 칭얼거릴 때마다 스마트폰으로 만화나 동요 영상을 틀어서 보여줬는데, 아이가 그걸 보고 배운 것이라고 생각했다.

스마트폰이 육아 필수품이 됐지만, 전문가들은 아이에게 스마트폰을 처음 보여주는 시기가 너무 빠르다고 지적한다. 한양대병원 소아청소년과 안동현 교수는 "학계에서는 36개월이 되기 전에는 스마트폰을 비롯한 영상 기기에 노출되지 않아야 한다고 권고한다". … "뇌가 불균형하게 발달할 것"이라고 추정하고 있다. 3세까지는 뇌 신경세포 회로가 활발하게 형성된다. … "대부분의 영상물이 화면과 소리가 빠르게 변하는데, 이런 자극에 익숙해지면 뇌가 고루 발달하지 않고, 현실 세계의 느리고 약한 자극에는 반응하지 않게 된다"며 "결과적으로 일상생활에서 정보를 습득하고 기억하고 판단하는 게 어려워지고, 언어 발달이 지연될 수 있다"고 말했다.

출처: 헬스조선 2017.05.03.

(1) 영아기의 발달

① 신체발달과 운동발달

영아기 중 생후 1개월간을 신생아(newborn)라고 한다. 평균적으로 키는 50cm. 몸무게는 3~3.5kg 정도이며, 냄새와 맛 등에 매우 민감하게 반응한다. 신생아의 두개골은 완전히 닫히지 않은 공간인 앞이마 위의 대천문(anterior fontanelle)과 머리 뒤쪽의 소천문(posterior fontanelle)이 있어, 각각 생후 18개월, 2개월에 닫히게 된다. 신생아는 영양학적으로 우수하고 질병에 대한 항체가 함유된 모유를 먹는 것이 바람직하다. 출생 후 1~3일 동안은 끈적끈적한 태변을 보고, 4~5일이 지나면

황색의 보통 변을 하루 2~4회, 소변은 하루 10회 이상 본다. 수면 시간은 하루 16~18시간 정도이며, 울음을 통해 부모에게 배고픔, 안전, 자극 등의 필요를 전달한다. 또 자극에 대한 무의식적이고 즉각적인 반사작용(reflex)을 통해 새로운 환경에 적응하는데, 신생아의 뺨이나 입 주위를 만지면 입과 고개를 돌리는 근원반사(젖찾기반사), 손바닥에 손가락이나 장난감을 쥐어 주면 꽉 쥐는 파악반사 등은 어머니에게 매달려 모유를 섭취하기 위한 행동이다.

모유 vs. 분유

모유가 분유보다 영양이나 소화 등 여러 면에서 우위를 차지한다는 것은 잘 알려져 있다. 모유의 단백질은 소화가 잘 되며 무기질과 비타민이 흡수되기 쉬운 비율로 함유되어 있을 뿐 아니라 분유를 소화하기 위해서는 소화 시간이 1시간, 소화액은 3배가 필요하다(베이비뉴스, 2021.04.23.).

하지만 모든 어머니가 모유로만 아이를 먹일 수는 없다. 가사를 혼자서 담당하거나 일을 해야 하는 경우, 건강상의 이유나 약물 제한의 문제 등으로 모유 생산이 어려운 경우, 호르몬 변화로 우울감을 느끼는 경우 등은 어머니의 생활패턴에 완전 모유수유가 맞지 않을 수 있다. 공공장소에서는 모유수유할 공간이 마땅치 않기도 하다. 특히 알레르기가 있거나 대사질환이 있는 아이에게는 맞춤형 특수 분유가 효과적이다(매경프리미엄, 2018.02.26.).

Q 나 혹은 나의 배우자가 모유와 분유 중 선택해야 할 때 기준은 무엇일까? 모유수유를 원해도 할 수 없는 어머니들의 여건을 어떻게 개선할 수 있을까?

영아기는 피아제 이론에서 감각운동기에 해당하는 시기로, 자신의 움직임과 감각을 통해 세상을 파악한다. 영아는 신체 능력이 발달하며 다양한 자세와 행동을 할 수 있는 운동발달을 보인다. 운동발달은 대근육 운동발달과 소근육 운동발달로 나뉘는데, 이 시기의 대근육 운동발달은 팔, 다리, 몸통을 이용해 목 가누기, 뒤집기, 기기, 서기, 걷기 등으로 발달한다. 소근육 운동발달은 손을 이용해 뻗고 물건을 잡고 양손 손가락을 협응하여 장난감으로 놀고 음식을 입에 넣는 동작으로 발달한다.

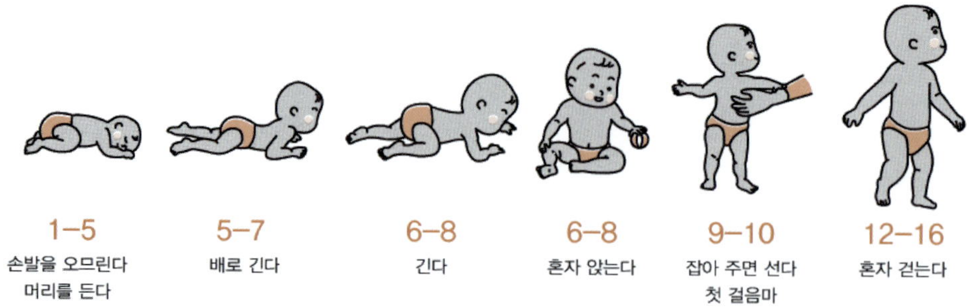

그림 4-5 개월별 영아 행동 발달

② 인지발달과 언어발달

발달심리학자 피아제(J. Piaget)는 인지발달의 단계를 감각운동기(sensorimotor stage; 0~2세), 전조작기(preoperational stage; 2~7세), 구체적 조작기(concrete operational stage; 7~11세), 형식적 조작기(formal operational stage; 12세 이상)로 구분하였다. 이 단계에 따르면 영아기는 감각운동 단계로, 단순한 반사에서 목적을 가진 행동으로 발달하며 세분화하면 표 4-3과 같이 6단계를 거치게 된다. 감각운동기의 가장 중요한 특징은 대상영속성(object permanence)을 보유하는 것으로, 대상이 눈앞에서 사라져도 완전히 없어지지는 않는다는 점을 이해하는 단계이다.

표 4-3 감각운동기의 세부 단계

개념	월령	설명
반사운동	1개월	자동적인 반사작용을 통해 세상과 상호작용
일차순환반응	1~4개월	주먹쥐기 등 기본적인 욕구를 충족하기 위한 행동을 반복
이차순환반응	4~8개월	손을 뻗어 물건을 잡거나 장난감의 움직임에 흥미를 느끼는 등 외부 세계에 작용하는 행동
이차순환반응의 협응	8~12개월	베개를 치우고 장난감을 집는 등 목적 지향적 행동
삼차순환반응	12~18개월	목표뿐 아니라 새로운 행동이 가져올 결과, 현상의 이유와 과정에 관심을 가짐
정신적 표상	18~24개월	상징과 이미지를 인지적으로 조합해 물체의 이동을 보지 않고도 정신적 표상으로 물체를 찾음

출처: McLeod(2021).

언어발달의 단계는 울음, 옹알이, 한 단어 말하기, 두 단어 말하기, 문장 말하기의 순서를 거친다. 아기가 가장 먼저 내는 소리인 울음은 생후 패턴이 분화하여 양육자에게 의사를 전달하게 되고, 3~5주가 되면 즐거운 경우에 모음과 비슷한 쿠잉(cooing) 단계를 거친다. 이후 4~8개월에는 뇌와 근육이 발달하여 비슷한 음절을 지속하고 스스로의 소리를 듣는 옹알이 단계에 접어들며, 이때 주변 사람들의 격려를 받으면 모국어로 강화된다. 8~18개월에는 사람이나 사물 등을 가리키는 한 단어를 말하고, 18~24개월에는 두 단어를 결합하여 보다 복잡한 뜻을 지칭하며 24개월이 지나면 문장을 구사하게 된다.

③ 정서발달과 사회성 발달

같은 부모에게서 태어난 형제자매라도 무엇이든지 잘 먹고 잘 자는 아이가 있는가 하면, 예민하고 마음에 안 드는 것에 쉽게 우는 아이가 있다. 이처럼 사람의 성격에서 타고난 측면을 기질(temperament)이라고 한다. 기질은 표 4-4와 같이 대표적으로 순한 기질, 느린 기질, 까다로운 기질로 구분된다(여성가족부, 2017a). 기질은 사회적 환경이나 부모의 양육태도와 상호작용하면서 발달하는데, 부모가 아이에게 일관적으로 긍정적으로 반응하면 까다로운 아이의 문제행동이 이후에 사라지기도 한다. 반대로 아이의 기질이 부모의 양육태도를 변화시키기도 하므로, 아이의 기질과 양육자의 양육태도가 조화를 이루는 것이 가장 긍정적인 결과를 낳을 것이다.

표 4-4 기질의 대표적인 3가지 유형

기질의 종류	특징	양육팁
 순한 아이 "할 수 있어요"	유연한 아이로도 표현되며, 전체의 약 40%에 해당한다. 새로운 사람이나 환경을 쉽게 받아들이고 규칙적인 생활을 한다. 하지만 주변 반응에 순종적인 태도를 보여 자신의 욕구를 참기도 한다.	특별한 문제를 일으키지 않으므로 매일 특별한 관심을 보여 주고, 자기표현에 민감하게 반응하며, 원하는 것을 주장하도록 도와준다.
 까다로운 아이 "하기 싫어요"	활동적인 아이로도 표현되며, 전체의 약 15%에 해당한다. 주변을 적극적으로 탐색하여 자칫 주의산만해 보일 수 있다. 새로운 것에 대한 거부감이 강하여 빠르게 적응하지 못하고 불만을 분명하게 표현하기 때문에 쉽게 운다.	활동적으로 주변을 탐색할 수 있는 환경을 만들어 주고, 금지나 통제 대신 두 가지 이상의 선택지를 주어 스스로 선택하게 한다. 일과를 융통성 있게 새로운 일을 미리 안내해 준다.
 느린 아이 "못 해요"	마음이 느리게 열리는 아이로도 표현되며, 전체의 약 15%에 해당한다. 까다로운 기질의 아이처럼 낯선 사람이나 환경에 쉽게 적응하지 못하지만, 불만을 적극적으로 표현하는 것이 아니라 신중하게 접근한다.	새로운 것에 적응하도록 충분히 기다려 주고, 생활에 변화를 줄 때는 천천히 조금씩 바꾸도록 하며, 새로운 상황에 불안감을 최소화하고 아이를 끝까지 지지해 준다.

출처: 여성가족부(2017a).
그림 출처: rawpixel.com by Freepik

아이가 생존하기 위해서는 부모를 포함한 어른들의 도움이 필요하다. 아이가 울음을 통해 도움을 요청할 때 부모나 양육자가 민감하게 반응하고 요구를 적절히 채워 준다면, 아이와 양육자 간에 강한 정서적 유대감과 신뢰감, 즉 애착(attachment)을 형성할 수 있다.

볼비(John Bowlby)에 따르면, 영아는 출생부터 36개월 사이에 양육자와 낯선 사람을 구분하게 되고 양육자에 대해 명백한 애착을 보이며 분리불안을 보이다 양육자가 돌아온다는 것을 깨닫게 되면서 안정적인 애착을 형성한다고 설명하였다(Bolwby, 1988). 또 에인즈워스(Mary Ainsworth)는 애착의 종류를 안정애착, 회피애착, 저항애착, 혼란애착으로 구분하였다. 안정애착을 형성한 영아는 부모에 대한 분리불안이 적고 부모가 곁에 없어도 잘 놀며 부모가 돌아왔을 때 반긴다. 한편, 회피애착, 저항애착, 혼란애착 등 불안정 애착을 보이는 영아는 분리불안이 심하거나 분리불안을 전혀 보이지 않는다(Ainsworth, 1978). 이러한 애착은 생애에 걸쳐 일관적인 편이며, 애착 형성에는 영아의 기질뿐 아니라 부모의 양육행동에도 영향을 받는다.

아이의 삶에 또 다른 핵심적인 부분으로 놀이가 있다. 놀이는 즐거움과 만족을 제공하는 활동으로, 별개의 목적 없이 놀이 그 자체가 동기가 된다. 영아는 깨어 있는 시간 대부분을 놀면서 인지적 · 신체적 · 정서적 · 사회적 기술을 습득하게 되므로 영아에게 놀이는 곧 일이다.

아이의 놀이는 아이의 발달과 함께 달라진다. 표 4－5는 인지적 활동 수준과 사회적 경험에 따른 놀이의 발달이론을 보여준다. 크게 나누자면 12개월 이전에는 손과 입으로 사물을 탐색하고 소리에 반응하며 가족의 말에 옹알이로 모방하고, 만 1세가 되면 다양한 감촉과 운동을 시도하는 감각운동놀이, 물을 따르는 흉내 등 장난감에 의미를 부여하는 상징놀이를 한다. 만 2세 이후에는 근육과 협응력이 발달하여 목마나 블록을 다루는 등 복잡한 감각운동놀이를 할 수 있으며, 일정한 시간이 지난 후 행동을 모방하는 '자연모방'을 보이고, 책을 읽어주는 것과 또래와 노는 것을 좋아하게 된다.

표 4-5 스밀란스키(S. Smilansky)와 파튼(M. Parten)의 놀이 발달단계

스밀란스키(S. Smilansky)의 인지적 수준에 따른 놀이 발달		연령	파튼(M. Parten)의 사회적 수준에 따른 놀이 발달	
반복적으로 근육을 움직여 즐거움을 추구	 기능놀이	0~2세	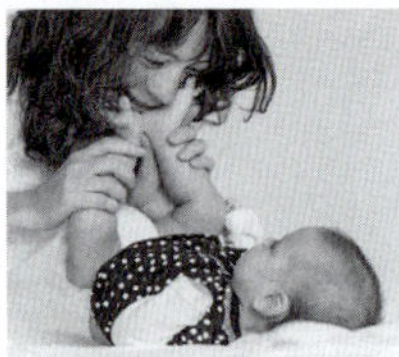 열중하지 않는 놀이	단순한 주변 관찰
			 혼자놀이	또래가 있어도 혼자 놀기
사물이나 사건에 가상의 의미를 부여	 가상놀이	3~5세	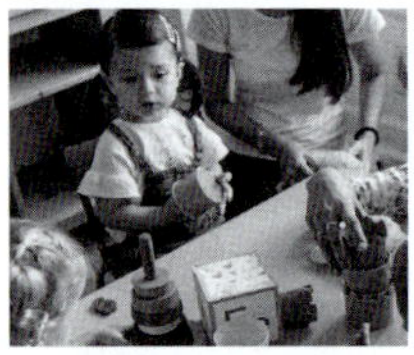 방관자적 놀이	다른 아이가 노는 것을 지켜보기만 함
블록이나 점토, 색종이 등으로 새로운 것을 창조하거나 구성	 구성놀이		 평행놀이	같은 공간에서 비슷한 놀이로 흉내내지만 서로 영향을 주지 않음
윷놀이나 숨바꼭질 등 규칙이 설정된 놀이	 규칙이 있는 게임	4~5세 이상	 연합놀이	놀이의 규칙을 정하지 않고 함께 어울려 놀이
			 협동놀이	일정한 규칙에 따라 공통의 목표를 달성하기 위한 놀이

출처: Pathways.org(2022).
그림 출처: pch.vector by Freepik

(2) 영아기의 부모역할

① 양육

영아기에는 양육자에게 의존적일 수밖에 없는 영아의 안전, 영양, 학습과 탐구, 기타 다양한 욕구를 충족하고 발달을 극대화하는 것이 부모역할의 기본이 된다. 아이가 스스로 움직이도록 위험한 물건을 제거하기, 체온을 유지하고 예방접종을 시행하기, 수면을 돕고 식사를 제공하기 등이 그 예이다.

영아기에는 수면 패턴이 빠르게 변화한다. 신생아 시기에는 대부분의 시간 동안 잠을 자며 2~4시간 간격으로 깨어 수유해야 하지만, 시간이 지날수록 수면 패턴에 규칙을 갖추고 낮보다 밤에 잠을 더욱 길게 자게 된다. 대체로 아이들은 졸려도 잠자기를 거부하고 잠투정을 하는 경향이 있으므로, 정해진 시간에 잠자기를 준비하여 아이를 재우고 잠든 것을 확인하고 마치는 '잠들기 의식'을 하는 것이 좋다.

식습관에 있어서 영아기는 모유에서 이유식을 거쳐 유아식으로 이행하는 시기이다. 이유식의 목적은 영양뿐 아니라 다양한 음식을 맛보아 먹기에 대한 즐거움을 주는 것이다. 이유식을 처음 시도할 때는 모유 · 분유와 병행해 점차 이유식의 양과 횟수를 늘리고 성인과 같은 시간에 식사하도록 조정한다. 아이가 좋아하는 음식 위주로 편안한 식사 분위기를 만들고 숟가락, 컵 등 식기를 사용하고 제자리에 앉아 먹도록 지도하며 흘리는 것을 용인해 준다.

씻기는 물이 익숙해지고 씻기를 즐거운 물놀이처럼 경험할 수 있도록, 대소변 훈련은 변기와 익숙해지고 배변 의사를 표시하는 것부터 시작하도록 유도한다. 가정 내 안전사고의 예방을 위해 모서리에 부딪히거나, 문에 끼이거나, 침대에서 낙상하거나, 콘센트에 감전되는 등의 사고 유형을 이해하고 예방한다. 특히 구슬, 동전, 건전지 등 이물질의 삼킴 사고는 합병증을 유발할 수 있으므로 주의해야 한다.

② 애착과 상호작용

아이는 부모의 양육행동을 통해 부모와 애착을 형성하고 세상을 이해하게 된다. 양육자와 영아 간의 상호작용은 영아의 울음에 양육자가 민감하게 반응하는 것에서부터 시작한다. 안정적인 애착 형성의 3요소는 민감성, 반응성, 일관성으로, 아이의 신호를 빨리 알아채고, 즉각적이고 적절한 방식으로 반응하며, 아이가 부모의 반응을 예측할 수 있도록 같은 신호에 일관적으로 반응해 주는 것이다.

여성가족부(2017b)에서는 애착이 형성되는 12~18개월 동안 양육자의 행동으로 1) 아이 가까이에 머물며 아이의 요구를 살피고, 2) 아이의 요구를 따뜻한 태도로 응대하며, 3) 아이의 요구 충족에 공감하여 행복을 공유하고, 4) 언어적 · 비언어적으로 아이와 교감하는 소통을 하는 것을 제안하고 있다.

영아기의 아이와 교감하고 상호작용할 수 있는 방법은 크게 말 걸기, 스킨십과 미소 그리고 놀이가 있다. 말을 걸 때는 단순히 말을 많이 하는 것보다는 다정한 톤으로 다양한 어휘를 사용하고, 뒤집기, 앉기 등 행동적 성취를 언어적으로 인정해 주는 것이 중요하다. 아이가 옹알이를 할 때 웃으며 칭찬하는 스킨십만으로도 아이의 언어를 발전시키는 데 도움이 된다. 또 운동능력과 언어능력 등의 발달을 촉진하기 위해 책을 읽어 주고, 자주 안아주며, 다양한 장난감을 제공하는 등 풍부한 감각적 경험을 제공하는 것도 중요하다.

2) 유아기의 발달과 부모역할

교육부가 내놓은 '만 5세 초등입학' 학제 개편에 대해 반대 여론이 거센 가운데, 다양한 분야의 관계자들이 개편안 철회를 주장하고 나섰다. …

우선 만 5세가 초등학교에 들어가 초등 교육을 받기에 너무 이른 나이라는 공감대가 형성됐다. 발제자로 나선 박창현 육아정책연구소 미래교육연구팀장은 만 5세 취학을 할 만큼 유아의 발달이 빠르고 조숙하다는 의견에 "유아가 조숙한 것과 학교 갈 준비가 될 만큼 발달적으로 성숙하다는 의미는 다른 개념"이라고 일축했다. 박 팀장은 "영유아의 개인발달차가 큰 취학 전 영유아에게 초등학교, 학령기로의 전이는 매우 큰 발달적 과업"이라며 "수많은 발달학자와 교육학자들이 연구한 근거에 따라 전조작기의 유아들이 천천히 초등으로 이행하도록 돕는 이유"라고 설명했다.

> 권정윤 성신여대 유아교육과 교수는 "만 5세는 아직 유아기를 충분히 즐기고 뛰어놀아야 하는 유아지 초등학생이 아니다"며 "이들을 조기 취학시킨다면 학교 부적응자를 더 많이 양산할 가능성이 크다. 그 피해는 유아와 학부모, 우리 사회가 감당해야 할 몫"이라고 지적했다.

출처: 베이비타임즈 2022.08.04.

(1) 유아기의 발달

① 신체발달과 운동발달

유아기에는 팔다리가 길어져 성인에 가까운 신체가 되고 유치가 돋으며 근육과 골격이 꾸준히 발달해 키는 매년 5~7cm, 몸무게는 2~3kg씩 증가한다. 이때 부모는 성장판이 손상되지 않고 영양소를 골고루 섭취하며 규칙적인 생활습관을 갖도록 지도해야 한다. 두뇌발달은 신체보다 급속히 진행되는데, 뇌의 시냅스가 안정기에 올랐다가 감소하며 기억력과 사고력을 관장하는 전두엽이 급속히 발달하고 4세경에는 뇌가 성인의 80%, 5세경에는 90% 크기로 커진다.

대근육과 소근육이 자라면서 유아기 운동능력의 발달을 뒷받침한다. 대근육을 이용하는 달리기, 뛰기, 공 던지기 등을 할 수 있게 되며, 균형 잡기에도 익숙해져 4세경에는 계단을 오르내리고 5세경에는 보조바퀴가 있는 자전거를 탈 수 있다. 또 가위질하기, 색칠하기 및 식사나 목욕 등의 자조기술 등 소근육 및 눈과 손의 협응이 필요한 활동도 점차 능숙해진다.

② 인지발달과 언어발달

피아제의 인지발달이론에 따르면 유아는 2세부터 전조작기(preoperational stage) 사고 단계로 접어든다. 이 시기에는 눈앞에 없는 것도 기억하거나 상상할 수 있지만, 과거의 사건을 논리적인 인과를 따지지는 못한다. 피아제는 전조작기의 세부 단계를 전개념적 사고 단계(preconceptional stage)와 직관적 사고 단계(intuitive stage)로 나누었다. 먼저 전개념적 사고 단계는 만 2~4세의 나이로 물체의 모습에 대한 이미지를 떠올릴 수 있으며, 상징적 사고를 이용해 소꿉놀이, 병원놀이 등의 가상놀이를 할 수 있으며 상대방과 자기 생각의 차이를 이해하지 못하는 자기중심적 사고, 세상 모든 사물에 생명이 있다고 생각하는 물활론적 사고 등을 보인다. 직관적 사고 단계에서는 원인과 결과 간의 관계를 비논리적으로 생각하는 경향을 보이며, 전체와 부분의 관계가 아니라 두드러진 속성 하나에만 집중하는 중심화 성향으로 보존개념(conservation)을 완전히 이해하지 못한다.

표 4-6에 나타난 보존개념 실험은 전조작기와 구체적 조작기를 구분하는 피아제의 대표적인 실험으로, 사물의 외양이 바뀌어도 핵심적 속성은 바뀌지 않는다는 것을 이해하는 능력을 뜻한다. 전조작기의 유아는 같은 양의 물을 넓적하고 낮은 컵에 부으면 양이 적어진다거나, 일렬로 늘어놓은 같은 수의 동전 간의 간격을 넓히면 동전이 더 많아진다고 인식한다. 이는 사물의 한 측면만을 중심으로 생각하는 중심화 현상으로, 구체적 조작기에 논리적 사고가 발달하면 보존개념을 획득하게 된다.

표 4-6 보존개념

보존과제	처음 제시	변형
부피	같은 양의 액체 	길쭉한 컵에 옮겨 부어도 양은 같은가? 
수	같은 수의 동전 	동전 간 간격을 멀리해도 동전의 수는 같은가? 
질량	같은 양의 찰흙 덩어리 	한 덩어리의 모양을 변형시켜도 양은 같은가? 
길이	같은 길이의 막대 	막대를 옮겨 놓아도 길이는 같은가? 

출처: McLeod(2021).

유아는 언어를 빠르게 습득하여 영아기보다 훨씬 의사소통이 원활해진다. 유아기에는 신속표상대응(fast mapping)이 발달하여 단어와 그 의미를 즉시 연결할 수 있기 때문에, 영아기에 200~300개 정도였던 어휘가 6세 때는 약 2,000개, 유아기 끝 무렵에는 10,000개 정도로 증가한다. 또 한두 단어를 조합하여 의사를 표현하다가 2~3세 무렵에는 세 단어 이상의 조합과 문법의 규칙 및 예외를 이해하면서 평균 발화 길이가 길어진다. 의사소통에 있어서도 4~5세 아동은 집단적 독백 등의 자기중심적 대화를 하지만, 듣기, 말하기, 읽기, 쓰기라는 의사소통의 기본 개념이 발달하면서 상대방의 이해 정도에 관심을 갖고 상대에 따라 대화 방식을 조정하며 말을 할 수 있게 된다.

③ 정서발달과 사회성 발달

유아기의 정서는 인지, 언어, 사회성의 발달과 밀접하게 연관되어서 이 시기에는 성인과 비슷한 종류의 정서를 보인다. 정서의 발달은 1차적으로 긍정적 정서와 부정적 정서로 구분되고 그 후 2차적으로 부정적 정서는 분노, 슬픔, 공포 등으로, 긍정적 정서는 사랑, 행복 등으로 분화된다. 유아에게 공포는 기억력이나 상상력의 발달과 함께, 분노는 상호작용의 발달로 인간관계의 갈등상황에서 원하는 것을 얻지 못할 때 나타난다. 3세경에는 동생이나 또래 관계에서 질투심을, 주변 사물이나 사건에 대해 호기심이 발달한다. 또 정서를 표현하는 단어를 이해하면서 자신과 타인의 정서를 더욱 정교하게 이해하고, 자신의 부정적인 정서의 표현을 통제하거나 타인의 부정적 정서를 완화하려는 정서조절능력도 함께 발달하게 된다.

사회성은 크게 성역할 발달, 도덕성 발달, 자아개념의 발달로 구분할 수 있다. 먼저 성역할은 사회가 남성과 여성에 대해 적합하다고 규정한 행동, 태도 등을 인식하고 생활에서 반영하는 것이다. 유아가 성 정체감의 발달과 함께 가족이나 또래, 대중매체 등으로부터 성역할 고정관념을 습득하는 것은 사회화 과정의 중요한 일부이다. 3~5세 때는 자신의 성과 타인의 성을 인지하고, 이후 성장이나 성역할에 따라 사람의 성별이 변하지 않는다는 성 안정성과 성 항상성을 습득하게 된다. 그 다음 도덕성 발달은 정서 중 자의식적인 정서인 죄책감과 수치심, 그리고 타인을 향한 정서인 감정이입과 이타심과 함께 발달한다. 그와 함께 규칙을 내면화하여 또래와 함께 놀 때 도덕적 판단을 내릴 수 있게 되고, 이러한 정서발달과 인지발달이 함께 도덕적 행동을 증가시킨다. 마지막으로 자아개념은 유아가 주도적으로 여러 가지 일을 하려고 하면서, 그리고 언어가 발달하고 자신의 특성, 소유물, 정서 등을 표현하게 되면서 발달한다. 이와 함께 자신의 가치를 평가하는 자아존중감이 생겨나며, 미래의 더 큰 만족을 위해 현재의 만족을 참는 만족지연(delay of gratification)이 발달하면서 자아를 통제하게 된다.

유·아동의 유해 미디어 노출

최근 스마트폰이 일상화되면서 유튜브 및 OTT 플랫폼에 유·초등학생들의 유해매체 접근이 늘어나고 있다. 부모가 아이에게 미디어 콘텐츠를 무분별하게 보여 주거나, 아이의 미디어 이용을 제한하려고 하더라도 아이의 모든 미디어 이용을 감시하기 어려운 현재의 SNS 특성 탓에 일부에서는 제대로 된 아동의 미디어 이용 모니터링이 없는 가정은 아동학대라는 말도 나오고 있다.

> 지난 22일 일부 맘카페에는 "엘사게이트를 조심해야 한다"는 제목으로 글이 올라왔다. 엘사게이트는 '겨울왕국' 엘사 등 유명 만화 캐릭터들이 나와 마약을 하거나 성폭행을 당하는 등 극단적 내용으로 꾸며진 영상을 아우르는 단어다. 약 2달 전부터 유튜브 등 사회관계망서비스(SNS)에서 확산되었다(한국일보, 2017.11.23.).
>
> 한 유튜버가 7살 아이가 그렸다는 그림을 썸네일(미리보기 이미지)로 공개한 것을 둘러싸고 논란이 불거졌다. 해당 그림이 넷플릭스 오리지널 시리즈 '오징어 게임'의 한 장면을 묘사했다는 지적이 나오면서다(조선일보, 2021.10.12.).

디지털화된 사회에서는 유·아동 스스로 디지털 콘텐츠를 슬기롭게 이용할 수 있는 '디지털 시민성' 교육이 필요하다. 한국언론학회(2021)는 유아 대상부터 사이버 폭력이나 해킹 등에 대처하는 디지털 안전, 허위·유해정보를 가려내는 미디어 리터러시 등을 재미있게 배우는 교육 프로그램의 필요성을 강조했다.

Q 아이가 스스로 유해한 미디어 콘텐츠를 구별해 낼 수 있으려면 부모와 아이가 미디어에 대한 대화를 자주 나누는 것이 중요하다. 미래의 자녀와 나눌 수 있는 대화를 상상해 보자. 그러한 대화를 위해 부모에게 필요한 미디어 리터러시 역량은 무엇일까?

(2) 유아기의 부모역할

① 양육

유아기에는 이전보다 대근육, 소근육이 발달하여 환경을 적극적으로 탐색하고 무엇이든지 스스로 하려는 욕구를 표현한다. 따라서 안전하고 자율적으로 환경을 탐구할 수 있는 놀잇감과 공간을 제공하고, 유아의 건강한 정서발달을 위해 스마트폰 등의 스마트 기기를 이용하는 시간과 콘텐츠를 유심히 살펴야 한다.

아이의 성장을 돕기 위해 식습관과 수면 습관을 올바르게 형성하여 아이가 영양소를 골고루 섭취하고 잠을 충분히 자도록 한다. 최근 문제가 되는 소아비만은 50%가 5~6세 이전에 시작되어 평생의 건강에 영향을 미치므로(질병관리청 국가건강정보포털, 2022), 설탕과 탄수화물의 비율이 높은 음식 대신 채소와 단백질 위주의 식사를 하고, 식사할 때는 스마트 기기를 끄며, 운동에 흥미를 갖도록 지도한다.

② 상호작용

에릭슨의 심리사회적 발달이론에서 유아기는 주도성 대 죄책감 발달이 이루어지는 시기이다. 유아기에 행동반경이 넓어진 아이의 탐색과 활동을 부모가 적절하게 지지해 주면 주도성이 발달하지만, 아이의 활동을 지나치게 통제하고 체벌을 가하면 죄책감이 발달한다는 것이다. 이 시기에는 부모가 아이가 불안하지 않게 탐색할 수 있는 환경을 제공하는 것과 아이의 끝없는 질문에 인내심 있게 반응해 주는 것이 신체적, 지적 주도성을 발달시키는 길이다.

훈육을 할 때도 주도성 발달을 염두에 두어야 한다. 해도 되는 것과 하면 안 되는 것의 명확한 구분을 심어 주는 것이 훈육의 핵심이다.

부모는 아이와 함께 규칙을 결정하고 먼저 원칙을 일관성 있게 지켜야 한다. 아이가 바람직한 행동을 하면 즉시 보상하고, 바람직하지 못한 행동을 하면 그 이유를 설명하고 즉각적으로 처벌해야 한다. 대화를 통해 훈육할 때는 아이의 눈높이에 맞게 메시지와 방법을 고려해야 한다. 대화를 아이의 눈높이에 맞추려면 아이의 발달 수준에 맞게 말의 길이와 순서를 조절하고 잘못을 지적할 때 질문형 대화를 피해야 한다. 아이가 어릴수록 짧게 전달하는 것이 좋으며, "동생 때리면 돼, 안 돼?" 같은 질문형보다는 직접적인 메시지를 주도록 한다. 또 지시를 할 때는 "○○야, 장난감이 어질러져 있으니 정리해라"처럼 문제 상황과 아이가 할 일을 구체적이고도 정확히 지시해 주고, 표 4−7과 같이 대화에 걸림돌이 되는 언어 표현을 하지 않는다.

그림 4-6 아이의 눈높이에 맞춘 대화

출처: 교육부 외(2014b).
그림 출처: pch.vector by Freepik

표 4-7 아이와의 대화에 걸림돌이 되는 언어 표현

장애요인적 언어 표현		예시
명령	자녀에게 명령하는 표현법	"말대꾸하지 마" "네 방으로 가" "그만 좀 시끄럽게 해라"
위협, 경고	결과를 말함으로써 자녀에게 특정 행동을 중지시키는 표현법	"말 안 들으면 안 사줄 거야" "그만하지 않으면 맴매할 거야"

탐문, 심문	양육자가 자신의 문제를 해결하기 위해 필요한 정보를 자녀에게서 얻으려 하는 표현법	"네가 왜 엄마를 싫어하는지 말해 봐" "누가 너에게 그런 것을 가르쳐 주었니?"
욕설, 조소	자녀에게 수치심을 주거나 욕설을 하는 표현법	"말썽꾸러기야" "그런 짓을 하고도 안 창피하니?"
무조건 칭찬, 부추기기	무조건 긍정적인 평가나 판단을 내리고 동의하는 표현법	"너는 아주 영리하니까 무엇이든지 할 수 있어"

출처: 김영옥(2016); 여성가족부(2017b)에서 재인용.

③ 학습과 지적 자극

유아기에는 어떤 것을 배워야 할까? 많은 부모가 한글을 빨리 배워야 공부하는 습관을 일찍 들일 수 있다고 생각해 학습지로 아이에게 선행학습을 시킨다. 하지만 연구결과는 학습지로 공부한 한국 어린이들과 선행학습을 하지 않는 독일 아이들을 비교했을 때, 한국 아이들이 받아쓰기, 사칙연산 등 문제풀이에 비해 이야기의 이해력은 떨어졌다. 뇌과학자 서유헌 교수는 과도한 선행학습이 독이 되었다고 말한다. 만 3세는 선택적 주의 집중, 창의력, 호기심, 동기부여 등을 담당하는 전두엽이 발달하는 시기이기 때문이다. 서 교수는 유아기에 가장 선행되어야 할 것은 도덕성과 감정조절 훈련이며, 7세 이전의 조급한 학습은 오히려 아이에게 좌절감을 줄 수 있다고 주장한다(여성가족부, 2017b).

유아기에 적합한 학습법은 놀이를 통해 즐겁게 배우는 것이다. 놀이를 통해 신체 발달, 언어 발달, 사회성 발달 등 전인적인 발달을 이룰 수 있고, 아이가 스스로 생각하고 탐구하게 되므로 더욱 집중할 수 있다. 부모가 함께 놀아줄 때도 부모가 주도하기보다는 아이에게 맞춰 주고 아이가 도움을 청할 때 도와준다면 아이의 자율성을 존중할 수 있다.

한글과 수학은 일상생활 속에서 부모와 상호작용하며 재미있게 배우기 좋은 영역이다. 상표나 표지판 등을 통해 한글을 함께 읽어보고, 놀이나 편지 쓰기 등으로 쓰기를 연습할 수 있다. 수학은 수, 연산, 비교 등의 개념을 위해 엘리베이터에서 우리 집의 층 번호를 찾아본다거나, 과자, 빵 등의 크기와 개수 비교하기, 장난감의 크기와 모양을 비교하기 등이 그 예이다. 동물이나 식물을 기르는 것은 과학에 흥미를 가지는 데도 도움이 된다.

표 4-8 발달을 자극하는 유아놀이

구분	25~30개월	31~36개월
언어 발달 놀이	• '꼬마야 꼬마야', '반짝반짝 작은 별' 노래 부르기 • 귓속말로 말 걸기	• 물건 종류 구별하여 말해 보기 • 엄마아빠에게 편지(그림, 글) 끄적여 보기
인지 발달 놀이	• 모래놀이하기 • 색깔 알려주고 구분하기	• 그림책 속의 행동 설명해 주고 맞추기 • 동그라미, 세모, 네모 이해하기
사회성 발달 놀이	• 가족 생일에 '생일 축하합니다' 노래 부르기 • 자기 물건 알려주고 찾기	• 두 가지 물건 중 지적하는 것 선택하기 • 기분을 말로 표현하기
신체 발달 놀이	• 풀로 색종이 길게 잇기 • 저금통에 동전 넣기	• 포장지 함께 풀어 보기 • 찰흙으로 공 만들기

출처: 남양아이(baby.namyangi.com), 매일아이(www.maeili.com).

생각해 볼 문제

1. 임신 초기가 가장 중요하고 민감한 시기라고 불리는 이유는 무엇인가? 태아 발달을 중심으로 생각해 보자.

2. 임신기간의 신체적 · 정신적 건강관리 수칙에 대해 생각해 보자. 남편은 임신한 아내의 건강관리를 어떻게 도울 수 있는가?

3. 영아의 3가지 기질에는 무엇이 있는가? 각 기질의 영아는 어떤 태도로 양육하는 것이 바람직한가?

4. 영아와 애착 형성을 할 수 있는 양육 방식에는 어떤 것이 있는가?

5. 피아제의 인지발달이론에 따르면 유아기는 '전조작기'에 해당한다. 전조작기를 이전 단계 및 이후 단계와 구분하는 가장 큰 특징은 무엇인가? 전조작기의 유아는 어떤 개념과 능력을 획득하며, 어떤 것을 획득하지 못했는가?

6. 유아를 훈육할 때 적절한 훈계 방법을 적어 보자. 부모가 빠지기 쉬운 부적절한 훈계 방식의 예시는 무엇이고, 그 방식은 왜 부적절한가?

CHAPTER

05 학령기 발달과 부모역할

아이가 초등학교에 다니는 만 6세부터 11세까지를 아동기라고 한다. 이 시기의 아이는 생활의 중심이 가정에서 학교로 옮겨가 본격적으로 사회적 관계를 만들고, 또래관계에서 인정받는 것이 발달에 중요한 역할을 하게 된다. 또 인지가 발달하여 자신과 타인의 개념을 정교하게 인식하고, 일상 속에서도 또래와의 놀이나 학교의 숙제 등 다양한 문제를 해결할 상황에 놓이면서 문제해결능력이 향상된다.

아동기의 부모는 끊임없이 질문하는 아이에게 세상을 해석해 주고 부모의 가치와 세계관을 전달해 주는 역할을 맡게 된다. 학부모로서는 자녀교육에 관심을 가지고 학교에 적극적으로 참여하며 집에서는 아이에게 자기주도적 학습 습관을 들여 주어야 한다. 또 아이의 적성을 찾아 주며 원만한 또래관계를 지지해 주고 식사나 여가시간에 아이의 이야기를 충분히 들어 준다. 이에 대해 구체적으로 알아보자.

1. 학령기의 발달

등교수업이 진행 중인 서울의 한 초등학교 1학년 교실. 둥글게 모여 앉아 리듬에 맞춰 몸을 움직이는 활동에 아이들의 3분의 2는 '관객'이 된 듯 자리에서 일어나지 않았다. 담임교사가 탬버린을 치며 흥을 돋워 보지만 요지부동이다. 담임인 A교사는 "2학기가 돼도 아이들이 몸과 손을 어떻게 움직여 노는지, 친구들과 어떻게 어울리는지 잘 알지 못했다"면서 "아이들이 키는 불쑥 자랐는데 몸과 마음은 덜 자란 것 같다"고 말했다.
코로나19로 학교에 제대로 가지 못한 초등학생들이 '발달 격차'를 겪을 것이라는 우려가 교육계에서 나오고 있다. 등교 일수가 줄고 다양한 활동과 상호작용을 제대로 하지 못해 신체와 감각, 정서발달의 기회를 놓치고 있다는 것이다. 손○○ 서울 천왕초등학교 교사는 31일 "초등 교사들 사이에서 학생들이 글씨를 쓰거나 가위질, 종이접기 등을 하는 조작 활동이 눈에 띄게 서투르다는 이야기가 많다"면서 "특히 저학년들은 학교생활에서 이뤄져 왔던 발달이 지체됐다는 인식이 지배적"이라고 말했다.

출처: 서울신문 2020.12.31.

1) 신체발달과 운동발달

(1) 신체발달

학령기 아동의 신체발달속도는 영유아기보다는 완만하지만, 신장은 매년 평균 5~7.5cm, 체중은 평균 2~4kg씩 증가한다. 5세경에는 남자아이와 여자아이의 신체가 비슷한데, 초등학교 저학년 시기에는 남자아이가, 고학년 때에는 사춘기의 시작으로 여자아이가 더 빠른 성장을 보인다. 초등학교 고학년 여자아이들은 초경, 남자 아이들은 몽정을 경험하기도 한다. 또 팔다리가 빠르게 성장하고 근육과 지방이 축적되며 성장통이 나타나기도 한다. 그 외 유치가 빠지고 영구치가 나므로 과잉치 등 선천적 요인이나 나쁜 습관으로 부정교합이 생기지 않도록 유의하고 정기적으로 치과 검진을 해야 한다.

이 시기에 특히 유의할 것은 충분한 수면을 취하는 것과 근시 및 소아비만에 유의하는 것이다. 아이가 잠자는 동안에 근육과 조직이 재생되고 성장호르몬이 방출되어 신체발달과 뇌발달에 중요한 영향을 미치므로, 저학년에게는 8~10시간, 고학년에게는 7~9시간의 수면을 지켜야 한다. 근시는 유전적 요인과 환경적 요인이 모두 작용하는데, 후천적 요인으로는 책이나 컴퓨터, 스마트폰을 많이 사용할수록 근시의 가능성이 커진다. 또 학령기 아동은 신장보다 체중이 빠르게 증가하므로 나쁜 식습관과 운동 부족, 과도한 TV시청이나 스마트 기기 사용으로 소아비만이 되지 않도록 조심하고 균형 잡힌 식사와 다양한 신체활동의 기회를 제공해야 한다.

(2) 운동발달

초등학교에 들어가는 시기에는 대근육과 소근육이 더욱 정교하게 발달하고 달리기, 던지기, 뛰어오르기 등의 운동능력을 조합하여 규칙을 정한 놀이를 할 수 있다. 협응능력의 발달은 공놀이에서 가장 잘 드러나 야구, 농구, 배구 등의 단체경기를 할 수 있고, 소근육의 발달은 옷입기나 신발 끈 매기 등 자조기술과 그림 그리기, 만들기, 악기 연주 등에서 드러난다.

사춘기가 시작되면 운동능력의 성차가 나타난다. 남자아이는 근육이 발달하고 사회적으로 운동을 더 많이 하여 17세까지 운동능력이 계속 발달하지만, 여자아이는 13세경에 운동능력이 최고조에 달하고 이후 사회문화적으로 운동이 아닌 다른 곳에 관심을 갖도록 기대되면서 운동능력이 쇠퇴한다.

여아의 성조숙증

현대에 올수록 여아의 사춘기가 점점 빨라지는 현상이 관찰되고 있다. 미국의 종단연구 결과는 1970년대 이후 여아의 사춘기 시작 연령이 10년마다 3개월씩 감소하였으며, 그 결과 1990년대 중반 여아들은 과거보다 1년 이상 빠른 10세경부터 가슴이 발달하기 시작하였다는 결과가 관찰되었다. 남아의 사춘기도 이보다 약하지만 비슷한 방향의 변화가 관찰되었다. 연구자들은 이러한 이유에 대해 소아비만으로 인한 렙틴 과분비, 흔히 '환경호르몬'이라고 불리는 플라스틱의 화학물질 노출, 그 외 스트레스와 생활 습관 등등을 꼽고 있다. 일부 전문가들은 현대 사회에는 사춘기의 시작 연령 기준을 앞당기는 것이 필요하다고도 주장하고 있다(코메디닷컴, 2022.05.21.).

Q 코로나19가 유행하는 동안 여아의 성조숙증이 더욱 확산되어 병원을 방문한 여아가 급증하였다고 한다(동아사이언스, 2022.05.27.). 여아의 성조숙증은 이후 심리적 문제나 여성질환과 유의한 연관을 보인다. 코로나19 시기의 성조숙증은 포스트 코로나 시기에 사회적으로 어떤 결과를 낳을 것으로 보이는가? 사춘기의 시작 연령을 낮추는 것이 필요하다고 생각하는가?

2) 인지발달과 언어발달

(1) 구체적 조작기의 사고

7세부터 11세까지의 학령기는 피아제의 인지발달이론에서 구체적 조작기(concrete operations period)에 해당하는데, 이때는 미숙했던 정신적 조작이 더 논리적으로 발달하여 구체적 사물에 대해 탈중심화, 보존개념, 가역성, 범주화 등의 개념을 획득하게 된다. 구체적 조작기의 아이는 같은 길이, 무게, 질량, 부피 등을 가진 두 물체의 한 속성을 변화시켜도 본질은 변하지 않는다는 것을 이해하는 탈중심화(decentering), 다른 형태의 컵에 물을 담았을 때 다시 원래 컵에 옮기거나, 간격을 멀리 떨어뜨린 동전을 다시 좁히면 개수가 같아진다는 가역성(reversibility) 등의 개념을 통해 모든 보존개념(표 4-6 참조)을 획득하게 된다. 여러 사물의 공통적 속성과 유목, 서열 등 범주화(categorization) 개념이 발달하면서 다양한 물건을 수집하고 분류하는 취미를 갖게 되기도 한다.

학령기에는 전두엽, 전전두피질, 측두엽, 두정엽 등 정보처리와 관련된 뇌 영역이 급격히 발달하면서 정보를 빠르게 처리하고 자신이 무엇을 기억하거나 하지 못하는지를 기억하는 상위기억도 발달한다. 또 창의성이 발달하여, 부모가 열린 질문을 던지고 개성 있는 답을 인정, 존중해 주면 생각하는 힘이 길러지게 된다.

(2) 사회인지

학령기 인지발달의 또 다른 특징으로 자아중심적인 사고에서 벗어나 타인의 관점과 사회적 관계에 대한 인지가 발달한다는 것이다. 사회인지는 자기 자신, 타인, 공동체, 국가 등 사회집단 간의 범주와 상호관계를 이해하는 능력에서 출발한다.

타인의 관점이나 생각은 자신과는 다르다는 것을 이해하는 개념을 조망수용(perspective taking)이라고 한다. 피아제는 그림 5-1과 같은 세 산의 모형을 이용한 실험을 통해 조망수용을 연구했다. 모양과 크기가 다른 세 산의 모형은 1, 2, 3번 의자에서 모두 다르게 보이므로, 전조작기의 유아는 자신이 앉은 자리와 다른 의자 관점에서의 배치도 카드를 선택하지 못하지만, 구체적 조작기의 아동은 맞는 배치도를 선택할 수 있다.

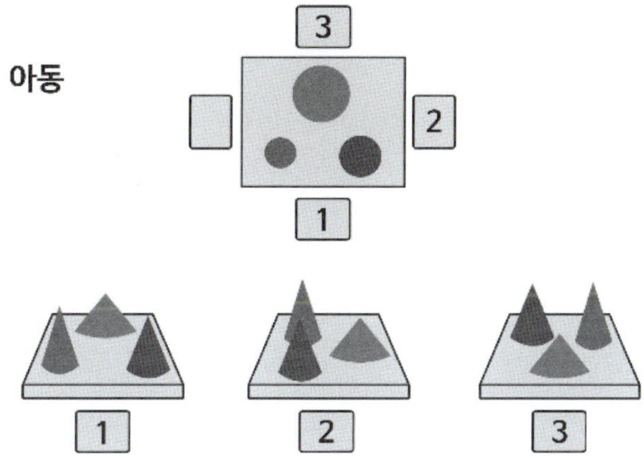

그림 5-1 피아제의 세 산 실험

출처: 네이버 심리학용어사전(2014).

(3) 언어발달

학령기 아동은 유아기에 습득한 언어를 바탕으로 더욱 다양한 어휘와 복잡한 문법을 습득하여, 학령기가 끝날 때에는 약 40,000개의 어휘를 익히고 수동형이나 조건문 등의 복잡한 문법도 사용할 수 있다. 또 학교 교육을 통해 쓰기와 읽기를 학습하여 발표력, 독해력 등을 갖추고 자신의 생각을 글로 표현하게 된다.

의사소통기술도 발달하여, 아이는 자신이 가리키고자 하는 것을 유아기보다 훨씬 명확하게 표현하고 상황에 따라 존댓말과 반말을 바꾸어 말하거나, 비유와 은유 등을 이해하고 표현할 수 있게 된다. 이 시기에는 자신이 말한 메시지가 어떤 부분에서 모호한지를 인식하고 분명하게 다시 전달하는 참조적 의사소통 기술(referential communication skills)이 발달한다.

3) 정서발달과 사회성 발달

(1) 자아개념과 자아존중감의 발달

이 시기의 가장 중요한 내적 발달은 자아개념(self-concept)이 복잡해지고 안정되는 것이다. 학교 교육과 또래집단에서의 사회화, 그리고 아동기의 인지적 발달의 영향으로 아이는 학교에서 배운 여러 사회기술과 능력을 또래와 비교하며 자아개념을 형성하게 된다. 초등학교 저학년 때는 '나는 친구보다 키가 작아', '나는 수학은 못하지만 음악은 잘해'처럼 타인과의 비교를 통해, 고학년 때는 '남자애들끼리는 운동을 잘하는 아이가 인기 있으니까 난 운동을 열심히 해', '난 이해심이 많아서 친구들이 나에게 고민을 털어놓아' 등 상호관계 속에서 자아를 구별하며 설명하게 된다.

자아에 대한 인지적 측면인 자아개념을 바탕으로 한 감정적, 평가적인 자질이 자아존중감이다. 자아존중감(self-esteem)은 신체적, 학업적, 사회적 측면으로 분화된 자아개념에 대한 긍정적 혹은 부정적 가치이며, 각각 외모나 신체적 능력, 교과목 수행, 타인과의 관계 등에서 비롯된다. 높은 자아존중감을 가진 아이는 성취감을 높게 느끼고 원만한 사회적 관계를 맺으며 사회적응, 양심, 도전적 과제 등에서 긍정적 결과를 보인다.

(2) 성역할과 성교육

학령기에는 유아기에 형성되기 시작한 성역할 고정관념이 고착화되면서 과목이나 직업 등에 대한 성역할 고정관념이 개인적 선호도나 자아개념에 영향을 미치기 시작한다. 남성과 관련된 특성이나 직업이 사회적으로 더 인정받는다는 것을 알게 되면서 남자아이는 자신의 남성적인 특징을 강화하려고 노력하지만, 여자아이는 오히려 반대 행동을 보인다. 예를 들면 여자아이는 소방관과 같은 남성의 것으로 여겨지는 직업이나 남자아이들이 주로 하는 운동 등에 관심을 갖는 등 여성적인 특징을 강화하려 하지 않는 것이다. 후기 학령기의 아이는 성역할에 대한 융통성이 증가하며, 성역할 고정관념은 사회적 압력에 의해 생겨난 것을 이해하고 모든 사람이 성역할 고정관념에 맞춰 행동하는 것은 아니란 것을 알게 된다.

성에 대한 막연한 관심이나 타인에 대한 성적인 관심은 초등학교 저학년 때부터 시작되며, 초등학교 고학년이 되면 일부 아이, 특이 여자아이는 남자아이보다 빨리 사춘기가 시작되기도 한다. 따라서 초등학교 때 수준에 맞는 성교육을 시작하는 것이 좋은데, 사춘기의 신체적 발달과 그에 대한 대처, 관심 있는 친구에 대한 예절, 성차와 성차별, 성평등의 개념, 강요된 행동과 성폭력 예방 및 대처방안에 대해 알려주고 위험한 상황에는 부모에게 도움을 요청하도록 알려 주어야 한다(엄연주, 이규영, 2019).

(3) 또래 관계와 도덕성의 발달

학령기에는 핵심적 사회화 기관이 가정에서 학교로 넘어간다. 아이는 학교에서 단체생활의 규칙을 익히게 되고, 지속적으로 선생님이나 친구와 상호작용하며 이들의 행동을 모방한다. 또 이 시기에 성역할 고정관념이 발달함과 함께 아이는 동성의 또래집단에 속하게 되어 성별화된 또래문화가 생겨난다. 또래와의 신뢰를 바탕으로 우정이 형성되며, 따라서 신뢰를 깨트리는 행동은 부정적이라고 판단하게 되고 또래집단에 받아들여지기 위해 친사회적인 행동을 증진하게 된다.

학령기의 인지발달은 도덕성의 발달에도 영향을 미친다. 어떤 행동에 대해 단순히 보상과 처벌에만 기초를 둔 판단에서 규칙이나 사회적 인정 등을 고려하거나, 다른 사람들의 모방을 통해 옳다고 여겨지는 행동을 습득할 수 있기 때문이다. 도덕적 갈등 상황에서의 판단이 기초가 된 콜버그(L. Kohlberg)의 도덕성 발달단계이론에 따르면 6~12세는 전인습적 수준을 넘어 인습적 수준의 도덕관을 보인다. 인습적 수준의 도덕성은 다른 사람들에게 좋은 사람으로 인정받기를 기대하는 '착한 아이 지향 단계'에서 사회적 규칙을 지키고자 하는 '법과 질서 지향 단계'로 발달한다. 학령기 후기의 아동은 같은 양의 보상보다 더 노력하거나 더 불리한 처지에 있는 사람에게 더 많은 보상이 돌아가야 한다고 판단하며, 실수로 저지른 잘못보다

그릇된 동기로 행한 행동을 더 나쁘다고 판단한다. 또 개인의 권리를 이해하고, 사회적 관습을 내면화하여 자기통제능력이 발달한다.

2. 학령기의 부모역할

1) 학부모로서 학교에 참여하기

"교사로만 살아갈 때에는 학부모의 모습이 이해가 안 되었어요. 학부모가 되고 보니 그 모습이 저의 모습이더군요. 교사와 학부모에게 정말 중요한 것은 소통이라는 것을 알게 되었어요. …

[정○○ 인성초등학교 교사]가 교사와 학부모의 소통에 방점을 찍은 이유는 다름 아닌 '아이'이다. "결국 둘 사이에서 가장 행복해지는 것은 아이들이에요. 교사와 학부모가 서로를 다시 한 번 생각해 보는 계기가 되길 바랍니다."

정○○ 교사는 "사실은 서로가 같은 아이를 책임지는 동지의 관계인데 갈등이 생기는 상황을 보면 마음이 아팠다"며 "서로 원하는 것이 있는데 소통이 부족해 오해가 쌓이고 쌓여 집단 대 집단의 대치 구도로 발전하는 것 같다"고 진단했다. "소통은 교사와 학부모의 서로에 대한 공감, 신뢰, 믿음 등 놓치기 쉬운 기본적인 마음가짐을 다시 한 번 깨닫게 해줘요. 서로가 서로를 이해하려는 노력이 가장 중요합니다."

출처: 에듀인뉴스 2020.06.29.

(1) 학교교육에 부모의 참여가 필요한 이유

아이가 학교에 들어가게 되면서 부모도 학부모라는 새로운 역할이 생기게 된다. 단순히 교사에게 모든 교육을 맡기는 것이 아니라 학생 및 학교(교사)와 함께 학교교육의 한 주체로서 교육현장에 적극적으로 참여할 책임이 생기는 것이다. 학부모의 학교참여는 자녀교육에 대한 참여, 교육현장에의 참여, 교육주체로의 참여라는 세 가지 의의가 있다. 학부모는 학교에서의 자녀를 이해하고 학교에서 받는 교육을 지원하며, 학교 및 교사와 긴밀하게 양방향적인 소통을 하여 시대의 요구에 맞는 교육공동체를 구현할 뿐만 아니라 학교교육의 의사결정자이자 지원자로서 의견을 학교에 반영하고 모니터링하는 것이 필요하다. 학교교육에 활발히 참여하는 학부모의 자녀는 학업성취와 자기조절 수준, 학교 적응 수준이 높다. 학부모 자신도 학교교육에 참여하는 것 자체가 자녀교육 역량 강화에 일조하여 학교에 대한 이해가 증진되고 자녀의 행동을 객관적으로 볼 수 있게 한다.

(2) 부모가 학교교육에 참여할 수 있는 방법

학교는 학부모를 위해 여러 방식의 소통과 참여 창구를 열고 있다. 학부모의 학교활동 참여는 표 5-1과 같이 크게 다섯 가지 방식으로 나뉜다. 대표적인 직접 소통 기회로는 학교설명회, 학교 수업공개, 학부모상담, 자녀를 위한 학교지원 활동으로는 자원봉사 등이 있으며, 학교운영과 직접 관계된 조직적, 지속적인 참여 방식으로는 학부모회 참여가 있다.

표 5-1 학부모의 학교참여 유형

방식	설명
가정-학교의 소통	• 학부모 상담, 학교설명회 등 • 학교설명회와 간담회에서는 학부모에게 학교의 전반적인 정보를 제공한다. • 학부모 상담은 신입생, 학부모상담주간, 혹은 진학, 진로 등으로 수시로 이루어지며 자녀의 학업, 적응, 생활지도, 혹은 학부모의 학교참여 등 많은 주제를 다룬다.
가정과 학교의 학습 연계	• NEIS(www.neis.go.kr)의 학부모 서비스나 학교알리미 홈페이지(www.schoolinfo.go.kr)에서 공식적 정보를 얻거나 가정통신문, SMS, 학교나 학급 홈페이지, 카페 등으로 학교·교사와 직접 소통
학부모 역량강화	• 학부모교육, 학부모동아리 등 • 학부모교육은 요구조사를 통해 학부모 역량 강화, 자녀교육 정보제공, 학부모 평생교육 등을 통해 사교육비를 경감시키고 가정의 교육적 기능을 강화한다.
학교 의사결정에 참여	• 학부모회, 학교운영위원회 등 • 자발적으로 학교운영 및 지원에 조직적이고 지속적으로 참여한다.
학부모 참여 및 교육기부	• 자원봉사, 교육기부, 학교행사 참여 등 • 학부모의 능력과 재능에 따라 학교와 계획을 수립하여 재능기부나 봉사를 할 수 있고 학교, 학생, 지역사회를 잇는 역할을 담당한다.

출처: 여성가족부(2017c).

효과적인 학부모-교사 간의 의사소통은 상호 존중과 적극적 참여에 기반을 둔 의사소통으로부터 시작한다. 학부모는 교사의 전문성을 인정하고 수업공개, 학부모상담 등 일회적이고 비교적 수동적인 참여뿐 아니라 학부모회, 교육 모니터링, 학교운영위원회, 교원능력개발평가 만족도 조사 등 능동적이고 자발적인 활동에도 관심을 갖고 참여한다. 특히 아버지의 참여가 어머니 참여에 비해 현저히 낮으므로, 아버지들은 주말이나 일과 후 시간에 체험활동 위주의 아버지 참여활동이나 아버지회 카페 등이 있다면 적극적으로 참여하도록 한다.

2) 가정에서의 학습 습관 키우기

> 학원에 다니지 않는 아이를 찾아보기 힘든 요즘, 엄마들은 아이를 학원에 보내면서도 자꾸 불안하다. … 아이를 학원에 보내는 이유는 학원 자체에 목적이 있는 게 아니라 공부에 목적이 있는 것이다. 아이의 공부 습관에 문제가 있는 것은 아닌지, 과목별 공부 요령을 잘 알고 제대로 공부하고 있는지, 살펴봐야 한다.
>
> … 그럼 이제 진짜, 학원 다니며 성적을 올릴 수 있는 방법을 알아보자. … 아이는 공부 요령을 알아야 한다. 스스로 답을 찾아가는 사고력, 공부의 기초 자산인 집중력, 공부한 내용을 시험에서 제대로 발휘할 수 있는 정확력, 잊기 전에 확인해 두는 복습력, 수업 시간을 최대로 활용하는 수업력, 자신의 학습 스케줄을 관리하는 계획력, 이렇게 6력(力)을 동원해서 공부해 나간다면, 분명히 아이와 엄마가 함께 웃을 수 있을 것이다.

출처: 한국강사신문 2022.06.14.

(1) 자기주도적 학습 방식이란?

아이가 학교 공부를 본격적으로 시작하면서 부모도 아이에게 학업에 대한 기대를 갖게 된다. 하지만 이 시기에 무엇보다 중요한 자질은 근면성의 발달이다. 아이는 학교에서 과제를 수행하고 성공의 경험이 쌓여가면서, 또 또래와 자신의 능력을 비교하며 인지적 사회적 기술을 쌓아가면서 자신감과 함께 근면성을 발달하게 된다. 그러나 이때 사회적 기술을 쌓는 데 실패하고 또래보다 뒤처지게 되면 열등감을 느끼게 되므로, 부모는 아이의 재능과 장점을 계발해 주고 적절한 수준의 과제와 충분한 격려를 통해 성취감과 근면성을 발달하게 도와주어야 한다.

학령기 아동이 근면성을 갖추려면 공부를 학원에 지나치게 의존하지 않고 자기주도학습을 할 수 있도록 해야 한다. 자기주도학습이란 아이가 필요한 정보를 선별하여 스스로 학습하고, 과제가 주어졌을 때 스스로 해결하는 능력을 가리킨다(여성가족부, 2017c). 자기주도학습을 위해서 아이는 학습의 원동력이 되는 학습 동기, 뚜렷한 진로설정, 그리고 주도적 학습태도가 필요하다. 그를 위해 부모는 아이에게 자신감과 책임감을 심어 주고, 함께 진로탐색을 하며, 집중력과 공부습관을 기를 수 있는 여건을 마련해 주어야 한다. 표 5-2는 부모가 가정에서부터 아이의 자기주도학습을 지원할 수 있는 방법을 소개한다.

표 5-2 부모가 자기주도적 학습을 지원하는 방법

할 일	구체적인 내용
학습환경 조성	• 아이가 스스로 계획하고 실천하고 평가하는 능력을 갖도록 지원한다. • 아이의 공부 수준, 태도와 습관을 관찰하여 가장 적합한 환경을 만들어 준다.
믿고 기다리기	• 시행착오를 거쳐 자기 점검을 하는 시간을 참을성 있게 기다려 준다.
잠재력 발견하기	• 만족감, 재미 등으로 학습에 대한 동기를 유발한다. • 꿈과 목표를 세우고, 진로를 계획하도록 돕는다.
스스로 공부하는 방법 배우기	• 간단한 개념, 원리도 스스로 생각하고 이해하여 사고력과 문제해결력을 키운다. • 학교 교육내용에 충실하도록 지도한다.
자기관리 능력 기르기	• 목표 세우기, 실천하여 목표 관리하기, 자투리 시간관리, 자신만의 공부방법을 찾는 학습태도 관리전략 등을 알고 지도한다. • 학습의 주도권은 점진적으로 자녀에게 넘긴다.

출처: 교육부 외(2014c).

평생 가는 아이의 자기주도적 학습 습관에 중요한 것이 독서습관이다. 모든 학습의 기본은 읽기 능력일 뿐 아니라, 간접경험을 통해 지식을 축적하고 문제해결능력을 쌓으며, 상상력과 사고력을 발달시킬 수 있기 때문이다. 어렸을 때부터 부모와 아이가 함께 소리 내어 읽기와 눈으로 읽기를 익숙해질 때까지 병행하고 책을 읽은 후 질문을 통해 내용을 이해했는지 확인한다. 책 내용을 바탕으로 '왜 그런 행동을 했을까?', '내가 주인공이라면 어떻게 했을까?' 등의 이야기를 나누며 사고력을 확장시킨다. 초등학교 고학년이 되면 보다 능동적으로 독서를 하기 위해 도서관을 찾아가 직접 책을 선택하여 빌려 보게 한다. 책 내용을 요약하는 글쓰기를 하고 독서토론과 독서논술 활동과 연계해 창의적 사고력을 기른다.

(2) 집중력 키우고 학습 습관 바로잡기

자기주도적 학습의 핵심은 집중력이다. 특히 어려서부터 다양한 스마트 기기와 인터넷 콘텐츠를 접한 요즘 아이들에게는 독서를 즐기고 학교 공부에 집중하는 능력이 학업 성취도에 결정적 영향을 미치게 된다. 본 장에서는 집중력과 집중력을 키우는 습관의 여러 측면을 알아본다.

① 집중력의 세부 요인

집중력에는 크게 네 가지 세부 요인이 있다. 해야 할 과제에만 초점을 맞추는 초점적 주의력, 지루함이나 짜증, 피로 등을 관리하며 과제를 끝까지 마무리하는 지속적 집중력, 필요한 때 주의를 통제하고 다른 대상으로 전환하는 단절적 억제력, 이미 알고 있는 정보와 새로운 정보를 연결하여 통합적으로 이해하는 학습 집중력이 그것이다. 밥을 먹을 때는 TV를 켜지 않고 해야 할 일을 짧고 간결하게 말해 주면 아이의 초점적 주의력이 향상되고 중요한 정보에 주의를 기울일 수 있다. 과제를 작은 단위로 나누고, 집중시간을 관찰해서 매일 1~2분씩 늘려가는 훈련을 하면서 정서를 조절할 수 있도록 짜증과 화를 바람직하게 풀도록 해주면 지속적 주의력에 도움이 된다. 즐거운 활동을 마쳐야 하는 시각은 시작하기 전과 마치는 시각에 알려 주고 마칠 때는 단호하게 기준을 알려준다면 멈추어야 할 때 멈출 수 있는 단절적 억제력을 키울 수 있다. 마지막으로 학습 집중력은 전반적 학습능력과 관계가 있으므로 어느 단계에서 결손이 시작되었는지 알아보고 그 부분을 보충해야 한다.

한편 집중력이 낮은 아이는 인지적 능력, 정서적 안정감, 혹은 행동습관이나 환경에 문제가 있을 수 있다. 아이가 학습내용이 벅차거나 이해하지 못하는 것인지, 스트레스와 불만을 많이 느끼고 감정변화가 심한지, 혹은 집중하기까지 시간이 오래 걸리고 집중하기 어려운 환경에서 학습하고 있는지를 확인하고 해당 요인을 개선할 필요가 있다.

② 집중력 향상 노하우

집중력의 세부 요인을 알았다면 양육자는 집에서 아이의 집중력을 향상시키도록 지원할 수 있다. 초등학교 1~3학년 때에는 전반적인 생활습관이 집중력과 밀접한 관계를 가지므로 아이가 책가방을 챙기는 등의 일은 스스로 해결하도록 하고 자신의 의사를 분명하게 표현하는 습관을 들인다. 먹기, 잠자기, 씻기 등의 기본 생활습관이나 숙제와 같은 계획된 학습 시간은 명확하게 지키도록 정세를 정하고, 적절한 운동을 통해 신체 에너지를 발산하도록 한다. 공부 시간에 딴 생각이 난다면 '딴 생각 수첩'에 적고 나중에 딴 생각을 하도록 하거나, 화이트보드나 숙제 상자 등 잘 보이는 곳에 숙제를 두는 전략도 좋다.

초등학교 4~6학년으로 올라가면 자기주도적 학습 능력이 곧 집중력과 연관된다. 아이가 스스로 할 일을 선택해서 숙제와 함께 학습 시간표에 맞게 예습, 복습할 공부 내용을 정하고 계획표를 작성하도록 한다. 부모는 아이 대신 계획을 세워 주기보다는 공부할 분량이 무엇이며 얼마나 걸릴지 물어보면서 아이의 주도성을 키워 준다. 공부를 시작하면 간섭하지 않고, 대신 문제집이나 독후감, 일기 등의 과제 기준을 세우고 일정한 시간에 점검하며 스스로 공부한 내용을 확인하도록 한다. 스스로 집중력을 관찰하도록 하고 공부하는 시간에는 소음을 내지 않으며 한 장소에서만 공부하도록 제한하는 습관도 효과적이다.

③ 적성을 발견하고 진로 탐색하기

초등학교 때부터 진로를 인식하고 진로를 준비하는 것은 현재의 학습동기와 자아정체감을 길러 주는 중요한 일이다. 아이의 적성을 발견하기 위해 가장 먼저 생각해야 할 것은 지능과 적성은 다양하다는 것이다. 하버드 대학의 하워드 가드너(H. Gardner)는 인간의 지능은 인지능력뿐 아니라 신체운동지능, 음악지능, 대인관계지능, 언어지능, 자기성찰지능, 논리수학지능, 시각공간기능, 자연탐구지능 등 총 8가지의 다중지능으로 구성되어 있다고 주장했다. 다중지능이론에 의하면 개인은 각자 잠재된 지능을 계발하여 강점지능을 활용하고 약점지능은 보완해야 한다.

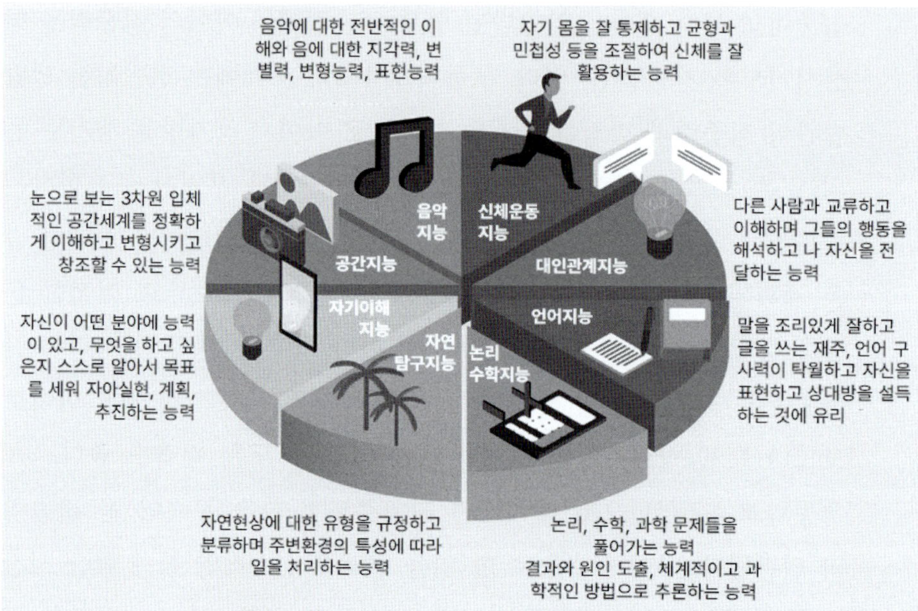

그림 5-2 가드너(H. Gardner)의 다중지능이론

출처: 핑거테스트(www.fingertest.co.kr).

EQ(Emotional Quotient; 정서지능 지수)나 창의력은 인지적 능력을 강조하는 학교에서 간과되기 쉽다. 그러나 EQ와 창의성이야말로 초등학교 저학년 때부터 계발해 주어야 하는 자질이다. EQ가 높은 아이는 감정을 정확히 읽어내고, 자신이 왜 그런 감정을 느끼는지 알며, 자신의 감정을 잘 통제한다. 또 창의적인 아이는 항상 새로운 가능성을 탐색하고 직접 경험하는 모험심을 가지고 있으며, 자신의 에너지를 조절하고 열심히 노력하며 어려움을 헤쳐 나간다. 부모는 아이의 정서인식 능력을 키우기 위해 아이의 감정을 관찰하고 기록하는 'EQ 일기장'을 만들어 보고, 가장 중요하다고 생각하는 감정을 가진 일에 우선순위를 정해서 실천하도록 한다. 아이의 창의성을 위해서는 물건을 새롭게 사용하거나, 관계없는 사물 간의 관련성을 찾는 등 새로운 관점으로 주변 환경을 관찰하고 결합하는 활동에 도전해 본다.

초등학교 고학년이 되면 자신의 적성을 찾고 본격적으로 진로지도를 시작할 필요가 있다. 일반적으로 진로지도의 목표는 자신에 관한 이해, 직업세계에 대한 이해, 합리적인 의사결정 방식, 정보탐색 및 활용, 올바른 가치관 형성의 다섯 가지 목표가 있다고 여겨진다. 부모는 아이가 합리적으로 진로의사결정을 내릴 수 있도록 스스로 관련 정보를 수집하고 논리적으로 접근하도록 도와주며, 직업세계에 관한 정보를 커리어넷(www.careernet.go.kr)에서 함께 탐색해 볼 수 있다. 홀랜드 직업선호도(RIASEC) 검사는 직업 적성을 파악하기 위해 개인의 관심, 흥미, 성향, 생활경험을 측정하는 검사로 진로지도에 참고할 수 있다.

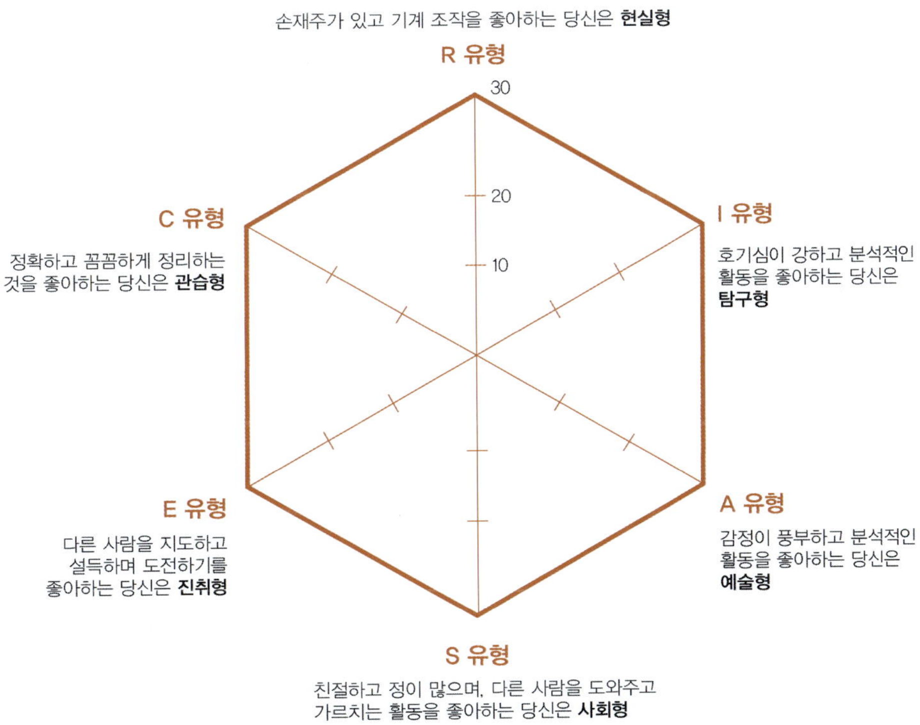

그림 5-3 홀랜드 직업선호도 유형 참고자료

출처: 에듀진 2017.03.31.

코로나19 시기의 학습결손

코로나19로 인한 1년 이상의 공교육 공백은 공중보건의 위험뿐 아니라 아이들의 학력격차와 사회성 결핍으로도 드러나고 있다. 코로나19가 본격화된 후 학습결손은 전 세계적으로 뚜렷이 관찰된다. 사교육비를 지출할 수 있는 계층과 그렇지 못한 계층 사이의 학력 양극화로 중간층 학생들은 빠르게 줄어들었다. 뿐만 아니라 단체생활을 하면서 습득하게 되는 사회 규칙, 교사와 친구들과의 상호작용으로 습득하게 되는 공감능력 등 아이들의 내적 성장의 지연은 그대로 사회문제로 이어질 가능성이 높다(한겨레신문, 2021.05.08.). 원격수업의 전면 도입은 학습격차를 일부 해소했으나, 스마트 기기를 원활하게 이용하기 어려운 취약계층의 학력저하는 여전히 해결되지 못하고 있다.

Q 본문에 제시된 문제 이외에 코로나19와 등교 중단이 야기한 학령기 발달의 문제는 또 무엇이 있을까? 비대면수업의 틀 안에서 현재 나타나는 교육격차를 해소하려면 어떤 방안이 필요할까? 대면수업이 회복된 현재 가장 시급하게 보완되어야 할 발달의 영역은 무엇일까?

3) 아이의 또래관계 도와주기

학교에서 돌아온 아이의 얼굴이 시무룩하다. 부모가 걱정이 돼서 물었더니, “애들이 나를 싫어해. 나를 안 끼워줘”라고 대답한다. 아이의 얼굴에는 슬픈 빛이 가득하다. 부모는 가슴에 뭔가 묵직한 것이 덜컥 내려앉는다. … 실제로 부모들은 공부보다 아이의 친구 관계를 더 걱정한다. … 아이도 마찬가지다. 초등학교에 입학한 이후부터 고등학교를 졸업할 때까지 아이들이 가장 스트레스를 받는 대상은 바로 친구이다.

… 나는 그런 아이들에게 이렇게 말해준다. “… 친한 친구는 네가 도움이 필요할 때 도와주지만 같은 반 아이는 사정에 따라 못 도와주기도 하지. 친한 친구, 소위 ‘절친’은 누구나 대개 3명을 넘기가 어려워. 친한 친구는 시간을 들여서 만들어 가는 거야. … 그런데 같은 반 아이 사이로 시작해서 친한 친구가 되기도 해.”

출처: 동아일보 2022.07.13.

(1) 또래관계의 특징

학령기 아이는 초등학교에 들어가면서 새로운 사람들과 환경에 적응해야 한다. 이때 친구들 간의 관계가 긴장감을 해소하고 여러 도전을 함께 감당하는 등 적응을 도와줄 수 있다. 이때의 아이들은 또래관계에서 발생하는 문제를 해결하면서 문제해결능력을 키우고, 또래와의 비교를 통해 자신의 능력과 위치를 인식하고 자아정체감이 발달한다. 인지적으로는 구체적 조작기에 접어들기 때문에 영유아기보다 복잡한 규칙이 있는 놀이나 협동적 가상놀이를 하면서 또래 간 상호작용이 증가한다.

아이의 또래관계에는 긍정적인 기능과 부정적인 기능이 모두 존재한다. 일반적으로 아이들은 성격이나 사회경제적 지위 등이 비슷한 또래와 사귀게 되므로 관계가 오래될수록 아이들의 태도나 학업성적 등이 비슷해지게 된다. 친절하고 이타적인 아이끼리 어울리면 친사회적인 행동이 증가하지만 공격적인 또래끼리는 서로 공격성을 강화시키게 된다. 또 또래 간에 질투나 갈등이 일어날 수도 있고, 또래집단의 또래압력이 강하거나 또래괴롭힘, 뒷소문 등은 발달에 오히려 부정적 영향을 줄 수도 있다.

(2) 또래관계를 위한 부모의 역할

부모는 아이에게 제공하는 환경과 부모의 가치관, 양육태도 등을 통해 아이의 또래관계가 형성되는 배경을 제공한다. 부모는 자신의 감정을 인지하고 조절하며, 타인의 감정을 수용하고 효과적으로 의사소통하는 모범을 보임으로써 아이의 사회성을 길러 줄 수 있다. 한편 부모의 양육태도가 너무 허용적이거나 비판적이면 아이의 사회관계에 문제가 생길 수 있다.

아이의 또래관계를 증진하기 위해서 부모는 여러 가지를 제공해 줄 수 있다. 먼저 학교, 학원, 거주지 등을 선택할 때 아이의 또래관계를 고려할 수 있다. 아이의 과외활동과 동아리 활동을 지지하거나 아이의 생일에 친구를 초대하여 직접적인 또래와의 접촉 기회를 줄 수도 있다. 일상생활에서 실천하기 가장 간단한 방법은 자녀의 또래관계를 지속적으로 모니터링하고 평소에 원만한 또래관계를 유지할 수 있는 기술을 알려주는 코치의 역할을 하는 것이다. 가정을 통해 아이가 갖춰야 할 사회적 기술에는 친구의 감정이나 생각에 공감하는 기술과 명료하게 의사소통을 하는 기술이 있다. 먼저 아이의 감정을 읽어 주는 대화 방식을 이용하여 아이와 상호작용하고, 친구와 생각이 다르면 당당하게 자기의 의견을 밝히라는 등의 조언을 줄 수 있다. 기분이 상해서 친구를 때려주고 싶은 마음이 들 때는 싸우지 않기 위해 행동을 멈추고 돌아서도록 조언한다. 특히 아이가 친구를 사귀기 어려운 성격이라면 표 5-3을 참고해서 맞춤형 도움을 주는 것이 좋다.

표 5-3 아이의 성격별 친구 사귀는 방법

수줍음이 많고 내성적인 아이에게는 아이의 감정을 그대로 수용해 주고 아이를 있는 그대로 인정하고 격려해 주는 것이 좋다. 아이의 노력을 인정해 주고 또래와 놀 때의 즐거움을 경험하도록 도와주면서 자신감을 키워 준다.	친구와 다툼이 잦은 아이는 아직 자기중심적 사고를 완전히 벗어나지 못했음을 이해하고 먼저 싸움의 원인을 알아본다. 그리고 원인별로 아이의 잘못이 무엇인지 생각해 보고 사과를 청할 용기를 갖게 하며 사과하도록 독려한다.
친구에게 집착하는 아이는 영아기 애착 형성에 문제가 있을 가능성이 크다. 따라서 애정에 대한 욕구를 충족할 수 있게 아이가 좋아하는 것으로 함께 시간을 보내면서 부모의 사랑을 느낄 수 있게 해준다.	친구가 괴롭혀서 힘들어하는 아이에게는 먼저 그 친구가 놀고 싶은 마음을 장난으로 표현할 수 있음을 알려준다. 친구의 장난이 신체적으로 때리는 등 심각해진다면 자신의 입장을 분명하게 얘기하고 선생님의 중재를 부탁하도록 한다.

출처: 여성가족부(2017c); 교육부 외(2014b).

(3) 초등학교의 또래괴롭힘

해가 갈수록 초등학교에서의 학교폭력이 심해지고 있다. 2017년 서울의 한 초등학교에서 재벌 손자와 연예인 자녀가 연루된 학교폭력 사건이 관심을 끈 이래, 학교폭력의 진원지는 중·고등학교가 아닌 초등학교로 옮겨가 10명 중 6명이 초등학생이라는 조사가 나왔다(YTN, 2017). 최근 초등학교에서의 학교폭력은 최초 발생 연령이 점점 낮아지며, 강제적 심부름, 협박과 위협, 사이버 폭력 등 정서적 폭력이 증가하고 지속적으로 나타난다는 특징이 있다.

특히 최근에는 학교폭력의 피해자와 가해자의 구별이 불분명해져, 피해자가 가해자로 이어지는 악순환인 피·가해자(bully-victim) 현상이 주목받고 있다. 이런 아동들은 순수한 가해자나 피해자들보다 더 많은 폭력에 가담하고 정서 문제를 겪거나 또래로부터 외면당할 확률이 높아 관심을 끌고 있다(Dewar, 2017).

한국교육개발원(정동철 외, 2017)이 조사한 초등학생 학교폭력 피해 및 가해 실태는 그림 5-4 및 5-5와 같다. 초등학생들은 3학년이 가장 높은 수준의 학교폭력을 경험했고 학년이 올라갈수록 그 비율이 낮아졌다. 학교폭력을 당한 이후 피해자의 반 정도가 힘들어했으며, 25% 정도의 피해자는 아무에게도 알리지 않았다고 한다. 학교폭력을 목격한 학생들은 전체의 7.3% 정도인데, 피해자의 편에서 대응하거나 보호해 준 학생이 많은 한편 가해 경험이 있는 학생들은 전체의 2.8%, 피·가해자는 전체의 1.54%로 나타났다.

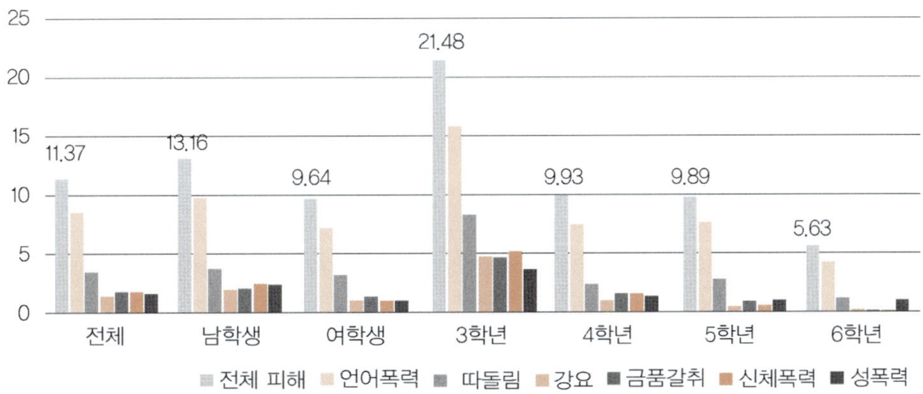

그림 5-4 학교폭력 피해 여부 및 피해 유형(%)

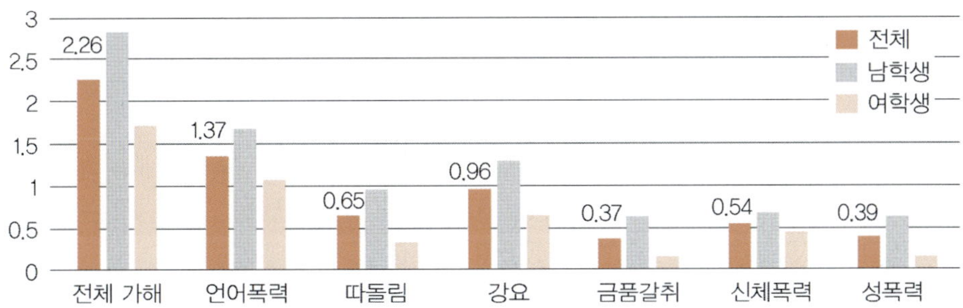

그림 5-5 학교폭력 가해 여부 및 가해 유형(%)

출처: 정동철 외(2017).

아이가 또래집단에서 폭력을 당하는지를 알고자 하면 평소 부모가 아이의 삶에 관심을 갖고 좋은 사회기술의 모범을 보여야 한다. 만일 아이가 또래집단에서 소외되고 있음을 알았다면 먼저 이유를 파악한 후, 아이의 감정을 인정해 주고 집단 안에서 일대일 관계부터 맺기 시작하거나 아이에게 맞는 다른 또래를 찾도록 도움을 준다. 또래 괴롭힘이 심각해졌다면 직접 개입하거나 학교와 유관기관에 도움을 청해야 한다. 아이가 당한 피해의 증거를 기록하고 관련인들에게 비밀보장을 요청하며, 아이와 가해자들이 마주치지 못하게 보호해야 한다. 필요할 때는 학급이나 학교를 옮기는 등의 결정도 내릴 수 있어야 한다. 한편 가해학생의 부모는 아이의 가해 사실을 먼저 수용하고, 아이와 학급친구 및 선생님께 사실을 확인한 후 아이의 잘못을 인정하고 교사와 함께 피해학생을 만나 사과와 재발 방지 약속을 하도록 한다.

4) 가정에서 시작하는 인성교육

> 이 정도로 우리 사회가 매우 중요하게 여기는 '인성교육'인데, 실상은 전혀 다르다. ……그렇다면 학교에서 인간다운 인간으로 성장하는 데 도움이 될 수 있는 것으로 무엇을 가르쳐야 할 것인가? ……
> 지금 우리 사회의 최고의 가치를 무엇보다 '민주주의'로 본다면 '존중과 배려'라는 덕목은 필수적이다. 타인의 권리가 내 권리와 마찬가지로 소중하다는 것이 민주주의 사회의 근간이다. '존중과 배려'의 덕목을 가르치기 위해서는 '인권교육'이 우선되어야 한다. 이 교육을 통해 우리 주변의 여러 잘못된 차별의식을 깨닫고 이를 타파하도록 해야 한다. ……
> 아이들이 서로 존중하고 배려하는 의식을 가지면 교실에서 학습권을 침해하는 상황도 사라질 것이다. 학교폭력이나 청소년 비행도 예방하는 효과도 있을 것이다. 해변에서 모난 돌들은 서로서로 부딪치고 깎이면서 동글동글 몽돌이 된다. 학교에서는 개인의 이기심을 주저하며 원만한 인간관계를 맺는 방법을 스스로 깨닫게 해야 한다. 이것이 학교의 가장 핵심적인 역할이다.

출처: 디트뉴스24 2023.12.19.

(1) 자존감 키워주기

학령기의 아이는 학교 또래들과 비교하며 자아개념을 만들어 가므로, 긍정적인 자아개념을 가진 아이들은 학교생활에 잘 적응하고 학업성취도가 높으며 이후 높은 수준의 인간관계를 누리고 학업스트레스를 쉽게 이겨낼 수 있다. 한편 자존감이 낮은 아이들은 하지 못할 것 같은 일을 쉽게 포기하거나, 실수가 다른 사람 탓이라고 주장하거나, 과제에서 편법을 써서 속이는 등 여러 문제행동을 보인다. 따라서 학령기 아동의 인성교육은 건강한 자신감과 자존감을 키워 줌으로써 긍정적 자아개념을 기르는 것이 가장 중요하다.

가정에서 아이의 자존감은 부모의 양육 방식에서부터 출발한다. 수용적인 양육 방식을 보이는 부모는 아이에게 온정적이고, 애정을 자주 표현하며, 아이의 생각과 흥미에 깊은 관심을 가져 아이가 건강한 자존감을 키울 수 있는 토양이 된다. 반면 과잉보호적이거나, 방임적이거나, 거부적이거나, 통제적인 양육 방식을 보이는 부모의 아이는 부모와 불안정애착을 형성하여 자존감이 낮아질 수 있다. 아이의 자존감을 높이는 양육을 위해서 부모는 가장 먼저 자신의 자존감을 높여 아이의 롤모델이 되어 주어야 한다. 결과에만 주목하는 무조건적인 칭찬보다는 아이의 과정과 노력을 지지하고 격려해 준다. 아이가 위축되지 않도록 감정을 표현할 기회를 주며, 부정적인 감정과 생각은 한계를 정해 바람직한 방향으로 표현하도록 한다. 실패경험도 긍정적으로 받아들일 수 있도록 위로해야 한다. 표 5-4는 아이가 가정에서부터 바람직한 자아상을 가질 수 있는 원칙과 전략을 정리한 것이다.

표 5-4 아이의 바람직한 자아상을 키우는 양육행동

도전할 기회	아이가 새로운 것에 도전할 수 있는 의미 있는 일을 선택하여 성공의 가능성이 높은 정확한 순간에 도전하게 하고, 실패가 두려워 참여를 피하지 않게 한다.
긍정적 기대	아이에게 긍정적인 태도를 유지하되 성취수준에 맞는 기대를 갖고, 주어지는 과제를 다룰 수 있는 부분들로 나누며, 작은 부분의 성취에 구체적인 칭찬과 인정을 준다.
아이의 장점 파악	아이의 단점보다는 할 수 있는 것, 좋은 행동에 초점을 두고 긍정적인 면, 사회적으로 바람직한 행동에 주목함으로써 자신감을 북돋아 준다.
명확한 목표 설정	아이에게 명확한 목표를 설정하고 정확하게 안내하며, 목표를 이뤄 가는 상황에 대한 즉각적으로 피드백을 준다. 이를 위해 일관적인 규율을 유지하고 노력하는 모습을 보인다.
지지와 신뢰	아이의 개인적인 느낌을 중요하게 받아들이고, 단점을 포함한 아이의 모든 것을 그대로 수용하며, 부모가 아이를 언제나 따뜻하게 지지하고 있다는 느낌을 갖게 해준다.
자유와 책임 부여	자신의 문제에 대해 중요한 결정을 스스로 내리거나 가정에서 역할을 담당하게 하고 '네가 이것을 할 수 있다'는 메시지를 전달함으로써 책임감을 배운다. 이 과정에서 실수할 수 있는 자유도 주어야 한다.
성공경험	아이가 좋아하는 영역에서 성공할 기회를 주고 과거의 성취를 미래의 목표와 연관시켜 주면 아이는 자신감을 얻고 스스로를 긍정적으로 평가하며 그 자신감이 생활의 다른 영역에 확장된다.

출처: 교육부 외(2014c).

(2) 자녀와 공감하고 존중하는 대화

① 올바르게 칭찬하기

칭찬은 인정받고 사랑받고자 하는 아이의 욕구를 채워 주는 중요한 수단이자 아이가 긍정적인 자아개념을 발달시키고 사회적으로 바람직한 언행을 배우는 토대가 된다. 따라서 학령기의 부모는 이 시기에 발달해야 할 중요한 특성인 근면성, 독립성, 사회성, 자아존중감 등을 위해 아이의 새로운 도전, 문제의 해결, 성공 등을 격려하고 칭찬해 주어야 한다.

효과적인 칭찬은 비교하는 칭찬이나 결과만을 칭찬하기보다는 구체적으로 아이가 잘한 행동이나, 좋은 방향으로 변화하는 것을 칭찬하며, 아이의 인격과 행동을 인정하는 바탕에서 부모가 창의적으로 칭찬거리를 찾아내서 표현한다. 효과적인 칭찬을 위해 표 5-5에 나타난 칭찬의 7가지의 원리를 이용하는 것이 좋다.

표 5-5 효과적인 칭찬의 원리

원리	설명	예시
개별화의 원리	평가적 칭찬보다는 칭찬받을 만한 행동을 묘사적, 해설적으로 칭찬한다. 발달단계나 아이의 특성을 고려해 맞춤형 칭찬을 해 준다.	'착하다', '예쁘다' (◯) '심부름을 했네', '숙제를 잘 해 왔네' (◯)
일관성의 원리	동일한 행동에 대한 칭찬의 내용과 강도가 일관되어야 한다.	"오늘은 청소를 방해하지 말고 가만히 있어" (×) "청소하는 아빠를 도와줘서 고마워" (◯)
충분성의 원리	필요한 만큼 아낌없이 충분하게 칭찬하되, 칭찬을 남발하지 않는다.	"동생과 과자를 나누다니 너는 천사 같구나!" (×) "동생과 과자를 나누다니 동생을 배려하는구나" (◯)
진정성의 원리	상대방에게 관심을 기울이고 자신의 내면의 느낌을 그대로 표현하는 진심 어린 마음으로 칭찬한다.	"잘했네, 다음에도 이렇게 할 거지?" (×) "네가 이번에 쓴 답이 내 마음에 들어" (◯)
타이밍의 원리	어릴 때는 칭찬거리가 생긴 직후에 칭찬하는 것이 좋으며, 성숙한 아이일수록 보상을 늦게 한다.	"이번 주 내내 혼자서도 잘 하네" (◯)
창의성의 원리	자녀의 특성을 새롭게 해석하고 야단거리를 칭찬거리로 바꾸어 칭찬한다.	'자기 고집을 세운다' (×) '자기주장이 철저하다' (◯) '핑계를 많이 댄다' (×) '다양한 아이디어를 짜낼 줄 안다' (◯)
구체성의 원리	평가적 칭찬보다는 묘사적, 해설적인 칭찬을 한다.	"넌 머리가 좋구나" (×) "성적을 올리기 위해 정말 애썼구나" (◯)

출처: 교육부 외(2014c).

② 올바르게 꾸중하기

아이가 식당에서 마구 떠드는 등 하지 말아야 할 일을 하거나, 숙제를 하지 않는 등 해야 할 일을 하지 않았을 때 꾸중을 통해 자녀의 행동을 변화시키고 성장할 수 있다. 그런데 꾸중은 부모가 아이의 행동에 대해 화가 나는 감정이 섞인 말로, 감정이 섞이지 않은 채 아이의 잘못을 지적하는 조언이나 타이름과 구별된다. 따라서 부모의 스트레스를 해소하는 것 또한 꾸중의 중요한 목적 중 하나가 된다. 이러한 의미에서 부모는 아이에 대한 꾸중이 앞뒤 가리지 않는 화풀이, 비아냥, 조롱이 되거나 감정을 과하게 억누름으로써 이후 감정이 폭발하지 않게 올바른 꾸중 방법을 배워야 한다.

적절한 꾸중은 부모의 화나는 심정을 솔직하게 말하면서도 아이의 인격을 존중하고 정확하게 대상이 되는 행동에 초점을 맞춰 꾸중해야 한다. 또 꾸중하면서 피해야 할 대화 방식은 "너 때문에 엄마아빠가 고생을 하는데." 등 아이를 탓하는 말, "숙제하지 않으면 휴대폰 뺏는 줄 알아." 등의 위협하는 말, "너는 어쩌면 매사에 그러니?" 등의 비난하는 말이다. 예를 들어 아이가 숙제를 하지 않고 놀러 가기를 원한다면 좌절감을 주는 비난 대신 아이가 숙제를 할 방법을 스스로 생각하도록 유도하는 것이 좋다. 아이의 인격을 존중하기 위해서는 인신공격이나 고칠 수 없는 아이의 특징을 꾸짖는 말, 타인과 비교하는 말을 삼가고 "네가 거실을 어질러 놓아서 엄마에게 짜증이 올라오네."처럼 자녀의 문제행동만을 구체적으로 짚는 기술적, 묘사적 꾸중이 필요하다. 또 다른 사람들이 보지 않는 곳에서 비밀스럽게 꾸중해야 하고, 아이에게 잘못의 이야기를 충분히 들어서 교정할 행동에 대해 상세히 알아야 하며, 부모가 잘못 꾸중했음이 밝혀지면 솔직하게 잘못을 인정해야 한다.

③ 공감하는 대화

공감 능력이란 다른 사람의 생각과 감정에 집중하는 힘을 가리킨다. 양육자의 입장에서는 아이와 마음이 통하는 소통을 하기 원한다면 아이의 의견과 깊은 속마음을 이해해야 한다. 아이에게는 타인의 입장에서 사고할 줄 알고 공감을 하는 능력은 원만한 대인관계에 핵심적이며, 공감 능력이 높은 아이는 또래괴롭힘 등 또래와의 관계에서 문제가 적다. 이러한 공감은 부모의 애정적 양육태도, 부모와의 친밀함, 개방적인 의사소통 등과 연관이 있다(이용미, 도현심, 2018). 따라서 가정에서부터 부모가 마음을 읽는 대화법의 본을 보이고 타인의 감정에 반응하는 것을 지지해 줌으로써 공감하는 대화법을 가르치는 것이 중요하다.

아이의 공감 능력을 키우기 위해서는 자기중심적 사고 단계에서 아직 벗어나지 않은 초등학교 저학년 때부터 "그래서 기분이 좋았구나.", "네가 힘들었구나."처럼 부모가 충분히 아이의 마음을 읽고 수용해 줄 필요가 있다. 또 아이를 부모의 뜻대로 행동하도록 설득하기보단, 아이가 사용하는 낱말의 의미와 논리를 진지하게 듣고, 아이의 논리를 충분히 따라가며 그에 입각한 해결방안을 찾는 것이 좋다. 형제자매나 또래와 싸웠다면 잘잘못을 가리는 것보다는 각자의 입장에서 마음이 상한 것을 이야기할 기회를 주어 서로의 상황을 이해하게 하고, 아이가 잘못한 것이 생각나면 이야기하고 사과하도록 유도한다. 그림 5-6은 교육부 등에서 제공하는 부모교육 가이드(2014)에서 제안하는 자녀의 감정을 반영하고 마음 속 바람을 짚어 주는 공감적 대화의 예시이다.

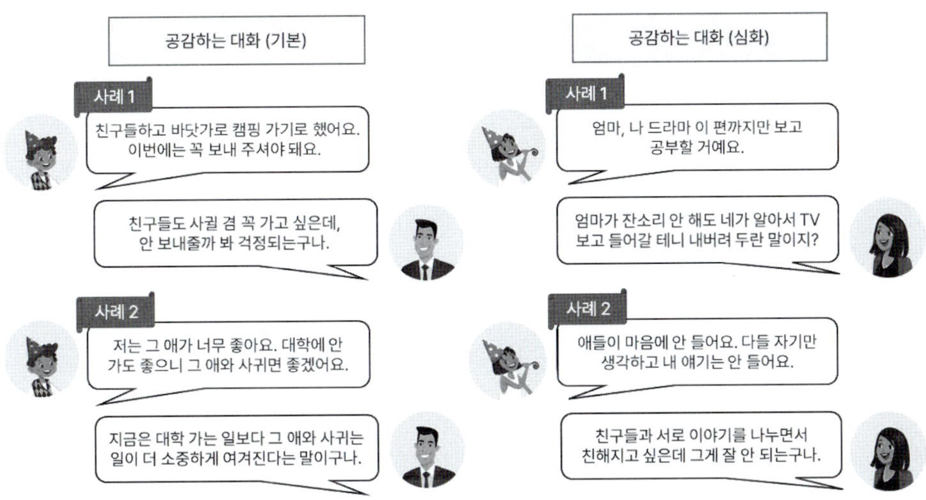

그림 5-6 학령기 자녀의 감정을 읽어주는 대화

출처: 교육부 외(2014c).
그림 출처: studio4rt by Freepik

(3) 가족과 함께 보내는 시간

학령기의 아동은 학교, 학원, 여가활동 등으로 가족이 함께하는 시간이 줄어들지만, 행복한 삶을 위해서 한국 초등학생들이 가장 많이 필요하다고 응답한 것은 화목한 가족이었다. 뿐만 아니라 부모-자녀 간에 대화가 부족하면 자녀의 스트레스도 높아지고 행복감이 줄어든다. 그럼에도 불구하고 한국 아동·청소년기 아이들은 주중에 부모와 충분한 대화시간을 갖지 못하고 있으며, 특히 아버지와는 주중 30분 미만으로 대화한다는 응답이 가장 많았다(교육부 외, 2014; 여성가족부, 2017). 따라서 학령기는 아이와 충분히 대화하며 청소년기에 대비해서 건강한 대화방식을 정립하고 가족문화를 형성하기에 중요한 시간이다.

가족이 함께 식사하는 시간은 아이와 부모가 일상적으로 상호작용하며 긍정적 영향을 주고받고 가족문화를 형성할 수 있는 시간이다. 아이는 영양소를 골고루 섭취할 수 있고, 가족 간의 대화를 통해서 아이가 언어능력이 향상되며, 부모-자녀 간 유대감과 안정감을 갖게 되는 등 다양한 이점을 준다. 특히 요즘처럼 식사하면서 스마트 기기를 이용하는 것이 습관화된 시기에 TV나 스마트 기기를 사용하지 않는 가족식사는 아이에게 식사예절을 가르치기에도 효과적이다. 부모 역시 자녀와 식사를 자주 하는 경우 주관적 안녕감과 양육효능감이 높고 자녀와의 의사소통이 원활하다고 보고했다(김영선 외, 2021). 교육과학기술부 외(2012)는 밥상머리 교육의 실천 지침으로 표 5-6과 같은 방법을 소개했다.

표 5-6 밥상머리 교육 실천 지침

1. 일주일에 두 번 이상 '가족식사의 날'을 가진다.
2. 정해진 장소에서 정해진 시간에 함께 모여 식사한다.
3. 가족이 함께 식사를 준비하고 함께 먹고 함께 정리한다.
4. TV는 끄고 전화는 나중에 한다.
5. 대화를 할 수 있도록 천천히 먹는다.
6. 하루일과를 서로 나눈다.
7. '어떻게 하면 좋을까' 식의 열린 질문을 던진다.
8. 부정적인 말을 피하고 공감과 칭찬을 많이 한다.
9. 아이의 말을 중간에 끊지 않고 끝까지 경청한다.
10. 행복하고 즐거운 가족식사가 되도록 노력한다.

출처: 교육과학기술부 외(2012).
그림 출처: Freepik

가족회의를 통해 아동과 가족의 여가시간을 함께 계획해 보는 것도 좋다. 가족이 여가시간을 함께 계획하고 보내는 것은 아이들의 스마트폰 중독을 예방하고 신체활동을 통해 몸이 건강해지며 아이의 재능을 찾을 수 있다. 견학이나 여행 등을 계획할 때는 아이의 흥미와 의견을 충분히 물어보고 상의하며, 아이가 적극적으로 참여할 수 있는 활동을 병행하도록 한다. 일상적인 가족규칙을 아이와 함께 정한다면 아이의 생활습관도 함께 교정할 수 있다.

생각해 볼 문제

1. 학령기 아동의 중요한 특징 중 하나는 학교에서 또래들과 자신을 비교하며 자아개념이 발달한다는 것이다. 또래와의 비교와 사고력의 발달이 어떻게 자아개념의 확장으로 이어지는지 자세히 서술해 보자.

2. 자녀가 학교에 들어가면 부모도 학부모의 역할이 늘어난다. 학부모로서 학교에 참여하는 것의 중요성은 무엇인가?

3. 학령기 자녀의 집중력을 향상시키는 방법을 자녀의 학령별로 구별해서 서술해 보자.

4. 부모는 학령기 자녀의 또래관계도 직·간접적으로 지원할 수 있다. 직접적으로는 어떻게 도와 줄 수 있을까? 간접적으로 자녀에게 인간관계의 롤모델이 되어 줄 수 있는 방법은 무엇이 있을까?

5. 학령기 자녀에게 칭찬과 꾸중을 하는 올바른 방법에는 무엇이 있는가? 효과적인 칭찬의 조건을 몇 개 적어 보자. 또 올바르게 꾸중하고자 할 때 피해야 할 조건들에 대해서도 생각해 보자.

CHAPTER

06 청소년기 발달과 부모역할

청소년기는 아동기에서 성인기로 전환해 가는 과도기적 상태이기 때문에 아동과 성인의 특성을 동시에 갖는다. 인간의 발달과정에서 가장 극심한 혼돈과 좌절, 도전과 격동의 시기이면서 개인의 삶과 사회생활의 바탕을 마련하는 중요한 시기로서 이 과정을 통해 성인의 성격 구조의 토대를 마련하게 된다. 독특한 발달을 이해하고 청소년기 자녀 성장에 도움이 되는 지식과 그에 따른 부모의 역할은 어떠해야 하는지를 살펴보자.

1. 청소년기의 발달특성과 부모역할

부모들은 아이의 성장 과정에서 곁에 있는 아이가 낯설게 느껴지는 순간을 겪게 된다. 그렇게 많은 부모들이 언젠가부터 아이가 변했다고 말한다. 문을 잠그고 말도 하지 않고 노크를 해도 문을 열어주기는커녕 혼자 있고 싶다고 소리 지른다고 한다. … 신종 코로나바이러스 감염증(코로나19) 사태로 아이들은 학교에도 가지 못하고 그저 엄마와 아이가 24시간을 함께해야 하는 세상이 됐다. 하지만 달리 생각하면 아이와 더 오랜 시간 함께할 수 있는 지금 이 순간이 아이들과 마음을 열고 대화할 수 있는 절호의 기회가 될 수 있다.

… 문을 잠그는 아이, 엄마에게 괜스레 화를 내는 아이, 이 아이가 바로 사랑스러운 내 아이다. 사춘기 시기에는 감정과 욕구 조절을 잘하지 못해 충동을 억제하기 어려워 아이도 마음대로 되지 않는 것뿐이다. 다시 말해 우리 아이들은 아직 전두엽이 제대로 발달하지 못해 미숙한 것이다. 전두엽이 발달할수록 정서적으로 안정돼 간다.

출처: 한경비즈니스 2021.08.27.

1) 신체발달

(1) 신체

청소년기는 아동기를 지나 다시 한 번 신체의 성장급등(adolescent growth spurt)을 맞아 키와 몸무게가 빠르게 성장하는데, 팔과 다리가 몸통보다 먼저 성장한다. 이때의 성장에 중요한 역할을 하는 것은 뇌하수체 전엽에서 분비되는 성장호르몬이다. 적절한 성장호르몬의 분비와 키를 자라게 하는 성장판의 작용을 돕기 위해서는 충분한 수면과 적당한 운동이 가장 중요하며 균형 잡힌 영양소 섭취, 스트레스 해소, 소아비만의 예방 등도 성장호르몬 분비를 촉진한다.

(2) 2차 성징

사춘기에 여학생과 남학생의 몸이 다르게 발달하며 성적 특징을 뚜렷이 드러내게 되는 것을 2차 성징이라고 한다. 성별 공통적인 특성으로는 음모와 겨드랑이 털이 자란다. 여학생은 평균적으로 만 10세에 유방과 키가 자라며, 11.6세 정도에 엉덩이가 성장하고, 12.5세 정도에는 초경을 시작한다. 남학생은 평균적으로 만 11.5세 정도에 고환이, 12세에는 남근이 성장하고, 13.5세에는 첫 사정을 시작하며, 14세에는 목소리가 굵어지고 수염이 난다. 이러한 변화는 여성호르몬인 에스트로겐과 남성호르몬인 안드로겐의 작용으로 일어나는 것이다. 그림 6-1은 사춘기에 여아와 남아가 겪는 2차 성징의 평균 연령대를 표현한 그래프이다.

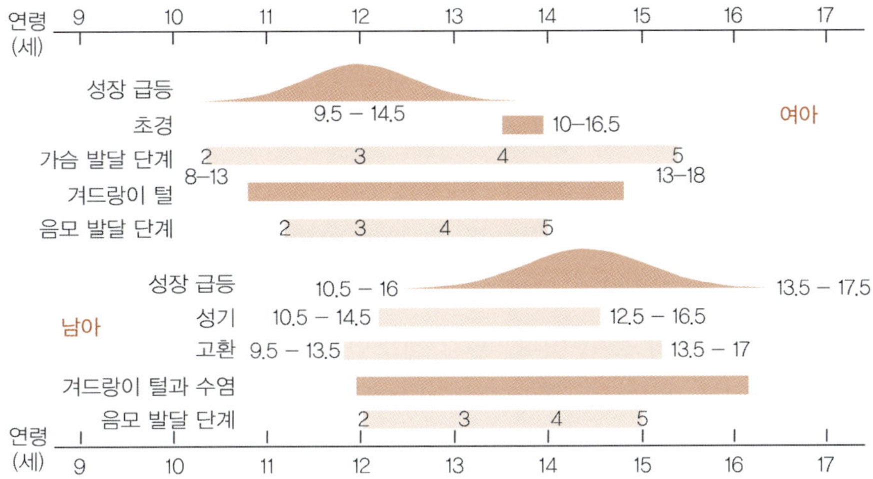

그림 6-1 사춘기 발달 단계

출처: Valadian & Porter(1977); Berenbaum et al.(2015)에서 재인용.

2) 인지발달과 사고의 발달

(1) 청소년기의 뇌 발달

청소년기에 신체만큼이나 중요한 변화가 나타나는 부분이 두뇌이다. 이 시기에는 대뇌피질의 전두엽이 왕성히 성장하면서 사용하지 않는 시냅스는 제거되고, 뉴런이 수초화되며, 전두엽과 다른 영역 간의 연결이 강화된다. 이러한 변화는 사고력, 창조성, 예측력, 주의집중력, 계획, 문제해결, 정서조절 등의 다양한 기능 발달로 이어진다. 동시에 감정을 담당하는 변연계가 이성을 담당하는 전전두엽보다 먼저 발달하여 감정기복의 폭이 크고 두려움, 분노, 성적 쾌감 등에 민감하게 반응하게 된다.

(2) 사고의 특징

청소년기는 피아제의 인지발달이론의 마지막 단계에 해당하는 형식적 조작기(formal operational period)이다. 이 시기에는 추상적으로 사고하고 논리를 판단할 수 있으며, 가설을 세우고 관련 변인을 조합하는 체계적 사고방식이 가능해진다.

초기 청소년기인 중학생 때는 자기중심적인 사고를 보여 자신의 관심사와 타인의 관심사를 구분하지 못한다. 청소년기의 자기중심성을 보여주는 상황은 모든 사람이 자신에게 집중한다고 생각하는 경향(상상의 청중; imaginary audience), 자신의 생각을 남은 결코 이해하지 못할 것으로 생각하거나 자신에게는 죽음이나 위험이 닥치지 않을 것으로 생각하는 경향(개인적 우화; personal fable) 등이 있다. 후기 청소년기인 고등학생 때는 전두엽이 더욱 발달하여 논리적이고 추상적인 사고가 성숙하고, 추상적인 가치에 대해 사고하며 사회문제에 직접 참여할 수 있다.

그레타 툰베리와 청소년의 정치참여

2018년부터 UN본부 등 세계정상회의에서 기후문제에 대해 격정적인 연설을 해 온 스웨덴의 16세 청소년 그레타 툰베리(사진)는 현재 정치적으로 가장 영향력 있는 청소년으로, 이후 많은 청소년 기후운동가들이 그의 뒤를 따라 활동하고 있다. 한편 한국에서는 2020년 4월 총선부터 만 18세로 선거권 연령이 낮춰졌다(한겨레신문, 2020.12.06.).

Q 청소년의 정치 · 사회적 의견을 기성세대와 성인이 받아들여야 하는 근거를 청소년 권리의 관점에서 생각해 보자. 청소년의 정치 · 사회적 활동을 학업 및 발달과업과 통합시키는 방법은 무엇일까?

3) 정서발달과 사회성 발달

(1) 청소년기의 정서적 특징

사춘기에 갓 접어든 아이들은 '질풍노도의 시기' 혹은 '중2병'이라는 명칭으로 불릴 만큼 불안정하고 강렬한 정서, 반항적 태도를 보인다. 신체적, 생리적 변화뿐 아니라 사회적 역할의 변화와 적응 문제, 한국의 경우는 학업 스트레스 등이 그 이유이다. 또 청소년기에는 부모로부터 독립적인 자아를 형성하고자 하는 시기로, 또래집단에 높은 의존도를 보인다. 그러나 청소년기의 가치관에는 여전히 부모가 큰 영향을 주고 있으므로, 부모는 일방적인 간섭과 통제보다는 효과적인 대화방식으로 자녀의 독립성과 자율성을 지지해 주어야 한다.

(2) 자아정체감

청소년기의 중요한 발달 과업 중의 하나는 자아정체감의 확립이다. 발달심리학자 에릭슨(E. Erikson)은 청소년기의 중요한 갈등이 '정체감 대 역할 혼란'이며, 자신의 존재와 진로, 추구할 가치 등을 건강하게 확립하면 긍정적 자아정체감이, 그렇지 못하면 역할 혼란에 빠지게 된다고 하였다. 한편 임상심리학자 마르시아(J. Marcia)는 에릭슨의 자아정체감 형성을 혼돈, 유실, 유예, 성취의 네 가지 상태로 구분하여, 특정한 정체감을 확정하지 않은 채로 가치를 탐구하고 정보를 탐색하는 상태를 유예, 대안 탐색을 마치고 자신이 선택한 가치에 따라 행동하며 높은 행복감을 보이는 상태를 정체감 성취로 정의하였다. 반면 사회가 정해준 정체감에 무비판적으로 따라가는 유실이나 가치를 설정하지 못하고 방향이 결여된 혼돈의 상태는 부정적으로 보았다. 모든 청소년은 정체감 유예의 상태를 보내게 되므로, 이때 부모는 다양한 경험과 개방적인 의사소통, 롤모델과의 멘토링 제공으로 자녀의 정체감과 가치의 탐색을 도와야 한다(여성가족부, 2017d).

(3) 성에 대한 관심

청소년기의 성적 발달은 성적 관심과 데이트, 연애 등의 친밀감에 대한 욕구가 높아지는 현상도 포함한다. 청소년기의 연애는 친밀감을 통한 즐거움과 상대에 대한 예의를 배우는 자연스러운 발달단계이자 사회화 과정이며, 나아가서 배우자 선택을 위한 기초적 자질을 쌓기도 한다. 따라서 청소년기의 연애를 무조건 금지하기보다는 긍정적인 면을 격려해 주는 것이 좋다.

한편 성적 욕구가 강해져 자위행위를 하거나, 음란물에 빠져들거나, 청소년기에 성관계를 시작하기도 한다. 자위행위는 그 자체는 잘못된 성욕 해소방안은 아니지만, 청소년이 자위행위에 죄책감을 느끼거나, 과도한 자위행위로 일상에 문제를 겪거나, 자위행위와 함께 음란물에 중독되는 것은 문제행동으로 볼 수 있다. 청소년의 첫 성관계 시기는 갈수록 빨라져, 질병관리본부의 2018년 조사에 따르면 전체 청소년 중 5.7%가 성관계 경험이 있다고 응답했다고 한다(메디팜헬스, 2019.06.14.). 그러나 청소년기에는 자궁이 충분히 발달하지 않았으며, 안전한 성관계에 대한 지식이 없거나 불결한 환경에서 하게 될 가능성이 크므로 적절한 성교육이 필요하다.

Question

내 아이가 성소수자라면?

2021년 11월 개봉한 다큐멘터리 <너에게 가는 길>은 성소수자로 커밍아웃한 아이를 받아들이고 함께 성소수자 권리 운동을 시작한 두 어머니의 여정을 담았다. 하지만 모든 가정이 성소수자 자녀들에게 열려 있지는 않다. 청소년 성소수자 위기지원센터 '띵동'에 상담을 요청한 청소년의 32.1%는 가족 내 갈등과 학대를 호소했으며, 이런 이유로 자립과 탈가정을 원하게 된다(한겨레신문, 2020.07.02.).

그러나 성소수자 청소년들에게는 쉼터 이용도 쉽지 않아, 이들이 겪는 어려움을 가중시킨다.

Q 자녀가 성소수자로 커밍아웃하는 것은 자녀 당사자뿐 아니라 부모에게도 큰 충격이다. 자녀를 지지하기로 해도 자녀처럼 사회 속에서 고독감을 느낄 수 있는 성소수자 부모에게는 어떤 지원이 필요할까? 사회적 차원에서는 부모와 성소수자 자녀 간의 갈등을 어떻게 최소화할 수 있을까?

2. 청소년기의 부모역량과 부모자녀 관계

청소년기는 안팎의 수많은 변화에 적응해 가야 하는 시기로, 이 시기의 부모 또한 많은 스트레스를 받고 청소년 부모로서의 역할이 힘에 부친다고 느낄 수 있다. 이때 외부의 지원과 부모교육을 통해 부모역량을 높일 수 있다면 부모의 양육스트레스가 덜어지고 청소년 가족이 건강하게 발달하는 데 도움이 될 것이다.

부모역량이란 자녀의 양육을 위해 부모에게 필요한 지식, 기능, 태도, 가치관뿐 아니라 자녀가 발달함에 따라 필요한 부모역할을 감당할 수 있는 잠재력을 의미한다(장혜진 외, 2013). 부모역량에는 아동·청소년의 발달에 대한 지식과 적절한 훈육기술뿐 아니라 넓게는 양육효능감, 양육스트레스 관리능력, 양육만족감, 양육흥미 등의 내적 자질, 가족이나 사회에서 필요한 자원을 획득하는 능력 등도 포함된다(도미향, 박은경, 2019). 여성가족부(2017d)는 청소년의 부모가 부모역량을 키우기 위해서 양육스트레스를 관리하고, 부모로서 높은 자아존중감을 유지하며, 청소년 자녀와 소통하기 위한 효과적인 대화 기술과 아이에 대한 공감능력이 필요하다고 소개한다. 이 장에서는 부모의 자기관리에 속하는 양육스트레스 관리와 자아존중감 회복, 그리고 부모-자녀 간의 공감적 대화기술 학습으로 나누어서 볼 것이다.

1) 자기관리에서부터 시작하는 부모역량강화

언제 끝날지 알 수 없는 코로나19 시대. 이 시대의 양육자들은 자녀를 기관에 보낼 수 없어서 생기는 '독박육아'로 그 어느 때보다 힘든 시기를 보내고 있다. 심지어 코로나블루 우울증을 겪는 양육자들도 많다. … 김영은 부원장은 … "양육자가 여유가 있어야 양육에 대한 자신감이 생긴다. 육아는 정말 힘든 일이다. 만약 아이에게 화를 냈다면 먼저는 양육자가 왜 화를 냈는지 스스로 아는 게 중요하다"고 조언했다. …

"좋은 부모가 되고 싶은 마음 이해한다. 하지만 그 마음이 과하면 아이에게 안 좋은 역할을 한다. 요새 부모들은 이유식, 책, 교구 등 모든 것을 완벽하게 하려고 한다"며 "이렇게 되면 부모가 해야 할 일이 너무 많다. 이런 경우 양육자의 시간이 부족해서 아이와 질 높은 상호작용이 불가능하다"고 말했다. 이런 과정에서 양육자와 자녀의 질 높은 상호작용은 불가능해지고, 그 결과 양육자는 양육효능감이 떨어지게 된다. …"

출처: 베이비뉴스 2021.05.20.

(1) 부모의 자아존중감과 양육효능감

건강한 자아존중감은 자녀뿐 아니라 부모가 부모역할을 감당할 때도 필수적이다. 부모로서 자아존중감이 높은 부모는 아이를 키우면서 발생하는 문제를 통제할 수 있다고 믿기 때문에 바람직한 양육행동을 선택한다. 반대로 자아존중감이 낮은 부모는 불안이 높아지고 양육을 효과적으로 하지 못하여 다시 부모로서의 자아존중감이 떨어지는 악순환을 낳는다.

따라서 부모의 자아존중감은 양육효능감(parenting self-efficacy)과 밀접한 관계를 기지고 있다. 양육효능감은 자녀의 바람직한 발달을 지원하는 양육행동에 대한 부모나 양육자의 확신, 신념, 능력, 기술 등을 포함하는 개념이다. 양육효능감이 높은 부모는 주도성을 가지고 양육에서의 문제해결에 임하며, 부모역할에 필요한 기술과 지식을 스스로 습득하고, 긍정적 양육행동을 통해 자녀발달에 긍정적 영향을 미친다(노은영, 권현용, 2015).

부모의 자아존중감을 높이는 부모교육프로그램에서는 참가자들이 서로 문제를 공유하며 자신이 겪는 문제가 공통적인 문제임을 알게 된다. 또 올바른 양육 방법 지도를 통해 자녀에 대한 이해를 높이고, 실천한 내용을 다음 회차에 나누고 긍정적 피드백을 줌으로써 주변인의 긍정적 관심과 신뢰를 통해 자신에 대한 긍정적 상을 갖도록 유도한다(오영순, 안연경, 2013; 이희영, 김문정, 2018). 혼자서도 자아존중감을 향상시키고 싶다면 양육에 있어 완벽주의에서 벗어나 현재 자신의 불완전함을 받아들여야 한다. 현재 부모로서의 자신은 불완전하지만, 자신과 아이의 강점을 인식하고 타인의 평가에 의존하는 대신 조금씩 발전하는 모습을 통해 위로받는 연습을 하면 느리더라도 서서히 자아존중감이 향상될 수 있다(여성가족부, 2018).

(2) 양육스트레스 관리

부모가 아무리 뛰어난 양육 기술과 자아존중감을 갖추었더라도 사춘기 아이를 키우는 것은 많은 스트레스를 안겨 준다. 자녀가 막 사춘기에 접어들었을 때 부모의 가장 큰 양육스트레스의 원천은 부모-자녀 갈등과 반항적 태도이다. 자녀가 고등학생이 되면 부모의 고민은 입시문제로 옮겨간다. 고등학생의 부모가 들이는 사교육비는 꾸준히 상승 중이며, 입시 정보 수집에 대한 부담감까지 합쳐져 자녀 못지않은 스트레스를 겪게 된다.

양육스트레스는 양육 과정에서 피할 수 없는 것이므로 부모의 양육스트레스로 인한 부정적인 정서를 적절하게 관리해야 한다. 타인을 비난하거나 부정적인 감정을 표출하는 대신 감정을 다른 사람에게 털어놓고 도움을 구하며 긍정적으로 생각하는 것이 더 긍정적인 정서 조절법이다. 부모의 양육 스트레스를 감소시키는 목적의 부모교육프로그램은 참가자 부모의 정서에 공감해 주고 되돌려주며 실질적인 양육 조언으로 자신감을 부여하는 부분이 핵심적인 내용에 포함된다(김성범, 최선아, 2018). 또 여성가족부의 부모교육 매뉴얼(2017)에서는 부모의 양육 스트레스를 관리하는 방법으로 자기관리, 과제관리, 환경관리의 세 가지 방안을 제시한다. 자기관리란 스트레스를 주는 사건이 있을 때 이 사건이나 자녀를 긍정적인 관점으로 보도록 노력하는 것이고, 과제관리는 부모교육 교재나 전문가를 통해 스트레스를 받는 양육 상황을 효과적으로 수행하는 방법을 찾는 것이며, 마지막으로 환경관리는 주변 사람들에게 정서적 지지와 조언을 얻는 것이다.

2) 올바른 부모-자녀 관계를 만드는 대화법

> 중학생 아들을 둔 이○○씨는 육아서도 열심히 읽고 자녀양육 텔레비전 프로그램도 부지런히 찾아본다. … 이씨는 자녀가 공부를 하기 싫어할 때 책에서 배운 대

로 이렇게 대화를 이어나가고 싶어 한다.

"엄마, 나 시험공부 하기 싫어!" "시험공부가 하기 싫구나. 왜 싫을까?" "공부가 재미없으니까 그렇지!" "그럼 어떻게 하면 공부가 재미있을 수 있을까?" … 하지만 현실 육아는 정반대다.

"엄마, 나 시험공부 하기 싫어!" "야, 네가 언제 공부하고 싶었던 적이 있냐!" "엄마 때문에 기분 나빠졌어!" "다른 집 애들은 다 스스로 한다! 내가 더 속이 상한다." …

이씨는 "책을 읽거나 방송을 보면 나도 저렇게 해야겠다 싶지만 막상 아이가 하는 행동을 보면 빨리 아이를 바로잡아야겠다는 생각에 마음이 불안하고 조급해서 다그치는 말이 나오게 된다"고 말했다.

출처: 한겨레신문 2021.08.24.

사춘기의 자녀를 키우는 부모 자신은 갱년기를 지나는 경우가 많다. 중학생은 '중2병'이라는 유행어처럼 급격한 신체와 환경의 변화를 겪는 동안, 부모는 신체적 노화를 겪으며 삶에 대한 회한, 노부모 부양, 은퇴 이후의 생활을 걱정하는 '중년의 위기'를 겪는다. 부모와 자녀 각자의 삶이 치열하다는 것을 이해한다면 더욱 가족끼리 배려가 필요함을 알 수 있을 것이다.

(1) 긍정적인 대화는 감정의 수용에서부터

청소년 자녀를 위한 효과적인 대화법을 연습하려면 먼저 부모의 대화방식을 돌아보아야 할 것이다. 부모와 자녀가 서로의 마음을 잘 이해하려면 전달하는 메시지만큼이나 태도가 중요하다. 자녀에게 똑같이 "오늘 무슨 일 있었니?" 하고 묻더라도 어조와 표정에 따라 '오늘 또 무슨 말썽을 피웠구나.'와 같은 비아냥이나 '오늘 힘든 일이 있었구나, 이야기해 봐'처럼 자녀의 마음을 살피려는 뜻을 전달할 수 있다.

자녀에게 충고하기 전에 먼저 자녀의 말에 경청하고 공감해 주는 것도 중요하다. 성적이 떨어져도 만사태평인 것처럼 보이는 자녀도 실제로는 속상한 마음이 있는 것을 먼저 알아주어야 한다. 이러한 공감을 대화 중에 표현할 수 있는 기술이 적극적 경청의 3단계이다. 먼저 관심을 기울이고 있다는 뜻으로 상대의 눈을 응시하고 몸을 기울이는 등 반응을 보내며, 두 번째로는 자녀의 말을 듣고, 관찰하고, 기억하고, 고개를 끄덕이며 반응한다. 마지막에는 자녀의 말을 이해한다는 의미로 상대의 말을 요약해서 되물어 준다.

자녀의 감정을 이해했으면 부모의 감정 또한 정확히 인지하고 지금 여기에서 느끼는 감정을 구체적이고 정확하게 표현하는 것이 좋다. 너무 길게 말하면 잔소리로 들리므로 짧게 자주 말하는 것이 좋다. 그림 6-2는 청소년 자녀의 부정적인 마음을 읽어 주는 공감적 대화의 예시이다.

그림 6-2 청소년 자녀의 감정을 읽어 주는 대화

출처: 교육부 외(2014d).
그림 출처: upklyak by Freepik

(2) 공감하고 경청하는 의사소통 기술: 감정코칭

감정코칭이란 대화의 내용보다는 자녀의 감정 표현에 초점을 맞추어 감정 배출을 돕고, 자녀와 더욱 바람직한 관계를 형성하도록 하는 기술이다. 감정코칭의 창시자인 존 가트만 박사는 청소년은 성인과는 다르게 정보를 처리하며 스트레스에 훨씬 취약하므로 성인이 감정을 다스릴 수 있도록 이끌어주어야 한다고 하였다(최성애, 조벽, 2012). 자녀가 부적절한 감정을 보였을 때 일방적으로 축소하거나 억압하거나 방임하면 의사소통이 악순환을 보이게 된다. 감정코칭 기술을 익힌 부모는 먼저 차분하게 자신을 진정시키고 나서 자녀의 부정적인 감정에 공감하고 문제해결 능력을 키워 줌으로써 자녀를 성장시킬 수 있다. 표 6-1은 구체적으로 감정코칭을 어떻게 적용할 수 있는지를 보여준다.

표 6-1 감정코칭의 5단계

단계		설명
1	감정 인식	자녀가 부정적인 감정을 보이는 것을 인식하고 표현 "아까 엄마가 타일렀을 때 얼굴을 찡그리더라."
2	친밀감 조성과 교육의 기회로 삼기	강한 감정을 보일 때 감정코칭을 할 기회로 여기고 속마음을 헤아려 줌 "감정을 순간 그대로 보여 주어서 이야기를 나눌 수 있네."
3	공감하고 경청하기	자녀에게 능동적으로 개입하며, 충고 이전에 충분한 공감으로 복잡한 감정의 결을 벗기기 "엄마가 자세히 보지도 않고 지적해서 화가 났겠다."
4	자녀의 감정 표현을 돕기	자녀의 감정에 이름을 붙여 주어 감정 표현을 도움 "더 이야기해도 돼. 어떤 마음이 들었니?"
5	스스로 문제해결 돕고 한계 정해 주기	감정 표출법을 지시하는 것이 아니라 먼저 생각해 보게 해 바람직한 행동으로 선도하기 "다음에는 내가 어떻게 해야 억울하지 않겠니?"

출처: 교육부 외(2014d); 최성애, 조벽(2012).

(3) 아이와의 갈등 해결

청소년기, 특히 초기 청소년기에는 극단적인 감정 기복을 보이고 참기 힘들 만큼 못되게 굴어 부모를 자주 당황하게 한다. 이 단락에서는 청소년의 문제행동들을 사례별로 이해하고 다루어 본다.

① 대화를 거부하는 아이

청소년기의 아이들은 부모와 대화를 귀찮아하고 문을 닫고 방에 들어가 버리거나 결국 다투게 되는 경우가 많다. 이러한 태도는 실제로 아이들에게 시간이 없거나 부모보다 친구와의 대화를 우선시하기 때문이기도 하고, 청소년기에 독립심과 자율성이 발달하기 때문이기도 하다. 따라서 청소년 자녀와는 아동기처럼 가족 간에 끈끈한 유대를 기대할 수 없음을 알아야 한다.

먼저 부모의 대화방식이 아이를 일방적으로 훈계하거나 경청 없이 해결책 제시에 급급해서 아이를 등 돌리게 했는지 살펴보아야 한다. 아이에게는 눈높이를 맞추고 경청해 주는 것만으로도 훌륭한 대화가 될 수 있다. 아이와 다툼이 일어났다면 우선 감정을 추스르고 편안한 분위기에서 아이에 대한 섭섭함을 알려주도록 한다.

② 화를 참지 못하는 아이

사춘기에는 순하던 아이들도 거칠게 굴 때가 많다. 청소년들은 학업과 또래압력 등 분노를 일으킬 수 있는 불안과 스트레스를 많이 느낀다. 이 시기에는 아직 분노 조절이 서툴러 비교적 안전하다고 느끼는 가족에게 분노를 표현하게 되는 것이다.

부모에게는 무엇보다 인내심과 평정이 요구된다. 부모가 자녀의 감정에 휩쓸리지 않고 한 발 떨어져서 아이가 무슨 일로 화가 났는지 물어보아 아이가 스스로의 감정을 살필 수 있도록 한다. 아이에게 분노는 느낄 수 있되 적절한 방식으로 표현해야 한다는 것을 알려 주어야 한다. 아이와 함께 욕설이나 폭력 이외에 분노를 표현할 대안에 대해 이야기해 보는 것도 좋다. 그 전에 평소에 부모가 욕설을 사용하지 않고 분노를 성숙하게 표현해 주는 본보기를 제공해 줄 필요가 있다.

③ 음란물을 많이 보는 아이

음란물 중독은 청소년들의 최대 고민 중 하나이다. 사춘기의 아이들은 성에 대한 호기심이 폭발하고 스마트폰을 통해 어느 때보다 쉽게 음란물이나 음란 채팅을 접할 수 있다. 성적 호기심은 자연스러운 발달 과정이지만 디지털 음란물을 통해서만 성적 충동을 해결하고 지나치게 몰입하게 되면 왜곡된 성 의식을 가질 수 있으며, 심한 경우 디지털 성범죄에 노출될 수도 있다.

부모가 음란물을 무조건 금지하면 아이는 죄책감이 생겨 음지에서 찾아보게 된다. 아이에게 성적 수치심을 줄 수 있는 비난이나 모욕은 삼가고 아이의 성적 호기심을 자연스럽게 수용하면서 음란물 중독의 위험성, 음란물의 잘못된 성관념, 그리고 상대방을 존중하는 성의 가치를 알려 주도록 한다.

④ 외모와 다이어트, 명품에 지나치게 관심이 많은 아이

청소년기의 아이들은 외모에 부쩍 관심을 갖고 자신의 외모에 만족

을 느끼지 못한다. 유행에 따르지 않으면 친구들과 어울리지 못할 수도 있다. 자의식이 강해져 사람들이 자신을 주목하고 있다고 믿는 청소년기의 특징도 외모 집착에 기여한다.

하지만 외모 집착은 청소년기의 심리적 특성뿐 아니라 사회적 분위기에 영향을 받는 복잡한 문제이다. 부모는 자녀의 개인적 취향을 존중해 주고 꾸미고 싶어 하는 아이의 마음을 이해하는 것이 먼저이다. 강압적으로 옷과 화장품 등을 버리지 말고 꾸밈에 적절한 선을 찾아 타협하도록 한다. 명품에 집착하여 사치를 할 수 있는 경우 원한다고 무엇이든 가질 수 있는 게 아니라는 것을 확실히 해야 한다.

Question

SNS와 '프로아나' 현상

최근 SNS를 이용하는 여성 청소년들에게 '프로아나(pro-anorexia; 거식증을 동경함)'라는 현상이 빠르게 확산되고 있다. 이들은 BMI 기준보다도 훨씬 저체중인 '개말라'가 되기를 동경하고 매우 마른 연예인 사진과 자신의 목표 체중을 SNS에 공유하며 음식을 거의 먹지 않거나 먹은 음식을 토한다.

최근 5년간 국내 거식증 환자 중 10대 여성 청소년이 14.4%로 가장 많은 비중을 차지했다(연합뉴스, 2021.03.24.). '프로아나' 현상은 청소년층에 자주 나타나는 거식증·폭식증 등의 섭식장애가 이미지 위주의 SNS의 영향을 받아 더욱 광범위하게 퍼진 사례로 볼 수 있다.

Q 거식증과 같은 섭식장애는 외모지상주의와 함께 가족의 문제나 심리적 장애 등이 함께 원인이 된다고 알려져 있다. '프로아나' 문화에 이끌리는 청소년들은 어떤 점에서 취약한 것일까? SNS에서 섭식장애와 '프로아나' 문화를 예방할 수 있는 캠페인은 어떤 것이 있을까? 오프라인에서는 어떤 일을 할 수 있을까?

3. 청소년기의 인성 · 생활지도

1) 또래관계와 일탈

사연자: 얼마 전부터 딸이 돌변했어요. 진하게 화장을 하고, 학교나 학원을 무단으로 결석하고, 밤새도록 휴대폰을 하고, 집에도 늦게 들어옵니다. 최근에는 아예 외박을 하고 사흘간 집에 들어오질 않았어요. … 딸이 어울리는 애들도 문제가 많아 보입니다. 불량한 아이들과 노는 걸 보니 너무 두렵고 초조해집니다. 술을 마시고 담배를 피우다 들키기도 했어요. 그 친구들과 어울리지 말라고 하면 펄펄 뛰면서 화를 냅니다. 사실 친구들만 떼어 놓으면 귀가시간은 지킬 것 같습니다. …

오은영의 화해: … [사연자]씨가 딸에게 한 말은 틀린 게 하나도 없을 거예요. … 부모는 그저 아이가 괘씸할 뿐이지요. [사연자]씨도 당연히 딸아이를 호되게 나무랐겠지요. 하지만 아이 입장에서는 어땠을까요. '집에 있기 싫다고, 학교에 가기 싫단 말이야. 언제 엄마 아빠가 내가 해달라는 걸 다 해줬어! 아빠는 혼만 내고 나한테 공부하라는 말밖에 더 했어?' 아마 이렇게 생각하지 않을까요.

출처: 한국일보 2020.12.21.

(1) 청소년기 또래관계의 중요성

청소년기에는 준거집단이 가족에서 또래로 옮겨가면서 그 전보다 훨씬 또래관계를 중요시하게 된다. 청소년의 또래관계가 건강하지 못하면 괴롭힘을 당하게 되고 부정적인 자아정체감을 형성하며 학교적응에 실패하거나 심하게는 폭력, 비행, 우울증과 자살까지도 이어지는 악영향을 줄 수 있다.

또래 중에서도 친구는 깊은 친밀감을 쌓은 사이로, 우정을 통해 소속감을 충족시키고 사회기술을 발달시키며 청소년에게 정서적 지지와 만족을 준다. 나아가서 비슷한 친구들과 사귀며 추구하는 목표, 가치, 자아정체감 등이 발달하게 되므로 성인기의 사회적응까지 영향을 미칠 수 있다. 이렇듯 청소년기의 친밀한 친구관계는 많은 긍정적인 기능이 있지만, 부정적인 정서를 공유하거나 친구 간의 갈등, 또래압력 등으로 스트레스를 받는 경우도 있다. 특히 일탈이나 비행을 저지르는 친구를 사귀게 되면 또래에 동조하여 본인도 비행을 저지를 확률이 높다.

(2) 비행친구와 일탈

최근 한국의 청소년 범죄율은 낮아지고 있지만, 재범률은 높아지고 있으며 폭력이나 흉악범죄 등 강력범죄가 증가하고 있어 대책이 시급하다(이기순, 2019). 청소년의 비행은 크게 준법의식이 부족하고 자극을 추구하는 등의 개인적인 요인, 부모와의 갈등이나 가정폭력 등의 가족요인, 또래 비행친구에게 받는 정서적 지지나 또래압력을 가리키는 또래 요인 등의 세 가지 원인으로 나타난다. 이 중 비행친구와의 어울림은 청소년 비행의 유일한 원인은 아니더라도 큰 영향을 미친다.

비행친구와 어울리는 청소년 자녀는 부모와의 갈등이나 부정적 양육행동이 이유가 되었을 수 있다. 정병삼(2010)은 부모와 자녀 간에 갈등이 잦으면 청소년 자녀는 비행친구와 접촉이 늘어나고 비행을 저지를 가능성이 높다고 밝혔다. 하지만 부모가 자녀의 행동을 적절히 지도·감독하고 자녀의 일과나 만나는 친구를 잘 알고 있으면 자녀는 일탈행동을 하거나 비행친구를 만나는 것을 줄이게 된다. 여기서 적절한 지도·감독이란 부모가 청소년 자녀의 활동에 관심이 있으며 부모−자녀 간에 의사소통과 강압적이지 않은 훈육이 잘 이루어지고 있다는 것을 의미한다.

청소년 자녀가 비행친구들과 어울리고 있음을 알았다면 억지로 그 친구들과 만나지 못하게 하는 것은 오히려 역효과를 낼 가능성이 높다. 자녀는 현재 그 친구들과의 관계에서 원하는 것을 얻고 있을 수 있기 때문이다. 따라서 부모가 항상 자신을 사랑하고 언제나 지지한다는 것을 표현해 주는 것이 중요하다. 자녀가 이미 비행행동을 하기 시작했다면 자녀가 어떤 부분에서 심리적 문제를 겪고 있는지 탐색하고 터놓고 대화할 필요가 있다.

Question

청소년의 팬덤 문화

시대를 막론하고 젊은이들은 언제나 연예인과 스포츠 스타에 열광해 왔다. 최근에는 전문 연예기획사들 및 인터넷에 기반을 둔 세계 규모의 팬덤으로 점점 그 규모가 커지고 있다. 팬덤 활동은 스트레스를 해소하고, 사회성이 발달하며, 함께 청소년 문화를 누리고 봉사활동을 하는 등 청소년에게 긍정적인 영향도 많이 주지만, 스타에 과하게 몰입하여 학업에 소홀하게 되고 팬덤들 간 경쟁적인 싸움을 할 수도 있다. 연예인을 스토킹하는 '사생팬' 같은 일탈 현상이 그 극단적인 예이다(정득 외, 2017). 긍정적이든 부정적이든, 21세기 K-POP 팬덤 활동은 갈수록 많은 청소년의 일상이 되고 있다.

Q K-POP이 세계화된 지금 팬덤 문화의 새로운 긍정적인 영향과 부정적인 영향을 생각해 보자. 팬덤 문화가 커지는 만큼 새롭게 일어날 수 있는 일탈이나 청소년 범죄는 무엇일까? 청소년 문화의 자주성을 인정하는 한에서 팬덤 문화의 긍정적 영향을 최대화하고 일탈의 가능성을 최소화하는 방법은 무엇일까?

2) 미디어 이용

아침에 눈을 뜨자마자 스마트폰을 열어서 카톡과 인스타그램을 확인한다. 유튜브를 열어서 관심 있는 동영상을 보다가 재미있는 걸 친구들에게 공유한다. 동영상에서 언급된 궁금한 것은 포털 사이트에서 검색하다 관련 정보와 뉴스, 댓글들을 줄줄이 읽다 보면 어느덧 시간이 훌쩍 지나고 만다.

흔한 청소년들의 일상이다. 최근 '문해력'이 교육계의 화두로 떠오른 가운데, 온라인 정보와 가짜 뉴스들이 넘쳐나면서 '미디어 문해력', '디지털 문해력' 또한 중요한 키워드가 되고 있다. 스마트폰의 등장으로 아침에 눈을 떠서 잠을 잘 때까지 온통 미디어에 둘러싸여 삶을 살아가는 아이들에게 어떻게 미디어 문해력을 길러 줄 수 있으며, 그 교육의 방향은 어디로 잡아야 할까?

출처: 한겨레신문 2022.07.18.

(1) 일반적 미디어 이용

디지털 원주민(digital native)이라는 단어는 2000년대 전후에 출생한 청소년에서 초기 성인 세대를 가리키는 말로, 디지털 이주민(digital immigrant)인

그들의 부모 세대와는 달리 디지털 미디어와 기술을 모국어처럼 자연스럽게 습득한 세대이다. 한국언론진흥재단(2019)은 청소년의 모바일 인터넷 이용률이 97.2%로 상승하였으며 PC 인터넷보다 모바일 인터넷 이용시간이 3배 길어, 스마트폰이 청소년들에게 가장 중요한 매체임을 넘어서서 유일한 매체의 위치에 도달하고 있다고 밝혔다.

대부분의 청소년은 포털, 동영상 플랫폼, 메신저 서비스를 이용했으며, 전체 응답자 중 반 정도가 이 세 가지 플랫폼을 매일 이용했다. SNS는 친구들과의 소통만큼이나 동영상 등 콘텐츠나 정보를 얻는 곳으로 주로 이용하고 있었는데, 그에 따라 모바일 플랫폼에서 뉴스를 접하는 청소년의 비율도 증가해 전체 응답의 80% 정도를 차지했다. 그러나 많은 청소년들은 인터넷의 뉴스를 신뢰하지 않으면서도 뉴스를 비판적·선별적으로 읽는 청소년의 비율은 30% 정도에 그쳐, 청소년과 그 부모를 위한 미디어 리터러시 교육이 필요하다는 목소리가 높아지고 있다.

미디어 리터러시(media literacy)란 문해력처럼 미디어 플랫폼과 기술을 활용하고, 미디어의 정보를 비판적으로 이해하고 효과적으로 생산하여 디지털 공간에서 활발히 소통할 수 있게 하는 능력을 가리킨다. 디지털 미디어가 일상의 중요한 부분이 된 만큼 미디어 리터러시 교육도 교사와 학습자가 밀접하게 상호작용하며 성찰 중심, 질문 중심의 교육이 될 필요가 있다(김아미, 2019). 가정에서의 미디어 리터러시 교육을 위해 자녀의 미디어 이용 시간과 콘텐츠를 감독하고 적극적으로 개입하는 부모의 역할이 요구된다. 그러나 자녀의 모든 매체 이용을 부모가 일일이 감독하는 데는 한계가 있으므로, 평소에 부모-자녀 간 열린 소통을 유지하고 긍정적인 양육태도를 통해 자녀의 스트레스를 최소화하여 간접적으로 미디어 이용에 영향을 주는 것도 직접 중재활동 못지않게 중요하다(송원숙, 2021).

(2) 사이버 일탈

요즘의 청소년에게 있어 온라인 공간이 또 하나의 현실인 만큼 온라인 공간에서의 사이버일탈 행위도 심각한 문제가 되고 있다. 디지털 미디어로 할 수 있는 일이 많아질수록 메신저를 통한 언어폭력, 온라인 커뮤니티 회원들 간의 폭력, 인터넷 개인방송을 통해 전해지는 음란물 등 최근의 사이버일탈은 증가 추세를 보이며 갈수록 다양해지고 저연령화되고 있다는 것이 특징이다. 2021년 학교폭력에서 사이버폭력이 차지하는 비율은 9.8%이며 특히 성폭력을 제외하면 다른 유형의 폭력보다 초등학생보다 중·고등학생에서 더 높은 비율로 보고되었다(교육부, 2021.9.7.). 이러한 점을 볼 때 사이버일탈은 오프라인 일탈과는 다른 형태를 띠고 있음을 알 수 있다.

청소년 사이버 일탈의 원인으로는 대표적으로 인터넷이나 스마트폰의 과다 사용이 꼽힌다. 인터넷의 특성인 익명성, 비대면성이 충동적인 일탈의 기회를 제공하기 때문에 인터넷을 많이 이용할수록 사이버일탈의 기회에 더 노출된다는 것이다. 그 외에는 대체로 현실 일탈과 같이 개인, 가족, 학교, 친구, 사회 등의 위험요인이 사이버일탈에도 영향을 준다고 보고 있다. 한국청소년정책연구원(배상률 외, 2017)은 가장 자주 일어나는 청소년 사이버일탈의 유형을 크게 과다이용, 사이버폭력, 성관련 일탈, 온라인 도박, 사이버 사기, 개인권리 침해 및 명예훼손으로 구분했다. 자세한 내용은 표 6-2와 같다.

표 6-2 사이버 일탈의 유형과 그 예시

유형	예시
과다이용	스마트폰, 인터넷, 온라인 게임 중독
사이버폭력	온라인 커뮤니케이션 채널을 통한 사이버 괴롭힘, 왕따(카카오톡 왕따), 위협, 스토킹, 무선 데이터 갈취, 악성 댓글
성관련 일탈	성인 사이트, SNS 등을 통한 음란물 접촉, 음란 채팅, 온라인 성매매, 온라인 성폭력
온라인 도박	온라인 도박 게임, 스포츠 도박 사이트, 카드나 화투게임 사이트 등 도박 사이트 이용
사이버 사기	타인의 아이디·주민번호·신용카드 도용, 온라인 거래 사기, 성별이나 나이를 속이는 행동, 소프트웨어 및 콘텐츠 불법 다운로드, SNS를 통한 허위정보 유통
개인권리 침해 및 명예훼손	타인의 신상털기, 개인정보 수집 및 유출, 타인 사칭, 타인의 SNS 계정 해킹 등

출처: 배상률 외(2017).

전문가들은 위와 같은 각 유형의 청소년 사이버일탈을 예방하기 위해서는 온라인 매체의 노력뿐 아니라 청소년 개인, 가정, 학교, 사회 모두가 노력해야 하며, 특히 그 자체로 문제이자 다른 문제의 위험요인이 될 수 있는 인터넷 과다이용에서는 부모의 노력이 가장 중요하다고 주장했다(배상률 외, 2017). 청소년의 인터넷 과다이용을 예방하기 위해 부모는 먼저 일정 수준의 미디어 리터러시를 갖추고 자녀의 미디어 이용에 대해 충분히 소통해야 한다. 온라인 매체는 빠르게 변화하므로 언제나 부모와 자녀 세대 간에는 디지털 격차가 존재할 것이기 때문이다. 자녀의 자존감, 자기통제력 등 일반적인 영역에서의 자녀양육 또한 중요하다. 정현선(2017)은 가정에서 실천할 수 있는 5대 미디어 이용 수칙을 다음과 같이 제안했다.

- 부모 자신의 미디어 행동을 면밀히 점검한다.
- 가족 모두가 디지털 기기를 사용하지 않는 시간을 정한다.
- 자녀의 디지털 미디어 이용에서 긍정적 측면을 살핀다.
- 자녀의 디지털 세상을 방문해 본다.
- 일상생활에서 디지털 미디어 교육의 기회를 적극적으로 활용한다.

'n번방' 사건과 정보윤리교육

2020년 텔레그램 메신저를 통해 디지털 성착취물을 유포한 사건인 이른바 'n번방' 사건으로 청소년의 정보윤리 및 디지털 성윤리 교육에 대한 논의에 다시 한 번 불을 지폈다. 더욱 충격을 준 것은 주요 피의자와 피해자의 상당수가 청소년이거나 청소년을 갓 벗어난 나이라는 것이다. 'n번방' 사건의 특기할 점 중 하나는 온라인상의 또 다른 성적 일탈인 '일탈계(일탈 계정)'나 '몸사(신체 사진)', 지인의 셀카를 음란 이미지에 합성하는 '지인 합성' 등의 범죄가 그대로 이 'n번방' 피의자들의 표적이 되었다는 점이다(아시아경제, 2020.05.26.).

Q 우리 삶의 점점 많은 부분이 디지털화, 온라인화 됨에 따라 온라인 공간에서의 범죄 유형도 점점 늘어가고 있다. 온라인 공간에서 청소년이 성인에 비해 범죄의 피해에 취약한 점은 무엇인가? 가해의 유혹에는 어떤 점이 취약한가? 디지털 미디어 리터러시 교육에 반드시 포함되어야 할 정보윤리는 무엇일까?

3) 자기주도적 학습

> … 배움이 비대면 중심으로 진행되면서 학생들은 혼란에 빠졌다. 들쭉날쭉 진행되는 대면 수업과 불규칙한 등교 때문에 마음을 잡고 공부하기 어려운 상황이 된 것이다. … 혼자서 자신의 공부를 주도할 수 있다면 대면이든 비대면이든 큰 상관은 없다. 혼자서 하는 능력이 길러진 자기주도학습자들에겐 오히려 이러한 상황이 공부하기에 더 유리할 수도 있다. 문제는 아직 자기주도학습 공부습관이 부족한 학생들이다. 비대면 수업이 진행되면서 학생들의 학습 격차가 더 커졌다는 사실이 널리 알려졌다. … 잘하는 학생은 [혼자서 하는 공부의] 원리를 알고 기초가 튼튼해서 더 잘할 수밖에 없다. 못하는 학생은 그 반대가 된다.

출처: 에듀진 2022.03.14.

자기주도적 학습이 공교육의 핵심적 과정으로 떠오른 것은 최근만은 아니다. 새로운 지식이 끊임없이 만들어지는 현대 사회에서는 학습자가 자신에게 적합한 학습법과 강점 · 약점을 스스로 깨닫고, 시도하고, 조절하는 자기주도적 학습자가 되는 것이 요구된다. 특히 최근 비대면 학습으로 인한 학력격차가 사회문제가 되면서 자기주도적 학습의 중요성도 크게 증가하게 되었다. 이 장에서는 자기주도적 학습의 의미와 중요성, 그리고 부모가 자녀의 자기주도적 학습을 지원하는 방안을 알아본다.

(1) 자기주도적 학습이란?

자기주도적 학습(self-directed learning)이란 학생 스스로가 목표를 정하고 자신에게 적절한 수준과 방법의 공부를 파악하여 주체적으로 학습 과정을 이끌어나가는 것을 말한다. 학습의 내용은 학교가 담당하므로, 부모는 아이의 주도성이 발달할 때 조절능력을 기르고 학습을 계획하는 방법을 알려 주는 역할을 맡아야 한다. 자기주도적 학습 습관이 잘 갖추어진 학생은 학습효과가 훨씬 좋을 뿐 아니라 생활 전반에서도 주도적이고 진취적인 태도를 갖추고 있다.

초 · 중등학교급에서 자기주도적 학습이 사교육 과부담 문제의 대안으로 떠오르면서 학제개편에도 갈수록 자기주도적 학습이 반영되고 있다. 중학교의 자유학기제는 학생의 자기주도적인 학습내용 계획이 요구되는 대표적 학제 변화이다. 또 외국어고·국제고·자율형사립고 및 일반고에서는 지원자의 진로 체험, 동아리 활동 및 꿈과 끼를 살리기 위한 자기주도학습 과정, 지원동기, 진로계획을 바탕으로 학생을 선발하는 자기주도학습전형을 실시하고 있다(한국교육개발원, 충청북도교육청, 2022). 이에 따라 학부모로서는 학습 내용뿐 아니라 자녀의 특성과 진로를 반영한 자기주도적 학습을 지원할 필요성이 날로 커지고 있다.

(2) 자기주도적 학습의 지원 전략

자기주도적 학습의 목표는 비전과 목표 설정부터 실행과 평가까지 전 과정을 학생이 스스로 책임지는 것이므로, 부모의 역할은 학생인 청소년 자녀를 보조하고 지원해 주는 것에 머무른다. 자기주도적 학습은 크게 동기적 요인, 인지적 요인, 행동적 요인으로 구성되는데, 교육부 외(2014a; 2014d)의 자녀교육 가이드에서 제시하는 자기주도적 학습의 요인별 지원 전략은 다음과 같다.

① 자기주도적 학습의 동기적 요인

먼저 자기주도적 학습의 동기적 요인은 학생 스스로 학습의 뚜렷한 목적과 동기를 갖고 자기효능감과 자아존중감 등을 기름으로써 학습과 관련된 정서를 조절하는 것을 의미한다. 자아효능감이 높다면 학습이 어렵더라도 쉽게 포기하지 않고 성공적으로 과제를 마칠 수 있다. 반면 스트레스나 학업 불안 등은 집중과 학습 효율을 방해하므로 이런 감정을 느끼는지 확인하고 해결할 필요가 있다.

부모는 자기주도적 학습의 동기를 유발시키기 위해 자기효능감을 길러 줄 수 있다. 가장 직접적인 방법은 아이가 스트레스를 겪을 때 제대로 대처하게 돕는 것이다. 운동과 숙면으로 자녀의 이완을 돕고, 예민한 자녀를 안심시켜 주며, 목표를 현실적으로 조정하고 우선순위를 정하는 것을 돕는다. 과제를 성공했을 때 자녀의 능력과 노력을 칭찬해 주는 것도 중요하다. 보다 근본적으로는 자녀가 자기이해를 높일 수 있도록 돕고, 긍정적인 자아상을 유지하도록 한다. 자아상을 바탕으로 삶의 비전과 뚜렷한 목표를 세우고, 자신감과 공부에 대한 책임감을 길러 주면 쉽게 포기하지 않는 자기효능감을 기를 수 있다.

② 자기주도적 학습의 인지적 요인

자기주도적 학습에서 인지적 요인은 학습의 목표를 정하고 학습을 실행하며 완수한 학습을 점검하기까지 전 과정과 관련이 있다. 여기서 특히 중요한 것은 학생 자신이 학습의 내적 과정을 스스로 인식하고 조절하는 메타인지(meta-cognition)이다. 구체적으로 과제를 수행하는 데서 그치지 않고 학습의 주제와 진도를 계획하고 점검할 방법까지 스스로 생각하는 과정을 아우른다. 뿐만 아니라 학습 중에도 자신의 집중 수준이나 효능감을 지속적으로 확인하고 집중이나 효능감이 떨어질 때 스스로 회복하는 것까지를 포함한다.

부모는 자기주도적 학습에 이용할 수 있는 구체적인 학습전략을 생각해 볼 수 있다. 중·고등학교 시기에 맞는 자기주도적 학습전략으로는 학생 주도적으로 진도와 학습 수준을 파악하기(자기 평가), 목표 성적을 정하고 그에 맞는 공부 계획 세우기(목표설정과 계획), 배운 내용을 필기하고 모르는 내용을 따로 정리하기(기록 유지와 점검), 스스로 성공이나 실패에 대한 보상을 결정하기(자기 결론화) 등의 전략이 있다.

③ 자기주도적 학습의 행동적 요인

자기주도적 학습의 행동적 요인이란 학습을 성공적으로 이끌기 위해 적합한 학습환경을 선택하고 구조화하며, 다른 행동을 통제하고, 필요하면 친구나 선생님 등 도움을 찾아서 얻는 실천적 측면이다. 행동적 요인이 제대로 갖춰진 학생은 자기관리 능력이 탁월하고, 자신의 시간 활용을 바탕으로 공부 계획표를 스스로 작성하고 실천하여 학업 성취도를 높인다.

부모가 자녀의 자기관리를 돕고 싶다면 가장 먼저 학습환경인 공부방에서 개선사항은 없는지를 확인할 수 있다. 너무 시끄럽거나 온도,

조명 등에서 불편하지는 않은지 확인하고, 친구와 공부를 같이 하기를 좋아한다면 스터디그룹을 찾아 준다. 교사나 우등생 친구 등 주변인을 롤모델 삼아 학습전략을 배우도록 할 수도 있다. 또 시간관리를 통해서 공부 계획표를 실천할 수 있다. 하루의 시간 사용을 돌아보아서 공부할 수 있는 시간을 계산하고, 학기, 월간, 주간, 일간 계획을 세워 일일 학습플랜과 학습의 로드맵을 작성한다. 시험 준비 기간은 3주 정도로 잡고 교과서에서 노트와 문제집으로, 중요한 과목과 덜 중요한 과목의 시간을 잘 배분한다.

(3) 자녀의 자기주도적 학습 코칭하기

자녀가 사춘기에 접어들게 되면 부모가 정한 공부 규칙을 간섭으로 여기면서 공부의 주도성이 발달하게 된다. 부모로서는 이때가 일방적으로 규칙을 정하는 선생님의 역할에서 자기주도적 학습의 코치와 같은 역할로 넘어가야 할 시기이다. 빠르면 초등학교 고학년 시기부터 부모는 생활습관과 공부환경을 설정해 주고 정서적으로 지지해 주면서 자녀가 스스로 공부계획을 세워서 할 수 있도록 코칭을 시작한다. 최윤실(2013)이 제시한 중·고등학생 자녀에게 자기주도학습을 지도하면서 실제로 겪게 되는 상황에 대응하는 가이드를 표 6-3과 같이 정리하였다.

표 6-3 자기주도학습 코칭 실전편

구분	중학교	고등학교
공부 습관	모든 과목과 수행평가에 최선을 다하는 버릇을 들이고, 교과서 위주로 공부하며 학원이나 선행학습에 과도하게 집중하지 않는다.	수학과 영어는 수준이 갑자기 높아지며 노력해도 등급이 변하기 어려운 과목이므로 대학 전형을 정해 포기하기보다는 자신의 발전에 관심을 둔다.
생활 루틴 유지	하교 후 대화로 감정을 다스려 주어 가정환경을 마음 편안하게 만들어 준다. 또 사춘기에는 잠이 많아지니 멍한 상태로 지내지 않도록 지도하고 아침 식사를 건너뛰지 않는다.	고1에는 학교 수업에 집중하고 자투리 시간에 복습 노트를 작성하게 한다. 고3에는 모의고사를 중심으로 월별 학습 스케줄을 짠다.

정서 관리	중1에 무기력하고 아무 생각이 없어 보이는 것은 사춘기의 특징이므로 공부를 잘 하는 친구에 기죽지 않도록 격려하고 함께 공부해 준다.	고2에는 성적이 주춤하거나 연애 문제, 진로 문제로 고민하기 쉬우므로 부모가 기댈 기둥이 되어 준다.
취약점 극복	취약한 과목이나 부분에 대한 열등감을 해결하고 자신감을 회복한다. 공부의 목적이 100점이 아님을 되새겨 준다.	손 놓은 과목을 뒤늦게 시작할 경우 학습 의지를 북돋아 주는 것이 가장 먼저이며, 필요한 진도 부분을 인터넷 강의로 예·복습하면서 시작한다.
잘못된 공부습관 개선하기	오답 노트를 싫어한다면 풀어 본 문제를 다시 보기 귀찮거나 틀린 문제를 복기해도 뭐가 좋은지 모르기 때문이다. 형식에 얽매이지 않고 문제집 여백에라도 풀이 과정과 해설을 써 보도록 한다.	음악을 들으며 공부하는 것은 집중력을 모아 주는 기능도 하지만 실전에서는 음악을 들을 수 없으므로 서서히 줄여나간다.

출처: 최윤실(2013).

4. 청소년기의 학교생활 지원

1) 청소년의 학교적응

(1) 학교부적응이란?

중학생 A(14) 양은 최근 들어 툭하면 학교에 가기 싫다고 고집을 부리고, 사소한 일로도 가족들에게 자주 화를 낸다. 두통이나 복통을 자주 호소하는가 하면, 우울하고 불안하고 답답한 기분이 해소가 되지 않을 때는 충동적으로 필기구로 팔을 찌르는 자해행동을 하기도 했다. A 양의 부모는 … 결국 A 양을 데리고 병원을 찾았다. A 양은 의료진과의 상담에서 코로나19 팬데믹으로 원격수업을 하면서 친구들과 관계가 소원해졌는데 올 들어 다시 대면수업을 시작하니 학교에서 보내는 시간이 불편하고 수업에도 적응하기 어렵다고 호소했다. … 코로나로 인한 사회적 단절과 수업 방식 변화로 인한 부적응은 청소년들에게 스트레스 요인으로 작용하고 있다. … 사회적 거리두기 완화로 등교와 대면 수업이 재개되었지만 청소년들에게는 새로운 환경변화에 적응을 해야만 하는 상황 또한 스트레스로 작용할 수 있다.

출처: 부산일보 2022.07.10.

청소년은 학교에서 하루 중 가장 많은 시간을 보내지만, 모든 청소년이 학교에 잘 적응하는 것은 아니다. 높은 학업 부담 속에서 노력만큼의 성취를 얻지 못하여 좌절하고, 학교의 규칙에 거부감을 느끼기도 한다. 또래에 받아들여지지 않거나, 불량한 또래에게 폭력을 당하기도 하고, 교사와의 관계에서 갈등을 느끼기도 한다.

학교적응은 학생이 자신의 욕구를 학교 환경에 맞추고 학교의 규칙, 학교에서의 대인관계 등에 조화로운 행동으로 생활하는 과정을 가리킨다(추지윤, 이은지, 2020). 학교부적응을 그에 반대되는 개념으로 설명하자면 학교 환경과 규범이 학생의 요구나 감정 등에 대응하지 못할 때 발생하며, 학생이 학교에 적응해 가는 과정에서 부적합한 행동을 보이는 상태라고 할 수 있다(김민선, 손병덕, 2019). 학교에 부적응한 학생들은 좁게는 일탈행동에서부터 교사에 대한 저항, 학습부진, 우울감, 자살관념이나 학업 중도포기까지 폭넓은 부적응적 행동을 보일 수 있다. 이러한 행동은 학습량이 많아지고 교칙이 엄격해지는 중학교부터 본격화되므로 부모로서는 이를 일찍 파악하고 적절하게 대처할 필요가 있다.

학교부적응의 요인으로는 크게 개인적 요인, 가정 요인, 학교 요인, 지역사회 요인 등이 꼽힌다. 먼저 개인적 요인으로는 신체나 정신 장애, 또 지나치게 높은 기대나 낮은 자아존중감 등의 정서적 요인이 있다. 가정 요인에는 한부모가족, 가족의 빈곤 등 가족구조적 요인과 함께 합리적인 양육태도, 적극적인 의사소통, 부모 갈등이나 과잉간섭 등 양육태도와 관련된 요인이 있다. 학교 요인으로는 입시위주 교육 등 교육제도상의 특성, 교사의 효능감, 지지, 관심, 교사와의 갈등 등 교사 특성, 불량친구 등 교우관계의 특성으로 나뉠 수 있다. 마지막으로 지역사회 요인에는 불건전한 주변 시설·환경이나 소외계층 청소년의 하위문화, 대중매체의 영향 등이 포함된다(교육부 외, 2014a; 교육부 외, 2014d; 추지윤, 이은지, 2020).

부모는 학교에 부적응하는 청소년이 보이는 행동 특성을 관찰하고 대응할 필요가 있다. 교육부 외(2014a)가 제시하는 학교부적응의 다섯 가지 행동적 특성으로는 지나치게 수줍어하는 퇴행적 행동, 운동기능 등 대처능력이 부족한 미성숙한 행동, 난폭하고 공격적인 행동, 실패를 숨기려 거짓말하는 등의 방어적 행동, 손톱을 깨물고 말을 더듬는 것에서부터 복통, 두통 등을 호소하는 신체적 징후 등이 있다. 또 학교부적응의 직접적 원인으로 나타나는 유형으로는 성적, 학습부진으로 인한 유형, 학교폭력과 관련된 유형, 학교교칙과 관련된 유형, 교우관계와 관련된 유형 등 네 가지를 제시하고 있다.

(2) 학교부적응 대응하기

자녀가 학교부적응의 특징적인 행동을 보일 때는 감정적으로 대처하지 말고 침착하게 상황을 파악해서 학교부적응의 징후가 더 큰 문제가 되지 않도록 초기에 대처해야 한다. 자녀가 미성숙한 행동으로 운동기능 수행이 어색하다면 필요한 도움을 준다. 퇴행적 행동, 공격적 행동을 보이면 자녀의 행동을 엄격하게 점검해 준다. 방어적으로 거짓말을 할 경우에는 거짓말 자체에 대해서만 엄격하게 비판하는 것은 부적절한 대응 방식이며, 거짓말을 하는 이유에 대해 파악할 필요가 있다. 신체적인 징후를 보이며 등교를 거부한다면 무조건적으로 억압하기보단 직접 학교에 동행하여 선생님에게 사정을 설명하고, 신체적으로 큰 문제가 없다면 학교보건실에서 쉬게 하는 등 학교의 중요성을 알려 주어야 한다(교육부, 2014a).

자녀가 학교부적응을 겪는다는 것이 확실해지면 부모로서 자신이 강압적, 방임적 양육 등을 하고 있지는 않은지 돌아보아야 한다. 부모의 양육태도와 가족 간의 대화 등은 자녀의 정서에 직접적인 영향이 있으므로, 자신의 양육 방식과 의사소통방식이 적절한지를 돌아본다. 자녀에게 먼저 관심과 이해를 보여주고 자녀와 지속적으로 대화를 통해 학교부적응의 요소를 파악한다. 학교에서 제공하는 학부모교육이나 상담 등에 참여하는 것은 자녀의 학교부적응 수준을 파악하기 위해서 교사와의 협력관계를 유지할 수 있는 방안이라는 점에서도 중요하다.

가장 중요한 것은 학교부적응으로 인해 자녀가 학교를 떠나지 않도록 학교의 중요성을 알려주는 것이다. 자녀가 자퇴하려고 한다면, 자퇴하고 싶어 하는 이유를 정확하게 설명하도록 한다. 그럼에도 불구하고 자녀가 자퇴를 원한다면, 자퇴 이후의 생활이 나태해지는 것이 가장 큰 문제이므로 결정하기 전 2주 정도 완벽한 생활계획서를 지키게 해서, 스스로 시간표를 지키는 것이 얼마나 어려운지 알려준다(교육부 외, 2014a; 교육부 외, 2014d). 표 6-4는 앞서 설명했던 학교부적응의 유형인 학습부진, 학교폭력, 학교 교칙, 교우관계와 관련된 유형별로 부모가 적절하게 대처할 수 있는 방법을 정리하였다.

표 6-4 학교부적응 유형별 대처방법

구분	부적응의 결과	대처방법
학습부진	수업 시간에 복도에 나가 있거나 또래에게 무시당함 무단결석, 조퇴, 유급 등	선수학습 부족: 눈높이교육 제공 인지능력 부족: 특수교육 기회 학습전략 미흡: 적절한 전략
학교폭력	손이 닿지 않는 곳의 낙서, 기물 파손, 피해의 두려움에 흉기 소지	학교폭력의 초기 징후를 발견하고 학교폭력 관련 정보 습득
학교 교칙	복장·용모, 학습, 출결, 집단행동, 비도덕적 행위 등과 관련된 규율과 갈등하여 훈계, 징계	과도하게 징계 받았다고 생각하는 자녀의 억울함을 알아주고, 정확한 판결 내려주기
교우관계	반사회적 행동(거짓말, 싸움, 도벽, 흡연 음주, 가출 등) 비사회적 행동(남과 어울리지 않음, 공상과 불안에 파묻힘, 등교거부, 신경증적 행동)	자녀에 대해 지속적인 관심을 가지고 문제 파악하기 자퇴하고 싶어 할 경우 학교의 중요성을 알려주기

출처: 교육부 외(2014a), 교육부 외(2014d).

Question 학교 밖 청소년의 삶

많은 청소년이 다양한 이유로 학교 밖에서 삶을 일궈나간다. 검정고시나 유학 등을 준비하기 위해 학교를 떠나기도 하지만, 80% 이상의 청소년이 학업을 중단하는 이유는 학교부적응이다(여성가족부, 2017d). 대부분의 학교 밖 청소년 부모는 자책하고 절망감을 느끼며, 자녀와의 갈등이 심화되거나 부부간의 관계가 악화되는 등 어려움을 겪는다. 무엇보다 어려운 점은 부모가 자녀의 학교중단에 동의하지 않고 퇴학을 받아들이기 힘들어한다는 점이다(이경은, 2021).

Q 정부의 학교 밖 청소년 지원서비스로는 상담, 교육지원, 직업체험 등을 지원하는 꿈드림센터(www.kdream.or.kr)가 있다. 학교 밖 청소년의 가족 전체를 지원하고자 한다면 어떻게 할 수 있을까? 학교의 교육·지도기능을 모두 떠안은 부모 대신 지역사회가 학교 밖 청소년을 지원할 수 있는 방안은 무엇일까?

2) 학교폭력에 대응하기

"내가 못 살아! 그동안 왜 말 안 했어!" "왜 바보같이 당하고 살아!" "네가 잘못한 건 없어? 네가 가만히 있는데 그러진 않았을 거 아냐?" "다른 애들은 별일 없이 잘만 학교 다니는데 너는 왜 이런 일이 생겨!" (...) 자녀의 학교폭력 피해 사실을 알게 된 순간, 부모 입에서 자기도 모르게 튀어나오는 말들이다. 학교폭력 피해 자녀들에게 가해자의 폭력보다 더 오랫동안 상처로 남는 건 이런 '부모의 말'이라고 전문가들은 말한다. (...) "피해 자녀가 부모에게 가장 바라는 것은 나를 전적으로 믿어주고 지지해 주는 존재라는 신뢰"라며 "부모한테 그 신뢰를 확인하지 못하면 혼자서 해결하려 하게 되고 그러다 보면 더 큰 피해를 당하거나 피해자가 가해자로 변하게 되는 경우도 있다"고 말했다.

출처: 한겨레신문 2021.06.21.

공부에만 집중해도 부족한 시간에 자녀에게서 학교폭력의 증언을 들으면 부모의 마음은 철렁한다. 대부분의 부모가 내 아이는 학교폭력과 무관하다고 믿고 싶기 때문이다. 그러나 학교폭력 전문가들은 학생들만의 노력으로는 학교폭력이 사라질 수 없으며, 어른들이 적극적으로 개입해야만 학생들을 폭력에서 지킬 수 있다고 말한다(노윤호, 2019).

2021년 교육부의 학교폭력 실태조사(교육부, 2021)에서는 중·고등학생의 피해 응답자의 수가 각각 5300명, 2000명이었다. 절대 비중은 초등학생보다 작지만, 그렇다고 결코 그 피해가 적은 것은 아니다. 이 장에서는 부모로서 자녀의 학교폭력에 어떻게 대응할 수 있을지 알아본다.

(1) 학교폭력의 피해 발견하기

학교폭력방지법에 의하면 교원이 학교폭력을 발견하면 부모에게 즉시 통보할 의무가 있다. 부모의 입장에서는 학교에서 통보받기 전에 자녀의 학교폭력 피해·가해상황을 발견하여 더 큰 피해나 가해를 예방하기를 원할 것이다. 중·고등학교에서는 교사가 주의 깊게 보기 어렵고, 사이버폭력·스토킹 등 다양해져 가는 학교폭력의 기준을 세우기가 모호하며, 피해학생도 폭력이 심해질까 봐 어른들에게 알리지 않는 경향이 있기 때문에 부모는 자녀의 일상을 더욱 면밀히 확인할 필요가 있다.

학교폭력예방법에 근거한 학교폭력의 종류에는 신체폭력, 언어폭력, 금품갈취, 강요, 따돌림, 성폭력, 사이버폭력 등이 있다. 학교폭력 가해학생은 주로 학교의 같은 반이나 같은 학년의 다른 반인 경우가 많고, 청소년기의 특성상 분위기에 휩쓸려 학교폭력에 가담하게 되므로 가해학생으로 지목되어도 피해학생의 입장과는 달리 장난이라고 주장한다. 부모가 자녀가 학교폭력의 가해자인지를 확인할 수 있는 징후는 다른 학생이나 동물을 위협하거나 괴롭히는 모습, 귀가 시간이 불규칙해지고 행동이나 말로 공격성을 나타내는 모습, 친구를 비하하는 모습 등이 있다. 피해학생은 반대로 학교폭력 피해의 결과로 신체적, 심리적인 손상을 입고 사회적으로 고립되어 문제행동을 나타낸다. 오프라인에서 언어·신체적 폭력을 당하거나 사이버 공간에서 폭력을 당하는 징후로는 표 6-5와 같은 행동적 특성이 있다.

표 6-5 학교폭력 피해징후 감지하기

오프라인 폭력의 피해징후	사이버 폭력의 피해징후
• 늦잠을 자고, 몸이 아프다며 학교가기를 꺼린다. • 성적이 갑자기 혹은 서서히 떨어진다. • 안색이 안 좋고 평소보다 기운이 없다. • 학교생활 및 친구관계에 대한 대화를 시도할 때 예민한 반응을 보인다. • 아프다는 핑계 또는 특별한 사유 없이 조퇴를 하는 횟수가 많아진다. • 갑자기 짜증이 많아지고 가족이나 주변 사람들에게 폭력적인 행동을 한다. • 멍하게 있고, 무엇인가에 집중하지 못한다. • 밖에 나가는 것을 힘들어하고, 집에만 있으려고 한다. • 쉽게 잠에 들지 못하거나 화장실에 자주 간다. • 학교나 학원을 옮기는 것에 대해서 이야기를 꺼낸다. • 용돈을 평소보다 많이 달라고 하거나 스마트폰 요금이 많이 부과된다. • 또한 스마트폰을 보는 자녀의 표정이 불편해 보인다.	• 불안한 기색으로 정보통신기기를 자주 확인하고 민감하게 반응한다. • 단체 채팅방에서 집단에게 혼자만 반복적으로 심리적 공격을 당한다. • 용돈을 많이 요구하거나 온라인 기기의 사용요금이 지나치게 많이 나온다. • 부모가 자신의 정보통신기기를 만지거나 보는 것을 극도로 싫어하고 민감하게 반응한다. • 온라인에 접속한 후, 문자메시지나 메신저를 본 후에 당황하거나 정서적으로 괴로워 보인다. • 사이버상에서 이름보다는 비하성 별명이나 욕으로 호칭되거나 야유나 험담이 많이 올라온다. • SNS의 상태글귀나 사진 분위기가 갑자기 우울하거나 부정적으로 바뀐다. • 컴퓨터 혹은 정보통신기기를 사용하는 시간이 지나치게 많다. • 잘 모르는 사람들이 자녀의 이야기나 소문을 알고 있다.

• 갑자기 급식을 먹지 않으려고 한다. • 수련회, 봉사활동 등 단체 활동에 참여하지 않으려고 한다. • 작은 자극에 쉽게 놀란다.	• 자녀가 SNS계정을 탈퇴하거나 아이디가 없다.

출처: 교육부, 이화여자대학교 학교폭력예방연구소(2022).

한편, 학교폭력 가해자들에게 공격성을 보이고 반격하려는 경우가 있는데, 이럴 경우 학교폭력의 피해와 가해가 모호해지게 된다. 이는 학교폭력의 특징 중 하나로, 본인의 가해행동으로 인해 따돌림을 받거나, 피해를 당하다가 가해자로 돌변하는 등 가해와 피해의 경험을 동시에 가진 집단을 가해-피해자(bully-victims)라고 한다. 이 경우 또래로부터 인기가 낮고 공격적인 성격을 보이며 더 약한 학생에게 폭력을 행할 수도 있으므로 특히 주목해야 한다(정현주 외, 2012).

학교폭력 사건이 보고되면 각 교육(지원)청 단위의 학교폭력대책심의위원회(이하 학폭위)에서 심의를 하게 된다. 학교폭력 통보 즉시 가해학생과 피해학생은 분리되며 일차적인 조치가 처해지고, 그 후 학폭위에서는 학부모와 교원, 전문가로 구성된 5인 이상 10인 이하로 구성된 위원회가 양측의 진술을 바탕으로 사건의 대책, 피해학생의 보호방안, 가해학생의 교육·선도·징계 방안 등을 논의하게 된다(찾기 쉬운 생활법령정보, 2022). 학폭위의 심의 과정은 길고 부담이 클 수 있으므로 부모로서는 학교폭력에 연루된 자녀의 후속 조치를 제대로 하는 것이 더욱 중요해진다.

(2) 학교폭력의 피해를 당한 아이를 위해

자녀가 학교폭력 피해를 당했다는 사실을 알게 되면 부모는 크게 충격을 받고 죄책감, 분노, 불안, 우울 등을 경험한다. 자녀가 피해를 벗어나게 하기 위해 대화나 스킨십, 정보를 수집하고 도움을 청하는 등 긍정적인 노력을 보이는 한편, 특히 아버지의 경우 무관심하거나 방치하는 등의 잘못된 모습도 보였다(정현주 외, 2012).

부모로서 자녀의 학교폭력에 대처할 때는 무엇보다 먼저 차분하게 마음을 다스림으로써 자녀가 불필요하게 불안해하지 않도록 한다. 그리고 자녀의 힘든 마음을 들어 주고 공감해 주는 한편 사실관계와 상황을 냉정하게 분석해야 한다. 대부분의 학교폭력은 또래끼리의 장난에서 시작되어 선을 구분하기가 쉽지 않은데, 푸른나무재단(2020)은 구분 기준을 힘의 불균형이 있는가, 갈등이 반복되고 피해가 갈수록 심각해지는가, 피해학생이 보호를 원하는가를 기준으로 삼는 것이 좋다고 한다. 사실이 파악된 후 교사 등 사건을 해결하는 데 도움이 되는 주변인과 만날 때에는 최대한 이성적으로 대화하도록 한다. 반드시 모든 사안을 교사와 함께 해결해야 하며, 가해자나 그 부모를 찾아가서 감정적으로 대처하는 것은 금물이다.

청소년의 학교폭력 문제를 담은 <장난이 폭력이 되는 순간>(김승혜 외, 2021)에서는 자녀의 학교폭력 피해사실을 들었을 때의 부모의 반응을 기다려 주기, 무조건 들어주기, 위로해 주기, 어떻게 해결할지 물어주기의 4단계로 함축한다. 부모가 궁금한 것도, 해결하고 싶은 것도 많겠지만 피해자인 자녀가 주체가 되어야 한다는 것이다. 또 해결방식에 대한 의견이 다르더라도 자녀의 의견을 존중하고, 서두의 기사와 같이 자녀에게 상처가 되는 말을 했다면 뒤늦게라도 사과해야 한다고 한다. 학교폭력 해결의 궁극적인 목표는 피해학생과 가해학생의 일상 회복이며, 여기서 부모-자녀 관계의 목표는 자녀가 부모에 대해 깊은 신뢰를 쌓는 것이기 때문이다.

표 6-6 학교폭력에 대처하는 부모의 10가지 단계

1. 우선 차분하게 마음을 다스린다.
2. 학교폭력을 당한 사실을 물어보고 들어주고 기록한다.
3. 자녀가 얼마나 힘들었는지 이해하고 존중한다.
4. 자녀의 마음을 공감하고, 냉정하게 판단한다.
5. 괴롭힘을 비밀로 하겠다고 약속하지 않는다.
6. 자녀에게 보다 많은 관심을 기울인다.
7. 반드시 선생님과 상담한다.
8. 자기주장 훈련을 시키고, 전문가의 도움을 받는다.
9. 법적인 해결을 신중하게 고려한다.
10. 부모가 가장 중요한 롤모델임을 기억한다.

출처: 교육부 외(2014).
그림 출처: Freepik

(3) 내 아이가 학교폭력의 가해자라면

학교폭력 가해자녀의 부모들 또한 다양한 심리적 어려움을 경험한다. 처음에는 자녀의 가해 사실을 받아들이기 어려워하는 경우도 많으며, 전반적으로 가정교육에 대한 후회와 죄책감, 무기력함, 자녀의 미래에 대한 걱정 등 다양한 심리적 어려움을 경험한다. 이때 스스로의 상처를 치유하고 자녀의 문제행동을 통제하기 위해서 의사소통 방식을 개선하며 자녀와 명확한 경계를 설정하는 등 긍정적인 노력을 할 수도 있지만 체벌, 비난 등 잘못된 대응을 하게도 된다(정현주 외, 2012).

학교폭력 전문변호사인 노윤호 변호사는 학교폭력은 절대 사라질 수 없으며 학교폭력에는 반드시 부모와 교사와 같은 성인이 개입해야 한다고 주장한다(노윤호, 2019). 학생들에게 장난과 폭력의 경계는 불분명하고, 학교가 사건을 축소·은폐하고 싶어 하면 가해학생의 부모도 정확한 정보를 얻기 쉽지 않다. 따라서 가해학생의 부모도 과도한 징계나 학교폭력의 악순환을 막기 위해 학교폭력의 처리 과정이나 징계의 종류, 그리고 자녀에게 유리한 증거를 확보하는 법 등을 알 필요가 있다.

자녀가 가해학생으로 지목되었을 경우 부모는 폭력 사실을 부인하거나, 피해학생을 탓하거나, 정당화하거나, 회피하거나, 포기하는 등의 태도를 보여서는 안 된다. 가해학생의 부모는 자녀의 롤모델로서 당사자와 교사에게 사실을 확인한 후 잘못을 인정하고 진심으로 사과하는 모습을 보여야 한다. 가해학생의 부모는 독재적, 비일관적 양육태도를 갖거나 방임적인 경우가 많으므로 부모 자신의 양육태도와 상호작용 방법을 돌아보는 것도 필요하다(이상균, 정현주, 2013). 무엇보다 가해학생의 부모로서는 자녀가 적절한 조치를 받고 교화되어, 폭력의 재발을 막고 가해·피해학생의 일상을 회복하는 것이 궁극적인 목적이 되어야 하기 때문이다.

3) 학교와 발맞추는 진로탐색

> 올해 고2 학생들이 치르는 2024학년도 대학 입시부터 학생부종합전형(이하 학종)에 큰 변화가 생긴다. … 대학이 가장 눈여겨볼 학생부 내용은 이른바 '세특'이라 불리는 '세부능력 및 특기사항'이다.
>
> 세특은 [대학별 학종 평가] 개선안의 모든 평가항목과 연관된다. 그 가운데 세특은 '학업역량', '진로역량'에 있어 주요한 평가 대상이 된다. … '학업역량'과 '진로역량'을 통해 선발 여부를 가르는 경우가 많다. 우 소장은 "학업역량과 진로역량 항목의 주요 평가 대상이 되는 세특이 어떻게 기록되느냐가 합격과 불합격에 큰 영향을 미치게 된다"(...)고 말했다.

출처: 한겨레신문 2022.06.06.

공교육과 입시에 진로교육의 비중이 날로 커지고 있다. 각급 학교에 진로연계학기의 도입, 중학교의 자유학기제를 통한 진로탐색, 고교학점제를 통한 진로 선택과목의 중요성, 서두의 기사처럼 대학 입시에서의 진로역량의 중요성 부각 등 다양화되고 있는 진로교육 정책으로 인해 학부모는 자녀의 진로교육에 갈수록 깊이 관여할 필요성이 증가하게 되었다.

제도화된 진로교육의 요구가 증가하면서 한국 정부는 꾸준히 공교육에서 진로교육을 확장시켜 왔다. 2009~2013년 제1차 진로교육 종합계획, 2016~2020년 제2차 진로교육 5개년 계획 등을 통해 진로교육과정, 진로상담 · 검사, 진로체험프로그램, 진로교육 콘텐츠, 진로체험처, 진로전담교사 등을 확충하였다(정철영, 2021). 특히 최근 중 · 고등학교 학제개편 중 가장 화제가 되는 자유학기제와 고교학점제 또한 진로교육 강화와 맞물려 있다. 입시제도와 학제는 끊임없이 개편되므로 이 장의 내용이 언제까지 적시성이 있을지는 알 수 없지만, 중 · 고등학교 교육과정에서의 진로교육은 능력중심교육 기조 하에 갈수록 중요해질 것으로 보인다.

(1) 진로교육과 관계된 학제 개편

① 중학교 자유학기제와 진로연계학기

중학교 교육과정의 자유학기제는 학생들이 학업 부담에서 벗어나 꿈과 끼를 키우는 행복교육으로 전환하기 위해 2016년부터 모든 중학교에서 도입되었다. 자유학기에는 교육과정을 유연하게 편성·운영하고, 다양한 교수·학습방법을 시도하며, 평가는 과정 중심적으로 이루어진다. 오전 수업은 교육과정을 재구성하여 토론, 문제해결, 실습 중심으로 운영하고 오후 수업은 진로탐색 활동, 주제선택 활동, 예술·체육 활동, 동아리 활동의 네 가지 활동을 오전의 교과와 연계하여 활동한다.

자유학기제의 진로탐색 활동은 학생이 스스로 적성과 소질을 탐색할 수 있도록 선택교과 '진로와 직업' 및 학교 진로교육 프로그램(SCEP; 활동중심 진로교육 프로그램)을 활용한다. 교과와 통합한 진로교육을 활성화하여 국어 교과는 도서관을 찾아서 독서지도를 하고, 도덕 교과에서는 장애인종합복지관을 찾는 등 진로탐색 연계 프로그램을 개발 및 시행한다. 그와 함께 진로상담, 진로검사, 진로체험 등 다양한 진로 관련 활동을 함께 실시한다(교육부, 2015).

자유학기제는 2018년 자유학년제로 확대되어 기간이 1년으로 늘어났으나, 실효성 문제나 학력 저하 문제로 인해 2025년부터는 다시 자유학기제로 축소되며 편성 영역이 주제선택과 진로탐색 영역으로 축소된다. 대신 3학년 2학기는 '진로연계학기'로 교과별 진로 단원을 신설하고 창의적 체험활동으로 진로활동을 할 수 있게 한다. 이 진로연계학기제는 상급 학교로 진학하기 전, 즉 초6, 중3, 고3 2학기 중의 일부 시기에 그림 6-3과 같이 교과 내용을 연계하고 진로설계, 진로교육을 강화하는 교육과정으로 이용된다(교육부, 2021).

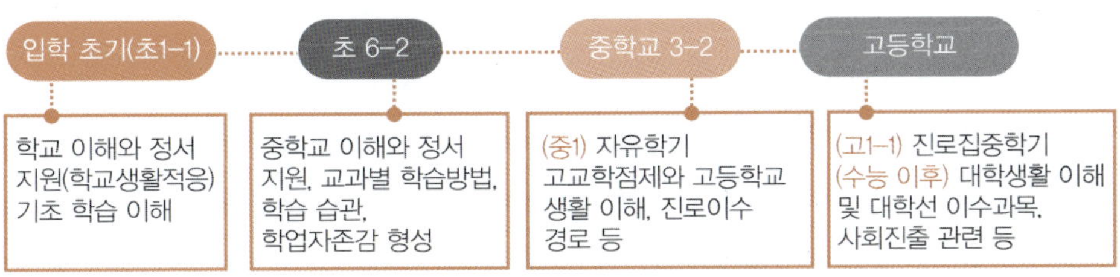

그림 6-3 진로연계학기 운영 예시

② 고등학교 고교학점제

고교학점제는 학생들이 자신의 진로·적성에 맞게 학습할 수 있는 맞춤형 교육과정으로, 2021~2024년 단계적 이행을 통해 2025년부터 전면적인 고교학점제를 도입한다. 그와 함께 교과를 재구조화하여 공통과목 외에 선택과목을 일반·진로 선택과목에서 일반·진로·융합 선택과목으로 개편한다. 이 중 진로 선택과목의 실행에 있어서는 학교와 마을, 지자체, 대학과 협력하여 학교 밖 자원을 충분히 이용하는 학습경험을 제공한다.

구체적으로는 보통 교과로는 일반 선택과목으로 '진로와 직업'에 더해 각 교과군에서 진로 선택 과목으로 국어는 '문학과 영상', 수학은 '인공지능 수학', 사회는 '국제 관계의 이해' 등, 융합 선택 과목으로는 영어는 '미디어 영어', 과학은 '기후 변화와 환경생태', 기술·가정/정보에서는 '소프트웨어와 생활' 등이 개설될 계획이다. 또 특수 목적 고등학교에서는 과학계열, 체육계열, 예술계열 등 계열 따라 더 구체적인 진로·융합선택 과목이 개설될 계획이다(교육부, 2021).

(2) 자녀 진로교육 돕기

진로를 결정하기 전에는 자녀의 강점과 적성, 흥미 등 자기 이해에서부터 시작하는 것이 좋다. 자녀가 이제 막 강점을 알아보기 시작했다면 이제까지의 자녀의 기억에 남고 만족스러웠던 경험을 바탕으로 강점을 찾아본다. 학교 진로탐색 활동을 통해 다양한 영역에서 경험을 쌓는 것도 좋다. 자녀가 고등학생이 되어서 뚜렷한 희망 직업을 가지게 된다면 희망 직업과 강점의 연관성을 찾아 장·단기 목표를 설정한다. 장기 목표는 희망하는 대학 학과에 입학하는 것, 단기 목표는 내신과 수능 성적이 그 예이다. 희망 직업에 대한 열정은 강점을 발전시키고 약점을 보완하는 노력에 대한 동력이 되며, 자녀가 좌절감을 느낄 때는 부모가 격려해 줄 수 있다(교육부 외, 2014). 강점과 흥미를 찾기 위해 커리어넷(www.career.go.kr)에서 제공하는 직업적성검사, 직업흥미검사, 직업가치관검사 등을 이용할 수도 있다.

진로교육의 성과를 측정하는 지표 중 하나는 학생의 진로개발역량이다. 진로개발역량이란 변화하는 사회에 발맞추어 평생으로 확장된 진로개발로, 지속적으로 스스로 진로를 개척하고 직업에 관련된 경험을 성공적으로 수행할 수 있는 역량을 말한다(김재희, 2021). 학부모는 자녀의 롤모델을 찾아 꿈을 이루는 과정과 노력을 함께 알아보고, 자녀의 꿈을 구체화시켜 자신이 10대, 20대, 30대 등 미래에 어떤 모습을 하고 있을지 비전을 세워 보면서 그에 필요한 역량을 구체화시킬 수 있다.

자녀의 진로결정을 돕기 위해서는 자녀의 나이와 진로발달단계에 따라 적절한 도움을 주는 것이 중요하다. 일반적으로 아동기는 진로 인식기, 청소년 전기에서 성인 진입기 혹은 청소년 후기인 24세까지는 진로 탐색기, 그 이후 성인기에 진입하면 진로 확립기로 본다(홍지선, 계은경, 2016). 교육부 외(2014)는 초등학교는 진로 인식기로 자신의 적성과 흥미 및 직업세계의 다양성을 인식하고, 중학교는 진로 탐색기로 구체적인 직업인과 자신에게 적합한 진로 및 고등학교를, 고등학교는 진로 계획기로 자신의 특성에 부합하는 대학 학과나 직업 경로를 설정하는 시기로 구분하였다. 이 기준에 따르면 자녀가 중학생일 때는 진로교육 프로그램을 최대한 활용하여 적성을 발달하고 문제해결 능력 등을 키우며, 고등학생일 때는 직업에 대한 선호와 활동을 학종 등 대입에 반영해야 한다.

진로를 결정할 때 학생들은 자신의 꿈을 좇지 못하게 하는 진로장벽에 부딪히게 된다. 자녀가 직업에 대한 편견이나 오해로 유행이나 돈, 환상만을 좇고 있다면 올바른 직업가치를 갖도록 도와준다. 또 직업 관련 편견에 학력이나 성, 장애, 인종차별 등이 있는지 확인하고 역경을 딛고 성공한 반례를 보여준다(교육부 외, 2022). 특히 부모와 자녀 간에 직업에 대한 이견이 있다면 부모가 10대 때 추구했던 직업가치를 되돌아보고 부모와 자녀 간 역할을 바꿔 대화하는 것도 좋다(교육부 외, 2020a).

이러한 과정을 거쳐 진로의사결정 단계에 오면 부모와 자녀는 신중하게 진로를 결정하게 된다. 자녀가 직관적이나 의존적으로 결정하지 말고 합리적으로 여러 조건을 따져서 결정하도록 지시한다. 진로의사결정은 표 6-7

과 같이 5단계로 나눌 수 있으며, 바꿀 수 없는 결정은 없으니 가능한 다양한 대안을 고려해 보도록 한다. 4단계인 대안평가와 결정에서 문제가 있거나 수정이 필요하면 2단계로 돌아가 새로운 대안을 탐색하도록 한다.

표 6-7 진로 의사결정 5단계

목표의 명료화	대안 탐색	평가기준 확인	대안평가와 결정	계획수립 및 실천
진로와 관련하여 해결할 문제 상황을 이해	진로 문제를 해결하기 위한 대안 탐색	대안을 평가할 때 객관적인 기준 마련	기준에 따라 대안을 비교 및 평가해 적합한 진로 결정	목표 달성을 위해 활동 계획을 구체적으로 세우고 실천

출처: 교육부 외(2022b).

학부모의 진학·진로교육을 위해 정부에서 제공하는 온·오프라인 자료는 표 6-8에서 볼 수 있다.

표 6-8 학부모 진로교육 정보·자료

웹사이트	제공하는 콘텐츠	비고
학부모 On누리 www.parents.go.kr	드림레터	월 2회 뉴스레터
	진로레시피(부모)	유튜브 '학부모를 위한 진로레시피' (www.youtube.com/c/jinrorecipe)
	드림주니어(아동·청소년)	유튜브 '교육부 TV' (www.youtube.com/c/ourmoetv)
워크넷 www.work.go.kr	구직·채용정보, 직업정보·직업심리검사, 고용·복지정책, 구직자취업역량 강화프로그램 등	
커리어넷 www.career.go.kr	연령별 진로심리검사·상담, 직업정보, 학과정보	원격영상 진로 멘토링(mentoring.career.go.kr)으로 진로교육콘텐츠 제공
꿈길 www.ggoomgil.go.kr	진로체험처 및 체험프로그램 지역별 진로체험지원센터	
온라인 창업체험교육 플랫폼 YEEP www.yeep.go.kr	청소년의 창업가 정신 함양을 위한 동아리, 수업, 가상창업체험 제공	가상창업체험으로 시장분석, 청소년 창업경진대회, 가상크라우드펀딩 등 제공
어디가 www.adiga.kr	대학·학과정보, 성적분석 서비스, 온라인 대입·전공상담, 대입제도 정보 및 전략 등	유튜브 '대학어디가TV' (www.youtube.com/channel/UC-MysGMRyBaim2i0OYXe2g)

웹사이트	제공하는 콘텐츠	비고
시·도 교육청 진로진학센터	진로관련 정보, 진학관련 정보, 진로·진학상담 등	
한국잡월드 (경기도 성남시 분당구) www.koreajobworld.co.kr	어린이와 청소년을 대상으로 한 직업세계관, 진로설계관, 직업체험관 등	유튜브 '한국잡월드' (www.youtube.com/channel/UCD_0RYk-jy3PaE9mg6fGqsw) 순천만잡월드 www.scjw.or.kr

출처: 각 홈페이지.

특성화고와 마이스터고

대학교 진학을 목적으로 하는 일반고와는 다르게 취업을 우선으로 하도록 설계된 고등학교가 마이스터고와 특성화고이다. 산업수요 맞춤형 고등학교인 마이스터고는 기업체와 협력하여 산업체 수준의 시설·기자재를 활용해 현장에서 필요한 교육과 실습을 운영한다. 수업료와 입학금 등이 면제되며, 졸업 후 우선적으로 취업하고 취업 후 3년 정도에 재직자 특별전형으로 진학할 수 있다.

한편 특성화고는 산학연계 맞춤형 인력 양성을 위해 학업능력 대신 직업기초능력에 초점을 맞춘 교육을 하고 자격증 취득훈련, 기술훈련프로그램, 기능경기대회나 경진대회를 운영·지원한다(전라북도교육청 취업지원센터, 2020).

Q 특성화고나 마이스터고는 대졸 중심의 사회에서 취업의 질이 낮고 커리어 발전이 불투명하다는 단점이 있다. 부모의 입장에서 자녀를 특성화고·마이스터고에 진학하게 할 때 무엇을 가장 중요시해야 할까? 특성화고·마이스터고의 단점을 보완하기 위해서는 학교와 사회에서 어떤 지원이 필요할까?

생각해 볼 문제

1. 청소년기에는 뇌의 전두엽과 변연계가 다른 부분에 비해 폭발적으로 발달한다. 이러한 특성 때문에 나타나는 청소년의 정서적 특징은 무엇이 있는가?

2. 청소년기의 자녀는 발달 특성상 부모와의 대화를 거부하거나 부모에게 예민하게 반응할 수 있다. 이 경우 공감적인 대화의 원칙하에 어떤 대화를 할 수 있을지 생각해 보자.

3. 디지털 원주민인 청소년들에게 미디어 리터러시가 중요한 이유를 설명해 보자. 부모와 자녀가 함께 미디어 리터러시를 기를 수 있는 방법에는 무엇이 있는가?

4. 청소년 자녀가 학교부적응을 겪고 있다는 징후는 어떻게 발견할 수 있으며, 부모는 그럴 때 어떻게 대응할 수 있을까? 자녀가 섣불리 학업을 포기하지 않을 수 있도록 어떻게 지원할 수 있을까?

5. 학교폭력 피해자와 가해자의 부모는 각각 어떤 도움의 필요를 느끼는가? 자녀의 피/가해 사실을 알아낸 이후 부모의 행동 수칙에는 무엇이 있을까?

6. 부모가 자녀의 진로 탐색과 체험을 위해 이용할 수 있는 자원에는 어떤 것들이 있는가? 웹사이트에 직접 들어가서 각 사이트에서 어떤 메뉴를 이용할 수 있을지 확인해 보자.

CHAPTER

07 성인기 발달과 부모역할

고등학교 시기가 지나면 교육과 입시준비가 최고의 목표였던 부모와 자녀의 사이는 급변한다. 자녀는 성인, 혹은 대학생으로서 자유를 누리며 집에 늦게 들어오거나 외박을 하기도 하여 부모를 당황시킨다. 한편 수능까지 교육에 '올인'했던 부모들이 목적을 잃고 자녀의 대학 생활, 직장, 결혼 등까지 과잉 간섭하는 '헬리콥터 부모'의 모습을 보일 수도 있다(여성가족부, 2017). 결국 성인기 초기의 자녀를 둔 가족의 과업은 자녀와 부모가 서로에게서 적절한 거리를 두고 독립하는 것일 것이다.

한편 급변하는 사회 속의 한국 가족은 성인기 이후의 부모-자녀 관계도 바꾸고 있다. 장기적인 경제침체로 자녀들은 구직 기간이 길어지거나 취직 후에도 결혼을 유예하며 부모와 몇 년씩 함께 살기도 한다. 또 부모는 자녀가 결혼하고 출산한 후에도 출산한 딸의 산후조리를 돕고 손자녀의 양육에 참여하며 가까운 관계를 유지한다. 한편 인구의 저출산·고령화와 함께 노인 부양 부담은 늘어가지만, 부모는 노후에 자녀의 부양을 기대하기는커녕 오히려 노후자금을 성인 자녀와 나눠야 할 때도 있다. 관계가 다양해지다 보니 부모가 경제력과 권위를 앞세워 자녀의 삶에 부당하게 개입하기도 하고, 반대로 자녀에 의한 노인학대나 유기 등의 심각한 문제도 생겨난다. 이렇듯 현대 한국의 성인 자녀와 노년의 부모 관계는 수직적 위계를 보이는 전통적인 모습도 아니고 완전히 독립한 핵가족도 아닌 독특하고 복잡한 관계로 발전하고 있다(조희선, 김서현, 2016).

이 장에서는 성인기 이후의 자녀와 부모 간의 관계에서 일어날 수 있는 문제점과 그 해결책, 그리고 현대 한국의 가족구조 변화와 함께 변화하는 노부모-성인자녀 간의 관계를 알아보고자 한다.

1. 청년기 자녀와 부모

1) 청년기란?

최근 '청년'이라는 집단만큼 주목받으면서도 그 가리키는 대상이 불명확한 집단은 드물 것이다. 수많은 기사가 청년문제의 해결, 청년층 지원에 목소리를 높이지만, 그 말의 대상이 되는 집단은 대학생만을 가리키지 않는다. 불과 2000년대만 하더라도 20대 후반까지 독신으로 남아 있을 경우 '노총각', '노처녀' 딱지가 붙었던 것과는 반대로, 최근에는 20대 후반에서 30대까지도 비정규직을 전전하고, 내집마련과 결혼을 미루고 있는 모습을 심심치 않게 본다. 실제로 2021년 초혼연령은 남성 33.4세, 여성 31.1세까지 상승하였으며(통계청, 2022), 미혼인 20대~30대 국민 중 65.8%가 부모에게서 독립하지 않고 살고 있다(연합뉴스, 2022.02.23.). 청년기는 크게 발달심리학에서 이야기하는 청소년과 성인기 사이의 성인 진입기, 그리고 최근의 경제·사회적 변화로 인해 30대까지 지연되어 정책적으로도 만 34세 혹은 39세까지도 확대되는 넓은 범위에서의 청년 등 두 가지의 방식으로 접근할 수 있다.

(1) 성인 진입기: 대학생과 사회초년생 시기

성인 진입기(emerging adulthood; 초기 성인기, 성인 도입기라고도 함)는 Arnett (2007)가 처음 제안한 개념으로 청소년기보다 부모에게 독립적이지만, 취업이나 결혼 등 성인의 과업을 달성하지 않은 만 18~25세의 시기를 가리킨다. 20세기 후반으로 접어들며 안정적 직업이나 결혼은 지연되고 10대 후반에서 20대 중반까지의 개인들은 다양한 경험을 통해 결혼 상대와 안정적 직업을 차츰 찾아간다. 이에 Arnett(2007)은 이 시기가 하나의 생활주기로 재분류될 수 있을 정도로 길고 독특하다고 보고, 청소년기와 성인기 사이에 성인 진입기를 포함해야 하며 개인의 생활주기는 청소년기에서 성인 진입기로, 성인 진입기에서 성인기로 연속적으로 발달해 나간다고 제안하였다.

일반적으로 성인기의 시작이 되는 발달과업은 교육을 마치고 부모의 집을 떠나 결혼, 자녀양육을 시작하고 안정적인 직업을 갖는 것으로 본다. 그러나 세계적으로 교육을 마친 청년들이 독립이 늦어지거나 다시 부모 집으로 돌아가기도 하는 등 부가적인 발달과업도 영향을 받고 있다. 한국 문화에서 성인기로 진입하는 발달과업으로 장휘숙(2008)은 Havighurst(1982; 장휘숙, 2008에서 재인용)의 연구를 재구성하여 배우자 선택, 배우자와 생활하는 방법의 학습, 가정 형성, 자녀양육, 가정 관리, 직업 시작, 법률 준수 등의 7가지를 제안하였다. 장휘숙(2008)은 이러한 과업을 어느 정도 달성한 남성 30세, 여성 28세를 성인기의 시작으로 간주하였으니, 성인 진입기는 각 과업을 아직 시작하지 않았거나 각 과업의 초기 단계에 있을 때로 볼 수 있겠다.

일반적으로 성인 진입기의 청년들은 대학생이거나 사회초년생으로 불린다. 대학교 신입생 시기는 초·중·고등학교에서 공부만 하면 되었던 시기를 벗어나 생활환경, 사회적 관계, 경험의 폭이 크게 달라지고, 성인으로서의 자유가 주어지며 진로와 취업 등 삶의 목표를 설정해야 하는 등 중요한 변화를 경험하는 시기이다. 그와 동시에 완전한 성인 수준의 성숙함이 부족한 채로 청소년기에 요구되지 않던 자율적 학업 및 진로계획이 요구되는 시기로 심리적 스트레스와 부적응이 나타날 확률도 높다. 뿐만 아니라 사회적 부적응으로 인한 스마트폰 중독, 연애와 결혼 상대 탐색을 보다 적극적으로 하게 되면서 데이트폭력 및 알코올 중독 등의 위험도 커진다(김광현, 강성배, 2016; 박선숙, 2022).

한편 사회초년생이라는 개념은 대학 졸업 직후의 성인들이 학교에서 직업세계로 전환하면서 다양한 진로탐색과 직업체험을 시도하는 시기를 가리킨다. 이 시기의 청년들은 일생에 걸친 경력개발을 시작하고 네트워크를 형성하기 시작하며, 부모에게서 독립하거나 용돈을 주는 등 부모에게 경제적으로 종속된 관계에 변화를 꾀한다. 그러나 긴 경제 불황과 구직난으로 인해 최근의 사회초년생들은 취업을 위한 스펙 쌓기나 비정규직, 계약직 등 불안한 고용상태에 타협하는 경우가 많다. 이러한 불안은 청년 개인의 직업적 발달을 저해하고 취업스트레스 · 직무스트레스를 가중시킨다(문은미, 이주희, 2016).

(2) '2030', 'MZ세대': 취업난과 만혼화 등으로 지연된 청년기

서울 4년제 대학을 나온 한지훈(가명 · 30) 씨는 몇 차례 졸업도 유예하면서 취업 준비에 매달려 왔다. 취업 준비를 본격적으로 한 지 5년쯤 됐지만 번번이 떨어졌다. 지훈 씨는 "요즘 기업채용 공고에 나이 제한을 두는 곳은 거의 없는데도, 갈수록 서류 탈락이 늘어나는 것 같아 불안하다"고 말했다. 만 나이로 서른인 늦깎이 취업준비생 지훈 씨는 우리나라에서 청년일까, 아닐까?

출처: 한겨레신문 2016.09.19.

일반적으로 한 사람이 성인이 된다고 받아들여지는 성년 의례는 취직, 결혼 등이 있다. 그러나 최근 구직 시기, 독립 시기, 초혼 연령 등은 모두 지연되며 청년기로 불리는 기간도 함께 길어지는 경향을 보인다. 많은 20~30대 인구가 학업의 종결과 취업, 결혼 등의 발달과업을 미루면서 부모에게서 독립하지 않고 성인으로서의 역할도 유예하고 있다. 이는 인구의 고령화로 인구의 평균과 중위값 연령이 상승함과 함께, 장기화된 경제 불황으로 교육을 마치고 사회에 진입하는 '이행기'가 길어졌기 때문이다. 공공기관에서도 청년고용촉진특별법 등으로 재정지원을 받는 청년 연령 기준을 만 15세~34세로 확대하고 행복주택 신청대상을 만 39세까지로 확대하는 등 공공 부문에서도 30대 초반을 청년 세대로 받아들이기 시작하였다(한겨레신문, 2016). 청년 시기의 연장은 이후에 다루는 '헬리콥터 양육'과 같은 청년 대상의 현상을 20대 후반~30대 초반의 자녀도 경험하게 된다는 함의를 갖는다.

최근 청년으로 일컬어지는 나이가 20대에서 30대 초중반까지 확대되었음을 나타내는 용어가 '2030 세대'와 'MZ세대'이다. 먼저 2030세대는 주로 40대, 50대 등과의 세대적 차이와 갈등을 설명하고자 할 때 일반적으로 쓰이는 용어로, 현재 2030세대의 특징을 만든 사회적 배경과 함께 서술되는 경우가 많다. 2030세대는 1997년 IMF 금융위기와 2008년 세계적 금융위기를 거쳐 '88만 원 세대', '삼포세대'로 불려 왔으므로 복지정책의 수요가 높다든지(박종훈, 이성우, 2018), 여성의 커리어 및 일·가정양립을 도와주는 출산휴가, 육아휴직 등의 제도가 보편화된 사회에서 성평등 의식이 높고 가족가치관이 다르다든지(박재범, 2020) 하는 서술이 그 예이다.

한편 MZ세대는 흔히 1980년대에서 1990년대 중반까지에 출생한 '밀레니얼 세대'와 그 이후 출생한 'Z세대'를 아우르는 단어로 높은 구매력을 자랑하고 SNS를 통해 강한 사회적 영향력을 생산하는 인플루언서 세대로 경제, 정치계의 집중적 관심을 받고 있다. 한편 'MZ세대'라는 개념으로 2022년 현재 만 18세(2004년생)와 만 41세(1981년생)이라는 광범위한 세대를 포함하기 어려우므로, 이 세대를 보다 세분화해서 호명하거나 디지털 환경에 익숙한 정도, 트렌드 친화적인 정도 등 특성에 비중을 두고 세대를 구분해야 한다는 주장도 제기된다(임팩트온, 2022).

2) 청년기 자녀와 부모의 관계

(1) 부모-자녀 관계의 급변화

P부장의 둘째 아들은 이번 선거에서 주목받은 20대 남성 유권자인 '이남자' 또는 '이대남'이다. 이날 술 먹고 신청한 대화에서 나타난 아들의 생각은 언론에 보도된 20대 남성의 평균 인식과 닮았다. 그러나 P부장이 확인한 것은 단지 정치 견해나 관점의 차이뿐이 아니었다. (...) 생각하고 살아가는 방식 자체가 자신과는 많이 다르다는 사실을 깨달았다. (...) 동시에 이미 성인이 된 자녀의 손을 붙잡고 끌어가겠다는 생각을 버리지 못한 자신의 모습을 발견했다. (...) 여전히 철없는 자녀에게 인생에 대해 가르치고 잔소리를 아끼지 않는 부모의 자리다. P부장은 이번 사건을 계기로 두 아들의 삶에 너무 깊이 개입해 온 게 아닌가 자문하지 않을 수 없었다.

출처: 한겨레신문 2021.05.03

자녀가 대학에 진학하거나 취업전선에 뛰어들게 되면 자연스럽게 부모-자녀 관계도 급변한다. 그러나 이때의 변화를 늦게 알아차리는 것은 부모 쪽이다. 자녀가 여전히 어린아이 같기에 자녀의 삶에 일일이 관여하고, 없는 노후자금을 쪼개 자녀의 스펙 쌓기를 지원해야 할 것 같다. 그러나 경험의 폭이 넓어진 자녀는 독립의 필요성을 체감하기에 부모의 보호와 간섭이 고마운 동시에 짜증스럽다.

자녀가 성인으로 이행할 때 가장 중요한 과업은 부모에게서부터 새로운 통제범위를 구축하고 스스로의 삶에 대해 도전하면서 독립을 추구하는 것이며, 이로 인해서 성인기 자녀와 부모 간의 관계에는 변화가 일어난다. 성인 진입기 때의 부모-자녀 관계는 부모로부터의 독립성을 추구한다는 면에서 청소년기의 관계 특성을 일부 가지고 있지만, 정서적 갈등뿐 아니라 본격적인 진로 결정이나 주거의 독립을 전제로 하면서 보다 근본적으로 부모와 자신의 관계를 재고해 보게 된다. 특히 한국 대학생의 경우, 경직된 입시제도 때문에 일반적으로 청소년기에 이루어져야 할 자아탐색이나 부모로부터의 독립성 탐구도 부모와의 이 시기로 미뤄질 수 있다. 이는 부모에게도 마찬가지로, 청소년 자녀의 발달단계에 맞게 부모로서 자녀에게 부여해야 했던 자율성과 관련한 갈등이 이 시기에 폭발할 수 있는 것이다.

중년 부모와 대학생 자녀가 실생활에서 겪는 갈등을 연구한 결과는 주로 부모-자녀 간의 관계와 자녀의 성적·생활관리 등 자기관리에 대한 간섭이 큰 부분을 차지하였다(서수균 외, 2015; 전지혜, 서수균, 2018). 부모의 입장에서는 대학 입학 이후 더 큰 자유를 추구하는 자녀의 불규칙한 생활습관, 시간관리, 건강관리, 재정관리 등의 생활관리에 대한 부분과 전공 결정, 수업 출결, 대학생활 적응 등의 대학생활에 대한 불만이 크다. 하지만 반대로 이것이 자녀에게는 대학생활에 대한 부모의 강요와 간섭으로 느껴지게 된다. 한국 대학생 자녀의 전공 결정에는 교사, 공무원 등 안정적이거나 경제적으로 보상이 큰 직업을 선택하라고 하는 부모의 요구가 많이 반영되며, 부모의 반대로 자녀가 선택했던 진로를 변경하는 경우도 자주 있다. 이는 경제적으로 불안정한 시대를 살아왔던 베이비부머 세대의 태도가 강하게 작용한 것으로 보이나, 이는 대학생 자녀들이 취업 과정에서의 불안을 일방적으로 부모의 의견을 수용함으로써 해결하려고 한다는 문제가 있다(황매향 외, 2013). 따라서 부모는 자녀가 대학생활과 진로 등을 선택할 때 스스로 결정하고, 실패하더라도 다시 시도할 수 있도록 지지해 주는 역할을 해야 할 것이다.

부모-자녀 간의 관계에서도 중년 부모와 대학생 자녀 간의 기대 차이는 컸다. 부모는 자녀가 버릇없이 행동하고 자신의 말을 무시하는 등 자녀가 자신에게 대해 관심과 배려가 부족하다는 면에서 스트레스를 겪는 반면, 자녀는 부모의 가부장적 태도가 자신의 의견과 생각을 무시한다고 느끼는 것으로 보인다. 학업 등에서 자녀에 거는 기대가 충족되지 못한 부모는 지시, 비판 등의 형태로 대화를 시도하고, 그에 대해 자녀가 거부감을 보이고 피하면서 부모-자녀 간 갈등이 깊어진다. 특히 친밀함과 가족의 위계관계를 동시에 중시하는 한국 가족의 특성상 부모는 자녀가 자기 생각만 한다거나 가족보다 자신을 우선시할 때 배려가 부족하다고 생각할 수 있는데, 이럴 때 자신보다는 상대방의 욕구를 먼저 헤아리고 상대방의 입장에서 경청한 후 자신의 감정을 밝히는 대화법이 도움이 될 수 있다.

성인 이행기의 개인은 본격적으로 자신의 삶에 대해 고민하면서 진로를 모색하고 의존에서 벗어나 자신이 삶의 중심이 되어 부모와의 분리라는 발달과업을 이루어야 한다(Tanner, 2006; 김은정, 2015에서 재인용). 한국에서 이 시기의 부모-자녀 관계는 입시 과정에서의 쌍방 희생 및 대입 이후 경제적 독립과 맞물려 양가감정이 쌓이면서 더욱 복잡해진다. 이 시기의 청년 자녀에게는 부모의 희생에 대한 고마움과 동시에 부모의 권위주의에 대한 분노, 부모의 기대에 맞추려는 부담감이 한꺼번에 몰려오게 된다(구현영, 2018). 독립하려고도 하지만 부모가 자취를 허락해 주지 않기도 하고, 경제 불황 속에서 여전히 부모에게 경제적으로 의존하고 있어서 갈등이 복잡해지기도 한다. 이와 같은 한국의 문화나 경제상황을 고려하지 않고는 한국 대학생, 나아가서 20대 청년들이 성인기 발달과업을 왜 제대로 이루지 못하고 있는지를 설명하기 어렵다(김은정, 2015). 이 다음으로는 최근 한국에서 주목받고 있는 청년기의 부모–자녀 관계에서 나타나는 독특한 현상을 살펴보고자 한다.

(2) 헬리콥터 양육: 성인기 자녀에 대한 부모의 과잉간섭

"중간고사 문제가 너무 쉬운 것 아닌가요?" 서울대 A교수는 중간고사가 끝난 지난 2일 한 학부모의 항의전화에 시달렸다. 이 학부모는 "시험문제가 너무 쉬워 아들이 공부한 것만큼 평가받지 못했다"고 목소리를 높였다. A교수는 "단순 지식을 묻는 문제가 아니라 얼마나 창의적으로 사고하는지 측정하는 문제여서 충분히 변별력이 있다"고 학부모를 설득하느라 진땀을 뺐다.

출처: 한경 사회 2016.05.06.

최근 취업을 위한 교육기간과 구직기간이 늘어나며 경제 불황 등으로 쉽게 집을 구하기 어려운 상황에서 자녀는 고등학교 졸업 후에도 부모와 함께 살고 경제적으로 부모에게 의존하는 경우가 많아졌다. 뿐만 아니라 심해지는 취업난과 취업시장의 경쟁이 심화되면서 성인기의 발달과업이 개인뿐 아니라 개인과 가족의 공동 과업이 되었다(전지원, 2021). 이러한 이유로 성인이 된 자녀 대신 중요한 결정을 내리고 자녀의 사회생활의 일거수일투족에 간섭하는 '헬리콥터 부모'가 증가하고 있다.

헬리콥터 양육이란 부모가 헬리콥터처럼 자녀의 주변을 맴돌면서 학교나 생활에 하나하나 개입하고 관여하는 양육 방식인데, 최근에는 청소년 후기나 성인 진입기에 이르러서도 이러한 행태를 보이는 부모들이 증가하고 있다. 게다가 한국에서는 부모의 통제와 자녀의 순종을 자연스럽게 받아들이는 유교적 가족주의 문화와 자녀의 성공, 그중에서도 명문대학과 대기업 취직 등이 가족의 성공이라고 인식하는 세태가 부모의 장기적 과잉간섭을 정당화한다. 또 자녀의 수가 줄면서 부모는 적은 수의 자녀에게 더 많은 지원을 집중하게 되고, 부모에게서 독립하지 못하여 부모의 통제를 받아들이는 성인 자녀가 증가하고 있다(유계숙 외, 2018).

헬리콥터 양육의 개념이 처음 제기된 미국에서는 헬리콥터 양육은 개입수준은 높고 자율성은 낮게 부여하지만 정서적 지지를 제공하는 양육으로,

자녀가 문제를 해결하는 법을 익히기 전에 미리 문제를 해결해 주어 자녀의 발달단계에 따른 자율성을 저해하는 방식이라고 하였다(Padila-Walker et al., 2012; Segrin et al., 2012; 유계숙, 장경은, 2016에서 재인용). 이러한 헬리콥터 양육은 베이비부머 세대인 부모가 치열한 경쟁과 학교폭력, 총기 사고 등으로 인한 불안의 증폭에 더해 스마트폰의 발달로 자녀의 삶에 더욱 밀접하게 개입할 수 있게 되면서 현재의 모습으로 나타나게 되었다. 결국 부모가 자녀의 대학에 전화해 수강신청이나 학점 관리에 간섭하거나, 병무청 자대배치, 고시학원 선택, 심지어는 '대리맞선'으로 결혼에까지 직접 관여하는 등 성인 자녀를 과보호하는 모습을 보인다(중앙일보, 2016). 이런 현상에 대응하여 최근 해외 대학에서는 학부모를 위한 홈페이지를 개설하는 등 사회적으로 헬리콥터 부모의 관심을 긍정적으로 이용하기 위한 공동대응 전략을 시작했다고 한다. 그러나 그 결과로 자녀는 책임을 미루고 타인에게 의존하며 부적응적인 모습을 보이게 된다.

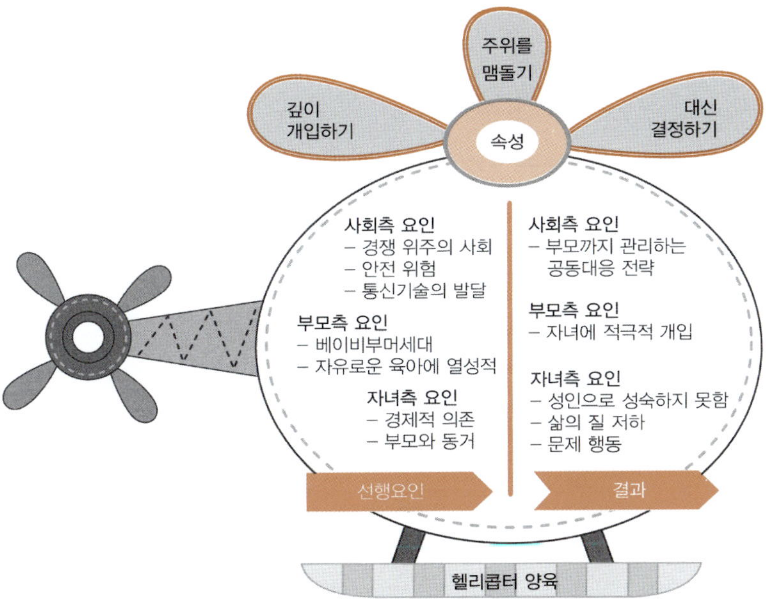

그림 7-1 헬리콥터 양육의 개념적 프레임워크

출처: 이용화 외(2014).

한국에서 헬리콥터 양육을 측정한 척도는 크게 '자녀 대신 문제해결', '속박', '자녀에 대한 감독/지시' 등의 특성을 측정하는 LeMoyne et al.(2011)의 척도를 번안해서 이용한다(강시은, 이재림, 2017; 유계숙, 장경은, 2016). 이 척도에 의하면 한국의 헬리콥터 부모는 자녀가 스스로 중요한 것을 결정하게 하지 않고 부모가 문제해결을 대신하며, 자녀를 부모의 소유물로, 자녀의 성공을 부모 삶의 목표로 삼고, 자녀 삶의 모든 것을 감독하고 지시하는 특성을 보인다. 구체적으로 대학생을 대상으로 한 헬리콥터 양육 척도 연구에서는 일상 속에서 자녀의 자율성을 지지하지 않기, 자녀의 사사로운 것까지 확인하며 일상 맴돌기, 수강신청이나 교우관계 등 학교생활 개입하기, 학교나 전공 선택 등 진로결정 개입하기, 자녀의 집안일 시중들기, 개인적 취향에 개입하기 등 기존의 주요 속성을 발전시켜 한국 대학생의 특성을 더욱 세밀하게 반영하였다(채명옥 외, 2016). 반면 취업과 결혼, 그리고 그에 대한 부모의 개입시기가 30대 초반까지 지연되면서, 30대 초반의 자녀까지를 대상으로 헬리콥터 양육을 연구할 필요도 제기된다(강시은, 이재림, 2017).

성인기 이후의 헬리콥터 양육은 자녀 개인의 부적응과 심리적 건강 저해뿐 아니라 사회적으로도 의존적인 청년 세대를 양산하는 문제로 논의되어 왔다. 헬리콥터 양육은 자녀의 수동성을 부추겨 독립성의 발달을 저해하게 되고, 과보호적 양육으로 인해 심리적 적응이 저하될 수도 있다. 구체적으로는 부모, 특히 어머니의 과잉간섭이 낮은 대학생활 만족과 회복탄력성, 높은 정서문제나 우울 발생 확률 등과 연관을 보였다(이의빈, 김진원, 2021; 전지원, 2021). 헬리콥터 양육은 자주체인 부모에게도 부정정서를 증가시키는데, 특히 어머니에게 과도한 자녀양육의 책임이 지워진 상태에서 성인 이후로도 자녀가 어려움을 경험한다는 것은 부모의 양육이 효율적이지 않았다는 것으로 보인다(유계숙 외, 2018). 그러나 한국에서는 헬리콥터 양육에 긍정적인 면도 있음이 확인된다. 일부 대학생은 자녀의 삶을 관리하는 것도 부모의 책임이므로 자녀에게 방향을 제시하는 양육이 바람직하며, 과보호적인 양육행동을 부모의 사랑과 관심으로 받아들였다(유계숙, 장경은, 2016).

헬리콥터 양육의 문제점을 개선하기 위해서는 무엇보다 부모가 자녀를 독립된 인격체로 인식하는 것이 우선되어야 한다. 이를 위해서는 부모교육을 청소년 후반기 및 성인기 자녀를 둔 부모까지 확대하여 이 시기 부모-자녀 관계에서의 발달과업을 교육하고, 헬리콥터 양육 방식이 부모와 자녀에게 미치는 부정적인 결과를 알리며, 성인이 된 자녀를 독립시키며 배우자와의 유대감에 집중하도록 지원해야 한다. 또한 현대의 헬리콥터 양육은 심각한 취업난과 청년층의 만혼화 등 사회구조적인 문제를 반영하는 현상으로 이해하여 청년 지원정책 등으로 자녀의 독립을 지원하는 사회적 분위기를 조성할 필요가 있다.

(3) 캥거루족 가구: 청년기의 부모 동거와 경제적 의존

> 한 유통대기업 2년차 사원으로 재직 중인 신 모(27)씨는 취업과 동시에 회사 근처로 분리독립을 하려 했으나 비용부담의 문제로 독립을 포기했다. 그는 … "보증금은 손 벌린다 셈 치더라도 한 달 월세에 공과금까지 부담할 엄두가 도저히 나지 않아 본가에서 출퇴근을 하고 있다"고 말했다. 직장인 이 모(28)씨는 "전세 보증금 마련도 쉽지 않지만 사정에 맞는 전셋집 찾기는 더 어렵다"고 토로했다. 이 씨는 "매달 내는 월세가 아까워 전세로 옮기려고 했다. 하지만 청년주택은 대상자가 아니고 적절한 매물은 회사와 멀리 떨어져 있었다"며(...) 씁쓸한 현실을 전했다.

출처: 매거진한경 2021.02.05.

경제 불황의 시대를 겪고 있는 청년들이 부모로부터 주거·경제적 독립을 포기하고 함께 사는 '캥거루족'의 증가가 사회적 문제로 관심을 얻고 있다. 현재 캥거루족의 비율은 2017년 노동패널의 20~34세를 대상으로 한 비율이 56.8%(오호영, 2017), 30대 중 부모 동거비율만을 보면 54.8%(통계청, 2021)로 이미 부모와 동거하는 성인 청년의 가구형태는 새로운 가족형태의 하나로 볼 수 있을 것이다.

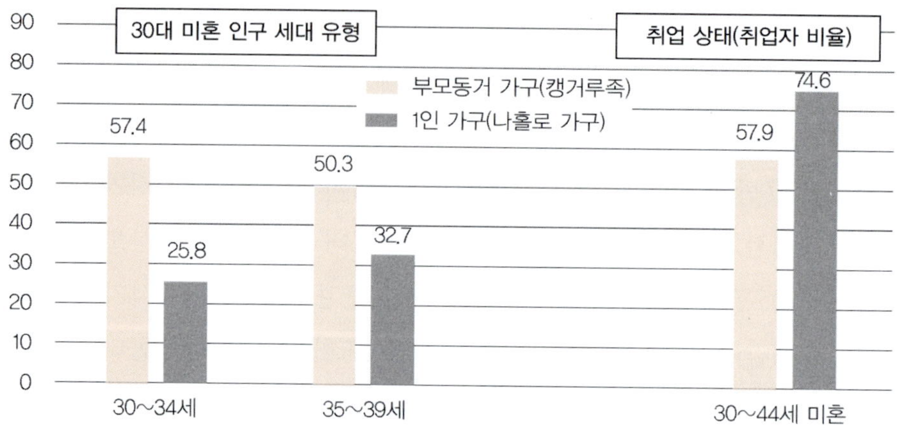

그림 7-2 2020 인구주택총조사 중 20~44세 미혼인구 세대 유형

출처: 연합뉴스 2021.03.30.

① 캥거루족 가구의 특성과 영향요인

캥거루족은 부모에게 주거를 의존하고 있거나 주거를 독립한 후에도 부모에게 경제적으로 의존하는 성인 자녀로 정의할 수 있다(한다혜 외, 2021). 과거에는 성인 자녀가 부모와 동거하는가의 여부만으로 캥거루족을 정의했지만, 청년은 다양한 이유로 부모와 동거할 수 있으므로 최근에는 경제적 의존을 동거와 비등하게 중요한 요인으로 보고 있다. 결혼으로 분가한 이후에도 부모에게 경제적으로 기여하지 않는 경우가 캥거루족이 가진 문제점과 연관되어 있을 수 있기 때문이다.

캥거루족의 증가는 최근 글로벌 경제상황 및 한국의 문화적 독특성과 관련이 있다. 세계적인 경제 불황과 저성장이 계속되면서 해외에서도 '기생적 독신자(parasite single)', '부메랑 키즈(boomerang kids)' 등 청년층의 부모 동거 및 경제적 의존이 보편적으로 나타나고 있다. 한국의 경우 1997년 IMF 사태가 겹치며 현재 20대~30대가 안정적 직업을 구하고 자산을 형성할 여건이 더욱 부족하였다. 문화적으로는 한국에서 자녀의 결혼 전까지 부모와 함께 사는 것이 자연스럽게 받아들여지고, 가족 간의 유대가 강조되며, 독립한 후에도 자녀와 부모가 자주 만나며(성미애 외, 2017). 부모가 경제적으로 미성숙한 자녀를 지원하는 것이 부모의 책임이라고 인식하는 가족주의적 경향도 캥거루족 가구의 일반화에 한몫하였다.

캥거루족 가구는 청년 자녀가 나이 들수록 줄어들었으며, 청년 자녀가 취업한 상태보다 직업이 없거나 교육훈련 중일 때, 청년의 본인소득이 낮고 부모의 교육수준과 소득이 높은 경우에 더 많이 나타나는 경향을 보였다. 또 청년 자녀가 부모와 동거하며 지원을 많이 받을수록 취업의 질이 높아졌다(오호영, 2017). 이를 통해 부모가 청년 자녀의 의존을 감당할 수 있는 경제적 능력과 자녀의 취업을 위한 지원이 캥거루족 가구를 형성하는 핵심적 배경이 된다고 볼 수 있다.

② 캥거루족 부모-자녀의 관계: 세대 간 양가성

캥거루족 가족의 삶의 만족도나 가족관계의 차이에 대해서는 상반된 결과가 존재한다. 청년 자녀는 지원받는 상황에 대한 부정적 감정으로, 부모는 경제적 부담과 은퇴준비의 어려움으로 스트레스를 받는다는 연구(성미애 외, 2017)가 있는 한편, 캥거루족 가족 중 가계소득이 높고 지출 중 자녀용돈비의 비중이 높은 가족이 삶의 만족도가 높다거나(한다혜 외, 2021), 가족관계에는 만족하지만 가족의 수입이나 생활에는 덜 만족한다고 하는 등(김인혜, 여정성, 2020) 가계경제적으로 접근하여 삶의 만족도를 구체화한 연구도 있다. 이처럼 상반된 연구결과는 자녀의 입장에서도 규범적인 독립과 현실적 경제문제를 해결해 줄 수 있는 의존 사이에서, 부모 입장에서도 성인 자녀와의 정서적 유대나 자녀 지원에 대한 책임감, 그리고 부모역할의 연장으로 인한 부담 사이에서 양가적인 감정을 느끼고 있다는 것을 보여 준다. '세대 간 양가성'이라는 개념은 이와 같은 청년 자녀와 부모 간의 불편한 동거를 설명할 수 있는 유용한 개념이다(이진경, 이재림, 2019). 성인 자녀와 부모가 동거하면서 맺는 관계에 대한 규범이 없는 상태에서 의존과 독립 간의 갈등이 현실에서는 양가적 감정을 불러일으켜 혼란과 갈등을 일으킬 수 있다(최연실, 2019).

세대 간 양가성이란 심리적으로 한 대상에게 긍정적인 감정과 부정적인 감정을 함께 느끼는 것, 그리고 사회적으로 태도나 규범적 기대 등이 모순된 상태를 모두 말한다. 성인 자녀가 부모에게 경제적으로 의존하면 자녀로서 부모의 지원을 받을 수 있다는 규범과 독립을 해야 함에도 하지 못한다는 규범이 상충된 상태에서 사회적인 양가성을, 그로 인해 부모에게 죄송한 마음과 부모의 지원에 대한 만족감에서 심리적인 양가성을 느낄 수 있다. 이진경과 이재림(2019)은 부모와 청년 자녀가 동거하거나, 친밀하거나, 경제적 지원을 많이 받는 등 행동으로만 세대 간의 관계를 측정한다면('세대 간 결속') 가까워 보이는 관계 속의 긴장과 갈등을 무시하게 될 수 있다고 주장했다. 구체적으로 부모와 더 자주 만나서 상호작용할수록, 어머니와 가치관이 다를수록, 부모에게 지원을 자주 받을수록, 그리고 부모의 지원에 대해 긍정적으로 생각할수록 청년 자녀들은 양가적인 감정을 더 많이 느꼈다. 이처럼 양가감정을 느끼는 청년들은 부모로부터 완전한 독립을 시도하거나 부모에게 일부 지원을 받으면서 분리를 미루게 된다. 한편 김은정(2015)은 오히려 부모에게 전적인 지원을 받고 정서적으로 밀착함으로써 성인기로서 이행하려는 한국적 유형을 발견한다. 이 경우에는 부모와 자녀가 연합하여 경제 불황 속에서 빨리 경제적 안정을 이루고, 결혼 후의 육아까지도 지원받으려는 계획을 세운다.

따라서 캥거루족 가구에서의 부모-자녀 관계를 잘 이해하는 데에는 부모-자녀 간에 양가감정이 존재한다는 것을 인식하는 것이 건강한 관계 정립에 우선할 것이다. 성인이 되어도 부모에게 기대는 것으로 보인다면 아무리 부모와 친밀한 자녀라도 지원받는 것이 마냥 만족스럽지만은 않을 것이기 때문이다. 또 부모가 75세 이상의 노인이 되면 자녀 지원이 부담스러워지고 가족 간 스트레스가 증가하는 것은 물론이고, 청년의 노동시장 참여가 늦춰지면 사회적으로도 손해이기도 하다. 성인기에는 부모로부터의 정서적·경제적 독립이 최우선적인 발달과업인 만큼 부모는 경제적 지원으로 자녀를 통제하는 것보다는 자녀 독립을 지원하는 것이 바람직하다. 무엇보다 부모 자신의 노후대비자금과 자녀에 대한 지원을 균형을 맞추는 것이 중요하다. 그러나 한편으로는 부모와 사회가 캥거루족 가구에 대한 시각을 바꿔야 할 필요성이 있다. 앞으로 저성장이 지속될 만큼, 캥거루족 가구는 자녀가 독립적이지 못하다는 것이 아니라 경제 불황 시기의 새롭게 나타나는 가족의 형태인 것이다.

2. 노년기 부모와 성인 자녀

1) 노년기와 노년 부모-성인자녀 관계의 특징

한국 사회는 2018년 65세 이상 인구비율이 전체의 14.3%로 고령사회로 진입하였고, 2025년 노인 인구가 전체의 20%에 달하는 초고령사회를 앞두고 있다. 사회의 고령화는 다른 사회적 변화와 함께 맞물려 가족관계에서도 다양한 변화를 예고한다. 최근의 노인들은 예전보다 건강해지고, 경제적 능력도 갖추었으며, 트렌드나 최신 기술을 적극적으로 흡수하여 가족과 사회에 적극적으로 참여하고 있다.

이 장에서는 노부모와 성인 자녀가 일방적인 관계에서 벗어나 독립적으로 상호작용하기 위하여 먼저 노인을 강점의 측면에서 바라보는 관점과 노년기의 가족관계의 특징을 살펴보고자 한다.

(1) 노년기의 특징과 건강한 노년

사회의 고령화를 우려하는 인식에는 노인 의료부담의 증가와 함께 노인을 수동적인 존재로만 바라보는 부정적 편견이 함께 작용한다. 그러나 건강하고 활동적인 노후를 보내는 노인들이 많아짐에 따라 더욱 많은 노인의 삶의 질을 향상시키기 위해 기존의 '보편적 노화' 개념과 반대되는 '성공적 노화'라는 개념이 제기되었다(Rowe & Kahn, 1999; 지혜은, 박경숙, 2018에서 재인용). 성공적 노화란 노화의 과정 속에서 당면한 신체적 변화와 환경을 적절하게 통제하고 신체적 · 심리적 · 사회적 측면에서 활기찬 삶을 영위하는 것을 의미한다. 성공적 노화의 개념은 신체적 건강, 정신적 건강, 생산적인 경제활동 등의 사회생활 관련 항목을 포함하고 있다. 구체적으로는 질병이나 그 위험요인이 없고, 신체기능과 인지기능이 충분하며, 직업이나 단체활동 등 활발한 사회참여를 하는 상태를 가리킨다(지혜은, 박경숙, 2018). 성공적 노화를 달성하기 위해서는 적절한 노후준비 및 부부관계를 포함해 원만한 가족관계가 요구된다(양외금, 정민자, 2021).

성공적 노화 중 한 기준인 노인의 신체 기능을 복합적으로 평가하는 기준으로 이용되는 것이 일상생활수행능력(Activity of Daily Livings: ADL)과 도구적 일상생활수행능력(Instrumental Activity of Daily Livings: IADL)이다. 일상생활수행능력은 스스로를 돌보는 기본적인 일상에서의 기능을 확인하는 항목이며, 수단적 일상생활수행능력은 사회적인 활동으로 좀 더 복잡한 기능을 평가한다. 각 항목이 타인의 도움이 얼마나 필요한지에 따라 완전 자립하여 할 수 있는지, 부분적으로 도움이 필요한지, 혹은 완전히 도움이 필요한지를 구분하여 측정한다.

표 7-1 한국식 일상생활수행능력 · 수단적 일상생활수행능력 항목

<table>
<tr><th colspan="2">한국식 일상생활수행능력 (K-ADL)</th><th colspan="2">한국식 수단적 일상생활수행능력 (K-IADL)</th></tr>
<tr><td>옷입기</td><td>옷 꺼내기, 단추 · 지퍼, 벨트</td><td>몸단장</td><td>빗질, 화장, 면도, 손톱 · 발톱 깎기</td></tr>
<tr><td>세수하기</td><td>세수, 양치질, 머리감기</td><td>집안일</td><td>실내청소, 설거지, 침구정리, 집안 정리정돈 등</td></tr>
<tr><td rowspan="2">목욕하기</td><td rowspan="2">욕조 드나들기, 때 밀기, 샤워</td><td>식사준비</td><td>음식 재료준비, 요리, 상차리기</td></tr>
<tr><td>빨래</td><td>손이나 세탁기로 세탁 후 널어 말리기 포함</td></tr>
<tr><td>식사하기</td><td>차려 놓은 음식 먹기</td><td>근거리 외출</td><td>가까운 거리 걸어서</td></tr>
</table>

이동	누웠다 일어나 방 밖으로 나가기	교통수단 이용	대중교통, 개인 차
		물건 사기	물건 구매 경정, 돈 지불, 거스름돈 받기
화장실 사용	화장실 출입과 대소변 후 닦고 옷 입기	금전 관리	용돈, 통장관리, 재산관리
		전화 사용	전화 걸고 받기
대소변	대소변 조절하기	약 복용	제시간에 정해진 양의 약 챙겨먹기

출처: 이윤경 외(2020).

(2) 노년기 부모-성인 자녀 관계의 특징

가족발달단계에 따르면 성인이 된 자녀들을 떠나보내는 진수기(進水期, launching centers)의 가족은 자녀가 독립하였음을 부모가 받아들이기 어려워하는 '빈둥지증후군'을 겪는 경우가 많다고 한다. 그러나 한국 사회에서는 주로 자녀가 결혼한 후에야 떠나보낸다고 받아들여지기 때문에 진수기는 계속 늦춰지며, 앞서 서술하였듯 자녀의 취업기간 증가, 만혼화, 경제적 의존 등으로 자녀의 독립이라는 개념 자체가 모호해지는 경우가 많다. 이러한 부모-자녀 관계 간의 모호함은 결혼한 자녀가 가까이 살면서 육아 지원으로 계속 가까운 관계를 유지할 경우 자녀 결혼을 지나서도 지속되기도 한다(권은비 외, 2015). 또한 한국 중·노년 여성을 대상으로 한 연구에서는 '빈 둥지기'에는 오히려 자녀 독립에 대한 긍정적인 생각으로 우울감이 낮아짐을 확인하였다(이현진 외, 2021).

노부모에게서 독립한 성인 자녀는 지속적인 연락과 방문으로 접촉해야 관계를 이어나갈 수 있다. 2018년 보건사회연구원의 조사에 따르면 약 30% 정도의 노인이 매일 자녀와 연락을 주고받거나 집에 왕래하는 수준의 접촉을 하고 있었다(정경희, 2018). 많은 경우 이러한 접촉은 노부모의 손자녀 돌봄, 자녀의 노부모 돌봄 등 다양한 형태의 지원을 위해 이루어지며, 그 외에 최근에는 의무감이나 효의식보다는 정서적 유대나 애정이 세대 간의 결속을 더 잘 설명한다고도 한다. 효의식보다 애정이 기반이 된 노부모-성인 자녀 간의 접촉은 노부모와 성인 딸 간의 접촉 빈도나 친밀감이 가장 높으며 고부갈등과 함께 장서갈등도 새로운 가족갈등의 원인 중 하나로 여겨지고 있음에서 드러난다(김승원 외, 2021). 성인이 된 자녀와의 관계도 성별 간에 차이를 보여, 손자녀 육아 등으로 빈번하게 부딪히는 딸보다는 아들 내외를 더 조심스럽게 대하며(권은비 외, 2015), 성인자녀도 노부모 중 한쪽이 사망하거나 성인자녀가 배우자를 상실할 경우 아버지보다는 어머니와의 접촉이 늘어날 경우가 많았다(홍영의 외, 2021).

Question 노인학대

노인돌봄이 이미 과중한 부담에 시달리고 있는 가족에 부과되면서 그에 따른 노인 학대와 방임 판정 건수가 해마다 늘고 있다. 노인학대는 신체적, 정서적, 성적, 경제적 학대와 함께 (자기)방임과 유기가 포함되는데, 이미 쇠약해진 피해자에게 학대가 가해지면서 그 피해가 커진다는 특징이 있다. 노인학대를 판별하기 어려운 이유로는 대부분 자녀나 배우자 등 가족에 의해 발생하다 보니 피해를 알리지 않거나 인정하지 않고, 발견되어도 피해자 노인이 도움을 거부하는 경우가 많다는 점이다(헬스조선, 2021.06.18.).

Q 가족에 의한 노인학대의 원인으로 가족의 과도한 부양부담을 꼽기도 한다. 노인복지와 함께 노인학대예방의 일차적인 책임도 국가에 있다면 국가가 노인학대를 예방하기 위한 방안은 가정폭력방지법의 강화와 함께 어떤 것이 있을까? 각 지역의 노인보호전문기관에서 갖추어야 할 서비스는 무엇일까?

2) 노년기 부모-성인 자녀 간 상호 지원

전통적으로 한국 가족에서 노부모와 성인 자녀 간의 돌봄은 효의식에 입각해 장남과 맏며느리가 일방적으로 노부모를 돌본다는 인식이 있지만, 실제로는 노부모와 성인 자녀는 언제나 상호 지원을 주고받아 왔다. 생애말기에 노인의 신체기능이 하락하면 일방적으로 돌봄을 받게 되지만, 의료기술의 발달로 노인 신체의 노화는 늦춰지고 가족주의의 약화와 함께 노인 부양의 책임은 국가에 있다는 인식도 보편화되기 시작했다. 그럼에도 불구하고 여전히 노인돌봄정책의 미진함을 보완하는 것은 가족, 특히 자녀

세대 중에서는 딸과 며느리의 헌신이다.

이 장에서는 노인 부모와 성인 자녀가 경제적 지원과 노동력 등 다양한 지원을 주고받으면서 나타나는 부모-자녀 관계의 특성 및 그러한 부모·자녀에게 필요한 개입을 소개한다.

(1) 경제적·도구적 지원: 부모 부양과 자녀 지원

> 이[규성(가명 · 55)]씨는 어머니가 돌아가시기 전 4년 동안 직접 간병도 했다. 노부모를 돌보며 자식 뒷바라지에도 아낌없이 투자하는 한국의 흔한 5060세대인 것이다. 하지만 '자식에게 베푼 만큼 나도 부양을 받아야겠다'는 생각은 전혀 없다. 이 씨는 (...) "노년엔 자식들에게 피해를 주기 싫어 실버타운에 들어가 살 생각"이라고 말했다. 이 씨처럼 자녀에게 부양받기를 기대하지 않는 50, 60대가 늘고 있다. (...) 전통적인 부양 관념이 옅어진 데다 경제적으로 독립하지 못한 자녀에게 부양받는 것을 포기하는 '부포족(族)'이 늘었기 때문이라는 분석이 나온다.

출처: 동아일보 2018.05.04.

노인을 가족이 당연히 부양해야 한다는 한국의 효 규범은 전통적 이념과 공동체적 관계가 약화되면서 2010년도부터 사회적 부양의 필요성으로 빠르게 대체되었다. 5060세대의 경우 자녀에게 부양을 기대하지 않는다고 말하는 경우도 늘고 있다. 보건사회연구원(그림 7-3; 김유경, 2019)의 조사를 보면 2010년부터 한국 국민들이 부모부양의 책임이 국가에 있다는 인식이 확산되고 있음을 보여준다. 그러나 노인 부양의 실제 기제를 보면 2004년부터 2017년까지 여전히 가족이 약 90% 정도로 대부분이었다(박종서 외, 2020). 실제 가족을 통한 노인 부양의 구조도 변하고 있어, 갈수록 장남 위주에서 자녀 모두가 책임을 지고 있다(그림 7-4).

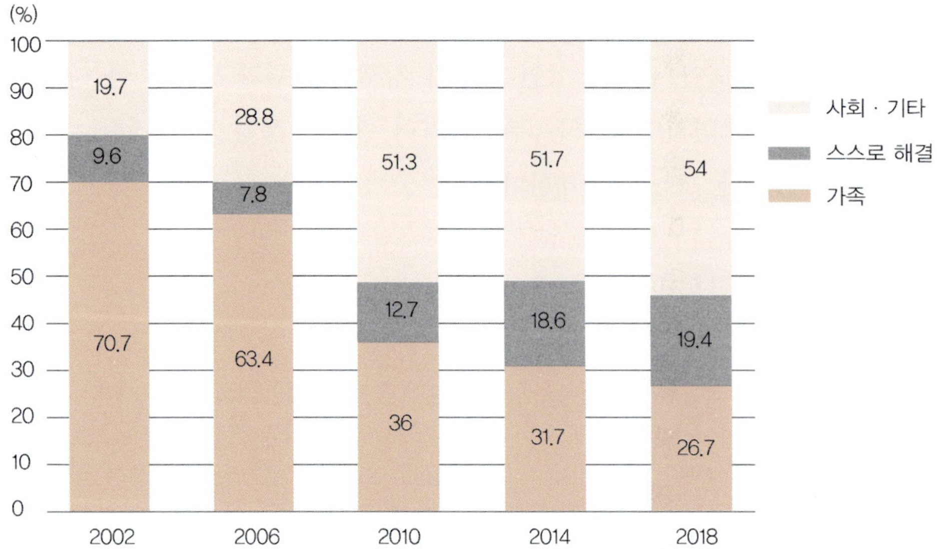

그림 7-3 부모 부양 책임자 변화

출처: 김유경(2019).

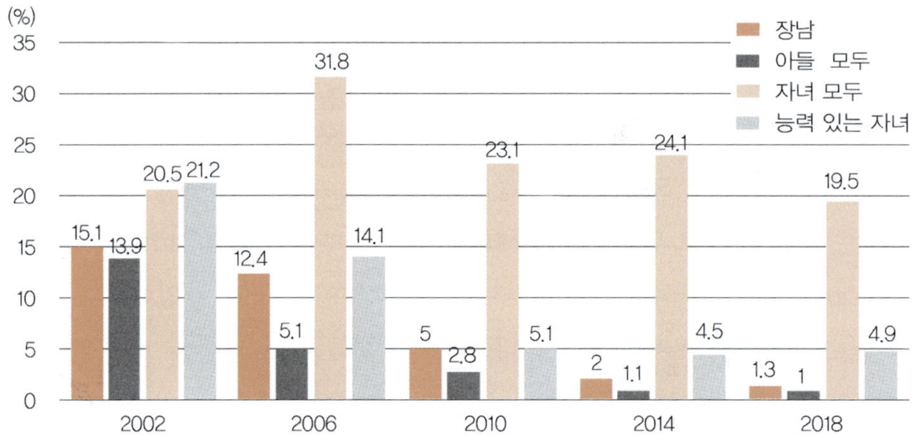

그림 7-4 가족 중 부모 부양 책임자 변화

출처: 김유경(2019).

가족이 담당하는 노인 부양은 동거 여부에 따라 그 형태가 크게 차이가 난다. 노부모와 성인 자녀 간의 도움은 일방적이지 않고 호혜성이 일어나는데, 성인 자녀가 노부모에게 지원하는 것이 그 반대 방향보다 더 보편적이다. 돌봄이나 도구적 지원 등 전반적 지원은 대체로 동거 자녀가 더 많이 하지만, 경제적 지원 및 말동무가 되어 주는 정서적 지원은 비동거 자녀가 돌봄·도구적 지원을 덜 하는 만큼 경제적 지원을 상대적으로 많이 한다(이윤경 외, 2020). 가족 중 주로 노부모를 지원하는 가족원은 장남과 며느리에 집중되는 한편 노인이 성인 자녀를 경제적으로 지원하는 비율은 갈수록 감소하는 동시에 장남 중심에서 다른 자녀와 손자녀 등 다양한 가족에게로 나눠지고 있다. 또 동거자녀를 대상으로는 경제적 지원보다는 손자녀 양육 등 도구적 지원이 늘고 있는 추세이다(박종서 외, 2020).

성인 자녀가 노부모를 지원하는 이유에 대해서 이타성, 지원의 교환, 효의식이나 가족 간의 유대감 등 여러 설명이 있는데, 한국의 경우 주로 자녀에게 경제적 자원이 풍부하고, 부모가 경제적 지원이 필요하며, 자녀가 부모를 경제적으로 지원해야 한다는 태도를 가질 때 경제적 지원이 일어날 가능성이 높다고 보고되었다(최희진, 한경혜, 2017; 홍성희, 2018). 자녀 지원의 차이는 특히 한국에서 자녀의 성별에 따라, 그리고 노부모가 친부모인가 배우자의 부모인가에 따라서 차이가 나는데, 한국의 여성이 시부모를 부양하거나 시부모와 동거하는 것은 규범적인 면이 강하다.

노부모 부양은 이 시기의 부모-자녀 관계에 어떤 영향을 미칠까? 노인은 일반적으로 지원을 성인 자녀에게 받기만 하기보다 주는 경우에 정신적으로 건강했는데, 노인이 나이가 들수록 자원이 감소함을 고려하면 세대 간 지원의 영향을 단순화하기는 쉽지 않다(박경순 외, 2015). 또 가까이 살거나 동거하면서 노부모에게 도움을 받는 며느리나 딸은 노부모와 갈등을 더 많이 겪는다. 며느리의 경우는 아들이 부모에게 받은 지원을 대리하여 부모에게 갚는 '결혼을 통한 효도'(김현주, 2001; 이여봉, 2011에서 재인용)의 대리인이 되므로 시부모와의 관계에서 스트레스가 높을 수 있다. 결국 어느 정도 필연적인 노부모-성인 자녀 간 부양으로 인한 갈등에서는 서로의 영역을 존중하며 관계를 유지해야 할 것이다(이여봉, 2011).

서두에 소개한 기사처럼 자녀와 노부모를 이중으로 부양하게 된 최근의 중·장년층은 상당한 경제적, 심리적 부담을 받고 있다. 본인들의 일자리도 불안정한데, 양 세대의 피부양자들을 지원하느라 본인들의 노후대비도 미흡하고, 도구적 · 정서적 지원의 책임까지도 지느라 부양자 부부간, 부양자와 피부양자 간 갈등이 심화된다는 것이다. 김유경(2019)은 이중부양의 부담을 안고 있는 중 · 장년층의 노후 재정 안정성을 위해 사회적으로는 안정적인 노동시장과 노인 재가급여 확대 등 보상 체계가 필요하다고 지적했다. 또한 본인의 노후를 준비하는 재무 계획을 세우고, 돌봄의 스트레스가 가족 갈등으로 번지지 않도록 자신을 돌볼 필요가 있다.

노부모의 성인 자녀를 향한 경제적 지원은 생애 말기에 상속과 증여로 이어진다. 상속은 부모－자녀 관계만큼이나 상속 대상인 형제들과 그 배우자들 간의 큰 분쟁으로 이어질 수 있으므로 사전에 충분히 자녀들과 의논하고 증여 관련 각종 계약에 관해 전문가와 상의해야 한다(메디게이트, 2019). 가족관계가 상속 · 증여에 미치는 영향만을 살펴보면, 상속 · 증여의 동기만을 따졌을 때 자녀 수대로 균등하게 자산을 배분할 경우는 상속의 이타적 동기, 부모－자녀 관계 만족도가 높거나 연락 빈도, 그리고 자녀의 경제적 지원이 많을수록 상속의향이 높아지는 연구 결과는 상속의 전략적 동기를 뒷받침한다. 자녀와 동거하는 경우 그 반대보다 상속의향이 낮아진다는 연구결과도 있는데, 이는 자녀와 동거하는 노부모가 자산이 충분하지 않기 때문이며, 이 경우에는 부모세대와 자녀세대의 복지를 위하여 합리적인 노후준비와 상속계획이 필요하다고 할 수 있다(김순미, 2017; 차경욱 외, 2018).

노인일자리제도

노인일자리사업은 노인 빈곤율이 높은 우리나라(2020년 기준 40.4%; OECD, 2023)의 저소득층 노인들을 지원하고 사회참여의 수단도 제공하기 위해 2005년부터 정부가 시행한 사업이다(김수영 외, 2014). 구체적인 일자리는 일반적 노무는 물론 공익활동, 사회서비스, 고령자 친화기업, 시니어 인턴십 등으로 60~65세 이상 노인에게 적합한 일자리를 제공하고 있으며, 한국노인인력개발원(www.kordi.or.kr)에서는 노인일자리여기(www.seniorro.or.kr) 포털을 통해 노인일자리를 홍보하고 있다. 참여 노인들은 생활만족도나 사회적 지지 등 심리사회적으로 긍정적 효과를 얻고 있지만, 경제적 상태는 유의미하게 개선되지는 못함이 나타났다(김수영 외,

2014; 이지혜, 황남희, 2019).

Q 노인이 노인일자리사업을 통해 얻을 수 있는 효과는 또 무엇이 있을까? 대부분의 사업 참여 노인이 소득을 위해 참여한다는 점을 고려할 때, 노인일자리사업은 어떻게 개선되어야 할까? 사회참여사업과 경제적 부문을 구분한다면 어떤 방식으로 개선할 수 있을까?

(2) 조부모의 자녀 도구적 지원: 손자 양육

육아를 맡으면서 이[창식(67)]씨의 일상은 많이 달라졌다. 난생처음 운전도 배웠다. 이전에는 재택근무를 하느라 운전의 필요성을 느끼지 못했지만, 이제는 딸 내외집을 오고 가느라 필요해졌기 때문이다. 처음 듣는 동요를 외우고 새로운 만화 캐릭터도 섭렵했다. … 이씨는 손주 육아를 하면서 가장 큰 수확으로 '자식과 친해진 것'을 꼽았다. "딸이 부모한테 사근사근해진 것이 보기 좋아요. 제 새끼 낳아 키워 보기 전까진 몰랐던 부모에 대한 고마움을 새삼 깨달은 것 같고, 자기 대신 고생하는 점에 대해서도 미안해하죠. 사실 부모 입장에서는 그게 정말 고맙고 기특해요. …

출처: 조선에듀 2016.10.04.

'할마(할머니+엄마)', '할빠(할아버지+아빠)'라는 신조어가 생겨날 정도로 조부모의 손자녀 돌봄은 노부모-성인 자녀 간 지원에서도 독특한 위치를 갖는다. 맞벌이하는 성인 자녀가 육아지원을 필요로 하고, 어린이집의 안전사고, 보육 교사의 학대문제 등으로 돌봄서비스의 신뢰도가 하락하면서 은퇴기의 노인은 '황혼육아'가 새로운 발달과업처럼 여겨지게 되었다(권은비 외, 2015). 전통적으로 조부모는 언제나 임산부의 산후조리와 손자녀 육아에 참여했지만, 핵가족화된 현대 한국 사회에서 조부모의 손자녀 육아는 소부모에게 스트레스가 되는 일이지만 조부모-부모-손자녀의 3세대 관계가 보다 활발해지고 새로워진다는 것을 의미한다.

육아정책연구소의 손자녀를 양육하는 조부모 연구에서는 비동거 손자녀 양육이 78.6%로 21.4%인 동거 손자녀보다 많았다(이윤진 외, 2015). 손자녀를 돌보는 조부모는 외할머니가 친할머니보다 좀 더 많았으며, 대부분의 자녀가 맞벌이였다. 조부모는 자녀의 부탁으로 손자녀 돌봄을 하는 경우가 많았으며, 자녀의 입장에서는 아이가 보육기관에 보내기 너무 어리거나 보육기관을 불신해서, 조부모의 입장에서는 자녀의 직업이나 학업을 지원하기 위해서가 가장 빈번하게 꼽힌 돌봄의 이유였다. 조부모는 손자녀를 평균적으로 주당 5일, 1일 평균 8시간 정도 돌보았다.

조부모가 손자녀 육아를 담당하게 되면 가족관계도 함께 변한다. 서두의 기사와 같이 손자녀 양육의 보람과 양육의 결과로 관계의 질이 향상할 수도 있지만, 양육 방식의 차이로 자녀와의 갈등이 심화될 수도 있다. 많은 조부모들은 손자녀 돌봄에서 보람과 의미를 느꼈으며 결혼한 자녀가 감사함을 느끼고 육아를 위해 협력하면서 관계가 향상되었다고 말했다. 성인인 딸 역시 양육 부담을 덜고 부부간 양육에 대한 갈등이 줄었으며 보육기관보다 어머니의 돌봄을 훨씬 신뢰했다(김미옥 외, 2015). 나아가서 노부모에게 육아 등의 지원을 받기 위해 노부모와 다른 가구에 살면서도 근접한 거리로 이사하여 접촉을 늘리며 상호 지원을 주고받는 수정확대가족의 가족 형태도 증가하고 있다. 특히 여성이 육아 등의 지원을 기대하여 친정 근처로 이사 가는 여성중심 수정확대가족의 형태를 선택하면 결혼 전과 후의 부모-자녀 관계는 크게 달라지지 않는다(권은비 외, 2015; 조희선, 김서현, 2016).

조부모와 자녀세대가 손자녀 돌봄으로 갈등을 빚는 이유는 주로 놀이방식이나 식사 등 육아 방식, 양육 외의 가사 여부 등에 대한 의견 차이였으며 그 외 육아시간이나 양육비 입금 등의 문제도 있었다(이윤진 외, 2015). 조부모는 가장 상호작용을 많이 하는 딸과 가장 많은 갈등을 빚는다고 하며, 며느리나 사위에 대해서는 거리감을 표현했다(권은비 외, 2015). 육아 가치관에 있어서는 조부모가 온정적이고 허용적인 방식으로 육아를 할 때, 보다 한계를 명확히 설정하고자 하는 딸이나 며느리와 갈등하게 된다(김미옥 외, 2015). 또 돌봄에 대한 대가를 받지 못할 경우 자녀와 갈등이 생긴다는 연구도 있었는데, 이는 손자녀를 돌보는 조부모가 그렇지 않은 조부모에 비해 소득이 적어, 손자녀 양육을 통해 생활비를 충당하는 경우가 많기 때문으로 보인다(김미혜 외, 2011).

조부모가 자녀를 돌볼 때에도 양육스트레스로 인해 조부모에게 추가적인 부담이 될 수 있다. 손자녀 돌봄과 가사를 모두 도맡음으로써 조부모가 스스로를 돌보지 못하고 체력적으로, 정신적으로 소진된다. 특히 노인들에게는 아이를 안거나 밥을 먹이는 등의 일상적 행동이 허리나 손목에 무리를 줘 건강이 악화되기도 한다(이경진 외, 2020). 모임이 등의 다른 사회관계가 제한되고 운동이나 규칙적인 생활을 누리기 어려운 답답함도 스트레스의 원인 중 하나이다.

성인자녀 세대는 가장 먼저 조부모에게 손자녀를 부탁할 장소, 양육비, 양육과 가사의 범위 등을 합의해야 하는데, 이때 조부모의 방식을 존중하는 것이 먼저다. 조급하지 않고 칭찬을 아끼지 않는 조부모 양육법의 장점을 인정하고 조부모에게 섣불리 개입하지 않는 것이다(코메디닷컴, 2022). 조부모와 갈등이 있을 경우에는 문제를 해결한다는 공동목표를 두고 차이를 좁혀 간다(김미옥, 2015). 무엇보다 정기적으로 넉넉한 양육비를 드려 감사를 표현하는 것이 큰 의미가 될 수 있다. 한편 조부모의 입장에서는 아이가 자신의 아이가 아님을 기억하고 자녀의 부모역할을 존중하며 조력자의 역할을 다하는 것이 좋다. 또 지자체에서 제공하는 조부모 육아교실이나 아이돌보미 등 육아지원제도를 이용하는 것도 좋다. 서울시 서초구에서 처음으로 시작한 손주돌봄 서비스는 25시간의 손주돌봄 양성교육을 수료한 조부모 1명에 대해 월 40시간 기준 30만 원의 수당을 지급한다(경향신문, 2022.1.24.). 현재 조부모는 공적 아동돌봄의 공백을 가장 효과적으로 보완하는 가치가 큰 노동을 담당하므로, 정부는 조부모 양육 교육프로그램의 활성화와 조부모 양육에 대한 지원, 시니어 베이비시터 양성 등으로 조부모의 손자녀 돌봄을 지원해 줄 수 있을 것이다. 그러나 근본적으로는 육아휴직제, 직장어린이집의 확대 등 믿을 수 있고 접근하기 쉬운 양질의 공적 돌봄체계를 확보하는 것이 친부모와 조부모 모두의 양육 스트레스를 줄이는 가장 확실한 방안이 될 것이다(유희정 외, 2015).

(3) 성인 자녀의 부모 지원: 돌봄과 간병

"요양병원에서 연락을 받고 가던 길이었는데… 돌아가셨다는 거예요." 고인의 임종을 지키지 못한 유족들이 적지 않다. 요양병원·시설에서 입원 중 갑자기 병세가 악화된 분들이 많기 때문이다. … 몇 년간 집에서 간병을 하다 요양병원으로 모신지 1년 남짓 됐다. 뇌졸중(뇌출혈)으로 한쪽 몸이 불편한데다 치매까지 온 어머니 간병을 위해 작은 집까지 팔았다. 부부가 교대로 간병을 하다 아내가 몸져누워 간병인을 채용했다. 한 달에 간병비만 400만 원이 넘게 들었다. 요즘은 더 올랐다. (...) 노년에 접어들면 "자다가 죽는 게 소원"이라고 얘기하곤 한다. 자녀에게 간병 부담을 지우지 않겠다는 생각이지만 현실적으로 어려운 일이다.

출처: 코메디닷컴 2022.06.14.

노환과 그에 따른 간병은 피하고 싶어도 언젠가는 우리의 부모에게, 그리고 결국에는 우리에게도 찾아오게 되는 일이다. 앞서 살펴본 지원의 종류 중 돌봄 지원은 건강한 노인에게도 필요하지만, 질병이나 사고로, 혹은 고령으로 일상생활수행능력이 떨어지게 되면 가족이나 시설 등을 이용하는 본격적인 돌봄이 시작된다. 차도가 없는 치매나 퇴행성 질환의 부모를 돌보는 일은 비용의 문제도 물론이고 자녀가 직업이나 개인의 삶을 포기하고 전업으로 수발을 들기도 하여, 고령사회로 접어드는 한국에서 노인 돌봄의 '탈가족화'가 갈수록 중요한 정책 의제로 떠오르고 있다.

현재 노인돌봄은 효의식을 바탕으로 대부분 집에서 배우자와 자녀들이 담당하고 있다. 자녀들은 전통적 관념과 시설에 대한 불신에 입각해 시설 돌봄보다는 집에서 부모를 돌봐야 한다고 생각한다. 그러나 대부분의 노인 돌봄은 재가돌봄에서 시작해 재가 서비스를 받다가 시설을 이용하게 되므로, 가족의 경제적 사정·건강상태 등을 생각해 시설을 이용할 시기를 계속 고민하게 된다. 최근에는 모든 가족원이 부양의무를 나누는 추세가 관찰되나, 그럼에도 불구하고 주된 돌봄자는 높은 확률로 여성이며, 규범보다는 부모-자녀 간 애정에 중점을 둬 며느리에서 딸로 옮겨가고 있는 추세이지만 모호한 규범으로 인한 갈등도 존재한다(문현아, 차승은, 2020). 특히 책임감 있는 장남의 며느리나 다른 돌봄자가 없을 경우에 딸은 암묵적으로 주돌봄자의 역할을 떠맡게 되는 경우가 많다(정가원 외, 2020).

돌봄 대상자인 노부모의 돌봄 영역은 일상의 전 부분과 집안일, 병원 이동 등을 포함하는데, 특히 노부모의 건강상태가 계속 나빠질수록 돌봄 영역은 커진다. 그 과정에서 노인을 돌보는 가족 돌봄자는 '숨겨진 환자'라 불릴 만큼 다양한 스트레스를 겪는다. 주로 돌봄을 24시간 감당하기 때문에 신체적, 감정적으로 소진되고 사회적 관계를 상실하는 경험이 핵심이다. 가족 돌봄자들은 대체로 자신의 일과 돌봄의 균형을 유지하지 못하고 일을 그만두거나, 시간을 쪼개서 노부모 돌봄과 함께 일 혹은 자녀 돌봄을 모두 감당하다가 건강을 잃기도 한다. 노부모를 돌보느라 자신을 지지해 주는 주변인들에게서 멀어지는 동시에, 노부모를 돌보면서 자존감, 감정조절 등의 문제를 겪는다(임정기, 노혜진, 2020; 정가원 외, 2020).

돌봄의 문제로 인해 가족 간 갈등도 생긴다. 대표적으로는 돌봄 방식에 대해 돌봄 대상자인 부모와의 갈등인데, 주간보호센터 등 공적·사적 자원의 도움을 받고자 하는 자녀와 타인에게 서비스를 받기 거부하는 부모 간 의견 차이가 있다. 그 외 부모가 자녀의 노력을 인정해 주지 않거나 자녀가 감정노동을 수행해야 할 때 등에서 부모와 갈등이 일어난다. 또 가족 중 주 돌봄자가 될 사람을 정해야 할 때, 혹은 정해진 후 다른 형제들이 돌봄에 소극적으로 참여하거나 분담하지 않을 때 부부간, 형제 간에도 갈등의 가능성이 높다(임정기, 노혜진, 2020; 정가원 외, 2020).

공적 영역에서 노인을 돌보는 가족을 지원하는 대표적인 제도는 2008년부터 시행되어 온 노인장기요양보험제도이다. 이 제도는 돌봄이 필요한 노인에게 시설 이용, 재가, 현금 등으로 신체활동과 일상생활 지원 서비스 및 장기요양급여를 지원한다. 65세 이상이나 노인성질병을 가진 자가 자동으로 가입되는 노인장기요양보험의 가입자를 대상으로 일상생활의 어려움을 심사하여 돌봄 대상자의 장기요양보험등급을 판정받는다. 이때 자녀나 가족이 직접 요양보호사 자격증을 취득하고 '가족 요양보호사'가 되어 요양보호사 급여를 받을 수 있다(보건복지부, 2022). 가족의 돌봄을 제도권으로 편입하여 가족의 돌봄을 인정하고 노인을 돌보는 가족을 노인과 함께 지원하고자 하는 목적이다.

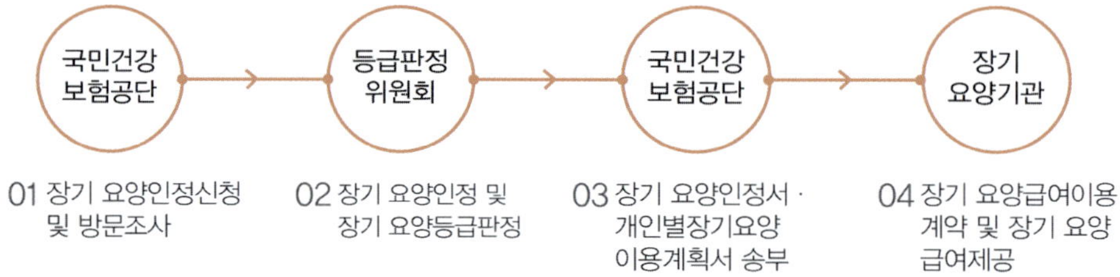

그림 7-5 장기요양인정 및 등급 판정절차

출처: 국민건강보험(https://www.longtermcare.or.kr).

표 7-2 노인장기요양보험 등급판정 기준

장기요양 등급	심신의 기능상태
1등급	심신의 기능상태 장애로 일상생활에서 전적으로 다른 사람의 도움이 필요한 자로서 장기요양인정 점수가 95점 이상인 자
2등급	심신의 기능상태 장애로 일상생활에서 상당 부분 다른 사람의 도움이 필요한 자로서 장기요양인정 점수가 75점 이상 95점 미만인 자
3등급	심신의 기능상태 장애로 일상생활에서 부분적으로 다른 사람의 도움이 필요한 자로서 장기요양인정 점수가 60점 이상 75점 미만인 자
4등급	심신의 기능상태 장애로 일상생활에서 일정 부분 다른 사람의 도움이 필요한 자로서 장기요양인정 점수가 51점 이상 60점 미만인 자
5등급	치매환자로서(노인장기요양보험법 시행령 제2조에 따른 노인성 질병으로 한정) 장기요양인정 점수가 45점 이상 51점 미만인 자
인지지원등급	치매환자로서(노인장기요양보험법 시행령 제2조에 따른 노인성 질병으로 한정) 장기요양인정 점수가 45점 미만인 자

출처: 국민건강보험(https://www.longtermcare.or.kr).

그러나 실제 신청자와 이용자들의 증언에 의하면 노인장기요양제도에는 많은 허점이 드러났다. 가족 돌봄자들은 등급 인정의 문턱이 높아 원하는 급여를 받을 수 없는 경우, 6개월 이상 혼자 일상생활 수행이 어려워야 한다는 기준을 맞추지 못하는 경우, 정보가 불충분한 경우, 가족요양이 인정되는 범위가 너무 짧고(하루 1시간, 월 20일) 가족요양보호사의 급여가 비현실적으로 적은(월 평균 24만 원) 경우 등을 제도의 맹점으로 보고하였다. 뿐만 아니라 윤태영(2020)에 의하면 가족 요양보호사의 일도 며느리나 딸이 강제로, 혹은 의무감에 전담하는 경우가 많아, 제도와 인식이 교차하여 기존의 문제점을 영속시키는 것이 드러났다.

노부모의 돌봄을 준비하는 자녀들을 위해 시니어 케어 전문가는 먼저 증상이 보이는 부모의 상태를 냉정하게 파악하고 의사나 전문가에게 도움을 구하라고 말한다. 또 주변에 상황을 알려 도움의 손길을 확보하고 간병을 경제적으로 보조하기 위한 직업을 유지한다. 정부가 제공하는 노인돌봄 제도를 적극적으로 공부하고 민간 간병보험을 미리 들며 장기적인 돌봄을 위한 금전 계획과 돌봄 일정 등을 수립해야 한다. 요양원을 이용한다면 방문하여 환기 상태나 다른 환자들의 상태 등을 꼼꼼히 파악하여 접근성이 좋은 곳으로 선택한다. 다음은 박재병(2021)이 제시하는 간병 전에 준비할 체크리스트이다.

표 7-3 간병 전에 미리 준비하면 좋을 것들

1. 노인성 보험에 가입하기
2. 유언과 상속에 관한 법률 상담해 놓기
3. 환자의 자산이 많다면 신탁도 고려해 볼 것
4. 상조 서비스 및 장례 미리 공부해 놓을 것
5. 정기적인 건강 검진 및 체중 관리 도와드리기
6. 땀 흘리기, 숨 차는 운동을 통해 근육 관리 도와드리기
7. '오감' 보전해 드리기
   (보청기, 틀니, 임플란트에 돈 아끼지 말자)

출처: 중앙일보, 2021.06.16.
그림 출처: pikisuperstar by Freepik

노인돌봄정책의 한계 보완을 통해서도 돌봄자 가족을 지원하고 노인과 가족 모두의 복지를 향상시킬 수 있을 것이다. 가족의 비공식적·무급 돌봄노동에 대한 제도적 인정과 지원을 통해 가족의 돌봄의 질을 높이고 사회적 돌봄과 연속시킬 수 있다. 장기요양등급의 산정 기준을 현실화하여 등급의 경계선 상에 놓인 노인, 급성 질환으로 도움이 필요한 기간이 6개월이 안 되는 노인 등의 수요를 반영하는 것, 응급휴가제도나 밤샘 돌봄 등 대체인력을 활용할 수 있는 방법 등은 노인돌봄에서 논의되는 핵심적 의제인 돌봄 연속성(continuum of care)과 지역사회 계속 거주(aging in place)

의 달성에도 기여할 수 있다. 뿐만 아니라 가족 내에서 노인돌봄으로 가장 소진되는 한 사람, 주로 딸이나 며느리의 신체적, 정신적 건강을 돌보아야 한다(임정기, 노혜진, 2020; 정가원 외, 2020). 가족이 원하면 노부모를 집에서 가족이 돌볼 수 있는 환경을 만들어야 한다는 '돌봄 권리'는 이러한 정책적 맹점이 보완된 배경 위에서 달성될 것이다.

지역사회 계속 거주

노인의 지역사회 계속 거주(aging in place)는 노인이 생활하던 지역, 즉 노인의 집이나 공동체에서 노년을 보내는 것이 가장 바람직하다는 노인복지 실천 가치이다. 이 개념의 정의는 시간적으로는 '가능한 한 오래', 공간적으로는 '본인이 살던 익숙한 곳'에서, 관계적으로는 '친숙한 관계' 속에서 노인이 노년기를 보낼 수 있도록 해야 한다는 3가지의 측면이 있다. 이를 위해 초기는 노인 친화적인 주거 모형과 지역사회 차원의 개편이 있었으며, 갈수록 재가돌봄서비스의 확대와 가족의 지원 등으로 개념을 넓히고 있다(이윤경 외, 2017).

Q 한국 사회에서 지역사회 계속 거주 접근방식을 실천하자면 노인장기요양보험 등 각종 제도를 어떻게 보완해야 할까? 시설 이용보다 지역사회 계속 거주의 단점은 무엇이라고 생각하며, 어떻게 보완할 수 있을까?

생각해 볼 문제

1. 대학생 자녀와 부모 간에 겪는 대표적인 갈등에는 무엇이 있는가? 이러한 갈등을 해결하기 위한 부모의 태도는 어떤 것이 있을까?

2. 성인 자녀에 대한 헬리콥터 양육의 특징과 문제점에 대해 적어 보자.

3. 최근에 캥거루족의 증가에 영향을 미친 사회적 이유는 무엇인가? 캥거루족 가구를 자연스러운 가구의 형태로 받아들인다면, 캥거루족 가구의 부모-자녀 관계는 어떤 모습이어야 할지 상상해 보자.

4. 최근 노부모와 자녀를 동시에 부양하는 이중 부담의 의무를 지고 있는 중년이 늘어나고 있다. 이중 부담을 담당하는 중년층은 어떤 문제를 겪을 수 있는가? 이러한 문제를 예방하기 위해서 개인은 어떻게 준비할 수 있고, 사회적으로는 어떻게 지원해 줄 수 있을까?

5. 노부모가 손자를 양육하는 경우에 노부모와 자녀와의 관계는 어떻게 변화하는가? 손자 양육을 둘러싼 노부모와 성인 자녀 간의 갈등을 해결할 수 있는 방안을 생각해 보자.

6. 대표적인 국가의 노인돌봄정책에는 노인장기요양제도가 있다. 이 제도의 장점과 한계는 무엇인가? 노인을 돌보는 가족이 소진되지 않도록 어떤 것을 미리 준비할 수 있을까?

03

PART

자녀양육의 기술 및 자녀양육 태도

3부에서는 자녀양육의 실천 부분 자녀양육 기술에 관해 알아보도록 한다.

8장에서는 부모의 신념에 따라 자녀양육의 태도와 행동이 달라지므로 자신의 가치관을 먼저 이해하도록 한다. 우리는 부모의 영향을 전적으로 받지는 않으나 많은 부분은 부모와의 상호관계에 의해 형성된다. 각자 부모에게서 받은 양육 방법을 자녀에게 전수하는 과정에서 긍정적인 부분과 부정적인 부분에 관해 부부의 가치관을 서로 의논하여 같은 방향으로 자녀양육 방법을 논의함으로써 좋은 부모가 되도록 실천 방안을 살펴본다. 9장에서는 자녀의 강점을 찾고 강점을 발전시키는 방안을 살펴보고, 10장에서는 자녀와 효과적인 대화를 위한 방법에 대해 알아보도록 한다. 11장은 자녀양육지원제도에 관하여 살펴보도록 한다.

CHAPTER

08 자녀양육 유형과 방법

1. 부모의 신념에 따른 양육 방법

부모가 가진 신념에 따라 자녀양육 방법과 부모의 행동에도 영향을 미진다. 부모의 신념, 즉 부모가 진실이라고 믿는 가치관으로, 부모의 태도에 영향을 미치게 되며 자녀에게 긍정적 또는 부정적인 양육 형태로 나타난다. 완벽한 부모의 신념과 책임 있는 부모의 신념에 대해 알아보자. 나는 어떤 신념에 가까운지 생각해 보자. 신념에 따라 행동이 달라지는 것과 자녀에게 전달하고자 하는 것도 다르다는 것을 주의 깊게 살펴보자.

1) 완벽한 부모의 신념

1. 부모는 자녀를 통제해야 한다.
2. 부모는 우월하다.
3. 자녀는 부모에게 빚을 졌으니 부모는 받을 자격이 있다.
4. 부모는 완전해야 한다.
5. 자녀가 나보다 중요하다.

부모의 신념은 부모의 행동을 통해 나타나게 되고, 자녀에게 영향을 미치게 된다.

첫 번째 신념인 '부모는 자녀를 통제해야 한다'는 자녀에게 복종을 요구하고, 이를 어길 경우 벌을 준다. 부모는 자녀에게 이기려고 하기에 자신이 옳고 자녀가 틀렸다고 주장한다. 이러한 부모에게 양육 받은 자녀는 부모에게 분노를 느끼게 되어, 자신이 부모보다 힘이 세졌다고 생각할 때는 앙갚음을 하려 하거나, 반항하거나 또는, 자신의 진정한 감정을 속이게 된다. 그들은 인생이 불공평하다고 생각하고 포기하거나 회피하려 한다.

두 번째, '부모는 우월하다'는 신념은 자녀를 동정하고 책임지려 한다. 자녀를 과잉보호하거나 자녀에게 창피를 주기도 하고 독선적이 되기도 한다. 이러한 부모에게 자란 자녀는 다른 사람을 비난하는 것을 배우게 되거나, 자기 자신을 연민하게 된다. 다른 사람이 자신에게 베풀어 주기를 바라게 되며, 스스로를 무능력하다고 느낀다. 이들도 인생은 공평하지 않으며, 우월할 필요가 있다고 느끼게 된다.

세 번째, '자녀는 부모에게 빚을 졌으니 부모는 받을 자격이 있다'는 부모는 공평에 지나치게 민감하며, '이번 시험에 100점을 맞으면, 네가 원하는 놀이동산에 데려가겠다.' 등 자녀에게 조건을 붙인다. 이러한 부모에게 양육 받은 자녀는 인생은 불공평하다고 느끼며, 다른 사람을 믿지 못하며, 이용당한다고 생각하고, 다른 사람을 이용하려고 한다.

네 번째, '부모는 완전해야 한다'는 신념을 가진 부모는 자녀에게서 완전함을 요구하거나 자녀의 결점을 찾으려고 한다. 또한 다른 사람의 생각에 지나치게 신경을 쓴다. 이러한 양육관은 자녀가 자신은 '결코 훌륭하지 않다'고 믿게 하고, 좌절감을 느끼며, 완벽주의자가 되려고 한다.

다섯 번째, '자녀가 나보다 더 중요하다'라는 신념의 부모는 자녀에게 지나치게 몰두하게 된다. 또한 자녀가 원하는 요구를 들어주고 양보하며 자녀에게 안 된다고 말하는 것에 죄의식을 가진다. 자녀는 받기만을 기대하고, 다른 사람의 권리를 존중하지 않으며, 이기적이 되기에 사회적 관계를 잘 형성하지 못할 가능성이 높다.

2) 책임 있는 부모의 신념

1. 자녀가 자신에게 최선의 것을 결정할 수 있다고 믿는다.
2. 자녀도 타인과 마찬가지로 동등한 인격이다.
3. 상호존중을 믿는다.
4. 부모도 인간이므로 불완전한 것이 당연하다.
5. 자신은 물론이고 모든 인간은 중요하다는 믿음이 있다.

첫 번째 신념인 '자녀가 자신에게 최선의 것을 결정할 수 있다고 믿는다'는 부모는 자녀에게 선택하게 하고, 그 선택에 대해 격려한다. 자녀는 자신감을 가지고 무엇이든 해보려고 하며, 문제를 해결하려고 하며 자신의 유능함을 믿게 된다.

두 번째, '자녀도 타인과 마찬가지로 동등한 인격이다'는 부모는 자녀를 믿고 존중한다. 자녀의 독립성을 격려하고 선택과 책임을 갖게 하며, 자녀가 공헌하기를 기대한다. 자녀는 자립심과 책임감을 발달시키고, 결정하는 것을 배우게 된다. 자신과 타인을 존중하고 평등을 믿는다.

세 번째, '상호존중을 믿는다'는 부모의 신념은 평등성을 증진하고 상호존중을 격려한다. 또한 자녀가 죄의식을 가지지 않도록 한다. 자녀는 타인과 자신을 상호존중하며, 다른 사람을 신뢰하고 사회적인 감정이 증가하게 된다.

네 번째, '부모도 인간이므로 불완전한 것이 당연하다'는 신념을 가진 부모는 현실적인 기준을 정하고 격려하며 인내심이 있고 힘을 강조하며 자신의 이미지에 큰 관심이 없다. 자녀는 스스로를 평가하기보다 현재 문제에 집중하고 문제를 해결하다 실수하면 다시 시도한다. 새로운 경험을 하려는 용기를 지니고 다른 사람에 대해서도 인내한다.

다섯 번째, '자신은 물론이고 모든 인간은 중요하다는 믿음이 있다'는 신념을 가진 부모는 자녀에게 상호존중하고 공헌하도록 격려하고 자녀에게 안 된다고 할 때를 알고 자녀에게 시중들지 않는다. 자녀는 다른 사람의 권리를 존중하며 좋은 사회적 관계를 가진다.

이처럼 자녀의 행동은 부모의 가치관, 성역할, 가족 내에서의 위치, 형제

순위, 부모의 양육 방법, 가족의 분위기 등에 영향을 받으므로 부모는 자녀에 대한 이해와 더불어 자신에 대해서도 올바른 이해를 하는 것이 필요하다. 자녀가 잘못된 행동을 할 때 부모가 강압적인 방법으로 통제하기보다는 자녀의 인격은 무시하지 않으면서 자신의 잘못된 행동에 대해 스스로 긍정적인 행동을 할 수 있도록 긍정적 행동을 제시하거나 격려하는 것이 바람직하다.

3) 나는 어떤 부모인가?

아래는 여러분의 아동기(6~11세)에 주 양육자(아버지/어머니)에 대한 여러분의 느낌이나 생각을 알아보는 것입니다. 주 양육자(아버지 혹은 어머니)를 선택한 후 각 문항을 잘 읽고 생각이나 느낌과 가장 비슷한 것에 ✔로 표시하십시오.

표 8-1 부모 애착 검사(여성가족부, 부모교육 매뉴얼:부모 애착 검사)

번호	좌측 문항	전혀 아니다 +2	대체로 아니다 +1	대체로 그렇다 −1	매우 그렇다 −2
1	내가 어떤 일로 기분이 상했을 때 주 양육자는 내 마음을 알아주려고 하신다.				
2	어떤 문제에 대해 의논할 때 주 양육자는 내 의견을 존중해 주신다.				
3	나는 주 양육자와 이야기하는 것이 편하다.				
4	주 양육자는 나를 잘 이해해 주신다.				
5	나에게 걱정거리가 있을 때 주 양육자는 내 마음을 잘 알아주려고 같이 걱정해 주신다.				
6	힘든 일이 있을 때 주 양육자를 믿고 기댈 수 있다.				
7	힘든 일이 있을 때마다 주 양육자를 만나면 마음이 편하다.				
8	주 양육자와 함께 있으면 마음이 편하다.				
9	주 양육자는 나의 감정을 존중해 주신다.				
10	주 양육자는 나의 능력을 발휘할 수 있도록 도와주신다.				
합계					

번호	전혀 아니다 -2	대체로 아니다 -1	대체로 그렇다 +1	매우 그렇다 +2	우측 문항
11					기분 나쁜 일이 있을 때 내가 얼마나 속상한지 주 양육자는 이해를 잘 못하시는 것 같다.
12					내가 어떤지에 대해 주 양육자는 잘 알지 못하는 것 같다.
13					주 양육자는 나에게 별로 관심이 없다.
14					주 양육자를 완전히 믿기는 어렵다.
15					주 양육자는 나와 함께 있는 것을 싫어하시는 것 같다.
16					주 양육자가 남처럼 느껴진다.
17					주 양육자는 내가 원하는 만큼 나와 친해지고 싶어하지 않은 것 같다.
18					주 양육자와 이야기를 하다 보면 내가 바보 같다는 생각을 한다.
19					나는 종종 주 양육자에게 화를 낸다.
20					주 양육자가 나를 있는 그대로의 나를 좋아하지 않을까 봐 불안하다.
					합계

계산법: 좌측 10문항 답한 것을 모두 더한다. +점수 또는 -점수가 나온 점수를 합계에 적는다. 우측도 동일하게 한다. 좌측 점수는 회피 점수이고, 우측점수는 불안 점수이다.
좌측 점수가 +이고, 우측 점수도 +이면 혼란형
좌측 점수가 +이고, 우측 점수가 -이면 무시형
좌측 점수가 -이고, 우측 점수가 +이면 집착형
좌측 점수가 -이고, 우측 점수가 -이면 안정형

회피(높음 +)

불안 (낮음 -) → 불안 (높음 +)	불안 (낮음 -)	불안 (높음 +)
회피(높음 +)	무시형 (+ , -)	혼란형 (+ , +)
회피(낮음 -)	안정형 (- , -)	집착형 (- , +)

회피(낮음 -)

출처: 여성가족부 부모교육 매뉴얼.

모든 심리검사는 하나의 결과로 사람을 정확하게 설명할 수는 없다. 특히 간단 검사는 더욱 그렇다. 어떤 유형을 나왔는지 확인해 보자. 만약 좌우측이나 상하 문항에서 0이 나오면 그 중간쯤이라고 생각하면 된다.

부모인 자신이 받았던 어린 시절의 양육 방식이 현재 자신의 아이를 양육하는 방식에 전부라고는 할 수 없다. 그러나 자녀양육에 80% 정도는 영향을 미친다고 하였고, 부모의 양육태도가 대물림된다는 실증적 연구는 1985년 미국 버클리 대학의 메리 제인이 성인을 대상으로 부모 관계를 심층 인터뷰한 애착 연구 결과, 부모와 어떤 관계를 맺었었는지가 현재 자녀양육 태도에 지대한 영향을 준다는 사실을 증명해냈다(노경선, 2007).

(1) 안정형 부모(편안하고 성격이 좋은 사람) I' m ok, You' re ok.

안정형 부모는 불안과 회피 모두 낮다. 자신도 존중하고 타인도 자신과 같이 존중할 줄 아는 사람이다. 타인의 존재도 인정하기에 갈등이 발생한다 해도 타협과 대화를 통해 순리대로 해결해 나간다. 타인에게 편안하게 도움을 요청할 수도 있고, 타인의 도움도 편안하게 응한다. 안정형 부모는 자기감정에 솔직하고, 타인과 솔직하게 대화하는 게 가장 좋은 방법이라는 것을 인지한다. 이들은 자녀를 잘 보살피며 자녀의 욕구를 민감하게 충족시키므로 자녀는 부모가 잘 반응해 주는 부모라고 생각한다. 이들은 자녀에게 몰입하며 기쁨을 찾고, 자녀가 바람직한 방법으로 불만과 공격성을 해소할 수 있도록 도와준다. 자신과 같은 좋은 부모를 만나 지지와 관심 속에서 성장한 사람이다. 안정형 부모는 어린 시절을 힘들게 보냈었어도 스스로의 노력을 통해 안정 애착이 된 사람이라는 평을 자주 듣고, 심리적 불안이나 회피의 행동 등이 비교적 적다. 그러므로 자신의 부모가 안정형 부모가 아니었더라도 자신이 노력하면 안정형이 될 수 있다. 그러니 부모 탓으로 돌리거나, 어쩔 수 없다는 생각을 가지지 않도록 하자. 즉 자기 성찰을 통해 안정형 부모가 될 수 있다는 긍정적인 생각을 가지는 것이 필요하다. 존스홉킨스 대학의 지나영 교수는 우리의 생각은 감정을 일으키고(그 과정은 매우 짧다) 그 감정은 행동에 영향을 미친다고 한다. 예를 들어 아이가 물을 쏟았을 때 '저 애는 항상 조심성이 없어'라는 생각이 들면 어떤 감정이 들겠는가. 아마 미운 감정이 들거나 속상한 감정이 들기도 할 것이다. 이어진 우리의 행동은 거친 말을 하거나 훈계를 할 수도 있을 것이다. 만약 우리가 '아직 서툴러서 물을 쏟은 것이지'라는 생각이 들었다면 다른 감정이 들 것이고 다른 행동을 할 것이다. 또 다른 예를 들자면, 바쁜 출근길에 앞 차가 신호도 없이 갑자기 끼어든다면 어떤 생각이 들지 생각해 보자. 아마 '아니 갑자기 끼어들면 어떻게 해!' 하며 화의 감정이 생길 것이다. 그리고 그 차를 향해 경적을 울리게 될 수도 있다. 그런데 만약 그 차에 아이를 낳으러 가는 진통을 겪는 산모가 있다는 것을 알게 되었다면 우리의 생각은 달라질 것이고 감정과 행동도 달라질 것이다. 이처럼 감정은 생각을, 생각은 행동에 영향을 미친다(앞서 말했듯이 생각과 감정이 찰나에 이루어진다). 그러므로 생각에 영향을 주는 것은 상대방의 처지를 아는 것에서 출발한다. 상대방의 처지를 이해하기 위해서는 가장 먼저 자신을 아는 것을 전제로 한다. 그것이 자기 성찰이다. 상대방을 이해하게 되어야 비로소 공감이 되는 것으로 서양 속담에 '상대를 진심으로 공감한다는 것은 상대방의 신발을 신어보는 것이다'라고 했다. 즉, 상대방의 신발을 신어봄으로써 신이 축축한지, 꽉 끼는지 알 수 있다는 의미(상대방의 마음 또는 상황)일 것이다. 내 마음이 조금은 빈 곳이 있어야 상대방을 이해할 여력이 생긴다. 그렇기에 항상 내 마음의 거울이 흐려지지 않도록 들여다보고, 닦고, 살펴야 한다. 부부관계나 부모자녀관계도 다른 인간관계와 다르지 않다. 나에 대해서 알고(나는 언제, 무엇에 기쁜지, 화나는지 등등), 상대방을 알면(언제, 무엇에 기쁜지, 화나는지 등등) 갈등이 생겼을 때, 그 전과는 다른 생각 · 감정 · 행동으로 오해가 아닌 이해를 하게 되고 비로소 갈등 해결의 실마리를 발견하게 된다. 비록 우리의 부모가 안정형이 아니었더라도 우리는 우리 자녀의 안정형 부모가 될 수 있다.

(2) 무시형 부모(타인과 있으면 불편한 사람) I' m ok, You' re not ok.

무시형 부모는 불안은 낮으나 회피가 높은 사람으로 타인과 같이 있을 때 불편해한다. 문제가 없을 때는 대체로 잘 지내나 어려운 일이 생기면 부담을 느끼고 귀찮아하고, 피하려고 한다. 이들의 특징으로는 적절한 양육이 물리적으로든 정신적으로든 부족했거나, 공감 능력이 그리 높지 않은 주 양육자와 상호작용을 경험한 사람이다. 또는 심하게 간섭하고 귀찮게 하는 부모에게서 자란 경험이 있을 수 있다.

무시형 부모는 '자기 먹을 것은 다 타고난다고 했어. 부모가 하나하나 다 챙겨 줘야 하나?'라는 식으로 자녀를 키울 가능성이 크다. 부모는 자기 일이나 생각에 빠져 자녀의 요구에 관심을 두기 어렵다. 아이가 놀다가 불안해져 부모를 찾으면 '시끄럽게 왜 부르고 난리야! 혼자서 놀면 되지.'라는 반응을 하고, 자녀는 부모에게 떨어지려 하지 않고 매달리는 아이로 양육될 가능성이 크다. 아이가 아무리 떼를 써도 무시형 부모는 요구사항을 해주지 않고 TV만 보거나, 아이가 화를 내고 짜증을 부려도 반응은 무덤덤하고 무표정하다. 부모와의 친밀감을 형성하고 싶지만 부모가 반응하지 않으니 자녀는 부모와의 친밀감 형성에 어려움을 겪게 된다. 이런 아이들은 타인에게 친밀한 감정을 어떻게 드러내야 할지 모르고, 감정을 제대로 경험해 본 적이 없어 성인이 되어서도 타인과 같이 있고 싶어도 가까이 가지 못하는 성향을 드러내게 된다.

(3) 집착형 부모(혼자가 불안한 사람) I'm not ok, You're ok.

집착형 부모는 회피는 낮고 불안이 높은 사람이다. 집착형 부모는 일관성이 부족하거나, 강압적인 원칙을 강요하며 협박하는 부모와의 관계를 경험한 사람이다. 자신에 대한 열등감으로 낮은 자존감으로 타인에게 의지하려는 경향이 있고, 타인과 쉽게 친밀감을 형성하려 하고, 형성된 친밀감에 집착하는 성향을 보인다. 집착형 부모는 아이의 요구에 반응하고 만족시켜 주기는 하나, 일관되게 지속적으로 해주지 않는 경우다. 부모가 이랬다 저랬다를 일관성 없이 반복하기에 아이는 요구 사항을 매우 어렵게 획득하게 되며, 자신이 필요한 것을 획득하기 위해서는 떼를 써야만 얻을 수 있는 경험을 하게 된다. 아이는 부모의 관심을 받지만 언제 받을지 모르는 불안감으로 부모에게 더 악을 쓰고 매달리게 된다. 이러한 부모 밑에서 자란 아이는 인지기능 발달에 쓸 에너지를 자신의 감정을 부모에게 지나치게 보내느라 인지발달의 어려움을 겪을 수도 있다. 부모에게 감정적으로 집착하며 성인 이후에는 배우자에게 집착한다.

(4) 혼란형 부모(부모 역할 수행이 어려운 사람) I'm not ok, You're not ok.

혼란형 부모는 혼란과 회피 모두 높은 사람으로 타인과 교류가 어렵고 현재 기능적인 부모 역할 수행이 어려운 상황에 있는 사람이다. 자신과 타인에 대한 존중이나 배려의 경험이 미약하고, 안정형 부모를 만나지 못하고 무관심과 멸시 속에서 성장한 경우이다. 어린 시절의 힘든 경험을 극복하지 못하고 회피와 억압 그리고 불안을 경험해 온 사람일 수 있다. 혼란형 부모는 자녀양육뿐만 아니라 자신의 삶에 대한 통제권도 실현되지 않은 상황임으로 적절한 휴식이나 전문가의 도움을 받는 것이 필요하다.

부부싸움 '12345' 전략

1. **일단 필요하면 싸워라.**
   피하기 어려운 사항이라면 문제를 회피하기보다는 일단 싸우는 게 억지로 참는 것보다 낫다. 단 갈등의 해결이라는 목표를 두고 싸움의 주체가 된 원인에 대해서만 싸운다.
2. **이성을 잃지 마라.**
   부부싸움은 대부분 사소한 것으로 시작되기도 한다. 잠시 흥분을 가라앉히고 이성적으로 판단하면 사태가 심각하게 되는 것을 방지할 수 있다.
3. **삼갈 것은 삼가라.**
   해선 안 될 말은 절대 하지 마라. 나중에 화해하더라도 아픈 말의 상처는 가슴에 깊게 남는다. 또한 물건을 깨거나 주먹으로 벽을 쳐서 다치면 손해다.
4. **사과할 것은 사과하라.**
   배우자에게 자존심을 세우거나, 거짓말하거나, 핑계를 대거나 하지 말고, '미안해'라는 말 한마디를 먼저 하자. 기어코 상대방에게 사과를 받아내려 하거나 항복하기를 요구하지 말자.
5. **오래 끌지 마라.**
   아이들에게는 '친구와 싸우면 안 돼. 먼저 사과하는 사람이 이기는 거야' 하면서 부부싸움에는 기필코 이기려 한다. 아이들에게 한 말처럼 먼저 사과하고, 화해하도록 하자. 부부싸움은 간단하게 하라. 오래 끌수록 서로 손해다.

출처: 여성가족부 부모교육 매뉴얼 재구성.

싸움 예방 '12345' 전략
1. 일단 참을 수 있으면 참아라.
2. 이기려고 하지 마라.
3. 3분을 생각해도 싸워야겠다면 싸워라.
4. 사태를 반전시켜라.
5. 오해를 풀어라.

우리 부부의 싸움 예방 전략 〈부부싸움의 징조가 보일 때 나는(우리는)...〉 작성
1. 예) 물 한 잔 마시기
2.
3.
4.
5.

2. 자녀양육 유형

'가족' 하면 떠오르는 것을 적어 보자.

일본 영화배우이자 감독인 기타노 다케시(北野武)는 "가족이란 누가 보지 않으면 버리고 싶은 존재이다."라고 했다. 가족이란 우리에게 사랑과 애정과 관심을 주는 존재였다가도, 어떨 때는 애정을 철회하거나, 지나친 간섭으로 숨이 막히게도 한다. 이런저런 이유에서 가족은 나에게 소중한 존재이기도 하고 버거운 존재이기도 하며, 우리에게 힘이 되기도 하고, 짐이 되기도 하기에 이렇게 말한 것일 수도 있겠다.

자신의 가족에 대한 어떠한 감정을 느끼는지는 태내 경험에서부터 시작된다고 한다. 우리나라는 태교를 중요하게 여겼다. 태내에서 삶을 인정하기에 태어나면 1세가 된다. 태내의 삶과 탄생 이후의 삶의 전 과정은 가족을 포함한 외부와의 상호작용에서 얻은 다양한 경험들이 자존감뿐만 아니라 삶 전체에 막대한 영향을 끼친다. 만약 산모가 스트레스에 자주 노출되면 체내에서 코르티솔(Cortisol)이 탯줄을 통해 태아에게 전달된다. 이것은 출생 이후의 태아의 신체와 정서적 상태에 지속적인 영향을 미치는 요인이 될 수 있다. 출생 이후에도 엄마를 포함한 가족 그리고 사회적 환경과의 직접적인 경험이 한 사람의 심리적 건강에 끼치는 영향은 막대하다. 특히 초기 양육자의 학대와 방임은 아이의 뇌 형성에 영향을 끼쳐 정신 병리와 외상 후 증상의 전조가 될 수 있다.

우리나라의 부모교육은 고려 시대 태중훈문(胎中訓文), 조선 시대 태교신기(台教新記), 규합총서(閨閤叢書), 계녀서(戒女書), 규범(閨範) 등에서 태교와 자녀양육에 관한 서적에서 찾아볼 수 있으며, 엄부자모(嚴父慈母)의 교육을 내포하고 있다.

학자 유희는 어머니의 슬기롭고 지성스러운 태교로, 날 때부터 영특하고 천하의 기재(奇才)라는 학식을 지녔으며, 어질고 따뜻한 마음을 지녔다고 한다. 그의 어머니 사주당 이씨의 태교신기에는 다음과 같은 글이 있다.

"아비가 씨를 주고, 어미가 기르고, 스승이 가르침(父生, 母育, 師教)은 마찬가지이나, 훌륭한 의사는 병이 나기 전에 손을 쓰고, 잘 가르치는 자는 낳기 전에 가르치므로, 스승 십 년의 가르침이 어미 열 달 배 안의 가르침만 못하고, 열 달 어미의 가르침 또한 아비 하룻밤의 씨를 줌만 같지 못하다." 하여 가르침의 가장 근본은 태교이며, 태교보다 더 중요한 것은 아이 가질 때의 아비의 올바른 마음이라고 하였다.

태교신기에는 임산부에 대한 주위의 세심한 배려에 관해서도 다음과 같이 적고 있다.

> "온 집안이 조심조심하여 불행한 일이 들리지 않으니, 그 성냄을 두려워해서이며, 흉한 일이 들리지 않으니 두려워할까 저허해서요. 어려운 일을 들

> 리지 않으니, 시름할까 걱정해서요. 다급한 일은 들려주지 않으니 놀랄까 저허해서이다. 성내면 자식의 피가 병들고, 두려워하면 자식의 정신이 병들고, 시름하면 자식의 기운이 병들고, 놀래면 자식이 간질병들기 때문이다."

또한 아기를 가진 어머니에게 마음 앉힘(존심 存心)을 일러주고 있다.

> "아기는 피로 이루어지며, 그 피는 마음의 움직임을 통해서니, 그 마음이 그르면, 그 아이도 따라서 부정하니 아기 가진 아낙네의 도(道)는 공경스럽게 제 마음을 간직하여, 혹시라도 남을 해치거나 산 것을 죽일 마음을 먹어서는 안 되고, 간사하고 탐욕스럽고 도적질하고 시새우고 헐뜯는 마음을 가슴에 싹트게 만 뒤에야 입에서 망령된 말이 안 나오고 얼굴에 불만의 빛이 없으리니, 만약 순간적으로나 공경을 잃는다면 이미 그른 피니라."

태교신기를 지은 사주당 이씨는 비록 태교의 책임을 어미 된 자에게 있음을 강조하지만, 그 보다 근원적인 책임은 아비의 올바른 마음에 있다고 주장하였다.

부모 역할은 아이가 태어나기 전부터 시작하여 자녀가 성인이 될 때까지 해야 하며, 부모 역할을 하고 싶지 않다고 그만둘 수 있는 것이 아니다. 부모의 양육행동에 영향을 주는 것으로는 부모의 특성, 자녀의 특성, 사회문화적 특성이 있다. 부모의 특성은 부모의 기질과 성격, 습관, 교육관, 가치관, 양육태도 등이고, 자녀의 특성으로는 아동의 기질, 성격, 출생 순위, 성장 속도, 성장 패턴, 성 등이다. 가정의 사회 경제적 지위, 가정의 사회문화적 분위기, 양육 문화, 대중 매체, 부모 주변인의 가치관 등이 사회 문화적 특성이다.

자녀양육의 가장 효율적이며 효과적인 최상의 유일한 방법은 없다. 그렇기에 부모교육을 통하여 부모 자신의 가치관 정립과 자녀를 인격체로 인정하는 태도와 기술을 배우는 것이 필요하다. 자녀를 잘 키우려면 부모의 '객관적 양육태도 점검'이 선행되어야 한다.

1) 바움린드(Baumrind, 1978)의 부모 양육태도

Diana Blumberg Baumrind (1927~2018)

출처: https://www.thinglink.com/scene/

미국의 아동발달심리학자 다이애나 바움린드(Diana Blumberg Baumrind)는 부모와 자녀 사이에 이뤄지는 상호작용은 애정(responsive)과 통제(demanding)의 두 축을 기준으로 부모 양육태도를 분류하였다(안지령 외, 2018). 부모가 자녀에게 애정을 표현하는 정도와 자녀를 통제하는 정도에 따라 권위 있는 양육(authoritative attitudes), 독재적인 양육(authoritarian attitudes), 허용적인 양육(permissive attitudes) 태도로 구분하였다. 이후 Maccoby와 Martin(1983)은 Baumrind의 세 가지 양육 스타일에 방임적 양육(uninvolved attitudes)을 넣어 네 가지로 확장했다(한영란, 2018).

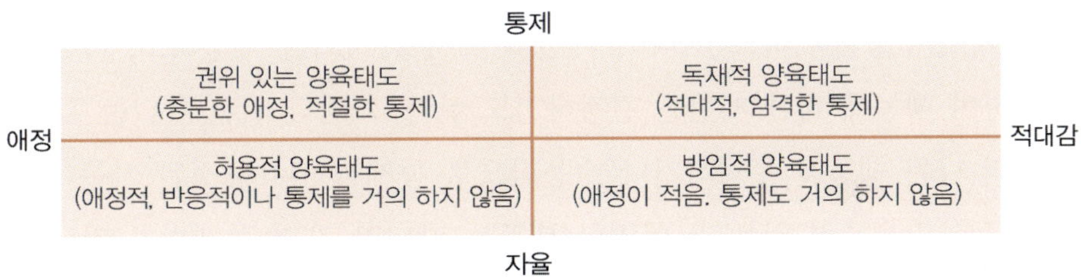

그림 8-1 바움린드의 부모 양육태도

(1) 권위주의적 · 독재적 양육태도
(authoritarian attitudes 또는 authoritarian parenting)

권위주의적이라고 번역되어 권위적인 양육과 헷갈리기도 한다. 독재적인 양육태도로 주로 통제를 사용하여 때로는 체벌이나 강압적인 방법으로 자녀에게 즉각적인 복종을 요구하기도 한다. 자녀에게 규칙을 설명하기보다 부모가 정한 규칙을 절대적으로 따르기를 요구한다. 독재적인 태도를 가진 부모는 규율을 맹목적으로 강요하고, 규율을 정확하게 설명하지 않기에 자녀는 우울하고 불행하며 공포감과 두려움을 지니며, 직접 표출하지 않으나 적의적이고 배타적이며, 스트레스를 쉽게 받으며, 주변에 공격적인 행동과 무뚝뚝한 행동을 보인다(홍길회, 황정해, 2019, 김수희 외, 2008).

또한 독재적 양육태도는 자녀를 반사회적이고 충동적인 존재로 여기기에 옳지 않은 행동에 대해 처벌을 하며, 자녀의 욕구와 의견을 고려하지 않는데, 이러한 양육을 받은 자녀는 공격적이거나 수줍음을 교대로 나타내거나, 갈등이 많고 화를 잘 내지만 두려움도 많은 특성을 보인다(안지령 외, 2018).

(2) 허용적 태도(permissive attitudes 또는 permissive parenting)

허용적인 부모는 규율을 명시하거나 부과하지 않는다. 규칙에 대한 설명도 하지 않고, 규칙을 강요하지도 않는다. 자녀의 떼쓰기에 순응하여 일관성 없는 양육태도를 지닌다. 자녀의 충동과 욕구 표현도 수용하며 자녀에게 성숙된 행동에 대한 기대나 요구도 없다. 또한 옳지 않은 행동을 간과하거나 허용하기도 한다. 허용적인 부모는 자녀를 독립적인 개체로 인정하며 자율성을 부여하고 자녀의 의견을 제시할 기회를 제공하고, 자녀와 상의하여 행동에 대한 제한을 결정하기도 한다. 그러나 일관성 없는 훈육, 자녀의 나쁜 행동을 무시하거나 수용함으로 통제하거나 규정된 기준에 복종하도록 강요하지 않는다. 이러한 태도는 자녀가 자기 통제력을 기르는 기회를 제공하지 못하게 될 수 있다. 허용적인 부모의 자녀는 자기 신뢰성, 성취지향성, 자기통제가 낮으며, 감정의 기복이 심하고, 충동성과 공격적 성향이 나타날 수 있으며, 부모에게 반항적이고 지배적인 태도를 보이거나, 자기중심적이고 공격성을 나타내기도 한다(홍길회, 황정해, 2019, 김수희 외, 2008).

(3) 방임적(uninvolved attitudes 또는 indulgent parenting)

허용적인 자녀양육에서 Maccoby와 Martin이 확장한 개념으로, 자녀에게 통제도 하지 않고 애정도 주지 않는 유형이다. 방임적 부모는 허용적이고,

비지시적이고, 자유분방한 양육 방식으로 책임감과 통제력 부족하며, 자녀의 요구를 무조건적으로 허용하는 것이 자녀를 인격체로 대하는 것이라 믿는다. 자녀가 같이 놀아 달라 할 때도 애정을 주지 않고. 자녀에게 바른 행동도 요구하지 않는다. 이러한 부모에게 자란 자녀는 외부에 대해 믿지 못하고, 자기중심적이며, 의존적이고, 사회성이 결여될 수도 있다(안지령 외, 2018).

(4) 권위 있는 태도(authoritative attitudes 또는 authoritative parenting)

권위 있는 태도는 허용적 태도와 독재적 태도의 장점의 조합으로 제한된 범위 내에서 자율성을 자녀가 갖도록 인정한다. 권위적인 부모는 자녀에게 명백한 권위와 이성적인 설득 그리고 심리적 강화 등으로 자녀의 행동을 통제하고자 한다. 자녀에게 규칙을 설명하고, 자녀가 이에 반대할 때 자녀가 반대하는 이유에 대해서도 경청하는 등 의사소통을 중시한다. 자녀는 자기 신뢰감, 자기 통제성 등이 높으며, 자신의 행동에 책임지는 행동을 하려고 하며 사회적으로 자립적이고 우호적이며 협조적이다(홍길회, 황정해, 2019, 김수희 외, 2008). 이러한 부모에게서 자란 자녀는 자존감이 높고 자기 통제를 잘하며, 타인과 원만한 관계를 형성하고, 호기심이 왕성하고, 스트레스 상황에 대처를 잘 한다(안지령 외, 2018).

2) 쉐퍼(Schaefer)의 부모 양육태도

쉐퍼(Schaefer, 1959)는 애정－거부(love-hostility)와 자율－통제(autonomy-control)의 두 차원을 기준으로 '애정적－자율적(가장 바람직한 양육태도)', '애정적－통제적(과잉 보호형)', '거부적－자율적(방임형)', '거부적－통제적(독재형)'으로 구분된 자녀양육모형을 제시했다(안지령 외, 2018). 애정은 칭찬, 애정표현, 요구 신호에 대한 민감한 반응 등이며, 적대는 반대의 행동이 포함되고, 자율－통제는 자녀의 자유 통제 정도나 성숙한 행동에 대한 부모가 얼마나 자주 얼마나 강하게 요구하는가로 측정한다(최혜순, 이미현, 2019).

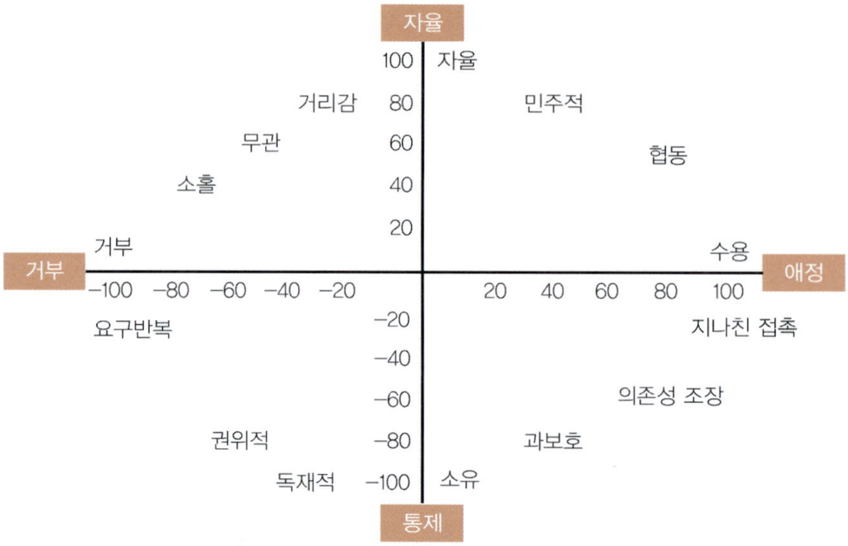

그림 8-2 쉐퍼의 부모 양육태도

(1) 애정적-자율적 양육태도: 가장 바람직한 양육태도

가장 바람직한 양육태도로 이는 민주적 양육태도 유형으로 자녀는 외형적이고 독립적으로 사회에 적응할 수 있다(최혜순, 이미현, 2019). 자녀를 한 개인으로 인정하고 자녀의 권리와 개성을 존중하며 스스로 생각하고 일을 처리하며 책임을 지는 습관을 권장한다(안지령 외, 2018).

(2) 애정적-통제적 양육태도: 과잉보호형

애정적-통제적 양육태도를 가진 부모는 애정적이면서도 자녀의 행동에 제약을 많이 가하는 유형으로 자녀는 다소 의존적이며, 사교성과 창의성이 낮을 수 있다(안지령 외, 2018). 부모는 자녀를 애정적으로 대하면서 자녀의 행동을 통제하는 엄격한 태도를 보인다. 부모가 지나치게 애정을 갖기에 언어적 심리적 통제 및 신체적인 처벌을 가하기도 하며, 부모 자신의 경험을 바탕으로 자녀의 삶을 계획하고, 학습 내용이나 방법을 선택하도록 강요하기도 한다. 이러한 양육태도는 자녀를 의존적이고, 사교성과 창의성을 약하게 하거나 내적으로 불안한 정서를 가질 수도 있다. 또한 인내심이 상당히 강하거나 약한 극단적인 모습을 나타내며 상상적 적대감을 가지기도 한다(최혜순, 이미현, 2019).

(3) 거부적-자율적 양육태도: 방임형

거부적-자율적 양육태도를 가진 부모는 자녀를 수용하지도 못하고 자녀 마음대로 행동하도록 방임하는 태도를 보이는 유형으로, 자녀에 대해 무관심하며, 자녀와 함께하는 시간도 거의 없고, 자녀양육에 대한 책임감도 약하며 자녀에 대해 냉담한 태도를 보임으로써 자녀가 거리감을 느끼게도 한다(안지령 외, 2018). 자녀는 이와 같은 양육환경에서 사회적 규범을 배우거나 자신을 귀찮게 여기는 부모와의 관계에서 반사회적이 될 수도 있다. 거부는 공격적 행동 발달과 같은 부정적 영향을 미치게 된다(최혜순, 이미현, 2019).

(4) 거부적-통제적 양육태도: 독재형

거부적-통제적 양육태도를 가진 부모는 자녀를 애정적으로 받아들이지 못하며 자녀의 행동을 엄격하게 통제하는 태도를 보이는 유형으로, 부모는 권위적이고 독재적인 태도를 보이는 경우가 많고, 특히 일관성 없는 훈육과 체벌 등을 가할 수도 있다. 따라서 자녀는 자아에 대한 분노로 내면적으로 많은 고통과 갈등을 겪게 되기도 하며, 심한 경우 자학적이고, 퇴행적인 행동을 보일 수도 있다(안지령 외, 2018).

그러나 최혜순, 이미현(2019)에 의하면 자율-통제 차원은 부모의 통제를 측정하는 연구자 간 차이를 보이기에 명백한 영향력을 제시하지 못하고 있고, 예를 들어 부모가 요구적이고 엄격하거나 또는 자율적이라도 부모가 애정이 있으면 자녀는 긍정적으로 성장 발달할 수 있으나, 부모의 적대적이거나 요구적이고 엄격하다면 정서적 불안 행동이나 위축될 수 있다고 하였다.

3) 감정 코칭

감정 코칭은 감정을 있는 그대로 자연스럽게 이해하고 받아들이되, 감정을 표현하는 행동에는 명확한 한계를 두고 그 안에서 좀 더 바람직한 행동으로 이끌어 주는 것이 핵심으로, 존 가트맨(John Mordecai Gattman)은 30년간 약 3,000쌍의 부부를 조사한 결과 부모들의 자녀양육 유형을 감정 코칭형, 축소 전환형, 억압형, 자유방임형으로 분류하였다(최혜순, 이미현, 2019).

표 8-2 존 가트맨(John Mordecai Gattman)의 자녀양육 유형

부모 유형	부모 특징
감정 코칭형	• 자녀의 감정은 다 받아주되 행동에는 제한을 둔다. • 감정에는 좋고 나쁜 것이 없으며, 삶의 자연스러운 일부로 받아들인다. • 자녀가 감정을 표현할 때 인내심을 가지고 기다려 준다. • 자녀의 감정을 존중하고, 작은 감정의 변화도 놓치지 않는다. • 자녀와 정서적 교감을 중요히 여기고, 자녀의 독립성을 존중하며 스스로 해결 방법을 찾도록 한다. • '함께 찾아보자'
축소 전환형	• 자녀의 감정을 대수롭지 않게 생각하거나, 무시하고 때로는 비웃는다. • 자녀의 감정은 그냥 놔둬도 시간이 지나면 저절로 사라진다고 여긴다. • 자녀의 감정은 비합리적이라 중요하지 않다고 생각한다. • 감정에는 좋고 나쁜 것이 있으며, 나쁜 감정은 아무런 도움이 되지 않는다고 생각한다. • 자녀가 부정적 감정을 나타내면 불편해하고 자녀의 관심을 빨리 다른 곳으로 돌리려고 한다. • 감정적으로 통제가 불가능한 것을 두려워한다. • '별것 아니야'
억압형	• 자녀의 감정을 무시하고 심지어는 잘못된 것이라고 비난한다. • 자녀의 감정보다는 행동을 보고 야단치거나 체벌을 한다. • 부정적 감정은 나쁜 성격, 나약한 성격에서 나온다고 생각한다. • 자녀의 요구 사항이 있을 때 부정적 감정을 이용한다고 생각한다. • 부정적 감정은 억제해야 한다고 믿는다. • 자녀의 부정적 감정은 체벌을 해서라도 없애 주고, 올바른 행동을 가르쳐야 한다고 생각한다. • '그럼 못 써'
자유방임형	• 자녀의 모든 감정을 받아준다. • 좋은 감정, 나쁜 감정을 구분하지 않는다. • 감정은 물론 행동도 제한하지 않는다. • 감정을 분출하면 모든 것이 해결된다고 믿는다. • 자녀의 부정적 감정을 공감하고 위로하는 것 외에 자녀에게 해줄 것이 없다고 생각한다. • 자녀가 감정을 처리하고 문제를 해결하는 데는 관심을 두지 않는다. • '뭐든 괜찮아'

출처: 연미희, 김진숙(2015). 부모교육 재구성.

가트맨 박사는 감정 코칭의 성공을 위해서는 자녀가 부모로부터 존중받고 있다는 느낌을 가지는 것에서 시작된다고 했다. 그러나 이 접근법은 쉽지가 않은데, 모든 상황에서 이 방법을 쓰는 사람은 없다. 그 이유는 감정 코칭을 쓰기 위해서는 노력과 인내가 필요하기에 감정 코칭에 확신을 가진 사람의 절반도 쓰기 어렵다(최혜순, 2011). 그렇지만 이러한 방법은 자녀의 건강한 감정을 발달시키며, 문제해결 방법을 스스로 찾아갈 수도 있으며, 어려운 상태에서 빠르게 회복되며, 학업성적을 좋게 하고, 더 좋은 인간관계로 이어진다. 다음의 감정 코칭 다섯 단계를 익혀 사용하도록 하자.

표 8-3 감정 코칭 5단계

단계	내용
1단계 자녀의 감정 인식하기 emotional awareness	자녀의 감정에 따른 행동을 앎으로써 각기 다른 감정 상태의 인식이 중요. 자녀는 부모가 감정을 다루는 방법을 모델링하는 경우가 많음.
2단계 친밀감 조성 및 교육기회로 활용 connecting	자녀의 감정에 세심한 주의를 기울여 감정적인 순간들을 자녀와 더 가깝게 다가가는 기회로 삼음. 자녀에게 그 감정이 괜찮다는 것을 알려주고 감정을 정리하는 코치 역할을 함.
3단계 공감하며 경청하기 listening	자녀의 말을 잘 듣고 공감하여 자녀의 감정을 함께 나누도록 함. 부모가 잘 듣고 있다는 것을 자녀가 충분히 인지하도록 하고, 자녀의 감정을 성급히 판단하거나 비난하지 않도록 함. 즉, '잘 들어주고, 잘 받아주는 것'이 중요함.
4단계 자기감정 표현하도록 돕기 Naming emotion	자녀들에게 어떻게 느껴야 하는지 말하지 말고 자녀가 느끼는 감정을 인식하려고 노력. 부모가 자신의 감정에 이름을 붙이고 이야기함으로써 자녀가 가진 감정을 스스로 정리하고 밖으로 드러낼 수 있도록 함.
5단계 좋은 해결책 찾기 Finding good solutions	자녀의 감정과 행동을 분리해 잘못된 행동을 꾸짖고 올바른 행동을 하도록 구체적인 방안을 알려줌. '너는 어떻게 하고 싶니?, 그 문제를 해결하는 데 도움이 되는 생각은 어떤 게 있니?, 어떤 생각이 가장 효과가 있을 것 같니?' 등을 통해 자녀가 해결책을 스스로 고를 수 있도록 지도해야 함.

출처: 최혜순(2011). 부모교육 재구성.

3. 잘못된 자녀양육 방식

자녀가 특별한 아이로 자라길 바라는 부모의 경쟁심리에는 '자녀가 명함'이 되어 주기를 바라는 마음이 있다. 자녀가 살아가야 할 세상은 부모가 살아온 세상과 다를 것이다. 자녀를 위해서라는 명분으로 다음과 같은 잘못된 양육 방식을 행사하게 된다고 할 수 있다.

1) 잘못된 자녀양육 방식들

(1) '자녀가 명함' 양육방식

부모의 판단과 목적에 따라 자녀를 양육하는 방식으로 자녀를 통해 자신의 욕구를 충족시키는 것에 양육의 가치를 둔다. 자녀가 '최고'가 되길 바라고 부모 자신의 판단에 '확신'이 있는 경우가 많다. '엄마 말만 들어. 너는 엄마가 하라는 대로 하면 돼!' 등 자녀와의 대화 언어 형태와 양육 형태를 보인다. 자녀가 반장이나 회장이 된다거나, 영재로 발탁이 되면 그것이 부모의 명함이 되는 것이다. 자녀는 부모의 욕구를 충족시키는 '전투요원'이 된다.

(2) '고지가 바로 저기' 양육방식

부모가 목표를 세워 놓고 자녀가 빨리 그 목표에 도달하길 바라며 서두르는 양육방식이다. 자녀의 정서적 풍요보다는 인지적 유능에 관심을 두고 자녀가 엘리트가 되길 바란다. 부모는 자녀에게 투자를 아끼지 않으며 조기교육과 선행학습 등 자녀의 우월성을 위해 몰아붙이는 경쟁적 양육방식이다.

(3) '더더더' 방식

무조건 자녀가 더 많은 것을 배울 수 있게 해주려는 양육방식이다. 부모는 자녀가 만능이고 모든 면에서 뛰어나길 바라며 그런 자녀 모습에서 부모 자신의 우월감과 만족감을 갖는 경우다. 이런 부모는 남들이 하는 것은 자녀에게 다 해줘야 안심이 되는, 과잉 성취 욕구가 있다. 남들이 다 하는 것을 자녀가 하지 못하면, 자녀가 다른 아이보다 뒤처질 것 같은 불안감과 더러는 부모의 과시 욕구로 인해 자녀를 개성이나 특징이 없는 사람으로 자라게 할 가능성이 있다. 무조건 많이 배우게 하는 것은 자녀의 적성을 발견하지 못하고 오히려 자녀에게 스트레스와 부담을 주는 원인이 되기도 한다.

(4) '넌 가만히 있어 내가 다해줄게' 방식

자녀 스스로 해야 하는 모든 것들을 부모가 대신 먼저 알아서 챙겨주는 양육 방식이다. '준비물은 챙겨뒀어. 책상 정리는 엄마가 해줄게. 넌 아직 어려서 잘 몰라.' 등의 언어적 상호작용 형태를 나타낸다. 자녀는 부모가 알아서 다 해주기에 의존적이 되기도 하고, 타인이 자신의 욕구를 채워 주지 않으면 화를 내기도 한다. 문제에 대해 남 탓을 하거나, 자기 잘못을 인정하지 않고 모면하려는 핑계를 대는 사람이 될 수도 있다. 자녀에 대한 일일이 다 챙겨주고, 모든 결정도 부모가 해주는 것이 자녀를 의존적이고 허약하게 한다는 것을 깨닫는 것이 필요하다.

4. 자녀양육 기술

1) 칭찬과 격려

칭찬(稱讚)은 결과에 대한 보상이라면, 격려(激勵)는 과정까지도 인정하는 것이다. 자녀가 이전에 하지 못하던 일을 해냈을 때 또는 해내고자 할 때 격려가 필요하다. 칭찬은 다른 사람의 좋은 점을 들어 평가하는 것이라면, 격려는 용기나 힘을 북돋아준다는 의미가 있다. 칭찬이 외적 통제, 외적 평가라면 격려는 자기 존중과 성장, 내적 평가라고 할 수 있다.

칭찬은 과제수행의 결과에 대한 보상으로 실패에 대한 두려움이나 지나친 기준과 가치를 부여하기도 한다. 이는 과대 경쟁의식을 부추기거나 타인의 희생을 개의치 않는 최고 지향의 성향을 가지게도 한다. 남을 기쁘게 하는 데 가치를 부여하고 반대하는 것에 대한 두려움을 갖기도 한다.

예를 들어 자녀가 100점을 받아 왔을 때 "역시 내 딸(아들)이야. 네가 최고다. 옆집 아이는 90점 받았는데 우리 딸(아들)은 100점을 받았네~"라고 한다면 아이는 다음에도 100점을 받아야 한다는 부담과 남과 비교하여 우위에 올랐듯이 점수가 낮아지면 비교 당할 것을 염려하게 된다.

격려는 실패 경험에 대한 자기 극복과 재시도하려는 노력으로 자기 존중과 성장을 지향한다. 노력에 대한 인정과 지속적 노력을 하며, 개인과 모든 이를 위해 재능을 활용하고자 한다. 또한 자신과 타인의 성공에 대한 만족에 가치를 둔다.

같은 예로 자녀가 100점을 받아 왔다면, "네가 시험 기간 동안 잠을 줄이고 문제지를 풀고 공부하더니 100점을 받았구나. 네가 열심히 노력하여 공부한 결과가 좋으니 엄마(아빠)도 좋다."라고 자녀의 노력에 대해 격려하는 것이 바람직하다.

뉴질랜드에서는 학생평가를 할 때 자신의 과거 점수와 비교하여 평가한다고 한다. 지난 성적이 70점인 학생이 이번 시험에 80점으로 향상되었다면 그것에 대한 평가를 하는 것이다. 그렇게 되면 학생은 다른 학생과 비교 당하지 않고 자신의 노력에 대한 평가를 받게 되니 친구와 과도한 경쟁을 하거나 노트 필기를 보여주지 않거나 할 필요가 없는 것이다.

자녀가 자기 신뢰와 자아존중감을 향상시키기 위해서는 격려가 칭찬보다 효과적이다.

1. 아무런 조건이나 전제 없이 자녀를 있는 그대로 수용하고 믿는다. 부모가 자녀를 믿지 않는데 자기 자신을 신뢰할 수 있는 아동은 없다.
2. 자녀가 주어진 상황이나 과제를 충분히 극복할 수 있을 것이라 기대하고, 이러한 부모의 기대를 행동으로 직접 표현해 주도록 한다.
3. 자녀가 잘못된 행동을 했을 때 자녀의 행동과 자녀를 구분한다. 행동에는 제재가 필요하지만 자녀는 한 인간으로서 존중받고 수용되어야 한다.
4. 고자질을 무시한다. 즉, 긍정적인 행동에 관심을 보여준다.
5. 장점, 잘한 점, 기여한 점에 초점을 맞춘다. '네가 장난감을 빨리 치워 주어 엄마의 일을 덜어 주었다.'
6. 자녀의 행동을 결과만으로 평가하지 말고 과정이나 노력을 인정한다.
7. 자녀를 다른 사람과 비교하지 말고 자녀의 행동에서 다른 아동과의 차이를 인정해 주도록 한다.
8. 칭찬보다는 격려를 한다. 칭찬은 보상의 한 형태로 벌과 마찬가지로 사회적 통제의 한 방법이다. 격려는 비록 작은 것이라도 향상되고 노력한 것에 대해 주어지는 것이며, 실패한 경우에도 주어지는 것이다. 스스로를 가치 있게 느끼도록 돕거나 동기화하는 데 그 목적이 있다.

표 8-4 오은영 박사의 부모되기 십계명

오은영 박사의 부모되기 십계명
하나. 자녀의 말을 중간에 끊지 않습니다. (자녀는 부모에게 거절당했다는 생각에 자신감을 잃게 됩니다)
둘. 자녀를 따뜻한 눈길로 바라보세요. (밥 차려 주기, 학습 지도는 다른 사람도 해줄 수 있지만, 진심 어린 사랑의 표현은 부모만이 할 수 있습니다)
셋. 여러 사람 앞에서 꾸짖지 마세요. (누구나 창피당한 기억은 잊고 싶고, 자녀의 올바른 행동을 위해서는 오히려 역효과입니다)
넷. 자녀를 때리지 마세요. (부모에게 맞으면 아이는 세상이 안전하지 않은 곳이라 여깁니다. 체벌의 90% 이상은 부모가 자신의 감정을 다스리지 못한 결과입니다)
다섯. 그렇다고 버릇없이 키우지 마세요. (안 되는 건 '안 된다'고 딱 잘라 얘기하세요. 소리치지 않고도 단호하게 얼마든지 말할 수 있습니다)
여섯. 지키지 못할 약속은 절대 하지 마세요. (지키지 못할 약속으로 그 순간만 모면하면 자녀는 부모를 믿지 못하게 됩니다)
일곱. 자녀가 스스로 할 수 있는 일을 대신 해주지 마세요. (시행착오를 통해 스스로 배울 기회를 빼앗는 행동입니다)
여덟. 자녀에게 하는 사과를 부끄럽게 생각하지 마세요. (자녀들은 부모를 쉽게 용서해 준답니다)
아홉. 자녀가 화낸다고 같이 화내지 마세요. (자녀가 속마음을 표현하지 않게 됩니다)
열. 아빠는 자녀와 보내는 시간의 질에 더 신경 쓰세요. (일주일에 한 번 놀러 가더라도 자녀를 진심으로 이해하고 공감하는 게 훨씬 중요합니다)

출처: 오은영(2016). 못 참는 아이 욱하는 부모 중.

생각해 볼 문제

1. 부모 애착 검사를 실시하고, 자신은 어떤 부모 유형인지 알아보자. 결과에 대해 자신의 부모와의 관계가 결과에 영향을 끼친 점이 있는지 살펴보자.

2. 완벽한 부모의 신념과 책임감 있는 부모의 신념에서 자신이 추구하는 자녀양육 신념을 생각해 보자. 배우자와 자녀양육 신념에 의견이 다를 경우 어떻게 할 것인지 의견을 나누어 보자.

3. 바움린드와 쉐퍼의 자녀양육 유형의 공통점과 차이점은 무엇인지 작성해 보자.

CHAPTER

09 자녀의 행복 플로리시

1. 아이는 언제 행복한가?

아이들은 자신이 진정으로 존중받는다고 느껴질 때 비로소 자신을 가치 있는 존재라고 느낀다. 이는 '난 소중한 사람이야'라는 것이 세상을 살아가면서 중요한 기본요소이며, 부모의 보살핌이 부모-자식 간에 근본적이고 중요한 것임을 생각하게 된다.

1) 행복 플로리시(flourish)

행복은 한국어 사전에 의하면 생활에서 기쁨과 만족감을 느껴 흐뭇한 상태이다. 플로리시(flourish)는 잘 자라는 것, 번성하는 것으로 자신이 가진 모든 능력과 잠재력을 발휘하여 행복을 지속적으로 증진시키고 활짝 피운다는 의미이다(Hooper, 2013). 15세기 발타자르 그라시안은 행복을 얻는 기술과 행복을 얻는 데는 규칙이 있으며, 지혜로운 사람에게는 그 모든 것이 우연으로 일어나지 않으며, 노력이 행복을 뒷받침한다고 하였다.

부모는 자녀가 자신들보다 더 행복하기를 바란다.

그러나 자녀가 행복하기 위해서 무엇을, 어떻게 해야 하는가?에 대한 답은 쉽지 않다. 굶주림을 해결하면 될 것인가? 좋은 학교를 보내면 될 것인가? 좋은 환경을 만들면 되는 것인가? 정답은 각자의 몫이나 희망적인 것은 행복은 배울 수 있다는 것이다. 이제 행복을 배워 자녀가 최고의 삶을 살고 인생의 고비에도 포기하지 않고 바르게 성장하는 심리적 행복에 도달하도록, 잘 자라도록, 번성하도록, 활짝 피우도록 하자.

행복이 좋은 환경에서 온다면 과거보다 우리는 더 나은 환경에 살고 있다. 더 큰 집, 더 큰 자동차, 더 많은 교육, 더 높은 가계소득, 고급화된 음식과 의류 그리고 문화 등 그러나 우울증은 훨씬 더 늘고 있다.

셀리그만 교수 연구팀은 우울증이 학습된 무기력에서 온다는 것을 밝혔다. 학습된 무기력이란 어린 코끼리를 굵은 쇠밧줄로 묶어두면 아무리 발버둥을 쳐도 벗어날 수가 없다는 것을 학습하게 된다. 이러한 상황으로 자란 코끼리는 예전의 학습된 무기력으로 인해 약한 밧줄로 묶어 두어도 자신이 힘이 세졌다는 것을 인지하지 못하고 그곳을 벗어나려고도 하지 않는다는 것을 의미한다. 이러한 비관적인 사고방식에 대하여 인지행동요법의 발달에 기여한 셀리그만 교수는 낙관성을 키우는 방법을 가르치는 예방 프로그램으로 큰 성과를 거두었다.

자신을 또래와 비교해 특별히 뛰어나지 않다고 느끼는 아이는 인정을 받기 위해 애를 쓰게 된다. 아이가 학습된 무력감에 빠지지 않도록 부모는 다양한 경험을 제공하여 자녀가 스스로를 가치 있고 유능하다는 생각을 가지도록 도움을 줄 수 있다. 만약, 자녀가 리더십이라는 강점을 가지고 있다면, 그 강점이 자신에게 긍정적으로 기여할 수 있다는 것을 알게 하고, 그를 통해 자신의 유능성과 자율성을 수시로 경험하도록 도울 수 있을 것이다. 그러나 아이마다 지닌 강점이 다르고 그 강점들은 자녀가 자라면서 달라지기도 한다. 부모가 그 강점을 집중적으로 키우려 애쓰기보다는 자녀의 상황에 따라 도와주는 것이 바람직하다.

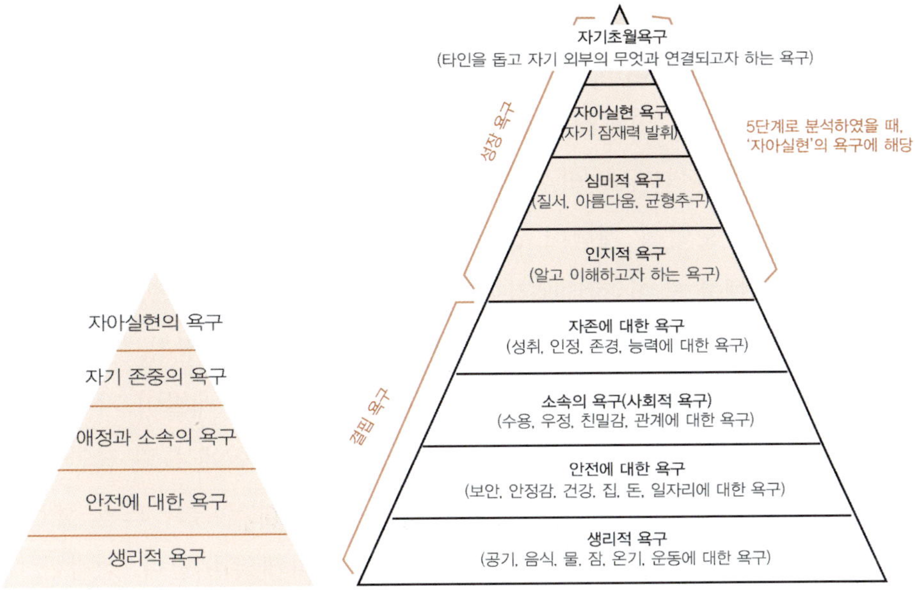

그림 9-1 **매슬로의 욕구 5단계와 8단계**

출처: Keepsmiling4u/Shutterstock.com, https://m.blog.naver.com/webwriter/221617003156

임상심리학자 매슬로(A. H. Maslow)의 욕구 5단계 이론은 전쟁이 끝난 후 사회를 재건하고 대공황의 여파 이후 자신의 임상경험을 바탕으로 1943년에 발표한 이론이다. 사람들은 생리적 욕구가 해결되고 나면 안전과 보호의 욕구, 사랑과 소속감의 욕구, 자기 존중의 욕구, 자아실현의 욕구로 나아간다고 했다.

그러나 아이의 욕구는 성장하면서 학습과 성취 욕구가 감정적 육체적 욕구와 동시에 일어나기에 아이의 탐구와 학습에 대한 동기부여는 처음부터 성장의 여지를 주어야 한다.

셀리그만은 플로리시한 삶을 위한 핵심 5요소를 PREMA로 명명하였다.

- **P**ositive Emotions: 긍정적 정서
- **E**ngagement: 몰입
- **R**elationship: 관계
- **M**eaning: 의미
- **A**ccomplishment: 성취

즉, 플로리시한 삶을 위해서는 긍정적인 정서와 몰입, 관계와 의미 그리고 성취가 삶의 핵심이며, 성격 강점의 기반이 된다. 샐리그만은 '행복한 자녀를 위한 열쇠는 자녀의 강점을 찾아주고 발휘하도록 해주는 것이다.' 라고 했다. 강점과 재능은 비슷한 점도 있으나 차이점은 강점은 도덕적 특성이나 재능은 도덕적 개념이 없다는 점이다. 재능은 강점만큼 개발하는 것은 힘든데 예를 들어 절대음감이라는 재능은 타고나지 않았다면 그 재능을 발전시키는 데 한계가 있다. 그러나 강점의 요소인 정직, 창의력, 친절 등은 타고나지 못했더라도 본인과 주위의 노력으로 개발이 가능하다.

강점은 대개 자율 의지로 결정되는데, 예를 들어 시험에 틀린 답안에 대해 선생님이 맞다고 정답처리를 한 경우, 선생님에게 말씀을 드릴 것인지 모른 척하여 점수를 올릴 것인지 내적 갈등이 심하게 일어난다. 심각한 내적 갈등을 극복할 때 도덕적 행동에 대한 뿌듯함과 자부심을 느끼게 된다. 재능은 의지에 따라 습득 가능한 것은 아니나, 강점은 결단을 내리고 꾸준히 노력하면 평범한 사람도 강점을 습득할 수 있다.

2) 자녀의 강점 만들기

자녀의 강점을 만들기 위해서는 심리적 행복의 5가지 구성 요소가 핵심이다. 5가지 영역에서 자녀들은 자신의 강점을 찾고 키워가는 방법을 배워 플로리시한 삶을 살 수 있을 것이다. 모든 어른이 다르듯 모든 아이도 다르다. 아이들 각자의 요구에 맞춰 정보와 방안을 제시하는 것이 필요하며, 부모와 자녀 모두 있는 그대로의 모습대로 있다고 느낄 때 최상의 양육 관계가 될 것이다. Hooper(2002)의 행복 플로리시를 바탕으로 살펴보면 다음과 같다.

표 9-1 심리적 행복의 5가지 구성 요소

심리적 행복의 5가지 구성 요소	
개인 강점	우리의 선택을 이끄는 내면의 나침반
정서적 행복	긍정적 균형 만들어 내기
긍정적 의사소통	신뢰를 쌓고 관계 형성하기
강점 학습	동기를 부여하여 결과를 얻는 습관 개발하기
회복력	장애물을 피하고 좌절에서 다시 회복하는 방법

출처: Hoope(2002). 아이의 행복 플로리시 재구성.

(1) 개인 강점

자녀는 본인이 무엇을 좋아하고, 어떤 것을 하고자 하는 것을 알고, 즐겁고 쉽게 배우는 능력과 재능을 갖고 있다. 이러한 개인 강점은 무엇이 중요하고, 개인적 가치관과 신념에 영향을 주어 어떤 선택을 할지 알려준다. 이는 내면의 나침반에 이끌려 선택을 하는 것과 같다.

(2) 정서적 행복

긍정적 정서인 행복, 낙관성, 감사 등이 스트레스에 대하여 영향을 덜 받아 긍정적인 균형을 만들어 낸다.

(3) 긍정적 의사소통

의사소통은 언어와 비언어적인 부분으로 메시지를 전달하며, 자기 자신의 생각과 감정을 이해하고 조절함으로써 긍정적인 의사소통은 다른 사람과의 신뢰를 쌓고 긍정적인 관계를 형성하게 된다.

(4) 강점 학습

미래사회는 창조성과 적응력, 문제해결을 위한 타인과의 긍정적 관계를 요구한다. 학습 능력과 문제해결 개선을 위해 자신의 강점을 알고 동기를 부여하여 결과를 얻는 습관을 개발하기 위해 노력하는 자세가 필요하다.

(5) 회복력

회복력은 자신의 실수를 책망하고만 있거나, 타인에게 실수를 전가하기보다는 스트레스에 대해 쓰러지지 않고 다시 일어서서 해결책을 찾기 위해 분명하게 사고하고 능력이라 할 수 있다. 또한 미래에 대비하여 예기치 못한 상황을 처리하는 것도 포함된다.

3) 자녀의 강점 찾기

발타자르 그라시안(1601~1658)은 "자신에게서 어떤 능력이 우세한지를 판단하라. 자신의 특출한 재능이 무엇인지를 알면 이를 가꾸고 다른 재능을 보완하라. 누구나 자신의 장점을 알면 무엇인가에 특출한 사람이 될 것이다. 어떤 사람은 이성이 특출하고 어떤 사람은 용기가 특출하다. 그러나 대부분의 사람들은 자기들이 타고난 재능을 아무렇게나 다뤄 그것을 빛내지 못한다."라고 했다.

그림 9-2 Baltasar Gracián y Morales

발타자르 그라시안 이 모랄레스(Baltasar Gracián y Morales, 1601~1658)는 스페인의 작가이다.
출처: https://ko.wikipedia.org/wiki

강점이란 신체적 행동 및 능숙함과 관련된 말이며 사전적 의미는 유익하거나 힘의 원천으로 여겨지는 것이다. 강점이 중요한 이유는 개인의 정체성의 일부로 자신의 강점을 찾지 못하면 불안하고 자신 없어 하거나 좌절해서 방향을 잃게 된다. 강점은 선택해서 사용하는 것으로, 능력, 동기부여, 노력, 사회적 뒷받침이 결합하여 생겨난다(Hooper, 2012). 디시(Edward Deci)와 라이언(Richard Ryan)의 자기결정이론은 자기 인생의 더 많은 부분을 선택하고 통제할 수 있을 때 더 큰 열정과 더 오랫동안의 몰두 그리고 더 나은 결과를 성취하는 경향이 있다고 한다.

셀리그만(Martin E. P. Seligman, 2016)은 지혜와 지식과 관련된 강점 5가지로는 호기심, 학구열, 판단력, 창의성, 예견력, 용기와 관련된 강점 4가지로는 용감성, 끈기, 정직, 열정, 사랑, 인간애와 관련된 강점 3가지는 사랑, 친절, 사회성 지능, 정의감과 관련된 3가지 강점으로는 팀워크, 공정성, 리더십, 절제력과 관련된 강점 4가지는 용서, 겸손, 신중함, 자기통제력 그리고 영성 초월성과 관련된 5가지 강점은 감상력, 감사, 희망, 유머, 영성이라고 하였다. 자세히 살펴보면 아래 표와 같다.

표 9-2 지혜 · 지식과 관련된 강점

지혜 · 지식과 관련된 강점	
1. 호기심	호기심이 많은 이는 분명하지 않은 것을 해결해서 호기심을 충족시켜야 직성이 풀린다.
2. 학구열	학구열이 높은 사람은 교실에 있을 때나 혼자 있을 때나 새로운 것을 알고 싶어 한다.
3. 판단력	판단력이 뛰어난 사람은 자신이 누구인지 다각적으로 생각 · 검토한다. 확실한 증거를 기준으로 결정 내리며, 또한 결단을 바꿀 능력도 있다.
4. 창의성	기존의 관습적인 방식에 만족하지 못한다. 세상 이치에 밝은 실천적 지능과 상식도 포함된다.
5. 예견력	슬기로운 사람은 삶에서 가장 중요하고 복잡한 문제들을 잘 헤쳐 나갈 줄 안다.

표 9-3 용기와 관련된 강점

용기와 관련된 강점	
6. 용감성	용기 있는 사람은 위협, 도전, 고통, 시련에도 물러서지 않는다.
7. 끈기	끈기는 이룰 수 없는 것에 무모하게 집착하는 게 아니며, 성실한 사람은 융통성이 있고, 현실적이기에 완벽주의자가 되기를 바라지 않는다.
8. 정직	말로든 또는 행동으로든 자신의 목적과 의도를 자기 자신은 물론 다른 사람들에게 진지하게 알리는 것이다.
9. 열정	신명이 많은 사람은 열정적이고 활기가 넘친다.

표 9-4 사랑 · 인간애와 관련된 강점

사랑 · 인간애와 관련된 강점	
10. 사랑	사랑이라는 강점을 지닌 사람은 타인과의 밀접한 관계를 소중히 여긴다.
11. 친절	타인에게 아량을 베푸는 사람은 결코 자신만의 이익만을 좇지 않는다. 타인들에게 선행을 베푸는 일을 즐겨 한다.
12. 사회성 지능	사회성 지능이 뛰어나면, 타인들의 동기와 감정을 금방 알아채고 그에 맞는 반응할 줄 안다.

표 9-5 정의감과 관련된 강점

정의감과 관련된 강점	
13. 팀워크	충실하고, 헌신적이며 항상 자기가 해야 할 몫을 다하고, 집단의 성공을 위해 열심히 노력한다.
14. 공정성	자신의 개인적인 감정에 따라 다른 사람들에 대한 결정을 편파적으로 하지 않으며 모든 사람에게 똑같은 기회를 준다.
15. 리더십	조직의 임무를 효율적으로 수행하도록 이끌어 주고 구성원들이 원만한 관계를 유지하도록 지도한다.

표 9-6 절제력과 관련된 강점

절제력과 관련된 강점	
16. 용서	용서의 강점을 가진 이는 자신에게 잘못한 사람을 용서하고 늘 잘못을 만회할 기회를 준다.
17. 겸손	타인의 시선을 받기보다 자신이 맡은 일을 훌륭히 완수하고자 하며, 자만하지 않고 자신을 낮출 줄 안다.
18. 신중함	신중한 사람은 후회할 말 또는 행동을 하지 않는다. 모든 사항을 충분히 검토한 뒤 비로소 행동에 옮긴다.
19. 자기통제력	적절한 시기가 올 때까지 자신의 충동, 욕망, 욕구를 자제한다.

표 9-7 영성 · 초월성과 관련된 강점

영성 · 초월성과 관련된 강점	
20. 감상력	모든 분야의 미, 빼어난 작품과 기교를 감상할 줄 알며, 자연과 예술, 수학과 과학을 비롯한 세상 모든 것에서 아름다움을 발견한다.
21. 감사	감사함을 아는 사람은 자신에게 일어난 일을 항상 기쁘게 생각하며, 당연한 것으로 받아들이지 않고, 고마움을 전할 시간을 마련한다.
22. 희망	현재 자신이 있는 곳에서 즐겁게 생활하고 목표를 향해 힘차게 나아가며, 열심히 노력하면 좋은 일들이 반드시 일어날 것을 기대하고 미래를 설계한다.

23. 유머	명랑한 사람은 잘 웃거나 타인들에게도 웃음을 선사한다. 삶을 긍정적으로 보는 경향이 많다.
24. 영성	종교의 유무를 떠나 우주의 더 큰 목적과 의미에 대한 믿음이 크기에 더 큰 계획에서 자신이 쓰임새가 있으리라 생각한다.

출처: Martin E. P. Seligman(2016), 248-281 재구성.

4) 자녀의 강점 찾는 방법

강점은 성장하고 발달하는 데는 시간과 기회가 필요하다. 자녀의 강점을 찾기 위한 7가지 징후는 다음과 같다.

(1) 에너지와 열정

① 자녀의 행동과 말에서 긍정적인 에너지가 보이는가?
② 자녀의 행동이 활발하고 에너지가 넘치는가?
③ 자녀가 긍정적인 언어로 표현하는가?
④ 자녀의 어조에 생기가 넘치는가?
⑤ 자녀의 자세가 편안하고 열려있는가?
⑥ 자녀는 쾌활해 보이는가?

(2) 끈기와 노력

① 자녀는 의욕적인 호기심을 가지고 다음 단계에 접근해서 숙달하는가?
② 자녀는 시간을 잊고 거기에 몰두하는가?
③ 그것을 멈추기 위해서는 자녀에게 5분 동안 경고를 해야 하는가?

(3) 수월성

① 자녀는 그것을 능숙하고 정확하게 해내서 수월하게 보이는가?
② 자녀가 이 강점을 사용할 때는 평소보다 더 활력이 넘치는가?

(4) 관심과 참여

① 이 강점을 사용할 때 자녀는 세상의 모든 것에 대한 생각을 떨쳐버리는가?

② 자녀는 세부의 정확성에 세심한 주의를 기울이는가?

(5) 학습 속도

① 자녀는 최소한의 도움으로 빠른 발전을 보이는가?

② 자녀는 다양한 요소들을 맞추는 방법을 쉽게 아는가?

③ 자녀는 배운 것을 새로운 상황에 쉽게 적용하는가?

(6) 도전 의식

① 자녀는 하는 일이 복잡해지면 자주적으로 대처하는가?

(7) 문제해결에 대한 열의

① 자녀는 도움이 필요한 경우 도움을 요청하고 배우고 싶어 하는가?

② 자녀는 스스로 문제를 잘 해결해 나가면 흥분하는가?

자녀가 확실히 선호하는 영역의 강점을 더 자주 사용할 기회를 제공하여 더 잦은 성공의 경험을 갖게 된다면, 자신에 대한 자율성과 유능성을 높일 수 있는 기회가 될 것이다. 자녀가 즐거움과 열정을 갖고 하는 자발적인 일이 무엇인지 관심을 기울이고, 결과보다는 과정에 주목하며, 그 자발성과 노력에 대해 격려한다. 그리고 자녀가 자신의 강점을 스스로 찾아내고 성장시킬 수 있도록 하루에 1시간 정도는 자유롭게 놀게 한다. 자녀가 자발적으로 자기 강점을 사용할 기회를 주되, 강요하지는 않도록 한다.

자녀의 인생에서 가장 중요한 것은 자기결정으로 했다는 것이다. '내가 해냈어. 내가 그렇게 만들었다.'는 만족감을 가지고 활동에 참여할 기회를 자주 가질수록 자녀는 더 많은 동기부여를 받게 된다.

5) 자녀의 강점 연습 방법

자녀의 강점에 관한 연습 방법이다. 이것 외에도 강점을 위한 연습 방법을 생각해 보자.

표 9-8 지혜·지식과 관련된 강점 연습

지혜·지식과 관련된 강점 연습	
1. 호기심	자녀의 관심이 금방 바뀐다고 지적하지 말고, 자녀가 세상에 대한 애정과 호기심이 많음을 인정하고 다양한 학습 방법과 더 넓은 교육관을 갖는 부모의 변화가 필요하다.
2. 학구열	학구열은 외적 보상이 없더라도 새로운 것을 알고 싶어 한다. 학교 필독서뿐 아니라 권장 도서도 읽도록 하고, 새로운 어휘를 사용하게 하고, 가족이나 친구들에게 가르쳐 보는 기회를 제공한다.
3. 판단력	성급히 결론 내리지 않고 확실한 증거를 기준으로 결정을 하며, 자신의 생각이 틀리다면 과감하게 결정을 바꿀 용기가 있다. 자녀가 강력히 주장하는 의견에 반하는 입장을 펼친다. 자녀의 독선적인 의견은 무엇이며 어떤 점이 잘못되었는지 생각해 보게 한다. 뉴스, 드라마, 영화 등에 대해 비판적으로 평가해 보도록 한다.
4. 창의성	집에 있는 물건의 전형적인 쓰임새가 아닌 다른 용도로 사용하는 방법을 찾아본다. 다양한 수업에 참여할 수 있게 한다.
5. 예견력	친구나 가족 간에 논쟁을 해결하게 해본다. 자녀가 아는 가장 존경하는 사람에 대해 생각하게 하고 그 사람처럼 하루를 살아보게 한다.

표 9-9 용기와 관련된 강점 연습

용기와 관련된 강점 연습	
6. 용감성	평소에 두려움으로 잘하지 못했던 일을 해보게 한다. 일반적으로 호응 받지 못하는 아이디어도 당당히 말하게 한다.
7. 끈기	이룰 수 없는 것에 무모하게 매달리는 것은 집착이고, 끈기는 더 큰 목표를 갖고 해내려고 융통성 있게 현실적으로 최선의 노력을 하나, 완벽주의를 추구하여 자신을 괴롭히지 않는다. 중요한 일을 먼저 마치도록 한다.
8. 정직	자신의 목적과 의도를 다른 사람에게 진지하게 알리나, 고자질은 말을 옮기는 대상이 피해받기를 원하는 것임을 알게 한다.
9. 열정	'왜 해야 하는데?'라는 말보다 '해보는 게 어때?'를 3배 늘리게 한다. 매일 자녀가 필요한 것보다는 하고 싶은 것을 1가지씩 하게 한다.

표 9-10 사랑 · 인간애와 관련된 강점 연습

사랑 · 인간애와 관련된 강점 연습	
10. 사랑	가장 친한 친구가 좋아하는 무언가를 함께 해본다.
11. 친절	노약자와 어린아이에게 자리를 양보한다. 하루에 한 가지 친절한 행동을 한다.
12. 사회성 지능	마음에 들지 않는 친구들의 모임에 일부러 참석하여 아무것도 판단하려 하지 말고 관찰자의 입장이 되어 관찰한 느낌만 묘사하도록 한다. 가족이나 친구가 힘든 일을 한다는 것을 알아주고 격려의 말을 하게 한다. 부모는 자녀가 원하고 잘하는 것을 찾아주는 것이 필요하다.

표 9-11 정의감과 관련된 강점 연습

정의감과 관련된 강점 연습	
13. 팀워크	친구나 이웃을 위해 음식을 나누어 먹게 해준다. 자녀가 할 수 있는 가장 멋진 모임의 일원이 되게 해준다.
14. 공정성	대화를 방해하지 않고 잘 듣게 한다. 자녀가 실수를 인정하고 그에 대한 책임을 지도록 한다. 자녀가 그다지 좋아하지 않는 친구에게 친밀감을 보이도록, 적어도 하루에 1번 정도는 하게 한다.
15. 리더십	친구들을 위한 모임을 만들게 한다. 학교나 집에서 일을 맡고 그것을 완수하게 한다. 처음 만난 친구들이 편하게 느끼게 행동하게 한다.

표 9-12 절제력과 관련된 강점 연습

절제력과 관련된 강점 연습	
16. 용서	자녀가 타인에게 용서를 받았다는 것을 기억하고 다른 사람에게도 그렇게 하도록 한다. 용서의 편지를 쓴 후 보내지는 말고 일주일 동안 매일 읽게 한다.
17. 겸손	친구들의 좋은 점은 무엇인지 생각하고 그 점에 대해 칭찬하도록 한다.
18. 신중함	약속을 할 때 시간이나 환경적으로 할 수 있는지 생각해 보도록 한다.
19. 자기통제력	운동을 할 때 일주일 동안 매일 꾸준히 실천하게 한다. 화가 날 때 열을 세고 정말 필요한 것인지 다시 생각하게 한다.

표 9-13 영성 · 초월성과 관련된 강점 연습

영성 · 초월성과 관련된 강점 연습	
20. 감상력	매일 자녀가 보았던 가장 아름다운 것에 대해 적도록 한다.
21. 감사	매일 하루를 마칠 때 오늘 잘된 일 1가지와 이유를 적는다. 선생님 또는 친구들에게 감사의 편지를 쓴 후, 방문을 하게 한다.

22. 희망	과거에 실망했던 것에 대해 그 실망했던 것을 가능하게 하는 기회를 찾게 해 준다.
23. 유머	일주일에 3번씩 새로운 유머를 익히고 친구들에게 유머를 사용하게 한다.
24. 영성	매일 하루를 시작할 때 명상이나 기도를 하게 한다.

출처: 우문식(2013), 행복 플로리시 재구성.

2. 내 아이의 미래를 결정짓는 교육

1) 밥상머리 교육

문용린 교수는 인재가 넘쳐나는 이 시대에 웬만한 정보력과 지식으로는 남과 차별화된 경쟁력을 갖출 수 없고, 설혹 모든 것을 갖췄다 하더라도 도덕적 능력이 부족하면 사회의 리더로 설 수 없다(SBS 스페셜 제작팀, 2010)고 말한다.

SBS 스페셜 제작팀이 2009년 방송한 내용을 바탕으로 밥상머리 교육에 관해 알아보도록 하자.

SBS 스페셜 제작팀(2010)에 의하면, 2003년 콜롬비아 대학의 연구 결과 가족과 식사를 자주 하는 학생들은 그렇지 않은 동급생에 비해 학업성적이 A학점을 받을 비율이 2배 높고, 청소년 비행에 빠질 확률은 1/2 정도 낮으며, 1988년부터 2년간 실시된 하버드 대학의 연구 결과 동일 조건에서 유아들의 학습 능력 차이는 가족식사의 횟수와 식탁에서 의견 개진이 활발했느냐 아니냐에 따라 달라졌고, 유아들이 사용한 2,000여 개를 분석한 결과 부모가 책을 읽어 줄 때 사용한 단어는 140여 개이고, 가족식사 중에 나온 단어는 1,000여 개에 달했다.

밥상머리 대화는 첫째, 연령대가 각기 다른 가족 구성원이 모이기에 대화 자체가 다양하다. 둘째, 밥상머리에서는 의도하지 않아도 화제가 풍부할 수밖에 없다. 셋째 밥상머리에서 생기는 돌발 상황이 또 다른 이야깃거리를 불러오기에 아이의 훌륭한 언어교육의 장이 된다. 거창한 화젯거리를 찾느라 고민하기보다 눈앞에 둔 음식 이야기부터 시작하고, 밥상머리에는 아이들이 싫어하는 학교생활이나 공부 이야기를 하지 않도록 한다.

부모가 식사 중 화를 내거나 잘못을 지적하는 공격적 언어 대신 아이의 감정을 알아주며 질문을 던져 잘못을 교정하는 것이 아이의 전두엽 발달에 도움이 된다. 밥상머리에서 쓰는 부모들의 대화가 아이의 언어발달에 지대한 영향을 끼친다. 이는 아이들이 부모를 동경하는 모방심리 때문인데, 부모의 말투와 어휘를 모방하여 일상에서 그 표현을 적용한다. 아이가 구술언어 기술 습득 여하는 부모의 어휘력보다 태도에 달린 셈이기에 아이에게 끊임없이 말을 걸고 대답을 유도하는 노력이 필요하다.

조선왕조실록에는 세종대왕이 밥상머리 교육에 관해 신하들에게 말하는 내용이 나온다.

"옛사람이 말하기를 '아버지와 아들 사이에는 마땅히 날마다 친근하여야 한다' 하였다. 나는 날마다 세자와 더불어 세 차례씩 같이 식사하는데, 식사를 마친 뒤에는 세자가 동생들에게 책상 앞에서 교육하게 하고, 나도 또한 진양대군에게 공부를 가르쳐 준다."(김정진, 2018).

유대인들은 나라를 잃고 전 세계를 떠돌면서도 밥상머리 교육을 통해서 자신들의 언어와 정체성을 지켜냈다(김정진, 2018).

그림 9-3 밥상머리 교육

출처: http://www.cbci.co.kr/news/articleView.html?idxno=424664

2) 시간 관리 교육

요즘 아이들은 하루가 바쁘다. 학교에 갔다 와서 학원도 가야 하고, 학교 숙제에다 학원 숙제도 해야 한다. 바쁜 일상을 제대로 관리하지 않으면 예전 부모 세대의 생활환경에 비해 자극적인 놀거리가 너무 많아 급하지도 않지만 재미있는 것에 휘둘리게 된다. 네브래스카 대학교 앨리슨 라이스빅(Allison Reisbig) 교수는 자기가 좋아하는 일만 하다 보면 해야 할 다른 일을 못하게 되고 스트레스를 받게 된다고 했다(최성애, 2014). 유명인이든 무명인이든 하루 24시간은 공평하게 주어지고 그 누구도 시간을 저축할 수는 없다. 아이에게 주어진 시간을 잘 사용할 수 있도록 계획표 작성을 가르쳐야 하는 이유이다(박미진, 2019).

표 9-14 일의 중요도와 긴급도

일의 중요도와 긴급도를 중심으로 나누기	
중요하고 긴급한 일	**중요하지만 긴급하지 않은 일**
• 학교 숙제 • 학원 가기 • 시험공부	• 장기 계획표 짜기 • 자기 계발 실천하기 (영어인증시험, 피아노 콩쿠르 준비 등) • 운동하기
중요하지는 않지만 긴급한 일	**중요하지도 않고 긴급하지도 않은 일**
• 문자 메시지 답장하기 • 공부 중에 울리는 전화 받기	• 텔레비전 보기 • 컴퓨터 게임 하기

출처: 박미진(2019).

아이와 같이 하루 일과표를 작성한 후, 어떤 일이 중요하고 긴급한 일인지 등을 이야기를 나누어 본다면 아이가 하루에 대한 시각도 달라질 것이다.

최성애(2014)는 시간 관리의 다섯 가지 기초적인 기술에 관해 다음과 같이 안내하고 있다.

첫째, 자신의 가치에 따라 우선순위를 매겨 계획을 세운다.

둘째, 거절할 줄 알아야 한다.

셋째, 주변 환경을 개선한다.

넷째, 우선순위를 정한 후 거기에 나의 시간을 맞춘다.

다섯째, 식사, 수면, 운동 등 생활의 기본을 점검한다.

시험 계획표를 누가 짜는가? 부모가 자녀의 시험 시간표를 짜주는 것은 아닌가? 시험 날짜를 생각하여 어떤 공부를 언제 해야 하는 게 좋을지를 생각하는 것은 전두엽을 활성화하는 것이다. 그런데 부모가 시간표를 짜주면 부모만 머리가 좋아지는 결과이다. 즉, 아이가 스스로 시간표를 짤 수 있도록 부모는 도움이 필요할 때 도와주는 것이 필요하다.

시간표를 짜기만 하면 되는 것인가? 그렇지 않다. 자녀의 실행력을 높이기 위해서는 자녀가 계획대로 하고 있는지 부모가 끊임없는 관심을 가져주어야 한다. 시간 관리가 처음인 자녀는 매일 부모가 확인해 주는 것이 실행에 동력원이 된다. 그러다 습관이 어느 정도 붙으면 횟수를 점차 줄이면 된다. 실행 여부를 확인하고 잘하면 잘하는 대로 아직 부족하면 부족한 대로 격려를 해주자.

자녀의 삶이 윤택해지길 바란다면 비난과 독설이 아닌 격려와 용기, 영감을 불어 넣어주어야 하며 성공은 물론이고 실패에도 부모의 격려가 필요하다(박미진, 2019). 자녀가 계획대로 하지 않는다고 부모가 포기하지 말고, 닦달하지도 말고 자녀와 같이 실천 방안을 재조정하며 자녀의 시간 계획표가 가능해지도록 도와주자. 마틴 샐리그만은 '학습된 무기력(learned helplessness)' 실험을 통해 '무기력과 패배 의식은 타고나는 것이 아니라 학습된다.'고 하였다(박미진, 2019). 자녀가 스스로 세운 계획이 실천되지 않는다고 비난하지 말고 부모는 자녀의 실천 방법을 함께 고민하고 피드백을 통해 향상되도록 해야지, '네가 그렇지. 내 그럴 줄 알았다' 등으로 자녀를 궁지로 내몬다면, 자녀는 샐리그만이 염려했던 학습된 무기력에 빠지게 될지도 모른다.

3) 회복탄력성

회복탄력성(resilience)은 단지 역경을 극복하는 힘이 아니라 활력 있고, 생동감 있고, 즐겁고, 진실성이 있는 삶을 살 수 있는 능력을 뜻한다고 미국 회복탄력성 센터 창립자이다 회장인 게일 M. 와그닐드(Gail M. Wagnild) 박사는 말하고 있다(최성애, 2014). 이 장은 최성애(2014) 박사가 전하는 회복탄력성에 대해 알아보도록 한다.

표 9-15 롤린 맥크레이티의 회복탄력성의 네 가지 영역(최성애, 2014)

영역	특성
신체적	신체의 근육, 뼈 등의 유연성, 내구성, 강인성
정신적	정신적 유연성, 주의 집중력의 시간과 강도, 다양한 관점을 포용하고 통합하는 능력
정서적	감정적 유연성, 긍정적 관점, 감정적 자기 조절 능력
영성적	영성적 유연성, 가치 헌신도, 다양한 가치관과 믿음에 대한 관용

롤린 맥크레이티는 신체, 정신, 정서, 영성의 영역이 모두 밀접하게 상호작용을 하며 네 영역의 공통점은 유연성이다.

자신의 회복탄력성은 어떠한지 다음 표를 보고 현재 상태에 답을 해보자. 답의 개수를 합하여 자신의 회복탄력성이 어떠한 상황인지 보고 이를 향상시키는 방법도 알아보자.

표 9-16 회복탄력성 검사(최성애, 2014)

	항목	그렇다	아니다
1	나는 힘들 때 믿고 의지할 사람이 단 한 명이라도 있다.		
2	나는 나를 믿는다.		
3	나는 스스로 생활을 잘 계획하고 실천한다.		
4	나는 한 해 목표, 한 달 목표, 일주일 목표 등 하려고 했던 일을 대부분 이룬다.		
5	나는 일주일에 3일 이상, 한 번에 30분 이상 규칙적으로 운동을 한다.		
6	나는 술을 전혀 안 마시거나 마시더라도 취하지 않을 정도로만 마신다.		
7	내 삶은 의미와 가치가 있다.		
8	위급한 상황에서 사람들은 내 말을 믿고 따른다.		
9	나에게 흥미로운 일들이 많다.		
10	나는 잘 웃고 표정이 밝은 편이다.		

출처: 최성애(2014), 회복탄력성 검사.

표 9-17 회복탄력성 결과

0~2개	• 현재 회복탄력성이 매우 낮은 상태임 • 건강에 이상이 있을 정도로 우울하거나 스트레스가 높을 수 있음
3~5개	• 현재 회복탄력성이 낮음 • 자신감 증진과 스트레스 관리가 필요함
6~8개	• 회복탄력성이 좋은 편임 • 좀 더 증진하면 훨씬 더 큰 행복감과 자기효능감을 느낄 수 있을 것임
9~10개	• 회복탄력성이 매우 높음 • 스프링처럼 유연성과 탄력성이 있고, 자신뿐 아니라 주변인에게도 긍정적인 에너지를 나눠 줄 수 있는 상태임

출처: 최성애(2014), 회복탄력성 검사.

심리학자 조앤 브리첸코의 회복탄력성을 높이는 방법은 다음과 같다.

표 9-18 조앤 브리첸코의 회복탄력성을 높이는 방법

	회복탄력성을 높이는 방법
1	과거를 바꾸려고 애쓰지 마라.
2	회복탄력적 사고를 하라.(회복탄력성의 세 가지 비밀) • 현실을 직시하라. • 현재 상황에서 긍정적인 의미를 발견하라. • 가능한 한 모든 수단을 강구해 해결책을 찾으라.
3	다음과 같은 피해의식을 즉시 버려라.(용서의 힘) • 사건을 개인적 문제로 받아들이는 것을 즉시 버려라. • 문제를 확대 일반화하는 것을 즉시 버려라. • 문제가 영구적일 거라 믿는 것을 즉시 버려라.
4	규칙적으로 운동하라.
5	앉아만 있지 말고 무언가를 하라.
6	무작정 하지만 말고 앉으라.(명상)
7	인생에 적극적으로 뛰어들라.
8	흐름을 전환하라.
9	하루를 마무리할 때 고마워해야 할 새로운 일을 한 가지씩 생각해 보라.
10	친구와 소통하라.

출처: 최성애(2014), 회복탄력성 검사.

대니얼 골먼 박사는 정서지능은 경험을 통한 학습으로 발전시킬 수 있으며, 다음과 같은 특징을 지니고 있다고 한다(최성애, 2014).

첫째, 자기 알아차림이 뛰어나다.

둘째, 자기 관리를 잘한다.

셋째, 사회관계를 잘 파악하며 대처를 잘한다.

넷째, 관계 관리 능력이 뛰어나고, 갈등 상황을 현명하게 관리하며, 다른 사람에게 좋은 영향과 영감을 주고, 다른 사람의 성장에 도움을 준다.

최성애 박사는 회복탄력성을 키우면 위와 같은 정서지능의 높아진다고 하였다. 자녀의 회복탄력성을 키워 정서지능 개발을 통한 인간관계 능력, 갈등해결 능력, 자기 관리 능력 등을 높이도록 하자.

4) 최고의 부모들은 어떤 교육 방식으로 자녀를 키웠는가?

빅터 프랭크는 오스트리아 정신과 의사였고, 독일의 아우슈비츠 수용소에서 3년을 지내며 자살하는 사람의 공통점이 '삶의 희망이 없다'는 것을 발견했다(김정진, 2018).

김정진(2018)은 최고의 부모 31명을 선정하여 그들의 자녀교육법을 소개하고 있다. 김정진이 선정한 최고의 부모들의 자녀교육법을 살펴보면 다음과 같다.

표 9-19 자녀 교육법(김정진, 2018. 재구성)

	성명	자녀교육법
1	황보태조	• 시골 농부가 5남매를 의사와 약사로 키움 • 공부가 즐거운 놀이로 인식시키기 위해 공부와 관련된 모든 것에 놀이라는 이름을 붙였다. • 등굣길을 즐거운 대화의 장소로 만들다. • 자녀가 가르치고 아버지가 배우는 역발상 공부법
2	송하성	• 2대에 걸친 시골의 가난한 집안의 고시합격자(사법고시 3명, 행정고시 2명)를 배출한 아버지 교육법 • 떨어져 지내면서도 아이들을 키워낸 아버지의 편지 • 송가네 공부법: 반복을 통해 습관이 바뀌고 습관이 버릇이 되면 결과가 달라진다.

3	크리스틴 바넷	• 자폐아를 세계적인 물리학자로 키움 • 아스퍼거 증후군 아들의 특별함을 알아차림 • 특수유치원에서 포기한 아이를 엄마는 절대 포기하지 않음 • 자녀가 좋아하는 일에 몰두할 수 있는 환경을 만듦 • 엄마의 직감을 믿고 아이의 재능에 집중 • 아이를 자신만의 세계에서 데려오려 하지 말고 부모가 그 속으로 들어가면 무한한 세계를 볼 수 있다. • 세계 최연소 천체물리학자 • "모든 아이는 불꽃을 가지고 태어난다. 아이의 불꽃이 타오르는 그 찰나의 순간을 부모가 잡아내지 못하면 불꽃은 사그라져버린다. 아이들부터 불꽃을 확인하면 부모는 활활 타오르도록 연료를 계속 공급해야 한다. 그게 부모의 역할이다."
4	함승훈	• 사별 후 두 아이를 국제 의사로 키운 아버지 • "나는 내가 생각하는 큰 그림을 다 펼쳐놓고 장황하게 설명하는 대신, 그 큰 그림에 도달하기 위한 징검다리들만 놓아주었다." • 거창국제학교 학교장

요즘은 통섭형 인재가 인정받는다. 통섭이란 막힘없이 여러 방면에 두루두루 능하다는 의미이다. 최재천은 통섭을 여러 분야를 융합해 새로움을 찾아가는 것이라 정의한다. 실리콘밸리의 스타트업 투자자들은 창업가의 다양한 경험과 실패의 경험을 눈여겨보는데, 실패를 겪어본 후에야 비로소 성공 가능성이 높아지며, 또 실제로 그런 통섭형 인재들이 투자수익을 안겨주기 때문이다(김정진, 2018).

4차 산업혁명 시대의 인재는 바로 통섭형 인재, 융합형 인재라고 한다. 자녀가 다양한 경험의 성공과 실패를 겪으면서 새로움을 스스로 찾을 수 있도록 부모가 돕는 것이 필요하다.

생각해 볼 문제

1. 자신의 강점은 무엇인지 찾아보고 자신의 강점을 계발하기 위해 할 수 있는 것을 5가지 이상 작성해 보자.

2. 회복탄력성 체크를 통해 자신의 점수를 확인하고 회복탄력성을 높일 수 있는 방안을 5가지 이상 찾아 작성해 보자.

3. 일의 중요도와 긴급도를 중심으로 4가지 방안을 고려하여 자신의 시험 계획을 세워 보자.

CHAPTER

10 좋은 부모되기 전략 – 좋은 대화법

자녀와 대화를 한다는 것은 그리 쉬운 일은 아니다. 더욱이 자녀와 효과적으로 대화하기 위해서는 대화의 방법도 중요하지만, 먼저 자녀와 부모가 '안전하다'는 전제가 필요하다. 어떤 말을 하더라도 비판과 비난을 받지 않는다는 안전함이 우선이다.

부모는 대화라고 생각하나 자녀는 잔소리라 여기는 경우가 많다. 옳은 말이기는 하나 부모의 그 옳은 말이 자녀에게는 잔소리로 들리는 것이다. '세계 어머니들의 공통의 잔소리'라는 노래가 있다. 어머니들은 자녀가 올바르게 자라기 위해 부모로서 해야 하는 옳은 말을 한다. 모든 내용이 옳은 말이 가득하나, 듣는 자녀로서는 '저 말이 언제 끝나나?' 하고 속으로 숫자를 세고 있을 수도 있다.

부모는 자녀와 대화를 한다고 하지만, 자녀 입장은 일방적인 지시인 경우도 많다.

'너 숙제는 했니?', '학원은 다녀왔어?', '밥은 먹었니?', '게임은 언제까지 할 거야?', '준비물은 챙겼니?', '방 청소는 했어?' 등은 대화가 아닌 일방통행의 지시이다.

사람의 몸에도 급소가 있듯이 대화에도 급소가 있다(전도근, 2012). 자녀와 대화는 서로가 하고 싶은 말만 일방적으로 하는 것이 아니라, 주고받는 것이 중요하다. 우선 자녀가 대화가 편안하고 안전하다고 생각하는 것이 우선이다. 자녀가 관심을 가지는 것부터 시작하여 '아~ 아빠(엄마)가 나를 비난하려고 그러는 게 아니구나.'라는 상태로 대화를 시작하면 갈등 상황이 적어질 것이다.

대화(對話)란 화자와 청자가 있어야 대화이다. 사전적 의미로는 '서로 마주하여 이야기를 주고받음'이다. 일방향적 지시 말고 효과적인 대화를 위한 것들에 대해 알아보자.

아버지와 아들의 대화이다.

> 아버지: 너 돈 있냐?
> 아들: 왜요?
> 아버지: 너는 왜 그러냐?

아버지는 아들이 용돈이 없으면 줄 생각으로 물었으나 아들은 퉁명하게 답을 한다. 지난번 아버지에게 돈을 생각 없이 쓴다고 한 소리 들은 생각이 났기 때문이다. 이번에는 또 무슨 역정을 내시려고 저러나 싶어 퉁명스럽게 답을 하게 된다. 아들의 퉁명한 목소리에 아버지는 화가 난다. "저 녀석이 이제 머리 굵어졌다고 아버지 말을 말 같지 않게 듣는 건가?"라는 생각에 화가 솟구친다.

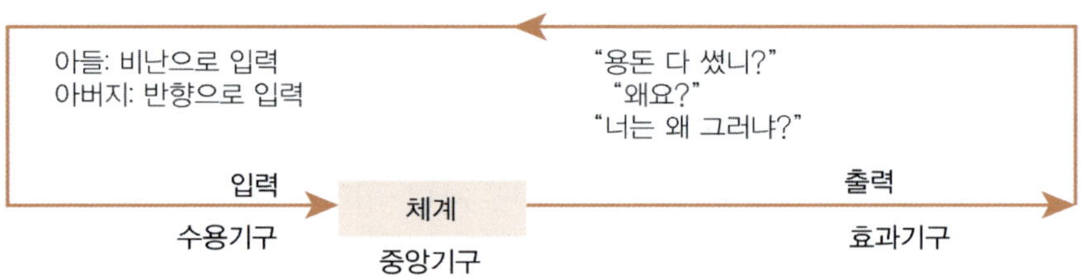

그림 10-1 사이버네틱스 모형

대화에는 서로 마주 보고 이야기를 나눈다는 기본전제가 있으나 이 부자(父子)는 서로를 바라보고 대화하기 어려운 상황이 되었을 것이다. 서로가 상처만 가득 남아 다음 대화에도 영향을 미치게 되었을 가능성이 높다.

이러한 상황을 수학자 Weiner(1948)는 사이버네틱스라는 개념으로 설명한다.

아들은 아버지의 말을 비난으로 입력하고, 아버지는 아들의 답을 반향으로 입력하여 "너는 왜 그러냐?"라고 출력하게 되는 것이다.

그렇다면 아버지와 아들의 대화를 새롭게 구성해 보자.

아버지:

아들:

아버지:

효과적인 대화를 위한 방법으로 비폭력 대화, 나 전달법, 반영적 경청 등 등이 있다. 이러한 방법은 대화가 안전하다는 전제가 있을 때 더 효과적이다. 그렇지 않은 경우, 이름만 나 전달법인 너 전달법이 되거나 비폭력 대화가 아닌 기술이 되어 버리기도 한다.

1) 비폭력 대화 NVC(Non-Violent Communication)

그림 10-2 마셜 로젠버그(1934–2015)

출처: gandhiinstitute.org

로젠버그(Rosenberg)의 NVC(Non-Violent Communication) 비폭력 대화는 첫 번째, '왜 우리는 본성을 잃고 서로에게 폭력을 쓰면서 살게 되었는가?', 두 번째, '그런 반면에 어떤 사람들은 어려운 상황에서도 자기 본연의 인간성을 잃지 않고 다른 사람에 대한 연민을 유지하고 있는가?'를 깊이 연구하여, 그는 우리가 대화할 때 쓰는 말과 말하는 방법이 중요한 역할을 하는가를 깨닫고 구체적이고 명확한 대화법을 제시하였다.

비폭력 대화는 새로운 것이라기보다 우리의 본래 모습을 상기시켜 주려는 것이다. 비폭력 대화를 연민의 대화(Compassionate Communication), 삶의 언어(Language of Life)라고 부르기도 하며, “당신이 하는 다음 말이 당신의 세상을 바꾼다”(Rosenberg, 2017)라고 했다. 판단, 비난, 폭력이 들어가지 않은 말로 서로 대화할 수 있다면 갈등 해결의 토대가 될 것이다

비폭력 대화는 나와 상대방의 욕구(need)를 이해하고, 서로를 존중하면서 평화롭게 충족하는 방법을 찾는 것이다. 서로가 솔직하게 말하고 공감으로 듣는 것, 이 두 가지 필요를 전제하고 있다. 비폭력 대화에 대한 로젠버그의 견해를 중심으로 살펴보도록 하자.

표 10-1 비폭력 대화 4단계

내가 ~을 보았을 때	관찰 Observation	너는 ~을 보았을 때
나는 ~라고 느껴	느낌 Feeling	너는 ~라고 느껴?
왜냐하면 나는 ~가 중요하기 때문에	욕구 Need	왜냐하면 너는 ~가 중요하기 때문에?
~해 줄 수 있겠니?	부탁 Request	나는 내가 ~하기를 원해?

출처: 한국가정법률 상담소(2018). 행복한 삶을 위한 비폭력 대화.

비폭력 대화(Non-Violent Communication) 4단계에 대해 자세히 살펴보자.

① 관찰(Observation)

상대방의 한 말이나 행동을 있는 그대로 보고 듣는 것이다. 관찰에서 주의할 점은 주관적인 판단이나 진단이 아닌 구체적인 행위 자체에 초점을 둔다. 즉, 구체적인 행동 자체, 보고 들은 것만이 해당한다는 것을 주의해야 한다.

다음의 예시에서 관찰인지 평가인지 구별해 보자.

표 10-2 관찰과 평가에 관한 구별

예문	관찰	평가
1. 너는 아주 착한 아이다.		
2. 너는 항상 늑장을 부리더라.		
3. 너는 제시간에 끝내기 어려울 거야.		
4. 아침을 거르면 건강에 나빠.		
5. 사람들은 집 관리를 소홀히 해.		
6. 그 사람은 형편없는 야구선수야.		
7. 너는 못생겼어.		

Rosenberg는 평가와 관찰에 대해서 다음과 같이 설명한다.

- '~이다'는 표현은 평가자가 그렇게 평가한 이유를 표현하지 않았을 때는 관찰이 아닌 평가이다.
- 평가가 들어 있는 서술어를 쓰는 것은 관찰이 아닌 평가이다.
- 다른 사람의 생각, 느낌, 욕구, 의도에 대해 추측한 것이 사실이라 암시하는 말은 관찰이 아닌 평가이다.
- 사실과 추측을 혼동하는 말은 관찰이 아닌 평가이다.
- 지칭 상대가 구체적이지 않은 말은 관찰이 아닌 평가이다.
- 사실이 아닌 능력을 나타내는 말은 관찰이 아닌 평가이다.
- 부사, 형용사 등을 평가로 사용하였다는 것을 밝히지 않고 나타내는 것 등은 관찰이 아닌 평가이다.

'너는 내가 원하는 건 해주지 않더라.' 평가를 관찰로 바꾸면,
'최근에 너는 내가 제안한 세 가지 일을 다 하기 싫다고 했다.'

'너는 너무 자주 온다.' 평가를 관찰로 바꾸면,
'너는 일주일에 적어도 네 번은 온다.'

아래의 예문에 평가를 넣지 않은 관찰을 나타내는 항목에 표시를 하고, 그 이유에 대해 생각해 보자.

표 10-3 평가를 넣지 않은 관찰을 나타내는 항목에 표시

예문	관찰	평가
1. 어제 영우는 내게 이유 없이 화를 냈어.		
2. 그 사람은 좋은 학교를 졸업했어.		
3. 상명이는 내게 분홍색이 안 어울린다고 말했다.		
4. 우리 선생님은 좋은 분이다.		
5. 명수는 게임을 너무 많이 한다.		
6. 현지는 밥을 먹으면서 스마트폰을 보았다.		

아래의 표에 평가와 분리된 관찰로 바꾸어 써보자.

표 10-4 평가와 분리된 관찰로 바꾸어 써보기

예문	평가와 분리된 관찰로 써보기
1. 너는 아주 착한 아이야.	
2. 너는 항상 늑장을 부리더라.	
3. 너는 제시간에 끝내기 어려울 거야.	
4. 아침을 거르면 건강에 나빠.	
5. 사람들은 집 관리를 소홀히 해.	
6. 그 사람은 형편없는 야구선수야.	
7. 너는 못생겼어.	

표 10-5 평가와 분리된 관찰로 바꾼 예문

예문	평가와 분리된 관찰 예문
1. 너는 아주 착한 아이야.	엄마를 도와주는 것을 보니 너는 아주 착한 아이야.
2. 너는 항상 늑장을 부리더라.	너는 시험 치기 전에만 공부를 한다.
3. 너는 제때 그 일을 끝내기 어려울 거야.	내 생각에는 네가 그 일을 제시간에 못 끝낼 것 같다.
4. 아침을 거르면 건강에 나빠.	네가 아침밥을 거르면 균형 잡힌 식사가 되지 못해 건강이 나빠질까 봐 걱정된다.
5. 사람들은 사무실 관리를 소홀히 해.	나는 1팀의 사무실 사람들이 청소하는 것을 본 적이 없어.
6. 그 사람은 형편없는 축구 선수야.	그 선수는 9경기에서 한 골도 넣지 못했어.
7. 너는 못생겼어.	나는 너의 외모가 끌리지 않아.

우리는 평가와 관찰을 분리하는 NVC의 첫 번째 요소에 대해 알아보았다. 관찰에 평가를 넣어 말하면 듣는 사람은 그것을 비판으로 받아들여 저항감을 가지기 쉽다. 관찰의 말은 맥락에 맞게 구체적이어야 한다. '너는 시간 개념이 없다'라는 말 대신에 '너는 나와 약속한 세 번 모두 30분 늦게 왔다.'가 관찰에 따른 표현이다.

② 느낌(Feeling)

느낌을 나타내는 단어를 10개 써보자.

우리는 느낌을 단어로 나타내는 데 인색하다. 주로 "헐~", "짱나(짜증이 난다)", "대박~" 등으로 자신의 느낌을 표현한다. 상대방의 말로 인해 내가 느낀 내 느낌은 매우 중요하다. 정서적 유대감은 내 느낌을 전달하고 상대방의 느낌을 이해해야 생긴다. 특히 가족끼리 서로의 느낌을 주고받으며 대화하는 것이 어려워지면, 그 결과는 심각해진다. 부모-자녀 관계는 말 한마디로 인해 상처를 주고받을 수 있고, 거기에 더해 자신의 솔직한 감정을 표현하지 못한다면 사태는 더 심각해질 것이다. 그러면 어떻게 해야 할까? 자신의 느낌을 표현하는 어휘력을 키우고 자신의 진솔한 느낌을 표현하는 것이 갈등 상황 해결에 도움이 될 수 있다. 오해를 이해로 바꾸기 위해서는 자신의 느낌을 진솔하게 표현하는 것이 도움이 된다.

'느낀다'는 말을 쓰면서도 우리는 '의견'을 제시하는 경우가 많다. 예를 들면 '나는 그 사람이 나를 무시한다는 느낌이 들어'를 '생각한다'로 바꾸면 좀 더 상대방에게 명확히 전달된다. '나는 그 사람이 나를 무시한다는 생각이 들어'

느낌은 다음과 같은 말과 함께 쓰면 정확하게 표현되지 않는다.

'너는 좀 더 분별이 있어야 한다고 느껴'

'나는 실패자같이 느껴져'

'나는 당신이 마치 벽처럼 느껴져'와 같이

~한다고, ~와 같이, 마치 ~처럼은 '생각한다'로 바꾸는 것이 의미가 더 명확해진다. 이것은 느낌보다는 다른 사람들의 행동에 대한 내 생각을 표현하고 있다.

'너는 좀 더 분별이 있어야 한다고 생각해'
'나는 실패자같이 생각돼'
'나는 당신이 마치 벽처럼 생각이 들어'

상황 1.

자녀가 연락도 없이 밤 12시에 들어와 인사도 하지 않고 자기 방문을 꽝 닫고 들어간다.

나의 마음을 느낌으로 표현해 보자.

나는 네가 연락이 없어
나는 네가 밤 12시에 들어와서
나는 네가 인사를 하지 않아
나는 네가 네 방문을 꽝 닫고 들어가서

여기에는 걱정스러움, 당혹스러움, 서운함, 비참함, 괘씸함 등의 내 느낌이 있을 것이다.

③ 욕구(Need)

위의 상황에서처럼 내 욕구를 찾는 것이 중요한데 이는 나의 감정을 좌지우지하기 때문이다. 자녀가 내게 늦은 이유를 알려주고 부모로서 자녀에게 중요하게 여김을 받고 싶고, 자녀와 유대감을 형성하고 친밀한 관계를 유지하고 싶다는 욕구가 있는 것이다.

④ 부탁(Request)

내 욕구를 찾았다면 이것을 얻기 위해 부탁을 해야 한다. 이것이 없기에 부모인 내가 불편한 것이다. 부탁을 할 때는 그 사람이 흔쾌히

내 요구를 들어줄 수 있는 방법을 택해야 한다. 노력 없이 얻어지는 것은 그리 많지 않다. 상처받은 마음은 묵혀두지 말고 그때그때 풀면 심각성은 줄어든다. 가족 간에 생기는 오해들은 묵혀둔 감정들이 어느 날 갑자기 폭포수처럼 쏟아내려 수습이 되지 않는 것이다. 속상한 마음은 묵혀두지 않도록 하자.

"야! 너는 지금 시간이 몇 신데 연락도 안 하고 이제 들어오는 거야! 전화 한 통 하는 게 뭐가 어렵다고! 손가락이라도 부러졌냐? 집에서 걱정하고 기다리는 사람 신경도 안 쓰냐! 어휴~ 인사도 안 하고. 뭐가 그리 잘났어? 문 열어! 어디서 문을 꽝 닫고 들어가. 내가 너를 그렇게 가르쳤어? 문 안 열어!"

위의 예문같이 익히지 않은 날 것의 여과 없는 감정들은 부모와 자녀 간의 관계에 득이 되지 않는다. 자녀가 연락도 없이 밤 12시에 들어온 상황을 비폭력 대화로 제시해 보자.

"나는 네가 밤 12시가 되도록 연락 없이 집에 돌아오지 않아(관찰) 걱정이 되었는데, 네가 집에 돌아와 안심이 됐어(느낌). 그런데 네가 인사도 없이 네 방으로 들어가니 나를 무시하나 싶어 서운하고 화가 났어(욕구). 무슨 일이 있는지 알려주면 좋겠어. 너는 어떻게 생각하니?(부탁)"

비폭력 대화의 네 가지 요소인 관찰과 느낌, 욕구와 부탁으로 자녀와 갈등을 최소화하는 대화가 이어질 수 있을 것이다. 그러나 내 감정이 과열되었다고 생각될 때는 대화를 시도하기보다 내 감정을 추스르는 것이 필요하다. 크게 숨을 세 번 정도 쉬면, 혈압과 심박수가 올라서 긴장된 교감신경을 안정시키게 되니 심호흡을 하는 것이 도움이 된다. 무엇보다도 평소 비폭력 대화를 자주 연습하여 자연스럽게 말이

나올 수 있도록 노력하는 것이 필요하다. 아무리 좋은 대화법을 배웠다 해도 익숙하지 않으면 실천하기가 쉽지 않다.

2) 나-전달법(I-Message)

나-전달법(I-Message)은 문제가 되는 사람이 부모일 때 부모의 생각과 감정을 효과적으로 자녀에게 전달하는 기술이다. 여기서 문제가 되는 사람이 부모가 된다는 의미는 자녀의 행동이 부모의 마음에 들지 않으면, 부모는 좌절감이나 분노가 일어난다. 이때 대부분의 부모는 '너-전달법(You-Message)'을 사용하여 자녀가 무가치하고 무능력하다는 의미를 내보내게 된다.

'나-전달법'은 부모가 자녀의 행동에 가지는 어떠한 감정을 자녀에게 전달함으로써 그 행동을 비난하기보다는 자녀에게 협조를 구하고 자녀가 덜 저항을 일으키는 방식의 의사소통으로 부모-자녀 간의 의사소통을 원활히 하는 데 목적이 있다. 즉, 부모가 자신의 생각과 감정을 자녀에게 효과적으로 전달하는 기술로, 부모가 자녀 행동으로 인해 어려움에 봉착할 때 부모가 어떠한 감정을 가지고 있는지를 자녀에게 솔직하게 전달함으로써 자녀의 행동을 비난하기보다는 협조를 구하는 방식의 의사소통이다. 부모와 자녀 간의 관계를 원활히 하는 대화법으로, 네가 문제가 있고, 네가 틀렸다가 아니라 부모인 나에게 문제가 있으니 부모인 나를 좀 도와달라는 표현이다. 자녀로 하여금 반감을 사지도 않고, 변명도 하게 하지 않고, 부모인 내 마음을 표현함으로써 부모의 요구에 집중하게 만드는 대화법이다.

나-전달법의 세 가지 요소로는 감정의 진술, 자녀 행동에 대한 비(非)판단적 진술, 자녀의 행동이 부모에게 미치는 영향이다. 반드시 이 세 가지 진술이 필요한 것은 아니지만, 이러한 단계에 답을 할 수 없음은 자녀의 행동이 부모에게 아무런 영향을 끼치지 않는다는 의미로써 부모도 나-전달법을 사용할 필요가 없다는 것이 된다.

나-전달법이 효과적이기 위해서는

첫째, 부모가 문제가 있을 때 사용하는 방법이며, 반영적 경청이 전제되어 있어야 한다.

둘째, 부모를 분노하고 좌절하게 한 것이 자녀가 아닌 자녀의 행동이다. 그러므로 자녀의 행동과 자녀를 분리하여 자녀의 행동의 결과와 관련된 부모의 느낌을 솔직하게 이야기해 주는 것이 필요하다. 화를 내며 부정적인 감정을 전달하는 나-전달법은 너-전달법과 다르지 않다.

셋째, 사춘기 자녀들에게는 '나-전달법'이 거부반응을 일으키는 경우가 있다.

넷째, 부모가 해결책을 제시하고 있는 '나-전달법'은 '너-전달법'과 다르지 않다.

다섯째, 자녀가 나-전달법을 사용하면 부모는 다시 반영과 경청으로 돌아가는 기어의 변경이 필요하다.

자녀와 효과적인 의사소통을 위해서는 Gorden은 다음과 같은 걸림돌 대화에 주의를 기울일 필요가 있다고 한다.

① 부모는 자녀에게 '이렇게 해라. 저렇게 해라'고 하거나 반대로 '하지 말라'고 명령하고 지시한다. 이는 자녀의 통제 능력을 불신하고 자녀를 자신의 통제하에 두려는 의도를 표현하는 것으로 볼 수 있다.

② 자녀에게 욕을 하거나 수치심을 주는 독설을 퍼붓는다.

③ 자녀의 문제의 원인과 이유를 알려고 계속 질문하거나 심문한다.

④ 자녀의 말과 행동이 어떤 결과를 가져올 것이라고 경고와 위협을 한다.

⑤ 자녀에게 해야 할 것과 하지 말아야 할 것에 대해 장황하게 그 이유를 훈계하고 설교한다.

⑥ 자녀의 문제를 해결해 주기 위해 부모가 해결책을 제시하는 충고를 하는 것은 자녀 행동에 관한 결과를 부모가 책임지는 것과 같다.

⑦ 자녀에 대해 부정적인 시선으로 판단하고 평가함으로써 자녀에게 비난과 비판을 한다. 이러한 부모는 항상 부모가 옳다는 것을 증명하고자 한다.

⑧ 부모 자신의 의견을 제시하여 자녀를 가르치거나 강의를 통해 자녀에게 영향을 미치고자 한다.
⑨ 부모는 자녀의 의견에 긍정적인 평가로 칭찬을 하고 부추긴다.
⑩ 자녀를 동정하고 현재 기분을 풀어주려고 자녀의 기분을 맞추고 달래려고 애쓴다. 이러한 행동은 자녀를 배려하는 것처럼 보일 수 있으나 실제는 자녀의 감정을 무시하고 가볍게 대하는 것이다.
⑪ 자녀 행동의 원인을 부모가 분석하고 진단하여 자녀에게 해석해 준다.
⑫ 자녀의 말과 행동에 대해 부모가 문제를 회피하고 관심을 전환하려 애쓴다.

일반적으로 부모는 자녀가 가진 문제를 자신의 문제라고 여기기에 자녀의 문제에 대해 자신이 개입하여 해결해 주려 하거나 안심시키려 한다. 이는 자녀가 자신의 감정을 나타낼 수 있는 기회를 잃게 하는 것이며, 자녀의 감정을 거부하는 태도이다. 자녀의 슬픔, 좌절감, 분노 등은 자녀가 느낄 수 있는 감정들이며 부모의 문제가 아님을 인지해야 한다. 부모는 진심으로 자녀의 말을 경청함으로써 자녀의 문제를 부모의 문제로 여겨 해결해 주는 것이 아닌, 자녀가 자신의 문제를 스스로 해결해 가게끔 도와주어야 한다. 부모의 경청만으로도 자녀는 문제에 대한 자신의 책임감을 갖게 되며 또한 자아존중감도 높아지게 된다. 그러나 경청은 상당히 어려운 일이다. 상대방의 말을 듣고 있는 것처럼 보이지만 실은 그 문제에 대해 어떻게 대답해 줄지 생각하느라 잘 들어주지 못한다.

자녀에게 필요한 것은 충고나 진단이 아니라 잘 들어주는 것이다. 들을 청(聽)의 한자에는 왕이 말할 때 신하들이 듣듯이 귀와 열 개의 눈을 가지고 한마음으로 듣는다는 의미를 가진다고 한다. 그러니 경청이 그리 쉬운 것은 아니다. 일상생활 모두에 경청이 어렵더라도 적어도 자녀가 문제를 제시할 때는 잠시 하던 일을 멈추고 자녀의 눈을 지그시 바라보며 잘 들어주자. 잘 들어주는 것만으로도 자녀는 자신의 문제에 대해 스스로 해결할 수 있는 방법을 찾기 시작할지도 모른다.

부모가 언제까지나 자녀의 문제를 해결해 줄 수는 없다. 자녀는 성장한다. 자녀와 365일 24시간을 같이 하며 모든 문제를 부모가 해결해 줄 수는 없다. 매일 학교를 같이 다닐 수도, 같이 수업을 들을 수도, 매번 자녀 친구들과 같이 있을 수도 없는 것이다. 자녀가 성장해 가며 스스로 문제에 대해 해결해 나가기 위해서 부모는 반영적 경청이 필요하다. 공감을 잘하기 위해서 어떤 질문을 하는 것이 좋은지 고민할 필요가 없고, 아이의 대답에 집중하고 궁금해하는 태도가 어떤 질문보다 좋고, 그 태도가 더 공감적이고 치유적(정혜신, 2018)이라고 했다.

자녀의 방문을 열고 부모들은 "도대체 방이 왜 이러니? 밟을 곳이 한 군데도 없어. 쓰레기장도 여기보다는 낫겠다. 이렇게 해놓고 공부가 돼?" 등의 말을 하게 된다. 머쓱한 자녀들은 나름대로 변명거리를 늘어놓는다. "이제 막 치우려고 했어요. 이거 끝내고 하려 했는데..." 그러나 이어지는 부모들의 한 톤 높은 목소리가 방을 울린다.

"또 그 소리. 지난번에도 치운다 하고 치우지 않았잖아!" 부모의 언성이 높아질수록 자녀의 반발은 커진다. 처음에는 자신이 잘못했기에 변명이라도 하지만 부모의 추궁이 계속되면 "아 또 시작이야. 잔소리 좀 안 하면 안 돼요? 내 방에 이제 들어오지 마세요. 내가 알아서 할게요!"라며 부모를 밀어내게 된다.

어처구니없어 하는 부모와 부모의 잔소리가 지겨운 자녀의 전쟁은 끝날 기미가 보이지 않는다.

이 장면이 낯설지 않은 이유는 우리 집과 그리 다르지 않기 때문일 것이다.

그렇다면 '나-전달법'으로 어떻게 해결한다는 것인가?

이 문제의 핵심은 자녀는 방이 어지럽혀 있어도 자녀는 상관이 없는데 부모가 상관이 있기에 이 문제가 발생된 것이다. 즉, 문제가 부모에게 있는 것이다. 부모는 이 문제를 해결하고 싶은 것이다. 자녀가 방을 잘 정리하게 되기를 바라는 것이다.

우선 부모는 자녀의 행동이 부모에게 영향을 미치는 것에 대해 생각을 해야 한다. '꼭 방이 정리되어 있어야만 하는가?' 정리되어 있지 않은 자녀의 방이 나에게 어떤 영향을 주는지 먼저 생각을 해야 한다. 왜 자녀에게 방을 정리하게 하려는가?

- 정리가 된 방에서 공부를 한다면 좀 더 집중할 수 있을 것이다.
- 갑자기 누군가 방문했을 경우 정리된 방이길 바란다.
- 여긴 내 집이니까 모든 방이 정리되어 있길 바란다.

등등 자신이 원하는 바를 정리한다.

감정의 진술: 자녀의 어지러운 방을 보면 나는 어떤 기분이 드는지?

"나는 네 방을 보면 ______________해"

자녀의 행동에 대한 비판단적 진술

"네 방은 지금 ______________다."

자녀의 행동이 부모에게 미치는 영향

"나는 네가 정리된 방에서 공부를 한다면 더 집중해서 할 수 있을 것 같고, 나는______________것이다."

나 전달법이 성공적으로 이뤄지기 위해서는

첫째, '나-전달법'은 부모 자신에게 문제가 있을 때 사용하는 방법으로 반영적 경청이 전제가 되어야 효과적이다. 자녀는 '방이 정리되어 있지 않을수록 공부가 잘 된다'는 의견을 제시할 수도 있다. 그러면 이때는 어떻게 할 것인가? 우선 자녀의 의견을 무시하지 말고 그 의견도 존중해 준다. 그러나 부모가 방을 정리를 해야 할 이유, 즉 부모에게는 방 정리가 문제가 됨을 '나-전달법'을 사용하여 대화하는 것이 효과적이다.

[예시 1]

"아들(딸)~, 지금은 글로벌 시대잖아? ○○이가 해외 친구들과 만날 기회가 엄마(아빠)보다는 더 있을 거야. 그 친구들은 어려서부터 정리 습관이 잘 형성되어 있어서 방 정리가 호텔급이라고 하더라. 그런데 우리 딸(아들)은 습관이 되어 있지 않아서 방을 정리하는 게 익숙하지 않으면 네가 친구들 사이에서 힘들까 봐 엄마(아빠)가 걱정이 돼."

[예시 2]

"딸(아들)~, 엄마는 네 방을 보면 걱정이 돼. 왜냐하면, 지금은 글로벌 시대여서 외국 친구들이 우리나라에 올 수도 있고, 네가 해외로 갈 수도 있잖아. 그 친구들은 어려서부터 정리 습관이 잘 형성되어 있어서 방 정리가 호텔급이라고 하더라. 그런데 우리 딸(아들)은 습관이 되어 있지 않아서 방을 정리하는 게 익숙하지 않으면 네가 친구들 사이에서 힘들까 봐 네가 방을 정리하는 습관을 가지게 되길 바라"

물론 "야! 방 치워!!"보다 말해야 하는 글자 수는 엄청나게 차이가 나지만, 이럼으로써 부모 자녀 관계는 칼바람 부는 쨍한 겨울에서 보드라운 봄날처럼 따사로워진다. 정성을 들인 만큼 결과는 좋아지는 법이다. 굵고 짧은 경제적 단어보다 길고 몸에 사리가 생기는 것을 참으며 나-전달법을 사용하는 것이 효과적인 것이라니… 언제까지 내가 참으면서 이렇게 얘기해야 하느냐고 되묻고 싶을 것이다. 특히 고려할 점은 부모가 감정이 정리되지 않았을 때 이 방법을 사용하는 것을 금하길 바란다. 효과가 전혀 없을 뿐더러 '나-전달법'을 가장한 '너-전달법'이 되기 때문이다. 자녀도 부모도 감정이 고요해지고 나서야 '나-전달법'이 내가 원하는 바를 자녀에게 정확하게 전달하는 효과적인 방법이 될 것이기 때문이다.

말대꾸는 남의 말을 받아 자기 의사를 나타내는 것으로서 사춘기 자녀들이 말대꾸하는 시기는 오며, 그것은 자녀가 그만큼 성장했다는 방증이다. 머리가 다 자라서 성숙한 반응을 보이는 것이 말대꾸고, 이에 부모도 동등한 한 인격으로서 자녀에게 할 수 있어야 한다. 나-전달법을 사용하여 자녀와 효과적인 대화를 할 수 있도록 하자.

자녀와의 대화에서 부모가 지키고자 하는 부모 십계명을 작성해 보자.

표 10-6 부모 십계명 짓기

부모 십계명 짓기
1.
2.
3.
4.
5.
6.
7.
8.
9.
10.

3) 반영적 경청

반영적 경청은 문제의 주체가 자녀일 때 효과적이다. 반영적 경청을 사용할 때도 고려해야 할 점이 있다.

첫째, 자녀가 가진 모든 감정을 진심으로 수용하려는 반영적 경청을 한다. 그냥 앵무새같이 말을 따라 하는 것은 공감은 없고 그저 형식만 갖춘 반영적 경청이다. 부모는 자녀의 말 이면에 있는 감정을 읽어내는 훈련이 필요하다.

예를 들어 '학원에 꼭 다녀야 해요?(두려움)'는 자녀는 말이나 얼굴에 표정을 지어 보이거나, 신체적인 표현을 통해 자신의 문제 있음을 부모에게 전달한다. 부모는 그 단서를 해독하여 자녀의 느낌이나 생각을 피드백 해

준다. '새로운 학원에 가는 것이 두렵구나.(피드백)' 그 후 자녀는 부모의 피드백(feedback)에 따라 계속하여 자신의 문제를 '예 또는 그건 아니지만'(긍정 또는 부정)로 표현하거나 보다 확실한 신호를 부모에게 보내고자 한다.

둘째, 시간적 제약을 고려한다. 자녀가 전달하고자 하는 내용을 미처 확인하기도 전에 끝나지 않도록 충분한 여유가 있는 시간에 하는 것이 바람직하다.

셋째, 자녀의 마음을 다 아는 것 같은 단정적인 어투를 삼간다. 대신 '~한 것 같구나' 등의 탐색적 반응을 한다.

넷째, 반영적 경청이 좋다고 아무 시점에 하면 오히려 역효과가 난다. 개입 시점이 중요하며, 반영적 경청을 했다고 자녀에게서 즉각적인 효과가 나타나는 것은 아니다. 특히 사춘기 자녀는 거부반응을 보일 수 있으니 반영적 경청도 되도록 짧게 하는 것이 바람직하다. 또한 부모가 특정한 의노를 가지고 하는 경우는 그 효과를 기대하기 어렵기에 반영적 경청을 하지 않는 것이 바람직하다.

다섯째, 자녀가 관심을 끌기 위한 목적으로 동일한 문제를 계속적으로 화제로 삼을 때 부모의 반영적 경청은 잘못된 행동 목표를 강화하는 경우가 될 수 있다. 이때는 '나는 그 문제를 네가 스스로 잘 할 것이라고 믿어'와 같은 반응을 보임으로써 스스로 문제해결을 위한 노력을 할 때만 부모가 도와준다는 것을 자녀로 하여금 알게 할 필요가 있다. 반영적 경청은 자녀가 진심으로 자신의 문제를 해결하기 위해 노력하는 경우에만 하도록 한다.

Gorden(1970)은 자녀와 대화할 때 그 사건이나 상황 자체보다는 그 이면의 숨은 의미를 파악하고 이와 관련된 자녀의 감정에 적절하게 반응해야 한다고 했다. 대부분 자녀는 부모가 잔소리가 심하다고 생각하고, 부모의 설교나 비난받는 것을 싫어한다. 그렇기에 자녀의 잘못된 행동 자체에만 관심을 두어 간략하게 언급한다. 그러나 자녀의 감정은 수용하되 행동에는 한계를 정해주는 것이 필요하다. 예를 들어 자녀가 화가 나서 물건을 집어 던진다면, 자녀의 화난 감정은 수용하지만, 물건을 집어 던지는 행동에 대해서까지 다 수용하라는 것은 아니다. 부모가 자녀가 자신의 감정을 알도록 그대로 반영시켜주는 거울 역할을 함으로써 자신의 감정이 무엇인지 자세히 살피게 되고, 이로써 성장과 변화의 기회를 갖게 된다. 부모도 자아존중감을 가지고 있듯, 자녀에게도 자아존중감이 있다는 상호존중이 의사소통에서 가장 중요하다고 한다.

존중(尊重)은 그 사람의 말, 행동, 생각 등을 있는 그대로 받아들이고 나아가 인정해 주는 것으로, 그 사람의 가치관은 말과 행동의 근간이 된다. 부모-자녀 간의 갈등은 가치관, 즉 생각의 차이이다. 생각이 다르기에 말도 행동도 다르게 나타나는 것이다. 부모들은 자녀를 위한다는 생각으로 자신의 경험을 이야기하며 자신의 가치관을 쏟아내나, 자녀들은 단지 부모의 잔소리로 들릴 뿐이다. 부모는 자식을 자신의 소유물이 아닌 하나의 소중한 인격으로 대하고 자녀의 가치관을 인정함이 비로소 상호존중이 시작된다고 할 수 있다.

표 10-7 효과적인 경청(연미희, 김진숙, 2015)

자녀의 의사 표현	폐쇄적 반응	개방적 반응
그 애랑 다시는 놀지 않을래.	그럴 수도 있지. 잊어버려라.	그 애 때문에 화가 났구나.
색칠하기 그만할래요.	하던 것 마쳐야지. 그러면 안 돼.	색칠하는 게 어렵지. 색칠하기가 힘들 때도 있지.
옆자리 아이 때문에 유치원 가기 싫어요.	유치원 가지 않는다는 것은 안 돼. 유치원은 가야 되는 거야.	옆자리 아이가 귀찮게 굴어서 싫은 모양이구나.
엄마 싫어요.	그런 말 하면 안 돼.	엄마 때문에 화가 난 모양이구나.

이민규(2008)는 적극적 경청의 장점을 다음과 같이 설명한다. 첫째, 상대방이 잘 들어준다고 생각할 때 자신의 고민이나 소망을 안심하고 이야기한다. 둘째, 잘 들어주면 이해받았다는 느낌이 들기에 사람들은 자기 얘기를 잘 들어주는 사람을 좋아한다. 셋째, 모든 이야기를 참을성 있게 잘 들어주는 사람에게 실컷 털어놓으면 마음이 후련해진다. 넷째, 잘 들어주는

부모 밑에서 자란 아이들은 친구들의 이야기도 잘 들어준다. 다섯째, 설득이나 조언만 하는 사람에게는 반발심이 생기지만, 최선을 다해 들어주는 사람에게는 반항할 구실이 없다. 여섯째, 좋은 말 한다고 이런저런 얘기를 다 하고 나면 뒤끝이 개운하지 않을 때가 많지만, 열심히 들어준 다음에는 후회할 것이 남지 않는다.

표 10-8 자존감 높은 아이와 낮은 아이의 특징(오수향, 2017)

자존감 높은 아이의 특징	자존감 낮은 아이의 특징
• 모든 일을 스스로 하려고 한다. • 책임감이 있다. • 새로운 일에 열광적으로 도전한다. • 실패해도 잘 견디고 스트레스를 잘 관리한다. • 공감 능력이 뛰어나다. • 대인관계가 좋이 친구와 잘 어울린다.	• 자신감이 없고 위축되고 소극적이다. • 새로운 것을 시도하지 않는다. • 실패하면 좌절하고 운다. • 부모에 대한 의존도가 높다. • 대인관계가 원만하지 못하다.

실패를 두려워하는 자녀에게 부모가 "미국의 전설적인 홈런타자 베이브 루쓰(Babe Ruth)는 1,330번의 삼진아웃을 당했지만, 우리는 714개의 홈런을 친 타자로 기억하고 있을 뿐이란다." 또는 "디즈니의 설립자인 '월트 디즈니(Walter Elias Disney)'는 다섯 번이나 파산을 당했어도 끊임없이 도전하여 오늘날의 명성을 갖게 되었단다." 이렇게 이야기해 준다면, 자녀가 자신감을 갖도록 하는 데 도움이 될 것이다(송유순, 조정숙, 2019).

4) 주장훈련(Assertive Discipline)

행동수정 원리에 기초하여 Lee Canter와 Marlene Canter(1976)가 개발한 주장훈련은 부모가 단호한 태도로 자녀 행동을 효율적으로 훈육하기 위한 접근방법을 단계적으로 설명한다(최혜순, 2011). 부모가 자녀에게 보이는 부적절한 반응에는 단호하지 못한 반응, 무시, 적대적 반응 등이 있으며, 부모가 자신의 반응이 일단 부적절하다는 것을 인식하면, '단호하게 의사소통하기', '자신의 말을 행동으로 뒷받침하기', '법칙을 정하기'의 주장훈련

(Assertive Discipline)의 세 단계 기술은 행동수정 원리에 기초한 주장훈련으로 아동에게 보다 적절한 행동을 가르치도록 고안된 교정적 행동을 의미한다. 이때 아동의 신체적 · 정서적 안녕의 손상 없이 사용되어야 하며, 주장훈련 방법은 부모교육의 다른 방법이 성공하지 못했을 경우에 효과적이다.

초기의 주장훈련은 대인관계 불안을 감소하기 위해 사용된 훈련 방법이었으나, 점차 개인의 권리를 강조하는 방향으로 사용되었다(최혜순, 2011). 자기주장은 상대방의 권리를 침해하거나 불쾌하게 하지 않는 범위 내에서 자신의 욕구, 권리, 생각, 의견, 느낌 등을 솔직하게 상대방에게 표현하도록 하는 행동을 훈련하는 것이다. 즉, 자기주장은 부모 자녀 그 누구도 피해를 입지 않는 행동이다. 그러나 주장훈련은 다른 부모교육에 비해 권위주의적이라는 점에 논란의 여지도 있다. 부모-자녀 간 성공적인 상호작용을 위해서는 부모가 우선 자녀에 대한 분명한 훈육의 필요성을 인식하고 자녀의 행동에 주장적으로 대처할 수 있는 기술을 습득시키는 데 초점을 두는 것이 필요하다.

부모가 보이는 부적절한 반응으로는 다음과 같다.

표 10-9 부모가 보이는 부적절한 반응

부모가 보이는 부적절한 반응		
단호하지 못한 반응	사실의 진술	너는 잘못된 행동을 하고 있다
	애원	제발 좀 조용히 해줘
	질문	왜 그런 행동을 하니?
	따르지 않는 요구를 반복	스마트폰 그만 보고 공부해라.
적대적 반응	심한 벌	숙제 다 하기 전에는 잠 못 잘 줄 알아!
	비현실적 협박	너 한 번만 더 그렇게 하기만 해!
	언어적 비하	너는 옷이 왜 그러냐?
	체벌	때리거나 미는 체벌 등
무시	무시	자녀 말을 무시해 버리기

출처: 최혜순(2011). 부모교육 재구성.

표 10-10 부모 양육 특징과 결과

부모의 특징	전달 메시지	결과
권위 강조	내 말대로 해.	반항, 무책임, 보복
순종 요구	네가 좋든 싫든 상관없다. 너 혼자 결정 내릴 수는 없다.	반항적 성격, 반항적 순종
과거행동 강조	넌 늘 그런 식이니? 널 믿을 수 없다.	거부당한 감정, 자신감 결여
도덕적 판단	너는 나쁜 아이야. 난 받아들일 수 없다.	죄의식, 상처받음
무시, 폭력, 애정결핍	너는 바뀌어야 해. 내 자식이라면 그럴 리 없다.	반항, 죄책감, 앙갚음
자유분방, 행동에 무관심	두고 봐! 네가 한 것은 네가 책임져.	분노, 보복, 공포, 반항, 혼동

출처: 최혜순(2011). 부모교육 재구성.

① 단호하게 의사소통하기

자녀의 행동에 문제가 있음을 당당하게 말하기

적절한 비언어적 방법 사용도 효과적

'고장 난 레코드' 방법은 지시한 내용이 수정되지 않은 경우, 동일한 사실을 반복하여 말하기

비언어적 칭찬(미소 짓기, 껴안기 등)도 병행하면 효과적이다.

② 자신의 말을 행동으로 뒷받침하기

단호하게 대화하는 방법이 숙달되면 자녀가 자신의 말을 듣지 않는 경우 어떤 조치를 취할 것인가 결정하는 두 번째 단계로 넘어간다. 준비가 잘 된 부모는 자녀의 부적절한 행동을 중단시키는 것이 용이하나, 다음과 같은 점을 고려해야 한다.

첫째, 잘못된 행동의 결과를 자녀가 경험하게 하고 누구에게 책임이 있는지 분명하게 알게 하고, 이후 행동에 대해서 선택의 기회를 제공해야 한다. 이는 자기 행동에 대한 논리적 결과를 인지하고 동시에 책임도 기르기 위함이다. 특히 자녀의 잘못된 행동 때마다 적대적이 아닌 방법으로 행동의 결과를 경험하게 해줘야 하며, 무엇보다 일관

성이 중요하다.

부모의 기분에 따라 어떨 때는 비난하고, 어떨 때는 반응하지 않는 경우 자녀는 자신의 행동에 대한 책임을 지기보다는 부모의 기분에 의해 좌지우지 된다는 것을 배우게 된다. 즉, 자녀는 '오늘 재수가 없어서 걸렸다'고 생각할 수 있다. 또한 자신의 행동에 대한 책임감을 배우기보다 부모의 눈치를 살피게 될 수도 있다. 일관성을 유지하는 것은, 부모 또한 매우 힘든 일이다. 그러나 자녀에게 책임감과 자기 행동의 논리적 결과를 깨닫게 하기 위해서는 필요한 사항이다.

둘째, 자녀가 부모를 시험하는 행동(떼쓰기, 울기 등)에 물러서게 되면 이러한 방법으로 자신이 원하는 바를 달성할 수 있다는 것을 가르쳐 주게 되는 것이다. 부모를 시험하는 행동에는 엄격함이 아닌 단호함으로 대처해야 할 필요가 있다.

셋째, 자녀가 바람직한 행동을 한 경우에 어떻게 반응할 것인가는 잘못된 행동 때의 반응 못지않게 중요하다. 바람직한 행동이 나타난 직후 즉각적인 보상이나 특별한 특전이 제공되어야만 강화물로서의 효력이 발생한다.

강화물은 음식물이나 장난감 같은 물질적인 강화물과 미소, 안아주기 등의 사회적 강화물로 구분할 수 있는데, 행동수정 초기에는 물질적 강화물 사용이 효과적이나 점차 사회적 강화물로 대처해 가는 것이 바람직하다.

③ 법칙 정하기

법칙 정하기는 부모의 권위를 당당히 주장하는 것으로서, 자녀에게 문제행동을 변화시켜야 한다는 것을 당당하게 요구해야 한다. 부모는 자녀의 눈을 바라보며 엄격하지 않은 단호함으로 자신이 원하는 바와 지시를 어긴 경우 생기는 결과를 말해야 한다.

체계적인 훈련계획은 부모와 자녀가 정하고 기록한다. 부모가 자녀의 행동 중 변화하기를 기대하는 특정한 행동, 자녀의 잘못된 행동으로 인한 결과, 긍정적 행동에 사용되는 강화물, 자녀의 행동을 수정하는 방법 등이 포함된다. 가족원 모두가 볼 수 있도록 주장훈련 계획서를 붙여두면 자녀에게 상기시키는 효과와 더불어 말 이상의 부가적 효과를 기대할 수 있기 때문이다.

주장훈련 프로그램이 상당히 보편적으로 사용되고 효과적인 훈련방법이라 인정받고 있다. 그러나 다른 부모교육 프로그램에 비해 다음과 같은 이유로 비판받고 있다. ① 아동에게 긍정적인 자아개념 발달을 촉진시키지 못한다. ② 아동은 보상받은 행동은 선한 행동, 처벌받은 행동은 나쁜 행동으로 학습할 가능성이 있다. ③ 공개적인 처벌에 대한 수치심과 두려움이 부정적으로 기억될 수 있다. ④ 긍정적인 강화도 권장되고 있지만, 비효율적, 위협적, 조작적 측면이 있다(정옥분, 정순화, 2008).

앞서 말한 것처럼 주장훈련은 부모교육의 다른 방법이 성공하지 못했을 경우 효과적이며, 이때 교정 행동은 아동의 신체적·정서적 안녕을 손상시켜서는 안 된다는 점을 반드시 기억해야 한다.

5) 부모진단 체크리스트

아래의 표에 평소 자신이 자녀에게 하는 행동을 생각하며 표시를 해 보자.

표 10-11 부모 진단 체크리스트(전도근, 2012)

	문항	예	아니오
1	내 생각을 자녀에게 일방적으로 강요한 적이 없다.		
2	하루에 한 번이라도 잔소리를 한 적이 없다.		
3	내 잘못을 자녀 탓으로 돌린 적이 없다.		
4	자녀가 잘못을 인정했는데도 되풀이하여 야단친 적이 없다.		
5	내 기분에 따라 자녀를 대한 적이 없다.		
6	자녀가 힘들어할 때 자주 격려해 준다.		

	문항	예	아니오
7	자녀의 가장 친한 친구가 누군지 안다.		
8	자녀의 관심을 알고 있다.		
9	자녀의 장래 희망이 무엇인지 안다.		
10	자녀가 좋아하는 사람이 누군지 안다.		
11	자녀가 갖고 싶어 하는 것이 무엇인지 안다.		
12	자녀가 좋아하는 것이 무엇인지 안다.		
13	자녀가 무엇을 잘하는지 안다.		
14	자녀가 한 일을 진심으로 기뻐하고 격려한다.		
15	자녀를 어떻게 키워야 할지 방법을 알고 실천하고 있다.		
합계			

'예'라고 답한 개수가 11개~15개 좋은 부모 자질이 충분한 단계, 6개~10개 현재 자녀가 마음에 들지 않는 상태로 갈등이 생기기 시작하는 단계로 '아니오'라고 답한 부분을 찾아 자신의 행동을 수정한다. 0개~5개는 자녀의 행동이 마음에 들지 않는 것이 많아 자녀와의 갈등이 큰 단계로 부모가 자녀에게 무엇을 고치라고 말하기 전 자신의 행동을 돌이켜 반성해 보도록 한다.

현재의 나는 과거부터 축적된 경험을 통해 형성된 것으로, 우리는 부모가 되면 과거 부모와의 관계에서 비롯된 경험들을 참조하여 자녀를 키우게 된다. 부모와는 다르게 살겠다는 결심에도 불구하고 우리는 그 누구보다도 부모에게 영향을 많이 받는다. 부모들은 감정적 고통을 수반한 자신의 부모와의 경험에 대해 깊이 탐색해 보아야 한다. 나의 분노가 자녀의 행동으로부터 오는 것인지 해결되지 못한 자신의 부모와의 관계에서 오는 것인지 말이다.

생각해 볼 문제

1. 자녀에게 성적표를 보여 달라고 요청해도 보여주지 않고, '자신의 일이니 상관하지 말라'며 문을 쾅 닫고 들어간 상황을 '나-전달법'을 사용하여 작성해 보고 느낌을 나누어 보자.

2. 두 사람씩 짝을 지어 한 사람은 이야기를 하고 다른 사람은 외면하는 역할을 해 보고 그 느낌을 나누어 보자. 역할을 바꾸어서도 실시하고 생각을 나눠 보자.

3. 부모진단평가를 실시하고 자신이 개발해야 할 부분에 대해 생각해 보자.

CHAPTER

11 자녀양육지원제도

한국의 자녀양육지원제도는 기본적으로 자녀를 중심으로 지원하는 제도와 부모 및 가족을 위해 지원하는 정책과 시설, 비용 등이 있고, 어떤 경우는 부모자녀 관계를 중심으로 정책 설계가 되어 있다. 어린이집 시설과 프로그램 제공이 아이중심이라면, 공동육아 나눔터는 스트레스를 받는 부모가 우선이며, 2차적으로 자녀를 위한 놀이공간과 자녀 지도가 제공된다. 아이돌봄사업은 다양한 가족, 특히 맞벌이가족이나 다문화가족, 아픈 자녀를 가진 가족, 장애인 부모 등을 위해 국가가 경제적 지원과 아이돌보미를 파견해 주는 제도이다. 그 외에 일과 가족의 균형을 위해 출산과 육아휴직제도, 배우자 출산 휴가제 등을 도입하고 있다. 여기서 최신의 육아 관련 지원정책과 제도를 소개함으로써, 추후 민주적이고 평등한 가족, 함께 일하는 부부, 자녀양육 친화적 환경에 대한 정보를 이해하며, 추후 좋은 부모되기를 위한 외적 자원으로 잘 활용되기를 바란다.

1. 아이돌봄사업

1) 아이돌봄사업의 의미와 목적

아이돌보미사업이란 맞벌이 부모와 부모가 과다한 양육스트레스를 받거나 어려움이 있으며, 일정한 소득 수준의 이하인 가정으로 만 12세 미만의 자녀를 양육하는 가정을 대상으로 아이돌보미가 직접 찾아가서 자녀를 돌봐주는 사업이다. 이 사업은 자녀의 보호와 양육의 직접 서비스를 국가가 경제적으로 일정 부분 지원하는 특성이 있다. 특히 아이돌보미는 국가가 양성교육과 보수교육을 하고, 전산망을 통하여 그들의 육아 활동이나 서비스 내용들이 관리되기 때문에 신뢰를 주는 제도라고 볼 수 있다. 다음은 여성가족부가 정리한 사업의 근간 이유이다. 아동의 안전한 보호와 복지, 부모의 일과 가정의 양립, 돌보미의 양성과 활동은 여성 인력의 재개발과 활용 목적을 갖는다. 이를 통하여 가족구성원의 삶의 질 향상을 목표로 한다(아이돌봄지원법 제1조).

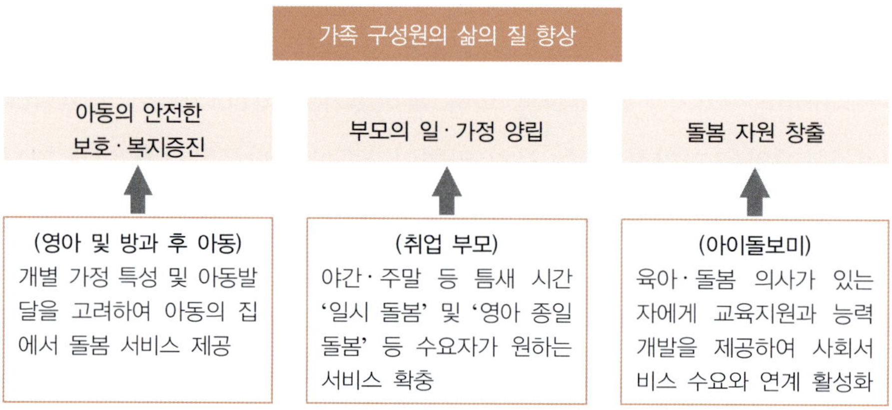

출처: 여성가족부(2022) 아이돌보미지원사업 안내(2쪽 인용).

2) 아이돌봄사업의 이용 대상 가정

현재 모든 가정이 아이돌봄사업을 이용할 수 없다. 아이돌봄사업이 전국적으로 확대됨에 따라 일정 유형의 가정에게 혜택을 주는 방향으로 전개되고 있다. 소득 중위 150% 이하에 속해야 우선 자격이 부여된다. 자녀의 수가 많거나, 가족형태나 가족원의 상황이 육아를 전담할 수 있으면, 그에 대한 배려가 있다. 또한 어린이집의 육아관련 시설이 보육부담이 있을 경우도 아이돌봄센터를 통하여 연계하여 지원을 받을 수 있다. 이를 구체적으로 정리해 보면 다음과 같다.

(1) 아이돌봄서비스 종류

① 영아종일 서비스는 영아가 생후 3개월 이상 36개월 미만인 경우

② 시간제 서비스는 영아 3개월 이상 만 12세 미만의 자녀가 있는 경우

③ 질병감염 아동서비스는 법정 전염성 및 유행성 전염성 만 12세 아동이 있는 시설의 지원

④ 기관연계서비스는 사회복지시설, 어린이집, 학교, 유치원 등이 시설의 연계지원

(2) 다양한 가정과 정부지원

① 맞벌이 가정, ② 한부모가정, ③ 다자녀가정, ④ 장애부모가정, ⑤ 청소년부모가정, ⑥ 기타 양육부담 가정임을 증빙하는 서류를 통하여 정부의 아이돌봄지원 서비스와 함께 양육비 지원을 받을 수 있다. 이런 가정의 양육 공백 상황에 대한 사례와 분류는 정부의 운영 매뉴얼에 자세히 분류되어 있다. 또한 그러한 조건을 충족하고, 근거 서류를 제출하는 등의 구체적인 안내도 되어 있다.

따라서 자세한 이용절차 등은 다음 표에 나오는 홈페이지를 통하여 신청하고 도움을 받을 수 있다. 지방마다 해당기관의 전화와 홈페이지가 있는 통합데이터 시스템을 갖추고 있다.

아이돌봄지원 홈페이지: https://www.idolbom.go.kr/front/main/main.do

(3) 아이돌보미

가정으로 직접 방문하여 아이돌봄을 지원하는 아이돌보미는 일정한 교육(80시간/현장실습)과 사전에 인성 및 대인관계 능력 등을 검증하는 면접을 한다. 지역에 따라 아이돌보미의 활동 범위가 다양하기 때문에 그에 따른 교통비 지급이나 활동시간 등에 대해서는 각 지역사회에 맞는 자율성을 갖는 편이다.

정기적으로 아이돌보미를 사용해야 하는 가정에서는 돌보미를 사전에 면접하기도 한다. 돌봄 활동 특성상 돌보미가 갖추어야 하는 육아활동 수준이 필요하기 때문이다. 일정수준의 시간에 따른 보수는 아동의 연령이나, 기본형인가 종합형인가, 이용가정의 자녀수에 따라 정부가 정한 기준에 의해 결정된다.

현재 전국적으로 활동하는 아이돌보미는 평균 5,917명이고 전국 아이돌봄지원서비스 기관은 227개소가 운영 중이다(아이돌봄지원사업 홈페이지, 2022).

(4) 아이돌봄 활동 내용

아이돌보미를 육아뿐만 아니라 가사서비스를 요구하는 부모들 때문에 과거에는 분쟁이 있고, 민원이 있었다. 이에 정부는 돌봄 활동을 구체적으로 정리하여 제시하고 있다. 다음 표에서 보듯 육아 활동과 관련된 내용이다. 그러나 육아 관련 가사활동이 허용되는 예외 대상도 있다.

기본형 돌봄활동	• 보육시설, 학교 등의 등·하원/준비물 보조/부모가 올 때까지 보호/준비된 식사 및 간식 챙겨주기/놀이활동 • 외부활동(부모와 서비스센터와 사전 협의) 병원 가기/놀이터, 놀이시설의 이용 등 • 대상 아동의 관찰 일지 및 업무 내용 등을 기록하고 가정에 문자, 서면, 수첩 등에 기록 및 전달
종합형 돌봄활동	• 종일제 영아 돌봄 활동으로 이유식 먹이기/젖병소독/기저귀 갈기/목욕 등의 전반 활동 • 시간제 기본서비스 내용 포함 • 아동 관련 가사 활동 포함: 아동관련 세탁하기/놀이도구 정리/아동 관련 청소기 돌리기/아동 관련 식사 및 간식조리와 설거지 등

(5) 아이돌봄제도 장단점

앞에서 언급하듯 아이돌봄사업은 2007년 시범사업을 시작으로 전국 시·군·구에 모두 설치된 공공기관이다. 사설 베이비시터도 있지만, 가정으로 파견되는 육아도우미의 질과 신뢰성에 문제가 있기 때문에, 공공기관으로서 아이돌봄지원센터는 자녀양육부담의 경감을 긴급으로 지원받는 자녀양육 전문 보조기관으로 매우 인기가 있다. 처음 진입이 어렵지만 홈페이지를 통하여 예약하고, 시간제든 종일제든 국가 기준에 의해 예약 받고, 경제적 지원을 일정 부분 지원 받을 수 있다. 특히 아이돌보미의 지속적인 관리를 국가가 해주고, 일상에 일어난 양육 일지를 공유하여, 부모가 부재하여 알지 못하는 자녀에 대한 성장과 문제점 등을 알 수 있기 때문에 부모에게는 자녀양육 안심 시스템인 셈이다. 예를 들어 부모의 손길이 필요한 생후 3개월의 아이를 놔두고 출근을 해야 하는 어머니에게는 더 없이 좋은 신뢰받는 양육지원제도이다.

다만 평균소득 수준이 150% 이상을 초과하는 가정들은 사용할 수 없다는 단점이 있다. 면접을 거쳐 서로 양육 가치를 논의하여 어린 자녀를 맡길 수 있어 만족하는 제도이지만, 국가 지원대상 기준에 해당하는 가정에만 해당하기 때문에 많은 부모들이 아쉬워한다. 이 제도를 이용할 수 없는 대상 가정들은 다른 자녀양육지원제도를 활용해야 한다. 그럼에도 불구하고 자녀가 아프거나, 부모가 아프거나, 출장을 가야 할 경우에는 사용할 수 있는 예외 조항들이 있기 때문에, 기관에 전화를 하여 양육지원을 받을 수 있는 방법들에 대해 상담할 수 있다. 이러한 육아 부담경감을 위한 부모상담은 다음 소개하는 육아종합지원센터나 공동육아나눔터를 활용할 수 있다.

2. 공동육아나눔터

1) 공동육아나눔터의 현황과 목적

공동육아나눔터 사업은 핵가족화로 인해 약화된 가족돌봄기능을 보완하여 부모의 양육부담을 경감하고, 지역사회가 참여하는 돌봄공동체를 조성하여 양육친화적 사회환경을 구축함을 목적으로 한다.

공동육아나눔터는 과거에 육아휴게소(일본의 예)로서 전업주부들이 양육의 어려움과 고립감을 해소하기 위해서 마을에 적당한 공간을 마련하여

유모차를 끌고 와서 육아 관련 대화를 나누고 정보를 교환하며, 자녀들은 보육도우미의 도움을 받으며 놀이를 하는 육아휴게소의 개념을 시작되었다. 이러한 모델을 한국에서도 시범사업을 하여 전국적으로 확대되며 법률적 근거를 갖게 되었다.

즉, 아이돌봄지원법 제19조(공동육아나눔터), 건강가정기본법 제22조(자녀양육지원강화), 저출산고령화사회기본법 제8조(자녀의 출산과 보육)의 법을 근간으로 하여 자녀양육지원제도로서 탄생하였다.

2010년 5개 지역에서 가족품앗이 및 공동육아나눔터 시범사업을 실시하였고, 2022년 현재 전국 322개소가 운영되고 있다. 2019년에 가족품앗이는 "자녀돌봄 품앗이"로 명칭변경되었다(여성가족부, 2019). 이 사업의 원칙은 공동체, 주민자치, 보편성을 띠고, 육아에 따른 대화와 휴식, 부모들의 만남을 우선적으로 제공하고, 자녀들은 자유롭게 놀이활동을 하도록 보장한다. 그러나 한국은 더욱 전문적이고 학습의 성격이 강하게 보완하였으며, 가족품앗이라는 이름으로 부모들의 나눔과 협조정신을 강조한 동아리 형태로 활동을 지향하면서 장단점이 있게 되었다.

사업을 주관하는 한국건강진흥원(2022)의 홈페이지에 의하면 부모는 자녀양육에 관한 다양한 정보를 공유하고, 본 기관에서 제공하는 간단한 프로그램에 참여하고, 장난감 및 도서 대여 서비스, 부모들의 자녀돌봄 품앗이 활동을 제공하는 네트워킹 공간이라고 볼 수 있다.

지역사회 특성에 따라 영유아돌봄, 초등돌봄, 방과후 돌봄, 청소년의 돌봄 등을 할 수 있으나, 전업주부들이 주로 활동하는 관계로 주로 영유아기나 초등돌봄에 집중된 부모들의 네트워킹과 자녀돌봄 품앗이 활동을 하고 있다.

한국건강진흥원 홈페이지를 클릭하여 공동육아나눔터 사업을 살펴보세요! 홈피 주소: https://www.kihf.or.kr/

공동육아나눔터가 법률적 용어라면 현재 각 구·군에서 사용되는 명칭은 가족친화적이고 지역공동체 정신을 반영하는 브랜드화 전략을 사용하고 있다.

[예시 : 육아정보나눔터의 브랜드화]

서울시 열린육아방
대상: 취학전 영유아와 보호자
목적: 가정양육 부모의 육아 고립해소 및 지역돌봄공동체 활성화 도모
내용: 공간 제공 - 자녀돌봄을 위한 안전한 놀이공간 제공 프로그램 운영 - 놀이교구 제공, 부모자녀가 함께 하는 프로그램 제공 공동육아지원 - 지역사회 주민이 함께하는 자녀돌봄 품앗이 활동 지원 놀이 활동 지원 - 아동의 성장발달 단계에 맞는 다양한 놀이프로그램 개발
추진근거: 서울특별시 온마을 아이돌봄 지원에 관한 조례(2012.7.20.시행)
운영 현황: 73개소 운영(우리 동네 키움 포탈)

출처: 경북여성정책개발원(2022), 경상북도 공동육아나눔터 기능활성화 방안 123쪽(재구성).

2) 공동육아 나눔터의 정신

앞에서 본 바와 같이 공동육아 나눔터는 육아 스트레스를 경감하고, 양육과 관련한 정보를 교류하고, 지역사회 자원과 부모 및 가족원들의 지혜와 시간을 서로 나누는 공간이다.

특히 스스로 활동하는 부모들과 자녀들의 놀이 활동이나 자녀 관련 도서나 장난감 대여 등을 자유롭게 대여 받아 육아 관련 비용도 절약하고, 정서적으로 도움을 받을 수 있다. 즉, 육아 및 가족친화적 환경을 제공받음으로써, 지역사회에 밀착된 가정양육지원 서비스로 의미가 있다.

현재 제안되는 공동육아나눔터 활용공간으로는 주민센터, 아파트 주민공동시설(작은)도서관, 경로당, 문화센터 등의 공공 민간 유휴시설, 단독주택, 공동주택의 주거지 등이 있으며 여성가족부는 공동육아나눔터 설치를 위해 협약을 체결하였다[1](경북여성개발원, 2022, 27쪽).

즉, 돌봄 공동체가 가정에서 마을로, 마을에서 국가로 (가정을 건강하게 하는 시민의 모임, 2021 가족정책포럼 슬로건)의 정신을 공동육아나눔터에서 실현하고 있다.

1) 여성가족부는 대우건설아파트, 한국토지주택공사 행복주택 희망타운 경기도시공사 행복주택의 주민공동시설, 이마트 키즈라이브러리 등의 적합한 공간에 설치할 수 있도록 협약함.

또한 시·군·구는 예산 지원을 위해 조례를 제정하여 시·군·구 중심 육아친화환경 조성을 하고 있다. 이러한 정신의 구현은 지방정부 조례에서 실천할 수 있는데, 최근에 제정된 경기도 조례를 참고한다. 다른 시·군·구 조례는 다음 주소를 클릭해 보면 다양하게 알 수 있다.

자치법규정보시스템 홈페이지: 공동육아로 검색하세요. https://www.elis.go.kr

[예시 : 경기도 아이돌봄 공동체 활성화 조례(2020.05.20. 제정)]

제1조(목적) 이 조례는 마을에서 주민들이 아동돌봄과 양육에 대한 책임과 역할을 수행하며 서로를 돌보고 이를 통한 마을공동체 활성화에 필요한 사항 규정을 목적으로 한다.

제2조(정의) 이 조례에서 사용하는 용어의 뜻은 다음과 같다.

1. "마을공동체"란 「경기도 마을공동체 만들기 지원 조례」 제3조 제3호에 따른 주민자치 공동체를 말한다.
2. "아동돌봄공동체"란 마을주민 10명 이상 주민모임으로 공동육아, 보육, 아동대상 돌봄사업을 주로 하는 공동체로 돌봄의 사각지대 해소 및 돌봄서비스 제공으로 자녀양육을 분담하고 자녀의 사회성 발달 및 공동체 활성화를 이끄는 주민자치 공동체를 말한다.
3. "돌봄공간"이란 주민들이 공동육아 및 돌봄을 수행할 수 있는 마을 내 공간을 말한다.
4. "사회적협동조합"이란 「협동조합기본법」 제2조 제3호에 따른 협동조합을 말한다.

제3조(적용대상) 이 조례에 따른 돌봄공간 이용이 가능한 돌봄대상은 경기도에 거주하는 만 12세 이하 돌봄이 필요한 모든 아동으로 한다.

제4조(도지사의 책무) ① 경기도지사(이하 "도지사"라 한다)는 아동돌봄공동체를 통한 돌봄의 사각지대 해소와 마을공동체 활성화를 위해 시책을 수립·시행하여야 한다.

② 도지사는 아동돌봄공동체가 공동육아를 위한 사회적협동조합을 결성하고자 할 경우 이를 지원할 수 있다.

제5조(돌봄공간 조성 등) ① 도지사는 아동돌봄공동체 활동을 위한 돌봄공간 조성을 지원할 수 있다.

② 도지사는 돌봄공간 기능 활성화를 위하여 필요한 비용을 예산의 범위에서 지원할 수 있다.

제6조(돌봄공간의 기능) 돌봄공간은 다음 각 호의 기능을 수행한다.

1 아동돌봄의 사각지대 보완
2. (조)부모, 양육자 및 자녀에게 육아 정보 및 나눔 기회 제공
3. 부모-자녀 참여형 돌봄활동 지원
4. 도서, 장난감 대여 서비스 등 보육 물품 나눔 지원
5. 그 밖의 돌봄 친화 환경을 위한 프로그램 개발과 보급 등

제7조(돌봄공간 운영계획) ① 도지사는 돌봄공간 운영을 위한 계획(이하 "운영계획"이라 한다)을 매년 수립하여 시행할 수 있다.
② 제1항의 운영계획에는 다음 각 호의 사항이 포함되어야 한다.
1. 돌봄공간 조성의 기본방향
2. 돌봄공간 추진 목표 및 추진 전략
3. 돌봄공간 운영 지원에 관한 사항
4. 돌봄공간 및 관계 기관·단체와의 협력체계 구축 방안
5. 돌봄공간 이용자 실태조사에 관한 사항
6. 그 밖에 돌봄공간 활성화를 위하여 필요한 사항

제8조(지도·감독) 도지사는 돌봄공간 운영 사항을 보고하게 하거나 소속 공무원에게 돌봄공간 운영 사항을 지도·감독하게 할 수 있다.

https://www.elis.go.kr(2022)

3) 공동육아나눔터의 운영

공동육아의 유형들은 외국에도 유사 사례가 있다. 독일의 경우는 마더센터라고 하여 400여 센터가 있고, 행정기관이 만든 500여 개의 공동육아 시설이 있다. 이는 더욱 진화하여 공동육아와 세대교류를 위한 다양한 종류의 형태로 발전했는데, 아이들과 노인의 돌봄 사각지대를 줄이려는 시도가 이루어진다. 한국의 경우도 경로당을 활용한다면 세대 교류와 어르신의 돌봄이 동시에 이루어질 수 있다(경북여성정책 개발원, 2022).

운영지원은 조례에서 보듯이 보통 중앙정부와 지방정부가 함께 보조가 되는 편이며, 운영체계도 위탁이나 직접 운영하는 등 다양하다. 보통은 가족센터(전 건강가정지원센터)에서 운영하는 편이다. 운영 인력들 역시 지자체마다 차이가 있지만 전문 인력으로 2~3명 등이 운영하고 있다. 대체로 전문 요원들은 이에 관한 열정과 소신은 있으나, 일의 과다한 양 때문에 소진되는 경우가 많다. 따라서 돌봄 품앗이 동아리나 자원봉사자들을 체계적

으로 잘 운영할 필요가 있다. 이를 위해 자주 설문 조사와 간담회 등이 필요하다.

3. 다함께돌봄센터

다함께 돌봄지원센터는 2017년 시범사업을 시작으로 하여 2019년 1월 <아동복지법> 개정을 통하여 제44조의2에 사업을 설치할 수 있도록 하였다. 현재 아동권리보장원에 위탁되어 관리되고 있으며, 2022년 현재 전국적으로 829개소를 운영하고 있다.

1) 다함께돌봄센터의 설치 목적

다함께돌봄센터를 설치한 목적은 <아동복지법> 제44조의2에 다함께돌봄센터에 표기되어 있다. 즉 지역 중심의 돌봄체계 구축 및 초등돌봄 사각지대 해소를 위하여 자발적이고 주도적인 아동 돌봄 공동체 기반 조성을 한다. 또한 지역 내 돌봄 수요 및 자원을 고려하여 아동 돌봄 계획을 수립하고 이를 바탕으로 지역 내 틈새 돌봄 기능을 강화하여 돌봄 사각지대를 찾아 해소한다(https://dadol.or.kr/biz/biz_intro).

2) 이용대상

다함께돌봄센터를 이용할 수 있는 연령은 돌봄이 필요한 만 6~12세(초등학생) 아동(만 6세이나 입학 전 아동 포함)이다. 이는 소득 수준과 무관하여, 지역의 욕구를 반영하여 우선순위를 결정할 수 있다. 다함께돌봄센터에서 예시하는 내용은 다음과 같다(다함께돌봄센터 운영매뉴얼, 2023).

입소 우선순위(예시)

가) 맞벌이 가정 및 한부모 가정의 부 혹은 모가 일하는 경우
나) 다자녀 가구 및 가구 내 장애 · 요양 · 환자가 있어 자녀에 대한 돌봄이 어려운 경우
다) 초등학교 저학년
라) 부모의 근로시간이 길거나 출퇴근 소요 시간이 긴 경우
※ '코로나19 대응 의료 · 방역인력의 자녀로서 돌봄이 필요한 경우' 포함(코로나바이러스감염증-19 유행대비 지역아동센터 및 다함께돌봄센터 대응지침)

3) 제공되는 서비스 내용

<아동복지법> 제44조의2에 표기된 기본 내용은 다음과 같다.

1. 아동의 안전한 보호
2. 안전하고 균형 있는 급식 및 간식의 제공
3. 등 · 하교 전후, 야간 또는 긴급상황 발생 시 돌봄서비스 제공
4. 체험활동 등 교육 · 문화 · 예술 · 체육 프로그램의 연계 · 제공
5. 돌봄 상담, 관련 정보의 제공 및 서비스의 연계

학부모의 요청에 따라 내용은 일부 달라질 수 있지만, 법에 의해 규정된다. 이를 좀 더 구체화하면 아래처럼 운영된다(다함께돌봄센터 운영매뉴얼, 2023).

(1) 돌봄 프로그램 운영

다함께돌봄센터에서 사전 조사를 통해 파악한 수요자 선호도 및 가용자원을 기준으로 운영위원회 등에서 돌봄 프로그램 결정

- 기본서비스 : 기본적인 돌봄에 관련된 활동(출결 관리, 아동의 보호, 급 · 간식 제공 등)
- 공통 프로그램 : 아동 및 돌봄선생님을 중심으로 상시적으로 운영되는 놀이와 휴식, 신체 활동, 숙제지도 및 일상생활교육(위생청결교육, 화재 및 안전교육 등)

- 특별활동 프로그램 : 아동별 흥미 적성을 고려하여 외부강사 및 분야별 전문가 등 외부인력과 자원을 활용한 아동의 창의성 신장을 위한 프로그램(외국어, 음악, 미술, 체육, 과학 활동 및 체험 등) 이에 대한 예시를 살펴보면 다음과 같다(다함께돌봄센터 운영매뉴얼, 2023).

(2) 프로그램 운영 예시

구분	활동분야	활동내용	서비스 제공 주체
기본 서비스	출결확인	• 출식과 결식 관련 사항 확인 • 입출입이 잦은 아동에 대한 출결 유의	돌봄선생님 중심으로 운영하되, 센터장 및 자원봉사인력 지원
	급간식 지원	• 급식 지원(방학) • 간식 지원	급, 간식 업체 매식 또는 센터에서 조리 등 센터별로 상황을 고려하여 운영
공통 프로그램	놀이·휴식	• 자유활동 • 휴식 취하기	돌봄선생님 중심으로 운영하되, 센터장 및 자원봉사인력 지원 대학생 자원봉사, 퇴직교사, 보호자 재능기부 등으로 운영 가능
	신체활동	• 신체놀이(줄넘기, 자전거, 배드민턴, 축구 등) • 또래놀이(놀이터, 민속놀이, 인형극 등)	
	숙제·독서지도	• 숙제 지도(알림장 확인, 숙제 확인) • 독서지도(읽기, 말하기, 쓰기 등) • 독서활동 프로그램 운영	
	아동지원	• 일상생활교육(위생청결교육, 화재 및 안전교육) • 아동 및 보호자 상담	
특별활동 프로그램	언어활동	• 기초외국어지도(읽기, 말하기, 쓰기 등) • 외국어활동 프로그램 운영	분야별 전문 소양을 갖춘 인력을 중심으로 운영하되, 센터장과 돌봄선생님 지원 (단, 특별활동 내용은 공교육 정상화 촉진 및 선행교육 규제에 관한 특별법에 부합하여야 함)
	예체능	• 예체능활동지도(음악, 미술, 체육 등) • 예체능활동 프로그램 운영	
	과학	• 과학 지도(드론, 로봇, 과학 상자 등) • 과학 체험활동 프로그램 운영	
	체험활동	• 문화예술 체험(영화, 난타, 박물관, 시장 등) • 문화 체험활동 프로그램 운영(요리, 화훼 등)	

4. 출산지원과 육아휴직 제도

임신 및 출산에 관한 법률적 지원은 <모자지원법>과 고용노동부의 <일과 가정 양립지원에 관한 법률>, <근로기준법>, <가족친화 사회환경의 조성 촉진에 관한 법률>은 근거로 하여 정부는 지원한다. 특히 맞벌이 부부로서 자녀를 출산하고 육아 지원을 받는 제도는 최근에 더욱 법률적으로 강화되었다. 이를 법률적 근거를 중심으로 살펴보면 다음과 같다.

가족과 육아에 집중하기 위하여 진행되는 제도로는 근로시간 관련, 출산, 육아 관련, 가족돌봄 등으로 분류할 수 있다(가족친화인증심사원 양성교육, 2022).

1) 근로시간 단축

근로시간 단축에는 정시퇴근, 유연근무제, 임신기 근로시간 단축, 육아기 근로시간 변경, 가족돌봄 등을 위한 가족 휴가나 근로시간 단축을 근로기준법에 근거하여 할 수 있게 명시화되어 있다.

2) 임신 및 출산 관련

임신 및 출산 관련하여 난임 치료 휴가, 태아 검진 휴가, 유급 수유 시간 보장, 임산부 등 야간 휴일 근무 제한, 임신 기간 중 근로시간 단축, 임산부 근로 보호제, 출산전후 휴가제, 배우자 출산 휴가제 도입 등이 있다. 특히 배우자 출산 휴가가 최대 10일까지 유급이라 출산한 배우자를 돌볼 수 있어 자녀양육지원제도로 각광을 받고 있다. 이는 근로기준법과 남녀고용평등법에 명시되어 있다.

3) 육아 관련

이 지원은 많은 근로자들이 이용하는 편이며, 갈수록 남성 근로자(배우자) 참여율이 높아져서, 육아환경이 공동육아로 변화하는 데 일조를 하고 있다. 특히 육아휴직이 만 8세까지 연장됨에 따라 부 또는 모가 번갈아 사용할 수 있어, 육아로 인한 숨통이 트이는 제도로 정착되고 있다. 특히 2022년부터는 부모육아휴직제가 신설되어 부모 모두가 동시에 사용할 수 있으며, 자녀의 개월 수에 따라 금액의 차이가 나지만, 육아수당이 각각 월 300만 원까지 가능하다. 육아기 근로시간 단축제도는 근로자가 만 8세 미만의 자녀가 있는 경우 근로시간 단축이 가능하며, 출퇴근 시간 조정도 가능하다. 보통 1년 정도 사용 가능하다.

4) 가족돌봄 휴가제

가족돌봄 휴가제는 <남녀고용평등법> 제22조에 의하여 시행되고 있는데 근로자가 조부모, 부모, 배우자의 부모, 자녀, 또는 손자녀(이하 가족)에게 질병이나 사고, 노령으로 인해 가족을 돌보기를 위한 휴직을 말한다. 자녀가 교통사고로 입원하였거나 돌봄이 필요한 일이 발생하였을 때 부모는 최대 90일까지 연달아 사용할 수 있다. 그리고 1달 이상 가족돌봄휴가를 사용할 때는 회사와 협의하여 조정할 수 있도록 하였다. 가족돌봄 상황이 오면, 많은 경우 직장을 그만두는 것을 방지하기 위한 제도이며, 최근에는 많은 근로자 회사 내규와 규칙을 통하여 홍보되어 활용하고 있다.

구체적인 임신과 출산, 근로자의 근무 형태, 육아휴직, 가족돌봄에 관련한 정책들은 시대적 상황을 반영하고 있기 때문에 이를 이용할 시기에는 국가의 육아지원 제도를 구체적으로 알 필요가 있다. 이 경우는 회사의 고용과 관련한 상담실을 이용하거나, 육아종합지원센터, 가족센터 등을 통해 상담이 가능하다.

5. 육아종합지원센터

<영유아보육법>에 의하여 육아지원을 종합적으로 지원하는데, 과제 중심으로 정리된 영역으로 나누어 살펴볼 수 있겠다(중앙육아종합지원센터 홈페이지, 2022 재구성). 육아종합지원센터는 전국적으로 설치되어 영유아를 중심으로 영육아의 성장과 발달 지원, 아동존중 문화, 양육 및 보육 환경을 제공하는 것을 과제로 한다. 또한 어린이집 시설을 중심으로 시설 유지와 운영비 지원, 교직원들의 전문성 향상을 위해 다방면으로 지원하고 있다. 특히 부모교육 및 상담을 주 업무로 하여 자녀양육과 관련한 상담 및 교육 및 사례 관리를 시행하고 있어 육아스트레스 문제를 직접 해결할 수 있는 창구이기도 하다. 보육의 공공성 문제가 2000년대부터 본격적으로 논의되어 보육료의 국가지원을 위해 보육시설 연합회와 학회 중심으로 네트워크를 통하여 활동하고 노력한 결과 보육의 공공성이 강화되었다. 이에 대한 자세한 내용은 중앙육아종합지원센터나 지역 시·군·구에 설치되어 있는 홈페이지를 통해 살펴보면 된다. 아래 그림은 중앙육아종합지원센터에서 하는 사업 중의 하나를 예시하고 있다. 최근에는 온라인 서비스가 활성화되어 있는데, 가정양육지원서비스의 경우는 온라인으로 교육도 받고, 개인 상담도 받을 수 있다.

과거의 부모들이 자녀양육과 관련 서비스를 직접 받으러 현장을 방문하였지만, 최근에 많은 부모교육이나 상담, 경제적 지원까지도 온라인이나 모바일로 지원받는 시대에 살고 있다. 다만 이러한 육아관련 정보를 접근하는 센터들을 알아보는 것이 매우 중요하다.

표 11-1 육아종합지원센터의 4대 과제

과제	내용
영유아 지원	• 영유아 중심의 안전한 양육 보육환경 • 영유아의 건강한 발달과 행복한 성장지원 • 사회적 인식개선을 통한 영유아 존중문화 형성
어린이집 지원	• 어린이집 컨설팅 및 정보지원서비스를 통한 전반적인 운영지원으로 양질의 보육서비스 지원 • 보육교직원 교육 및 상담을 통한 보육현장 전문성 향상을 지원 • 국가 보육정책 통한 어린이집 안착 및 보육 공공성 실현
부모교육 및 상담지원	• 부모교육 및 상담을 통한 부모 양육 역량 강화 • 영유아 돌봄 지원 및 다양한 양육 서비스 활성화 • 영유아 가정을 위한 협력적인 양육 문화 확산
지역사회중심 보육과 네트워크 강화	• 사회의 전반적인 보육 양육 관련 기관의 연계 및 지역사회 네트워크 활성화 • 지역사회 욕구와 특수성을 반영한 육아지원 서비스 활성화 • 중앙 및 지방 육아종합지원센터 연계를 통한 협력 체계 강화

중앙육아종합지원센터 홈페이지: https://central.childcare.go.kr/ccef/main.jsp

6. 학부모지원센터

2010년부터 국가 평생교육진흥원에 전국적으로 학부모지원센터가 지정되어서 16개 시 · 도 교육청 내에 설치되었다.

전국 학부모지원센터 홈페이지: www.parent.go.kr

전국학부모지원센터는 시 · 도 교육청 간 긴급네트워크를 구축하고 학부모교육 프로그램 개발, 보급 및 학부모 지원사업의 허브 기능을 하고 있다. 본 센터는 학부모의 자녀교육과 학부모 교육 참여지원을 통해 학부모의 교육권 지원을 실현하는 학부모지원 전문기관이다. 특히 자녀들이 학동기나 청소년기일 경우 발생할 수 있는 여러 문제와 발달 특성에 긴급하게 반응하는 학부모 상담을 직접 받을 수 있으며, 맞춤형 교육 프로그램들이 진행되고 있다.

현재 이루어지고 있는 전략과제를 정리하면 다음과 같다(전국학부모지원센터 홈페이지, 2022). 특히 온라인 강의가 개발되어 학부모들은 언제든지 강의를 무료로 수강할 수 있게 하였다. 예를 든다면 부모자녀 관계, 자녀의 발달특성 이해, 부모역량강화, 진로진학지도, 인성생활지도, 마음 건강, 학습지도, 교육정책, 부모참여 등의 다양한 강의를 수강할 수 있다. 즉, 좋은 부모가 되려면 여러 홈페이지를 찾아 나와 자녀를 위한 맞춤형 강의를 얼마든지 들을 수 있고, 온라인 상담도 언제든지 예약할 수 있어 부모들의 정보 찾기 노력과 정보를 공유한다면, 좋은 부모가 되는 지식습득과 공동체 모임에도 열심히 참여할 수 있을 것이다. 특히 학교폭력이 문제가 되고 있는 시점에서 학교폭력의 피해자나 가해자 부모님들도 이 문제를 해결하기 위하여 학부모지원센터를 방문하고 상담하는 비중이 늘고 있다. 앞에서 본 바와 같이 학부모지원센터의 이용 고객은 학동기, 청소년기의 부모들이지만, 간혹 유아기 부모들도 방문하는 곳이기도 하다. 최근에는 유아기, 초등기 예비학부모교육 등이 늘어나고 있는 만큼, 좋은 부모가 되기 위해서는 학부모지원센터의 홈페이지를 지역적으로 방문하여 시간을 내어 교육에 참여해 보는 것도 좋을 것이다.

전략과제	내용
학부모 자녀교육 역량 강화	• 자녀교육의 올바른 이해를 위한 정보 및 콘텐츠 제공 • 학부모교육사업 지원
학부모정책 사업 기반 조성	• 학부모지원사업 정책 조성을 위한 기반 정책 추진 및 수행 • 우수 학부모프로그램 개발 및 특색 사업 발굴 및 지원
시·도 및 지역 학부모지원센터 네트워크 강화	• 시·도 및 지역학부모지원센터 네트워킹 강화 • 시·도 및 지역학부모지원센터 담당자의 업무 역량 강화지원

출처: 전국학부모지원센터(2022) 홈페이지의 일부 재구성.

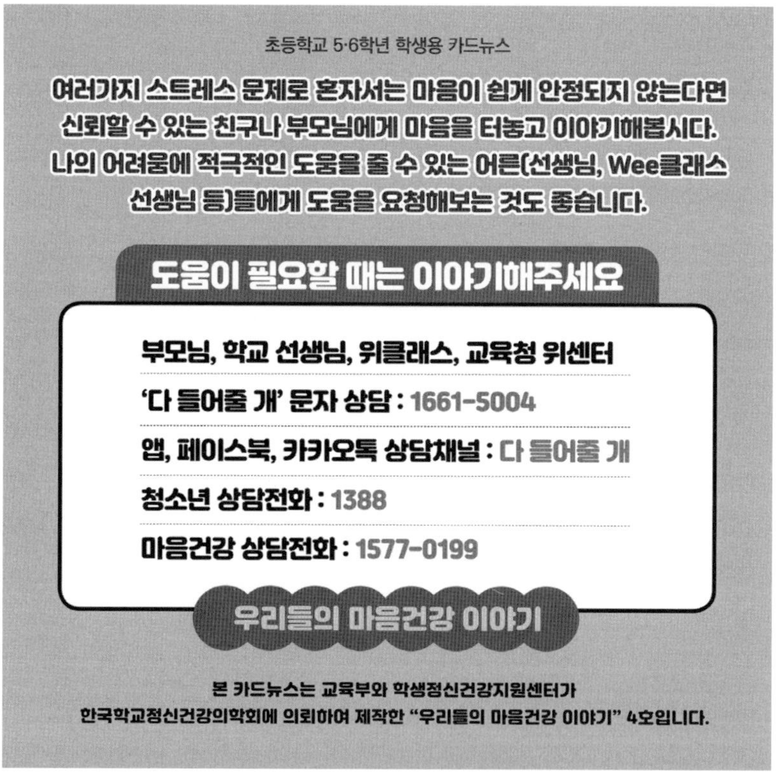

출처: 전국학부모지원센터 홈페이지(2022)의 일부(이미지 인용).

7. 자녀양육비 지원

자녀양육비 지원은 자녀의 임신 출산부터 시작하여 영유아기의 다양한 가족 형태에 따라 다양한 기준에 의해 제공된다. 또한 저소득층 및 차상위계층, 한부모, 조손가정, 다문화 가정 등에 따라 자녀양육과 관련 생활비, 학교생활과 관련한 생필품, 급식비 등이 제공된다. 청소년기 역시 가족의 형태와 소득기준에 따라 생계비, 학비 등이 지원된다. 다자녀가정, 청년기 부모(주로 십대부모) 역시 생계비와 자녀교육비가 제공된다. 이는 매년 기초생활소득이 책정되면 그에 따라 가족의 상황이 어떠한가에 따라 달라지므로 본 장에는 자세한 내용은 생략한다.

자녀의 임신과 출산에 따른 지원금은 시 · 도나 자치구의 상황에 따라 다르다. 저출산 심각성을 인식한 지역일수록 출산축하금이 높고, 다둥이 가족인 경우는 자녀에 따라 출산지원금과 양육비 비율이 높기도 하다(다음 자료는 국가가 지원해 주는 내용을 일부 정리한 것임).

대상	기준 중위소득 180% 이하* 미숙아 및 선천성 이상아 출산 가구 * 3인 가구 기준 월 696만 7,000원 이하, 다자녀(2명 이상) 가구의 경우 소득수준에 관계없이 지원
내용	미숙아 및 선천성이상아의 입원치료비 중 전액본인부담금 및 비급여 진료비 지원
방법	주소지 보건소에 신청
문의	• 보건복지상담센터(☎129) • 주소지 관할 보건소

대상	만 15세 이하 아동
내용	입원진료비 본인부담금의 전부 또는 일부 지원 • 본인부담 0%(면제) : 출생 후 28일 이내의 영유아 • 본인부담 5% : 면제대상에 해당되지 않는 만 15세 이하 아동
방법	별도 신청 없이 지원
문의	보건복지상담센터(☎129)

대상	어린이집을 이용하는 만 0~2세 아동
내용	나이에 따라 월 34만 3,000원~47만 원의 보육료를 아이행복카드로 지원
방법	• 전국(가까운) 읍면동 주민센터에 방문 신청 • 복지로(www.bokjiro.go.kr)에서 신청
문의	• 보건복지상담센터(☎129) • 아이사랑 헬프데스크(☎1566-0233)

<table>
<tr><td>대상</td><td colspan="6">보육료나 유아학비 또는 종일제 아이돌봄서비스 등을 지원받지 않고 가정에서 양육되는 만 0~6세 영유아</td></tr>
<tr><td rowspan="8">내용</td><td colspan="6">초등학교 취학년도 2월까지(최대 86개월) 연령(개월)에 따라 월 10만 원~20만 원의 가정양육수당을 현금 지원</td></tr>
<tr><td colspan="2">양육수당</td><td colspan="2">농어촌 양육수당</td><td colspan="2">장애아동 양육수당</td></tr>
<tr><td>연령(개월)</td><td>금액</td><td>연령(개월)</td><td>금액</td><td>연령(개월)</td><td>금액</td></tr>
<tr><td>0~11개월</td><td>20만 원</td><td>0~11개월</td><td>20만 원</td><td rowspan="3">0~35개월</td><td rowspan="3">20만 원</td></tr>
<tr><td>12~23개월</td><td>15만 원</td><td>12~23개월</td><td>17만 7,000원</td></tr>
<tr><td>24~35개월</td><td>10만 원</td><td>24~35개월</td><td>15만 6,000원</td></tr>
<tr><td rowspan="2">36개월 이상
~
86개월 미만</td><td rowspan="2">10만 원</td><td>36~47개월</td><td>12만 9,000원</td><td rowspan="2">36개월 이상
~
86개월 미만</td><td rowspan="2">10만 원</td></tr>
<tr><td>48개월 이상~
86개월 미만</td><td>10만 원</td></tr>
<tr><td>방법</td><td colspan="6">• 전국(가까운) 읍면동 주민센터에 방문 신청
• 복지로(www.bokjiro.go.kr)에서 신청</td></tr>
<tr><td>문의</td><td colspan="6">보건복지상담센터(☎129)</td></tr>
</table>

출처: 복지로(2022)(www.bokjiro.go.kr) 재구성함. :가정양육수당

본 장에서는 한국의 자녀양육지원제도에 바로 활용할 사업과 제도들을 소개하고 있다. 자세한 지원금의 액수는 가족의 형태나, 자녀수, 자녀의 나이, 가족 수입, 가족원(부모)들의 정서적 문제, 장애 정도 등에 따라 국가 기준이 매년 고시되고 있다.

따라서 좋은 부모로써 성장하기 위한 교육제도, 문제를 해결하기 위한 부모상담 및 가족 상담, 자녀에게 맞는 맞춤형 부모가 되기 위한 지역사회 부모교육 및 상담관련 기관들을 접근하도록 해야 할 것을 제시하고자 한다.

긴급한 자녀문제나 아동학대, 자녀폭력, 부모의 긴급한 상황이나 문제를

해결하여 자녀에게 행복한 가정과 안전한 환경을 제공하는 좋은 부모가 되기 위한 제도들을 숙지하고 추후 잘 활용하기를 바란다.

생각해 볼 문제

1. 영유아기 자녀를 둔 부모가 활용할 수 있는 자녀양육 관련 시설은 어떤 것이 있는가? 홈페이지를 열어보자.

2. 맞벌이 부부인 내가 자녀를 양육할 때, 일과 가족의 균형을 위한 가족친화 정책과 관련된 법령은 어떠한가? 법령을 열어보자.

3. 학부모로서 자녀가 폭력에 연루되면 어떤 기관을 이용할 수 있을까?

4. 온라인을 통해 예비부모교육을 받을 수 있는 기관을 알아보자.

부록

가족친화 사회환경의 조성 촉진에 관한 법률(약칭: 가족친화법)

건강가정기본법

아이돌봄 지원법

아동학대범죄의 처벌 등에 관한 특례법(약칭: 아동학대처벌법)

저출산 · 고령사회기본법

가족친화 사회환경의 조성 촉진에 관한 법률(약칭: 가족친화법)

[시행 2020. 12. 10.] [법률 제17438호, 2020. 6. 9., 일부개정]
여성가족부(가족문화과) 02-2100-6362

제1장 총칙

제1조(목적) 이 법은 가족친화 사회환경의 조성을 촉진함으로써 국민의 삶의 질 향상과 국가사회의 발전에 이바지함을 목적으로 한다.

제2조(정의) 이 법에서 사용하는 용어의 뜻은 다음과 같다. <개정 2008. 2. 29., 2010. 1. 18.>

1. "가족친화 사회환경"이란 일과 가정생활을 조화롭게 병행할 수 있고, 아동양육 및 가족부양 등에 대한 책임을 사회적으로 분담할 수 있는 제반 환경을 말한다.
2. "가족친화 직장환경"이란 근로자가 일과 가정생활을 조화롭게 병행할 수 있도록 가족친화제도가 운영되고 있는 직장환경을 말한다.
3. "가족친화제도"란 다음 각 목의 제도를 말한다.
   가. 탄력적 근무제도 : 시차출퇴근제, 재택근무제, 시간제 근무 등
   나. 자녀의 출산·양육 및 교육 지원 제도 : 배우자 출산휴가제, 육아휴직제, 직장보육 지원, 자녀 교육지원 프로그램 등
   다. 부양가족 지원제도 : 부모 돌봄 서비스, 가족간호휴직제 등
   라. 근로자 지원제도 : 근로자 건강·교육·상담프로그램 등
   마. 그 밖에 여성가족부령으로 정하는 제도
4. "가족친화 마을환경"이란 노인부양이나 아동양육 등 가족 돌봄을 지역사회차원에서 분담할 수 있는 환경 및 다양한 가족구성원이 필요로 하는 시설과 공간을 충족시킬 수 있는 가족생활 여건이 갖추어진 마을환경을 말한다.

제3조(국가 등의 책무) ① 국가와 지방자치단체는 가족친화 사회환경의 조성을 위하여 필요한 종합적인 시책을 수립·시행하여야 한다.
② 국가와 지방자치단체는 제1항에 따른 책무를 다하기 위하여 이에 수반하는 예산상의 조치를 취하도록 노력하여야 한다.

제4조(사업주의 책무) ① 사업주는 가족친화제도의 도입·확대 등 가족친화 직장환경의 조성을 위하여 노력하여야 한다.
② 사업주는 가족친화제도의 운영에 있어 근로자의 참여를 촉진하기 위하여 노력하여야 한다.

제2장 가족친화 사회환경 조성 기본계획 등

제5조(가족친화 사회환경 조성 기본계획의 수립) ① 여성가족부장관은 가족친화 사회환경 조성을 촉진하기 위하여 관계 중앙행정기관의 장과 협의하여 5년마다 가족친화 사회환경 조성 기본계획(이하 "기본계획"이라 한다)을 수립하여야 한다. <개정 2008. 2. 29., 2010. 1. 18., 2015. 3. 27.>

② 기본계획에는 다음 각 호의 사항이 포함되어야 한다.

1. 가족친화 사회환경 조성정책의 기본방향 및 목표
2. 가족친화제도 도입 및 활성화에 관한 사항
3. 가족친화기업 지원에 관한 사항
4. 지역사회 가족 돌봄 환경 조성 촉진에 관한 사항
5. 가족친화 시설 조성에 관한 사항
6. 가족친화문화 확산에 관한 사항
7. 그 밖에 가족친화 사회환경의 조성을 위하여 필요한 사항

③ 여성가족부장관은 기본계획을 수립한 때에는 지체 없이 이를 국회 소관 상임위원회에 보고하고 관계 중앙행정기관의 장 및 지방자치단체의 장에게 알려야 한다. <신설 2020. 6. 9.>

④ 기본계획의 수립절차 등에 필요한 사항은 대통령령으로 정한다. <개정 2020. 6. 9.>

제6조(연도별 시행계획의 수립 · 시행) ① 여성가족부장관, 관계 중앙행정기관의 장 및 지방자치단체의 장은 매년 기본계획에 따라 가족친화 사회환경 조성 시행계획(이하 "시행계획"이라 한다)을 수립 · 시행하여야 한다. <개정 2008. 2. 29., 2010. 1. 18., 2012. 2. 1.>

② 관계 중앙행정기관의 장 및 지방자치단체의 장은 제1항에 따른 다음 해의 시행계획 및 지난 해의 시행계획에 따른 추진실적을 대통령령으로 정하는 바에 따라 매년 여성가족부장관에게 제출하고, 여성가족부장관은 매년 시행계획에 따른 추진실적을 평가하여야 한다. <개정 2008. 2. 29., 2010. 1. 18., 2012. 2. 1.>

③ 시행계획의 수립 · 시행 및 그 추진실적의 평가 등에 필요한 사항은 대통령령으로 정한다.

제7조(계획수립의 협조) ① 여성가족부장관, 관계 중앙행정기관의 장 및 지방자치단체의 장은 기본계획 또는 시행계획의 수립 · 시행 및 평가를 위하여 필요한 때에는 관계 공공기관 및 가족친화 사회환경 조성과 관련된 기관 또는 단체의 장에게 필요한 자료의 제출 등 협조를 요청할 수 있다. <개정 2008. 2. 29., 2010. 1. 18., 2012. 2. 1.>

② 제1항에 따라 협조요청을 받은 자는 특별한 사유가 없는 한 이에 따라야 한다.

제8조(실태조사 등) ① 여성가족부장관은 가족친화 사회환경 조성 정책의 수립 · 시행을 위하여 기업 · 공공기관 및 마을의 가족친화 사회환경 조성 실태에 관한 조사를 3년마다 실시하고, 그 결과를 공표할 수 있다. <개정 2008. 2. 29., 2010. 1. 18.>

② 여성가족부장관은 제1항에 따른 실태조사를 위하여 기업, 공공기관, 그 밖의 관련

법인 · 단체에 대하여 필요한 자료의 제출 또는 의견의 진술을 요청할 수 있다. 이 경우 자료의 제출이나 의견의 진술을 요청받은 기업 및 공공기관 등은 특별한 사유가 없는 한 이에 협조하여야 한다. <개정 2008. 2. 29., 2010. 1. 18.>

③ 제1항에 따른 실태조사의 방법 등에 필요한 사항은 여성가족부령으로 정한다. <개정 2008. 2. 29., 2010. 1. 18.>

제3장 가족친화 사회환경 조성사업 등

제9조(가족친화 사회환경 조성사업) 여성가족부장관은 기본계획 및 시행계획을 효율적으로 수행하기 위하여 관계 중앙행정기관의 장과 협의하여 다음 각 호의 사업을 추진할 수 있다. <개정 2008. 2. 29., 2010. 1. 18.>

1. 가족친화 직장환경 조성사업
2. 가족친화 마을환경 조성사업
3. 가족친화문화 조성 및 확산 사업
4. 가족친화 사회환경 조성에 필요한 전문인력 양성에 관한 사업
5. 그 밖에 가족친화 사회환경의 조성 촉진을 위하여 대통령령으로 정하는 사업

제10조(가족친화 사회환경 조성사업 평가) ① 여성가족부장관 및 특별시장 · 광역시장 · 특별자치시장 · 도지사 · 특별자치도지사(이하 "시 · 도지사"라 한다)는 가족친화 사회환경 조성사업의 효과적인 추진을 위하여 가족친화 사회환경 조성사업에 대한 평가를 실시할 수 있다. <개정 2008. 2. 29., 2010. 1. 18., 2012. 2. 1., 2020. 6. 9.>

② 제1항에 따른 평가의 대상 및 방법 등에 필요한 사항은 여성가족부령으로 정한다. <개정 2008. 2. 29., 2010. 1. 18.>

제11조(가족친화 직장환경의 조성 촉진) ① 여성가족부장관 및 지방자치단체의 장은 가족친화 직장환경의 조성을 촉진하고 기업 등의 참여를 확산시키기 위하여 다음 각 호의 사항을 지원할 수 있다. <개정 2008. 2. 29., 2010. 1. 18., 2012. 2. 1.>

1. 가족친화제도 인식제고를 위한 홍보
2. 가족친화제도에 대한 컨설팅
3. 직장 내 가족친화 교육 실시 및 강사양성
4. 가족친화 프로그램 개발 및 보급
5. 가족친화 우수기업 선정 및 포상
6. 그 밖에 가족친화 직장환경의 조성 촉진을 위하여 여성가족부령으로 정하는 사항

② 여성가족부장관 및 지방자치단체의 장은 제1항에 따른 지원을 할 경우 중소기업에 대하여 우선적으로 배려할 수 있다. <개정 2008. 2. 29., 2010. 1. 18., 2012. 2. 1.>

제12조(산업단지의 가족친화 직장환경 조성 촉진) 여성가족부장관 및 지방자치단체의 장은 「산업입지 및 개발에 관한 법률」에 따라 지정된 산업단지의 가족친화 직장환경 조성을 촉진하기 위하여 다음 각 호의 사업을 추진할 수 있다. <개정 2008. 2. 29., 2010. 1. 18., 2011. 6. 7., 2012. 2. 1.>

1. 기업이 공동으로 사용할 수 있는 어린이집 등의 설치 및 운영 지원
2. 가족친화 프로그램의 개발 및 보급
3. 그 밖에 산업단지의 가족친화 직장환경 조성 촉진을 위하여 대통령령으로 정하는 사업

제13조(가족친화 마을환경의 조성 촉진) ① 여성가족부장관 및 지방자치단체의 장은 가족친화 마을환경의 조성 촉진을 위하여 다음 각 호의 사업을 실시할 수 있다. <개정 2008. 2. 29., 2010. 1. 18., 2012. 2. 1.>

1. 가족친화 마을 모델의 개발・보급
2. 가족친화 시설 조성 지원
3. 지역사회 가족 돌봄 프로그램 개발・지원
4. 마을환경의 가족친화적 요소에 대한 평가
5. 가족친화 마을환경의 인식제고를 위한 교육・홍보

② 지방자치단체의 장은 관할 지역 안에서 가족친화 마을환경이 조성될 수 있도록 지원할 수 있다. <개정 2012. 2. 1.>

③ 여성가족부장관은 예산의 범위 안에서 제2항에 따른 가족친화 마을환경 조성사업에 드는 비용의 전부 또는 일부를 지원할 수 있다. <개정 2008. 2. 29., 2010. 1. 18.>

④ 제3항에 따른 비용의 지원 기준 및 절차 등에 필요한 사항은 대통령령으로 정한다.

제14조(가족친화지수의 개발 및 공표 등) ① 여성가족부장관은 가족친화수준을 계량적으로 측정할 수 있는 체계적 지표(이하 "가족친화지수"라 한다)를 개발・보급할 수 있다. <개정 2008. 2. 29., 2010. 1. 18.>

② 여성가족부장관은 대통령령으로 정하는 기업 및 공공기관 등을 대상으로 가족친화지수를 측정하고 그 결과를 공표할 수 있다. <개정 2008. 2. 29., 2010. 1. 18.>

③ 제2항에 따라 가족친화지수 측정 대상이 되는 기업 및 공공기관 등은 특별한 사유가 없는 한 이에 협조하여야 한다.

제4장 기업 등에 대한 가족친화인증

제15조(가족친화기업 등 인증) ① 여성가족부장관은 가족친화 사회환경의 조성을 촉진하기 위하여 가족친화제도를 모범적으로 운영하고 있는 기업 또는 공공기관(이하 "기업등"이라 한다)에 대하여 가족친화인증(이하 "인증"이라 한다)을 할 수 있다. <개정 2008. 2. 29., 2010. 1. 18.>

② 인증을 받으려는 자는 대통령령으로 정하는 바에 따라 여성가족부장관에게 신청하여야 한다. <개정 2008. 2. 29., 2010. 1. 18., 2020. 6. 9.>

③ 인증을 받은 기업등은 여성가족부령으로 정하는 바에 따라 인증의 표시를 할 수 있다. <개정 2008. 2. 29., 2010. 1. 18.>

④ 인증을 받지 아니한 기업등은 인증표시 또는 이와 유사한 표시를 하여서는 아니 된다.

⑤ 여성가족부장관은 제2항에 따라 인증을 신청하는 자에게 여성가족부령으로 정하는

바에 따라 가족친화에 대한 심사·평가에 사용되는 비용을 부담하게 할 수 있다. <개정 2008. 2. 29., 2010. 1. 18.>

⑥ 인증의 기준 및 절차 등에 필요한 사항은 대통령령으로 정한다.

⑦ 대통령령으로 정하는 공공기관은 제6항에 따른 인증 기준을 갖추어 여성가족부장관의 인증을 받아야 한다. <신설 2015. 3. 27.>

제16조(가족친화 인증기관의 지정 등) ① 여성가족부장관은 기업등의 인증에 관한 전문성이 있는 기관을 가족친화 인증기관(이하 "인증기관"이라 한다)으로 지정하여 제15조제1항에 따른 인증에 관한 업무를 수행하게 할 수 있다. <개정 2008. 2. 29., 2010. 1. 18.>

② 인증기관으로 지정을 받으려는 자는 인증에 필요한 전문인력 등 지정기준을 갖추어 여성가족부장관에게 신청하여야 한다. <개정 2008. 2. 29., 2010. 1. 18., 2020. 6. 9.>

③ 여성가족부장관은 인증기관이 다음 각 호의 어느 하나에 해당하는 때에는 그 지정을 취소하거나 6개월 이내의 기간을 정하여 그 업무의 전부 또는 일부의 정지를 명할 수 있다. 다만, 제1호에 해당하는 때에는 지정을 취소하여야 한다. <개정 2008. 2. 29., 2010. 1. 18.>

1. 거짓이나 그 밖의 부정한 방법으로 지정을 받은 때
2. 업무정지명령을 위반하여 그 정지기간 중 인증업무를 행한 때
3. 제5항에 따른 지정기준에 적합하지 아니하게 된 때
4. 제15조제6항에 따른 인증기준을 위반하여 인증을 행한 때

④ 여성가족부장관은 제1항에 따라 지정한 인증기관에 대하여 예산의 범위 안에서 인증업무를 수행하는 데 필요한 비용의 전부 또는 일부를 보조할 수 있다. <개정 2008. 2. 29., 2010. 1. 18.>

⑤ 인증기관의 지정기준·지정절차 및 인증업무의 범위 등에 필요한 사항은 대통령령으로 정한다.

제17조(인증의 유효기간) ① 제15조제1항에 따른 인증의 유효기간은 인증을 받은 날부터 3년으로 한다.

② 제1항에 따른 유효기간은 1회에 한하여 2년 이내에서 연장할 수 있다.

③ 제2항에 따른 인증의 연장신청 등에 필요한 사항은 여성가족부령으로 정한다. <개정 2008. 2. 29., 2010. 1. 18.>

제17조의2(인증의 사후관리) 여성가족부장관은 인증을 받은 기업등이 제15조제6항에 따른 인증기준에 적합한지 여부를 조사할 수 있다.

[본조신설 2016. 12. 20.]

제18조(인증의 취소) ① 여성가족부장관은 제15조제1항에 따라 인증을 받은 기업등이 다음 각 호의 어느 하나에 해당하는 때에는 여성가족부령으로 정하는 바에 따라 인증을 취소할 수 있다. 다만, 제1호에 해당하는 때에는 인증을 취소하여야 한다. <개정 2008. 2. 29., 2010. 1. 18.>

1. 거짓이나 그 밖의 부정한 방법으로 인증을 받은 경우

2. 제15조제6항에 따른 인증기준에 적합하지 아니하게 된 때

② 여성가족부장관은 제1항에 따라 인증을 취소한 경우에는 그 사실을 지체 없이 관계 중앙행정기관의 장 및 관할 지방자치단체의 장에게 통보하여야 한다. <개정 2008. 2. 29., 2010. 1. 18.>

③ 여성가족부장관은 제1항제1호에 따라 인증이 취소된 기업등에 대하여는 그 취소된 날부터 3년이 지나지 아니한 경우에는 인증을 하여서는 아니 된다. <개정 2008. 2. 29., 2010. 1. 18.>

제19조(가족친화지원센터의 지정 등) ① 여성가족부장관 및 지방자치단체의 장은 가족친화 사회환경 조성을 촉진하기 위하여 가족친화지원센터를 지정할 수 있다. <개정 2008. 2. 29., 2010. 1. 18., 2012. 2. 1.>

② 제1항에 따라 지정한 가족친화지원센터(이하 “가족친화지원센터”라 한다)는 다음 각 호의 사업을 수행한다. <개정 2011. 9. 15., 2020. 6. 9.>

1. 가족친화 관련 전문인력의 양성
2. 가족친화 프로그램의 개발
3. 가족친화제도에 대한 컨설팅
4. 가족친화제도 및 가족친화사례에 대한 정보의 수집·제공 등
5. 가족친화 사회환경의 조성 촉진을 위한 각종 연구, 조사 및 홍보

5의2. 직장보육에 대한 홍보

6. 그 밖에 가족친화 사회환경의 조성 촉진을 위하여 필요한 사업

③ 여성가족부장관 및 지방자치단체의 장은 가족친화지원센터에 대하여 예산의 범위 안에서 제2항 각 호의 업무를 수행하는 데 필요한 비용의 전부 또는 일부를 보조할 수 있다. <개정 2008. 2. 29., 2010. 1. 18., 2012. 2. 1., 2020. 6. 9.>

④ 여성가족부장관 및 지방자치단체의 장은 가족친화지원센터가 다음 각 호의 어느 하나에 해당하는 경우에는 그 지정을 취소할 수 있다. 다만, 제1호에 해당하는 경우에는 그 지정을 취소하여야 한다. <신설 2020. 6. 9.>

1. 거짓이나 그 밖의 부정한 방법으로 지정을 받은 경우
2. 제2항 각 호의 업무를 정당한 사유 없이 1개월 이상 수행하지 아니한 경우
3. 제5항에 따른 지정기준에 적합하지 아니하게 된 경우

⑤ 가족친화지원센터의 지정 및 지정취소의 기준·절차, 지정기간, 운영 그 밖에 필요한 사항은 대통령령으로 정한다. <개정 2020. 6. 9.>

제5장 보칙

제20조(보고 및 검사) ① 여성가족부장관은 이 법의 시행을 위하여 필요하다고 인정하는 때에는 인증기관 또는 인증을 받은 기업등에 대하여 그 인증에 관한 사항을 보고하게 하거나 자료를 제출하게 할 수 있으며, 관계 공무원으로 하여금 사무소 등을 출입하여 관계 서류나 시설·장비 등을 검사하게 할 수 있다. <개정 2008. 2. 29., 2010. 1. 18.>

② 인증기관 및 인증을 받은 기업등은 여성가족부령으로 정하는 바에 따라 인증심사 자료 등 관련 문서를 비치·보존하여야 한다. <개정 2008. 2. 29., 2010. 1. 18.>

③ 제1항에 따라 출입·검사를 행하는 공무원은 그 권한을 표시하는 증표를 지니고 이를 관계인에게 내보여야 한다.

제21조(청문) 여성가족부장관 또는 지방자치단체의 장은 다음 각 호의 어느 하나에 해당하는 처분을 하는 경우에는 청문을 실시하여야 한다. <개정 2008. 2. 29., 2010. 1. 18., 2020. 6. 9.>

1. 제16조제3항에 따른 인증기관의 지정취소
2. 제18조제1항에 따른 인증취소
3. 제19조제4항에 따른 가족친화지원센터의 지정취소

제22조(권한의 위임·위탁) ① 여성가족부장관은 이 법에 따른 권한의 일부를 대통령령으로 정하는 바에 따라 시·도지사 또는 시장·군수·구청장(자치구의 구청장을 말한다)에게 위임할 수 있다. <개정 2008. 2. 29., 2010. 1. 18.>

② 여성가족부장관은 이 법에 따른 업무의 일부를 대통령령으로 정하는 바에 따라 가족친화 사회환경의 조성을 촉진할 목적으로 설립된 기관이나 법인 또는 단체에 위탁할 수 있다. <개정 2008. 2. 29., 2010. 1. 18.>

제23조(유사명칭의 사용금지) 이 법에 따른 가족친화지원센터가 아닌 자는 가족친화지원센터 또는 이와 유사한 명칭을 사용하지 못한다.

제24조(벌칙 적용에서의 공무원 의제) 인증기관의 임원 및 직원은 「형법」 제129조부터 제132조까지의 규정에 따른 벌칙의 적용에서는 공무원으로 본다.

제6장 벌칙

제25조(과태료) ① 다음 각 호의 어느 하나에 해당하는 자에게는 500만원 이하의 과태료를 부과한다.

1. 거짓이나 그 밖의 부정한 방법으로 제15조제1항에 따른 인증을 받은 자
2. 제15조제4항을 위반하여 인증표시를 한 자
3. 거짓이나 그 밖의 부정한 방법으로 제16조에 따른 인증기관의 지정을 받은 자
4. 거짓이나 그 밖의 부정한 방법으로 제19조에 따른 가족친화지원센터의 지정을 받은 자

② 다음 각 호의 어느 하나에 해당하는 자에게는 300만원 이하의 과태료를 부과한다.

1. 정당한 사유 없이 제20조제1항에 따른 보고 또는 관계 서류의 제출을 하지 아니하거나 거짓으로 한 자
2. 제20조제2항을 위반하여 관련 문서를 비치·보존하지 아니한 자
3. 제23조를 위반하여 가족친화지원센터 또는 이와 유사한 명칭을 사용한 자

③ 제1항 및 제2항에 따른 과태료는 대통령령으로 정하는 바에 따라 여성가족부장관 또는 지방자치단체의 장이 부과·징수한다. <개정 2008. 2. 29., 2010. 1. 18., 2012. 2. 1.>

④ 삭제 <2012. 2. 1.>
⑤ 삭제 <2012. 2. 1.>
⑥ 삭제 <2012. 2. 1.>

부칙 <제17438호, 2020. 6. 9.>

제1조(시행일) 이 법은 공포 후 6개월이 경과한 날부터 시행한다. 다만, 제5조제3항의 개정규정은 공포한 날부터 시행한다.

제2조(가족친화 사회환경 조성 기본계획의 수립에 관한 적용례) 제5조제3항의 개정규정은 이 법 시행 후 최초로 수립한 기본계획부터 적용한다.

제3조(청문에 관한 적용례) 제21조의 개정규정은 이 법 시행 당시 종전의 규정에 따라 가족친화지원센터의 지정취소 절차를 진행하고 있는 경우에도 적용한다.

건강가정기본법

[시행 2020. 5. 19.] [법률 제17280호, 2020. 5. 19., 일부개정]
여성가족부(가족정책과) 02-2100-6282

제1장 총칙

제1조(목적) 이 법은 건강한 가정생활의 영위와 가족의 유지 및 발전을 위한 국민의 권리·의무와 국가 및 지방자치단체 등의 책임을 명백히 하고, 가정문제의 적절한 해결방안을 강구하며 가족구성원의 복지증진에 이바지할 수 있는 지원정책을 강화함으로써 건강가정 구현에 기여하는 것을 목적으로 한다.

제2조(기본이념) 가정은 개인의 기본적인 욕구를 충족시키고 사회통합을 위하여 기능할 수 있도록 유지·발전되어야 한다.

제3조(정의) 이 법에서 사용하는 용어의 정의는 다음과 같다. <개정 2018. 1. 16.>

1. "가족"이라 함은 혼인·혈연·입양으로 이루어진 사회의 기본단위를 말한다.
2. "가정"이라 함은 가족구성원이 생계 또는 주거를 함께 하는 생활공동체로서 구성원의 일상적인 부양·양육·보호·교육 등이 이루어지는 생활단위를 말한다.

2의2. "1인가구"라 함은 1명이 단독으로 생계를 유지하고 있는 생활단위를 말한다.

3. "건강가정"이라 함은 가족구성원의 욕구가 충족되고 인간다운 삶이 보장되는 가정을 말한다.
4. "건강가정사업"이라 함은 건강가정을 저해하는 문제(이하 "가정문제"라 한다)의 발생을 예방하고 해결하기 위한 여러 가지 조치와 가족의 부양·양육·보호·교육 등의 가정기능을 강화하기 위한 사업을 말한다.

제4조(국민의 권리와 의무) ① 모든 국민은 가정의 구성원으로서 안정되고 인간다운 삶을 유지할 수 있는 가정생활을 영위할 권리를 가진다.

② 모든 국민은 가정의 중요성을 인식하고 그 복지의 향상을 위하여 노력하여야 한다.

제5조(국가 및 지방자치단체의 책임) ① 국가 및 지방자치단체는 건강가정을 위하여 필요한 제도와 여건을 조성하고 이를 위한 시책을 강구하여 추진하여야 한다.

② 국가 및 지방자치단체는 제1항의 시책을 강구함에 있어 가족구성원의 특성과 가정유형을 고려하여야 한다.

③ 국가 및 지방자치단체는 민주적인 가정형성, 가정친화적 환경조성, 양성평등한 가족가치 실현 및 가사노동의 정당한 가치평가를 위하여 노력하여야 한다.

제6조(다른 법률과의 관계) 국가는 건강가정사업과 관련되는 다른 법률을 제정 또는 개정하는 경우에는 이 법에 부합되도록 하여야 한다.

제7조(가족가치) 가족구성원은 부양ㆍ자녀양육ㆍ가사노동 등 가정생활의 운영에 함께 참여하여야 하고 서로 존중하며 신뢰하여야 한다.

제8조(혼인과 출산) ① 모든 국민은 혼인과 출산의 사회적 중요성을 인식하여야 한다.
② 국가 및 지방자치단체는 출산과 육아에 대한 사회적 책임을 인식하고 모ㆍ부성권 보호 및 태아의 건강보장 등 적절한 출산ㆍ육아환경을 조성하기 위하여 적극적으로 지원하여야 한다. <개정 2016. 5. 29.>

제9조(가족해체 예방) ① 가족구성원 모두는 가족해체를 예방하기 위하여 노력하여야 한다.
② 국가 및 지방자치단체는 가족해체를 예방하기 위하여 필요한 제도와 시책을 강구하여야 한다.

제10조(지역사회자원의 개발ㆍ활용) 국가 및 지방자치단체는 건강한 가정구현에 기여할 수 있도록 지역사회자원을 최대한 개발하고 활용하여야 한다.

제11조(정보제공) 국가 및 지방자치단체는 자녀양육, 가족교육ㆍ상담 등 가족구성원에게 건강한 가정생활을 영위하는데 도움이 되는 정보를 최대한 제공하고 가정생활에 관한 정보관리체계를 확립하여야 한다. <개정 2020. 5. 19.>

제12조(가정의 날) 가정의 중요성을 고취하고 건강가정을 위한 개인ㆍ가정ㆍ사회의 적극적인 참여분위기를 조성하기 위하여 매년 5월을 가정의 달로 하고, 5월 15일을 가정의 날로 한다.

제2장 건강가정정책

제13조삭제 <2011. 9. 15.>

제14조삭제 <2011. 9. 15.>

제15조(건강가정기본계획의 수립) ① 여성가족부장관은 관계 중앙행정기관의 장과 협의하여 건강가정기본계획(이하 "기본계획"이라 한다)을 5년마다 수립하여야 한다. <개정 2005. 3. 24., 2008. 2. 29., 2010. 1. 18., 2011. 9. 15.>
② 기본계획에는 다음 각호의 사항이 포함되어야 한다. <개정 2018. 1. 16.>
1. 가족기능의 강화 및 가정의 잠재력개발을 통한 가정의 자립 증진 대책
2. 사회통합과 문화계승을 위한 가족공동체문화의 조성
3. 다양한 가족의 욕구충족을 통한 건강가정 구현
4. 민주적인 가족관계와 양성평등적인 역할분담
5. 가정친화적인 사회환경의 조성
6. 가족의 양육ㆍ부양 등의 부담완화와 가족해체예방을 통한 사회비용 절감
7. 위기가족에 대한 긴급 지원책
8. 가족의 건강증진을 통한 건강사회 구현

9. 가족지원정책의 추진과 관련한 재정조달 방안
10. 1인가구의 복지 증진을 위한 대책
③ 기본계획은 국무회의의 심의를 거쳐 확정한다.
④ 여성가족부장관은 확정된 기본계획을 지체없이 국회 소관 상임위원회에 보고하고, 관계 중앙행정기관의 장 및 지방자치단체의 장에게 통보하여야 한다. <개정 2005. 3. 24., 2008. 2. 29., 2010. 1. 18., 2011. 9. 15., 2020. 5. 19.>

제16조(연도별 시행계획의 수립 · 시행 등) ① 여성가족부장관, 관계중앙행정기관의 장 및 지방자치단체의 장은 매년 기본계획에 따라 건강가정시행계획(이하 "시행계획"이라 한다)을 수립 · 시행 및 평가하여야 한다. 이 경우 관계중앙행정기관의 장 및 지방자치단체의 장은 그 시행계획 및 추진실적을 매년 여성가족부장관에게 제출하여야 한다. <개정 2005. 3. 24., 2008. 2. 29., 2010. 1. 18., 2011. 9. 15.>
② 시행계획의 수립 · 추진 및 평가에 관하여 필요한 사항은 대통령령으로 정한다.

제17조(시 · 도별 시행계획의 조정 등) ① 여성가족부장관은 기본계획에 기초하여 지방자치단체별 시행계획을 조정하고 그 이행상황을 점검하여야 한다. <개정 2005. 3. 24., 2008. 2. 29., 2010. 1. 18., 2011. 9. 15.>
② 여성가족부장관은 지방자치단체별 시행계획이 기본계획 및 중앙행정기관의 시행계획에 위배되는 경우에는 해당 지방자치단체의 장에게 이를 변경하도록 요구할 수 있다. <개정 2005. 3. 24., 2008. 2. 29., 2010. 1. 18., 2011. 9. 15., 2016. 12. 20.>

제18조(계획수립의 협조) ① 여성가족부장관, 관계중앙행정기관의 장 및 지방자치단체의 장은 기본계획 또는 시행계획의 수립 · 시행을 위하여 필요한 때에는 관계공공기관 · 사회단체 그 밖의 민간기업체의 장에게 협조를 요청할 수 있다. <개정 2005. 3. 24., 2008. 2. 29., 2010. 1. 18., 2011. 9. 15.>
② 제1항의 규정에 의하여 협조요청을 받은 자는 특별한 사유가 없는 한 이에 응하여야 한다.

제19조(교육 · 연구의 진흥) ① 국가 및 지방자치단체는 건강가정과 관련된 연구를 진흥하고 전문가를 양성하여야 한다.
② 국가 및 지방자치단체는 건강가정을 위한 교육프로그램을 지속적으로 개발 · 제공하여야 한다.

제20조(가족실태조사) ① 국가 및 지방자치단체는 개인과 가족의 생활실태를 파악하고, 건강가정 구현 및 가정문제 예방 등을 위한 서비스의 욕구와 수요를 파악하기 위하여 3년마다 가족실태조사를 실시하고 그 결과를 발표하여야 한다. <개정 2020. 5. 19.>
② 제1항에 따른 가족실태조사에는 1인가구의 연령별 · 성별 · 지역별 현황과 정책 수요 등에 관한 사항이 포함되어야 한다. <신설 2018. 1. 16.>
③ 제1항의 규정에 의한 가족실태조사를 위하여 필요한 사항은 여성가족부령으로 정한다. <개정 2005. 3. 24., 2008. 2. 29., 2010. 1. 18., 2018. 1. 16.>

제3장 건강가정사업

제21조(가정에 대한 지원) ① 국가 및 지방자치단체는 가정이 원활한 기능을 수행하도록 지원하여야 한다.

② 제1항의 규정에 의하여 지원하여야 할 사항은 다음 각호와 같다.

1. 가족구성원의 정신적·신체적 건강지원
2. 소득보장 등 경제생활의 안정
3. 안정된 주거생활
4. 태아검진 및 출산·양육의 지원
5. 직장과 가정의 양립
6. 음란물·유흥가·폭력 등 위해환경으로부터의 보호
7. 가정폭력으로부터의 보호
8. 가정친화적 사회분위기의 조성
9. 그 밖에 건강한 가정의 기능을 강화·지원할 수 있는 관련 사항

③ 국가 및 지방자치단체는 임신·출산·수유 및 육아와 관련된 모·부성권 보장을 위한 육아휴직 및 유급휴가시책이 확산되도록 노력하여야 한다. <개정 2016. 5. 29.>

④ 국가 및 지방자치단체는 한부모가족, 노인단독가정, 장애인가정, 미혼모가정, 공동생활가정, 자활공동체 등 사회적 보호를 필요로 하는 가정에 대하여 적극적으로 지원하여야 한다. <개정 2007. 10. 17.>

⑤ 제2항 및 제4항의 규정에 의한 국가 및 지방자치단체의 지원에 관한 세부적 사항은 관계법률이 정하는 바에 의한다.

제21조의2(위기가족긴급지원) ① 국가와 지방자치단체는 「재난 및 안전관리 기본법」 제3조제1호에 따른 재난 중 대통령령으로 정하는 재난에 의하여 가족의 부양·양육·보호·교육 등 가족기능이 현저하게 저하된 경우 원활한 가족기능을 수행하는 데에 긴급하게 필요한 범위에서 지원(이하 "위기가족긴급지원"이라 한다)을 하여야 한다.

② 위기가족긴급지원의 종류 및 내용은 다음 각 호와 같다.

1. 아이돌봄지원, 가사돌봄지원 등 가족돌봄
2. 가족상담, 집단프로그램, 자조모임 운영 등 가족의 심리·정서지원
3. 법률구조, 의료지원, 복지서비스 등 연계
4. 그 밖에 여성가족부장관이 필요하다고 인정하는 지원

③ 제2항의 지원기간은 1년 이내로 한다. 다만, 제2항제2호의 심리·정서지원의 지원기간은 3년 이내로 하되, 필요한 경우 1년의 범위에서 한 번 연장할 수 있다.

④ 위기가족긴급지원의 절차 및 방법 등에 필요한 사항은 대통령령으로 정한다.

⑤ 「긴급복지지원법」 등 다른 법률에 따른 이 법의 지원내용과 동일한 내용의 지원을 받고 있는 경우에는 이 법에 따른 지원을 하지 아니한다.

[본조신설 2016. 5. 29.]

제21조의3(위기가족긴급지원에 관한 정보의 이용) 여성가족부장관 또는 지방자치단체의

장은 위기가족긴급지원을 위하여 필요한 경우 국가 및 지방자치단체, 공공기관에서 확보하고 있는 위기가족긴급지원 관련 성명, 주소, 연락처 등의 정보를 요청할 수 있으며, 수집된 정보를 가공 또는 이용할 수 있다.
[본조신설 2016. 5. 29.]

제21조의4(위기가족긴급지원에 대한 비용의 지원) 국가와 지방자치단체는 위기가족긴급지원에 필요한 비용의 전부 또는 일부를 지원할 수 있다.
[본조신설 2016. 5. 29.]

제22조(자녀양육지원의 강화) ① 국가 및 지방자치단체는 자녀를 양육하는 가정에 대하여 자녀양육으로 인한 부담을 완화하고 아동의 행복추구권을 보장하기 위하여 보육, 방과후 서비스, 양성이 평등한 육아휴직제 등의 정책을 적극적으로 확대 시행하여야 한다. <개정 2011. 9. 15.>
② 국가 및 지방자치단체는 다양한 가족형태를 고려하여 아동양육지원사업 시책(아이돌보미 서비스를 포함한다. 이하 같다)을 수립·시행하여야 한다. <신설 2011. 9. 15.>
③ 국가 및 지방자치단체는 아동양육지원사업을 예산의 범위에서 지원할 수 있다. <신설 2011. 9. 15.>
④ 국가 및 지방자치단체는 가사노동의 가치에 대한 사회적 인식을 제고하고 이를 관련 법·제도 및 가족정책에 반영하도록 노력하여야 한다. <개정 2011. 9. 15.>

제23조(가족단위 복지증진) ① 국가 및 지방자치단체는 사회보험·공공부조 등 사회보장제도의 운용과 관련하여 보험료의 산정·부과, 급여 등을 운용함에 있어서 가족을 지지하는 시책을 개발·추진하여야 한다.
② 국가 및 지방자치단체는 경제·사회, 교육·문화, 체육, 지역사회개발 등 각 분야의 제도·정책 및 사업을 수립·추진함에 있어 가족을 우대하는 방안을 강구하여야 한다.

제24조(가족의 건강증진) 국가 및 지방자치단체는 영·유아, 아동, 청소년, 중·장년, 노인 등 생애주기에 따르는 가족구성원의 종합적인 건강증진대책을 마련하여야 한다. <개정 2011. 9. 15.>

제25조(가족부양의 지원) ① 국가 및 지방자치단체는 영·유아 혹은 노인 등 부양지원을 요하는 가족구성원이 있는 가정에 대하여 부양부담을 완화하기 위한 시책을 적극적으로 강구하여야 한다.
② 국가 및 지방자치단체는 질환이나 장애로 가족내 수발을 요하는 가족구성원이 있는 가정을 적극 지원하며, 보호시설을 이용할 수 있도록 전문보호시설을 확대하여야 한다.
③ 국가 및 지방자치단체는 가족구성원중 장기요양을 필요로 하는 질병이나 사고로 간병을 요할 경우 가족간호를 위한 휴가 등의 시책을 마련하여야 한다.

제26조(민주적이고 양성평등한 가족관계의 증진) ① 국가 및 지방자치단체는 부부 및 세대간에 가족갈등이 있는 경우 이를 예방·상담하고, 민주적이고 양성평등한 가족관계

를 증진시킬 수 있도록 가족지원서비스를 확대하고, 다양한 가족생활교육 · 부모교육 · 가족상담 · 평등가족홍보 등을 추진하여야 한다.

② 국가 및 지방자치단체는 가정폭력이 있는 가정의 경우 가정폭력피해자와 피해자 가족에 대한 개입에 있어 전문가의 체계적인 개입과 서비스가 이루어지도록 노력하여야 한다.

제27조(가족단위의 시민적 역할증진) ① 국가 및 지방자치단체는 가족의 결속력과 가족구성원의 발전을 위하여 가족이 시민으로서의 역할을 증진할 수 있는 기회와 서비스를 제공하여야 한다.

② 국가 및 지방자치단체는 가족단위의 자원봉사참여가 확대되도록 노력하여야 한다.

제28조(가정생활문화의 발전) ① 국가 및 지방자치단체는 건강가정의 생활문화를 고취하고 그에 대한 지원정책을 수립하여야 한다.

② 국가 및 지방자치단체가 지원하여야 하는 건강가정의 생활문화는 다음 각호의 사항을 포함한다.

1. 가족여가문화
2. 양성평등한 가족문화
3. 가족단위 자원봉사활동
4. 건강한 의식주 생활문화
5. 합리적인 소비문화
6. 지역사회 공동체문화
7. 그 밖에 건강가정의 생활문화와 관련된 사항

제29조(가정의례) ① 개인과 가정은 건전한 가정의례를 확립하도록 노력하여야 한다.

② 국가 및 지방자치단체는 건전한 가정의례를 확립하기 위한 지원정책을 수립하여야 한다.

제30조(가정봉사원) ① 국가 및 지방자치단체는 건강한 가정을 유지하기 위하여 필요한 경우에는 가정을 방문하여 가사 · 육아 · 산후조리 · 간병 등을 돕는 가정봉사원(이하 "가정봉사원"이라 한다)을 지원할 수 있다.

② 가정봉사원은 여성가족부령이 정하는 바에 따라 교육을 받아야 한다. <개정 2005. 3. 24., 2008. 2. 29., 2010. 1. 18.>

③ 국가 및 지방자치단체는 가정봉사원에게 예산의 범위안에서 일정금액을 지급할 수 있다.

④ 가정봉사원의 지원에 관하여 필요한 사항은 여성가족부령으로 정한다. <개정 2005. 3. 24., 2008. 2. 29., 2010. 1. 18.>

제31조(이혼예방 및 이혼가정지원) ① 국가 및 지방자치단체는 이혼하고자 하는 부부가 이혼전 상담을 받을 수 있게 하는 등 이혼조정을 내실화 할 수 있도록 필요한 조치를 강구하여야 한다.

② 국가 및 지방자치단체는 이혼의 의사가 정해진 가족에 대하여 이들 가족이 자녀양

육·재산·정서 등의 제반문제를 준비할 수 있도록 도움을 주는 지원서비스를 제공하도록 하여야 한다.

③ 국가 및 지방자치단체는 이혼한 가족에 대하여 양육비에 대한 집행력의 실효성을 강화하고 그 적용대상을 확대하도록 하여야 한다.

제32조(건강가정교육) ① 국가 및 지방자치단체는 건강가정교육을 실시하여야 한다.

② 제1항의 규정에 의한 교육내용에는 다음 각호의 사항이 포함되어야 한다.

1. 결혼준비교육
2. 부모교육
3. 가족윤리교육
4. 가족가치실현 및 가정생활관련 교육 등

③ 제1항의 규정에 의한 건강가정교육에 관하여 필요한 사항은 여성가족부령으로 정한다. <개정 2005. 3. 24., 2008. 2. 29., 2010. 1. 18.>

제33조(자원봉사활동의 지원) 국가 및 지방자치단체는 건강가정과 관련되는 자원봉사활동사업을 육성하고 장려하여야 한다.

제4장 건강가정전담조직 등

제34조(건강가정사업의 전담수행) 여성가족부 및 지방자치단체는 건강가정사업에 관한 업무를 전담하여 수행할 수 있도록 하여야 한다. <개정 2005. 3. 24., 2008. 2. 29., 2010. 1. 18., 2011. 9. 15.>

제34조의2(한국건강가정진흥원의 설립 등) ① 다양한 가족의 삶의 질 제고 및 가족역량 강화를 위한 가족정책을 효율적이고 체계적으로 지원하기 위하여 한국건강가정진흥원(이하 "진흥원"이라 한다)을 설립한다.

② 진흥원은 법인으로 한다.

③ 진흥원은 그 주된 사무소의 소재지에서 설립등기를 함으로써 성립한다.

④ 진흥원의 정관에는 다음 각 호의 사항이 포함되어야 한다. <신설 2020. 5. 19.>

1. 목적
2. 명칭
3. 주된 사무소가 있는 곳
4. 자산에 관한 사항
5. 임원 및 직원에 관한 사항
6. 이사회의 운영
7. 사업범위 및 내용과 그 집행
8. 회계
9. 공고의 방법
10. 정관의 변경
11. 그 밖에 진흥원의 운영에 관한 중요 사항

⑤ 진흥원이 정관의 기재사항을 변경하려는 경우에는 여성가족부장관의 인가를 받아야 한다. <신설 2020. 5. 19.>

⑥ 진흥원에는 정관으로 정하는 바에 따라 임원과 필요한 직원을 둔다. <개정 2020. 5. 19.>

⑦ 진흥원은 다음 각 호의 사업을 한다. <개정 2020. 5. 19.>

1. 가족상담 및 가족교육 사업
2. 가족친화 사회환경 조성사업
3. 아이돌봄 및 자녀양육지원 사업
4. 「양육비 이행확보 및 지원에 관한 법률」에 따른 양육비 이행 전담기관 운영
5. 다문화가족, 한부모가족, 조손가족 등 취약 가족의 역량강화 지원 사업
6. 다문화가족의 사회통합지원 사업
7. 제35조의 건강가정지원센터, 「다문화가족지원법」 제12조의 다문화가족지원센터 및 「가족친화 사회환경의 조성 촉진에 관한 법률」 제19조의 가족친화지원센터의 사업관리 및 종사자 교육훈련
8. 가족사업 관련 대내외 교류 및 협력 사업
9. 가족정책 및 사업개발을 위한 조사, 연구
10. 제1호부터 제9호까지의 사업에 부수되는 사업 또는 이와 관련하여 국가기관 등으로부터 위탁받은 사업
11. 그 밖에 진흥원의 목적달성을 위하여 정관으로 정하는 사항

⑧ 정부는 예산의 범위에서 진흥원의 사업과 운영에 필요한 경비를 출연할 수 있다. <개정 2020. 5. 19.>

⑨ 진흥원은 「기부금품의 모집 및 사용에 관한 법률」에도 불구하고 자발적으로 기탁되는 금품을 사업목적에 부합하는 범위에서 접수할 수 있으며 접수 절차 등에 관한 사항은 진흥원의 장이 별도로 정한다. <신설 2016. 3. 2., 2020. 5. 19.>

⑩ 진흥원에 관하여는 이 법에서 규정한 것을 제외하고는 「민법」 중 재단법인에 관한 규정을 준용한다. <개정 2016. 3. 2., 2020. 5. 19.>

[본조신설 2014. 3. 24.]

제35조(건강가정지원센터의 설치) ① 국가 및 지방자치단체는 가정문제의 예방·상담 및 치료, 건강가정의 유지를 위한 프로그램의 개발, 가족문화운동의 전개, 가정관련 정보 및 자료제공 등을 위하여 건강가정지원센터(이하 "센터"라 한다)를 설치·운영하여야 한다. <개정 2011. 9. 15.>

② 센터에는 건강가정사업을 수행하기 위하여 관련분야에 대한 학식과 경험을 가진전문가(이하 "건강가정사"라 한다)를 두어야 한다.

③ 건강가정사는 다음 각 호의 요건을 모두 갖춘 사람이어야 한다. <개정 2018. 1. 16.>

1. 대학 또는 이와 동등 이상의 학교를 졸업할 것(법령에 따라 이와 같은 수준 이상의 학력이 있다고 인정되는 경우를 포함한다)

2. 제1호에 따른 학력 취득과정이나 그 밖에 여성가족부장관이 인정하는 방법으로 사회복지학 · 가정학 · 여성학 등 여성가족부령으로 정하는 관련 교과목을 이수할 것

④ 센터의 조직 · 운영 및 건강가정사의 자격 · 직무에 관하여 필요한 사항은 대통령령으로 정한다.

⑤ 센터의 운영은 여성가족부령이 정하는 바에 의하여 민간에 위탁할 수 있다. <개정 2005. 3. 24., 2008. 2. 29., 2010. 1. 18.>

⑥ 국가 및 지방자치단체는 센터의 설치 · 운영에 필요한 비용의 전부 또는 일부를 지원할 수 있다. <신설 2020. 5. 19.>

제35조의2(유사명칭의 사용금지) 이 법에 따른 센터가 아닌 자는 건강가정지원센터 또는 이와 유사한 명칭을 사용하지 못한다.

[본조신설 2011. 9. 15.]

제5장 보칙

제36조(민간단체 등의 지원) 국가 및 지방자치단체는 건강가정사업을 수행하는 단체 또는 개인에 대하여 필요한 비용의 전부 또는 일부를 보조하거나 그 업무수행에 필요한 지원을 할 수 있다.

제37조(과태료) ① 제35조의2를 위반한 자에게는 300만원 이하의 과태료를 부과한다.

② 제1항에 따른 과태료는 대통령령으로 정하는 바에 따라 여성가족부장관 또는 지방자치단체의 장이 부과 · 징수한다.

[본조신설 2011. 9. 15.]

부칙 <제17280호, 2020. 5. 19.>

이 법은 공포한 날부터 시행한다.

아이돌봄 지원법

[시행 2023. 10. 12.] [법률 제19338호, 2023. 4. 11., 일부개정]
여성가족부(가족지원과) 02-2100-6365

제1장 총칙

제1조(목적) 이 법은 가정의 아이돌봄을 지원하여 아이의 복지증진 및 보호자의 일·가정 양립을 통한 가족구성원의 삶의 질 향상과 양육친화적인 사회환경 조성을 목적으로 한다.

제2조(정의) 이 법에서 사용하는 용어의 뜻은 다음과 같다. <개정 2020. 5. 19.>

1. "아이"란 만 12세 이하 아동을 말한다.
2. "보호자"란 친권자·후견인, 그 밖의 사람으로서 아이를 사실상 보호하고 있는 사람을 말한다.
3. "아이돌봄서비스"란 아이의 주거지 등에서 개별적으로 제공하는 보호 및 양육 등의 서비스를 말한다.
4. "아이돌보미"란 제7조에 따른 자격을 갖춘 사람으로서 제11조에 따라 지정된 서비스제공기관을 통하여 아이돌봄서비스를 제공하는 사람을 말한다.
5. "육아도우미"란 제11조에 따라 지정된 서비스제공기관을 통하지 않고 아이돌봄서비스를 제공하는 사람을 말한다.

제3조(아이돌봄 지원의 원칙) ① 국가와 지방자치단체는 돌보는 아이의 이익을 최우선으로 고려하여 아이돌봄을 지원하여야 한다.

② 제1항에 따른 아이돌봄 지원은 보호자의 다양한 요구를 충족할 수 있도록 제공되어야 한다.

제4조(국가 등의 지원) 국가와 지방자치단체는 보호자가 아이돌봄의 책임을 다할 수 있도록 지원하여야 한다.

제4조의2(기본계획의 수립) ① 여성가족부장관은 관계 중앙행정기관의 장과 협의하여 5년마다 아이돌봄 지원을 위한 기본계획(이하 "기본계획"이라 한다)을 수립하여야 한다. 이 경우 기본계획은 「건강가정기본법」 제15조에 따른 건강가정기본계획에 포함하여 수립할 수 있다.

② 여성가족부장관은 기본계획의 수립을 위하여 필요한 경우 관계 기관의 장에게 자료의 제출을 요청할 수 있다. 이 경우 요청을 받은 기관의 장은 정당한 사유가 없으면 이에 따라야 한다.

[본조신설 2020. 5. 19.]

제2장 아이돌보미의 직무 등

제5조(아이돌보미의 직무 및 책무) ① 아이돌보미는 여성가족부장관이 정하는 기준에 따라 아이의 안전한 보호 및 돌봄 업무를 수행하여야 한다.

② 아이돌보미는 다음 각 호의 업무를 수행한다.

1. 아이에게 질병·사고 등이 발생한 경우 의료기관에의 이송
2. 안전하고 균형있는 영양의 급식 및 간식 제공
3. 아이의 청결과 위생의 유지
4. 그 밖에 여성가족부령으로 정하는 사항

③ 아이돌보미는 업무를 수행할 때에는 아이에게 신체적 고통이나 고성·폭언 등의 정신적 고통을 가하여서는 아니 된다. <개정 2020. 5. 19.>

④ 아이돌보미는 업무를 수행할 때에는 아이의 생명·안전 보호 및 위험방지를 위하여 여성가족부령으로 정하는 주의의무를 다하여야 한다. <신설 2020. 5. 19.>

⑤ 아이돌보미는 보호자의 육아 방침을 존중하여야 하며, 응급조치 등과 관련하여 보호자와 협의하여야 한다. <개정 2020. 5. 19.>

[제목개정 2020. 5. 19.]

제6조(결격사유) 다음 각 호의 어느 하나에 해당하는 사람은 아이돌보미로 활동할 수 없다. <개정 2015. 12. 1., 2016. 3. 2., 2020. 5. 19.>

1. 미성년자·피성년후견인 또는 피한정후견인
2. 정신질환자
3. 마약·대마 또는 향정신성의약품 중독자
4. 파산선고를 받고 복권되지 아니한 사람
5. 금고 이상의 실형을 선고받고 그 집행이 종료(집행이 종료된 것으로 보는 경우를 포함한다)되거나 집행이 면제된 날부터 3년이 경과되지 아니한 사람
6. 금고 이상의 형의 집행유예를 선고받고 그 유예기간 중에 있는 사람
7. 「아동복지법」 제17조 위반에 따른 같은 법 제71조제1항의 죄, 「성폭력범죄의 처벌 등에 관한 특례법」 제2조에 따른 성폭력범죄 또는 「아동·청소년의 성보호에 관한 법률」 제2조제2호에 따른 아동·청소년대상 성범죄를 범하여 형 또는 치료감호를 선고받고 그 형 또는 치료감호의 전부 또는 일부의 집행이 종료되거나 집행이 유예·면제된 날부터 10년이 지나지 아니한 사람

7의2. 「아동복지법」 제3조제7호의2에 따른 아동학대관련범죄로 금고 이상의 실형을 선고받고 그 집행이 종료되거나 집행이 면제된 날부터 20년이 지나지 아니한 사람

7의3. 「아동복지법」 제3조제7호의2에 따른 아동학대관련범죄로 금고 이상의 형의 집행유예를 선고받고 그 집행유예가 확정된 날부터 20년이 지나지 아니한 사람

7의4. 「아동복지법」 제3조제7호의2에 따른 아동학대관련범죄로 벌금형이 확정된 날부터 10년이 지나지 아니한 사람

8. 제32조에 따라 자격정지 중인 사람
9. 제33조에 따라 자격이 취소된 후 2년이 경과되지 아니한 사람

제6조의2(결격사유 확인 등을 위한 범죄경력조회) ① 특별시장·광역시장·특별자치시장·도지사·특별자치도지사(이하 "시·도지사"라 한다) 또는 시장·군수·구청장은 아이돌보미로 활동하려는 사람이 제6조에 따른 결격사유에 해당하는지를 확인하기 위하여 수사기관의 장에게 범죄경력조회를 요청할 수 있다.

② 제1항에 따라 범죄경력조회를 요청받은 수사기관의 장은 정당한 사유가 없으면 이에 따라야 한다.

[본조신설 2020. 5. 19.]

제7조(아이돌보미의 자격) ① 아이돌보미가 되려는 사람은 제9조에 따른 교육기관에서 교육과정을 수료하거나 대통령령으로 정하는 일정 자격을 갖추어야 한다.

② 제1항에 따른 교육은 다음 각 호의 내용을 포함하여야 한다. <신설 2020. 5. 19, 2022. 12. 27.>

1. 아동인권과 아동학대 예방 교육
2. 아동의 안전관리 교육
3. 성희롱 예방 교육
4. 아이돌보미의 인성함양
5. 장애아동에 대한 이해와 인식 개선 교육
6. 그 밖에 여성가족부령으로 정하는 사항

③ 아이돌보미가 되려는 사람은 여성가족부장관이 실시하는 적성·인성 검사를 받아야 한다. <신설 2020. 5. 19.>

④ 여성가족부장관은 제3항에 따른 검사를 여성가족부령으로 정하는 법인이나 단체 등 전문기관에 위탁하여 운영할 수 있다. <신설 2020. 5. 19.>

⑤ 제1항에 따른 아이돌보미의 교육과정 및 제3항에 따른 적성·인성 검사 등에 필요한 사항은 여성가족부령으로 정한다. <개정 2020. 5. 19.>

제8조(명의대여 등의 금지) ① 아이돌보미는 다른 사람에게 자기의 성명을 사용하여 아이돌보미 업무를 수행하게 하거나 수료증을 대여하여서는 아니 된다.

② 아이돌보미가 아닌 사람은 아이돌보미 또는 이와 유사한 명칭을 사용할 수 없다.

제9조(교육기관의 지정 등) ① 시·도지사는 아이돌보미의 양성을 위하여 여성가족부령으로 정하는 지정기준에 적합한 시설을 교육기관으로 지정·운영하여야 한다. <개정 2015. 12. 1., 2020. 5. 19.>

② 시·도지사는 교육기관이 다음 각 호의 어느 하나에 해당하는 경우 사업의 정지를 명하거나 그 지정을 취소할 수 있다. 다만, 제1호에 해당하는 경우 지정을 취소하여야 한다.

1. 거짓이나 그 밖의 부정한 방법으로 교육기관으로 지정을 받은 경우
2. 제1항에 따른 지정기준에 적합하지 아니하게 된 경우
3. 교육과정을 1년 이상 운영하지 아니하는 경우

③ 제1항에 따른 교육기관의 지정절차, 제2항에 따른 처분의 세부적인 기준 및 절차

등은 여성가족부령으로 정한다.

제10조(보수교육) ① 여성가족부장관은 아이돌봄서비스의 질적 수준과 아이돌보미의 전문성 향상을 위하여 보수교육을 실시하여야 한다.

② 제1항에 따른 보수교육은 제7조제2항 각 호의 내용을 포함하여야 한다. <신설 2020. 5. 19.>

③ 제1항에 따른 보수교육은 전문기관에 위탁하여 실시할 수 있다. <개정 2020. 5. 19.>

④ 제1항에 따른 보수교육의 기간·방법 등에 관하여 필요한 사항은 여성가족부령으로 정한다. <개정 2020. 5. 19.>

제10조의2(건강진단) ① 아이돌보미는 건강진단을 받아야 한다. 다만, 다른 법령에 따라 같은 내용의 건강진단을 받은 경우에는 이 법에 따른 건강진단을 받은 것으로 본다.

② 제10조의4에 따른 아이돌봄광역지원센터는 제1항에 따른 건강진단을 받지 아니한 사람과 다른 사람에게 위해를 끼칠 우려가 있는 질병이 있는 사람을 아이돌보미로 활동하게 하여서는 아니 된다.

③ 건강진단의 실시방법 및 제2항에 따른 질병의 종류는 여성가족부령으로 정한다.

[본조신설 2020. 5. 19.]

제3장 아이돌봄서비스 제공기관 등 <개정 2020. 5. 19.>

제10조의3(아이돌봄중앙지원센터) ① 여성가족부장관은 아이돌봄 지원에 관한 정책을 효율적이고 체계적으로 추진하기 위하여 아이돌봄중앙지원센터(이하 “중앙지원센터”라 한다)를 지정·운영하여야 한다.

② 중앙지원센터는 다음 각 호의 업무를 수행한다.

1. 아이돌봄 지원사업과 관련된 연구 및 자료발간
2. 아이돌봄서비스 운영 매뉴얼 개발 및 보급
3. 아이돌보미 교육 교재 개발 및 보급
4. 아이돌보미 교육기관 관리 등 양성·보수교육 관리·운영
5. 아이돌보미 자격·이력·채용 관리를 위한 정보시스템 운영
6. 제11조에 따른 서비스제공기관 등 관련 기관과의 전국단위 네트워크 구축·운영
7. 제11조에 따른 서비스제공기관 종사자 교육훈련
8. 그 밖에 아이돌봄 지원사업과 관련하여 여성가족부령으로 정하는 업무

③ 제1항에 따른 지정에 필요한 인력, 시설, 장비의 기준 및 지정 신청에 대한 구체적인 절차와 방법 등은 여성가족부령으로 정한다.

[본조신설 2020. 5. 19.]

제10조의4(아이돌봄광역지원센터) ① 시·도지사는 원활하게 아이돌보미를 관리하고 아이돌봄서비스를 제공하기 위하여 아이돌봄광역지원센터(이하 “광역지원센터”라 한다)를 지정·운영하여야 한다.

② 광역지원센터는 다음 각 호의 업무를 수행한다.
1. 아이돌보미 채용, 근로계약 체결 및 복무관리
2. 아이돌봄서비스 제공 중 안전사고로 인하여 생명·신체에 피해를 입은 아이돌보미와 아이에 대한 손해배상보험 가입 등 필요한 안전 조치
3. 지역 내 아이돌보미 수급계획 수립 및 수급 조정
4. 지역 내 아이돌봄서비스 제공 현황 모니터링 실시
5. 지역 내 제11조에 따른 서비스제공기관의 서비스 운영 관리·지원 및 서비스 홍보
6. 그 밖에 원활한 아이돌봄서비스 운영을 위하여 시·도지사가 필요하다고 인정하는 업무

③ 제1항에 따른 지정에 필요한 인력, 시설, 장비의 기준 및 지정 신청에 대한 구체적인 절차와 방법 등은 여성가족부령으로 정한다.

④ 광역지원센터의 장은 중요한 사항을 변경하는 경우 시·도지사에게 승인을 받아야 한다. 그 밖의 변경 사항일 경우에는 신고하여야 한다.

⑤ 제4항과 관련된 내용 및 절차 등에 관하여 필요한 사항은 여성가족부령으로 정한다.
[본조신설 2020. 5. 19.]

제11조(서비스제공기관 지정 등) ① 아이돌봄서비스를 제공할 수 있는 서비스제공기관(이하 "서비스기관"이라 한다)을 설치·운영하고자 하는 자는 여성가족부령으로 정하는 시설, 인력, 운영 등 기준을 갖추고 소재지를 관할 구역으로 하는 시·도지사·시장·군수·구청장으로부터 지정을 받아야 한다.

② 시·도지사·시장·군수·구청장은 서비스기관의 지역적 분포 및 적정공급 규모, 대상 아이 수 등을 고려하여 적정 수의 기관을 지정하여야 한다.

③ 제1항과 관련된 서비스기관의 지정절차와 그 밖에 필요한 사항은 여성가족부령으로 정한다.

④ 서비스기관의 장은 중요한 사항을 변경하는 경우 시·도지사·시장·군수·구청장에게 승인을 받아야 한다. 그 밖의 변경 사항일 경우에는 신고하여야 한다.

⑤ 제4항과 관련된 내용 및 절차 등은 여성가족부령으로 정한다.

제12조(보호자에 대한 아이돌봄 서비스 안내 등) ① 시·도지사·시장·군수·구청장은 서비스의 질을 보장하기 위하여 서비스의 내용, 시설·인력 현황자료 및 서비스기관 지정취소 이력 등을 서비스기관의 장으로부터 제출받아 아이의 보호자에게 안내하여야 한다. <개정 2020. 5. 19.>

② 서비스기관의 장은 해당 아이돌보미의 인적사항, 경력, 자격정지·취소 이력, 제18조의2에 따른 만족도 조사 결과 등의 정보를 아이의 보호자에게 제공할 수 있다. <신설 2020. 5. 19.>

③ 제1항 및 제2항에 따라 보호자에게 안내하여야 할 서비스의 내용, 방법, 절차, 아이돌보미의 정보 및 제공 방법, 그 밖에 필요한 사항은 여성가족부령으로 정한다. <개정 2020. 5. 19.>
[제목개정 2020. 5. 19.]

제13조(서비스기관의 임무 등) ① 서비스기관은 광역지원센터 소속 아이돌보미를 서비스기관 내에 배치하여야 한다. <개정 2020. 5. 19.>

② 서비스기관은 보호자로부터 서비스의 제공을 요청받은 때 이를 거부하여서는 아니 된다. 다만, 아이돌보미의 수급이 원활하지 아니한 경우 등 정당한 사유가 있는 경우는 그러하지 아니하다.

③ 서비스기관은 아이돌봄서비스 제공 시 아이의 건강 및 위생 관리 등 여성가족부령으로 정하는 사항을 이행하여야 한다.

④ 삭제 <2020. 5. 19.>

⑤ 서비스기관은 24개월 이하 영아가 있는 가정에 「영유아보육법」 제21조제2항에 따른 보육교사 자격증을 받은 자로 하여금 아이돌봄서비스를 제공하게 할 수 있다. <신설 2013. 5. 28.>

⑥ 서비스기관은 보호자와 협의하여 아이와 관련된 가사를 추가로 하는 아이돌봄서비스를 제공하게 할 수 있다. <신설 2013. 5. 28.>

⑦ 서비스기관은 필요한 경우 아이돌보미에게 심리상담을 제공할 수 있다. <신설 2020. 5. 19.>

[제목개정 2013. 5. 28.]

제13조의2(아이돌봄서비스의 우선 제공) 국가 또는 지방자치단체와 서비스기관은 다음 각 호의 어느 하나에 해당하는 사람이 우선적으로 아이돌봄서비스를 이용할 수 있도록 하여야 한다. 다만, 예산부족이나 아이돌보미 수급이 원활하지 아니하는 등 정당한 사유가 있는 경우에는 그러하지 아니하다. <개정 2017. 12. 19., 2020. 5. 19., 2022. 12. 27.>

1. 「국민기초생활 보장법」 제2조제2호에 따른 수급자의 자녀
2. 「국민기초생활 보장법」 제2조제11호에 따른 차상위계층의 자녀
3. 「한부모가족지원법」 제5조 및 제5조의2에 따른 보호대상자의 자녀

3의2. 「청소년복지 지원법」 제2조제6호에 따른 청소년부모의 자녀

4. 「장애인복지법」 제2조에 따른 장애인 중 여성가족부령으로 정하는 장애 정도에 해당하는 사람의 자녀

4의2. 「장애인복지법」 제2조에 따른 장애인 중 여성가족부령으로 정하는 장애 정도에 해당하는 사람이 형제자매인 아이

5. 「다문화가족지원법」 제2조제1호에 따른 다문화가족의 자녀
6. 「국가유공자 등 예우 및 지원에 관한 법률」 제6조의4에 따른 상이등급 중 여성가족부령으로 정하는 상이등급 이상에 해당하는 사람의 자녀
7. 부모의 취업 또는 생계활동 등으로 양육을 원활히 할 수 없는 맞벌이 가정의 자녀
8. 그 밖에 소득수준 등을 고려하여 여성가족부령으로 정하는 사람의 자녀

[본조신설 2013. 5. 28.]

제14조(표준근로계약서 작성) ① 광역지원센터는 소속 아이돌보미와 표준근로계약서를

작성하여야 한다. <개정 2020. 5. 19.>

② 표준근로계약서의 구체적 사항은 여성가족부령으로 정한다. <개정 2020. 5. 19.>

[제목개정 2020. 5. 19.]

제15조(보호자의 준수사항) 아이돌봄서비스를 이용하고자 하는 보호자는 안전사고 예방을 위한 조치 등 서비스기관에서 정하는 이용 약관에 동의하고 이를 준수하여야 한다.

제16조(광역지원센터 및 서비스기관에 대한 권고 등) 시ㆍ도지사, 시장ㆍ군수ㆍ구청장은 광역지원센터 또는 서비스기관이 폐업 또는 휴업하려는 경우 인근 지역에 서비스기관이 없거나 인근 지역 광역지원센터의 활용이 어려운 경우 등 불편이 우려되는 때에는 그 업무를 지속하도록 권고하거나 그 밖에 필요한 조치를 강구하여야 한다. <개정 2020. 5. 19.>

[전문개정 2015. 12. 1.]

[제목개정 2020. 5. 19.]

제17조(지정 취소 등) ① 여성가족부장관 또는 시ㆍ도지사ㆍ시장ㆍ군수ㆍ구청장은 중앙지원센터, 광역지원센터 및 서비스기관이 다음 각 호의 어느 하나에 해당하는 경우 그 지정을 취소할 수 있다. 다만, 제1호 또는 제5호에 해당하는 경우 지정을 취소하여야 한다. <개정 2020. 5. 19.>

1. 거짓이나 그 밖의 부정한 방법으로 지정을 받은 경우
2. 제10조의3제3항, 제10조의4제3항 및 제11조제1항에 따른 시설 및 인력 기준 등 지정기준에 적합하지 아니한 경우
3. 서비스기관이 제13조제2항을 위반하여 서비스의 제공을 거부한 경우
4. 제29조에 따른 자료의 제출 및 질문ㆍ검사를 거부ㆍ방해ㆍ기피하거나 거짓으로 보고하거나 거짓 자료를 제출한 경우
5. 거짓이나 그 밖의 부정한 방법으로 아이돌봄서비스 비용을 청구한 경우
6. 소속 또는 배치된 아이돌보미의 아이에 대한 학대 사실을 알고도 적절한 조치를 취하지 아니하는 등 아이돌보미에 대한 관리를 소홀히 한 경우

② 제1항에 따라 지정취소를 받은 자는 그 처분을 받은 날부터 3년 이내의 범위에서 여성가족부령으로 정하는 기간 동안 중앙지원센터, 광역지원센터 또는 서비스기관으로 다시 지정받을 수 없다. <개정 2020. 5. 19.>

③ 제1항에 따른 지정취소의 절차 등은 여성가족부령으로 정한다.

[제목개정 2020. 5. 19.]

제18조(광역지원센터 및 서비스기관 관리ㆍ평가) ① 여성가족부장관은 광역지원센터 및 서비스기관이 제10조의4제3항 및 제11조제1항에 따른 운영 기준 등에 따라 적정하게 운영되었는지를 평가한 후 그 결과를 공개하는 등 필요한 조치를 할 수 있다. <개정 2020. 5. 19.>

② 여성가족부장관은 서비스기관에서 제공하는 서비스의 내용을 지속적으로 관리ㆍ평가하여 그 수준을 향상시킬 수 있도록 노력하여야 한다.

③ 여성가족부장관은 제1항 및 제2항에 따른 관리·평가 업무의 일부를 법인이나 단체 등 전문기관에 위탁하여 운영할 수 있다.
④ 제1항에 따른 기관 운영 및 아이돌봄서비스 제공내용의 평가 방법 및 평가 결과의 공개 방법, 그 밖에 필요한 사항은 여성가족부령으로 정한다. <개정 2020. 5. 19.>
[제목개정 2020. 5. 19.]

제18조의2(아이돌보미 만족도 조사) ① 여성가족부장관은 여성가족부령으로 정하는 바에 따라 아이돌보미에 대한 보호자의 만족도를 조사할 수 있다.
② 여성가족부장관은 제1항에 따른 만족도 조사를 여성가족부령으로 정하는 법인이나 단체 등 전문기관에 위탁하여 운영할 수 있다.
[본조신설 2020. 5. 19.]

제4장 양육친화적인 사회환경 조성

제19조(공동육아나눔터) ① 국가 및 지방자치단체는 아이양육 관련 정보교류, 부모교육 등을 위하여 「주택법」 제2조제3호에 따른 공동주택 등에 공동육아나눔터를 설치·운영할 수 있다. <개정 2020. 10. 20.>
② 국가 및 지방자치단체는 제1항에 따라 설치한 공동육아나눔터를 법인이나 단체 등 전문기관에 위탁하여 운영할 수 있다.
③ 공동육아나눔터 시설 기준, 위탁 등에 필요한 사항은 여성가족부령으로 정한다. <개정 2020. 5. 19.>

제19조의2(육아도우미 신원 확인 증명서 발급 등) ① 육아도우미가 되려는 사람 또는 육아도우미로 활동 중인 사람은 다음 각 호의 서류를 여성가족부장관에게 제출하여 육아도우미 신원 확인 증명서(이하 "증명서"라 한다)의 발급을 요청할 수 있다.
1. 「건강검진기본법」 제14조에 따라 검진기관으로 지정된 병원급 의료기관이 발행한 건강진단서로 정신질환병력 여부 및 마약·대마 또는 향정신성의약품 중독 병력 여부가 포함된 건강진단서
2. 범죄경력조회 신청서
② 여성가족부장관은 제1항에 따른 요청을 받은 경우 여성가족부령으로 정하는 절차 및 기준에 따라 증명서를 발급할 수 있다.
③ 여성가족부장관은 제1항에 따른 범죄경력조회 신청서를 받은 경우 수사기관의 장에게 범죄경력조회를 요청할 수 있다. 이 경우 요청을 받은 수사기관의 장은 정당한 사유가 없으면 이에 따라야 한다.
④ 여성가족부장관은 제1항 및 제2항에 따른 업무를 「공공기관의 운영에 관한 법률」 제4조에 따른 공공기관에 위탁하여 운영할 수 있다.
[본조신설 2020. 5. 19.]

제5장 아이돌봄서비스 비용의 지원 등

제20조(비용의 지원 등) ① 국가와 지방자치단체는 여성가족부령으로 정하는 일정소득 이하 가구의 아이돌봄서비스 비용의 전부 또는 일부를 지원할 수 있다.
② 제1항에 따른 비용은 가구의 소득수준과 거주 지역 및 부모의 취업 등을 고려하여 차등지원할 수 있다.
③ 아이돌봄서비스의 비용은 서비스의 종류, 해당 지역의 사정 등을 고려하여 여성가족부장관이 정하여 고시한다.

제21조(아이돌봄서비스 이용권) ① 국가와 지방자치단체는 제20조제1항에 따른 비용 지원을 위하여 아이돌봄서비스 이용권을 지급할 수 있다.
② 여성가족부장관과 지방자치단체의 장은 제1항에 따른 이용권에 관한 업무를 공공기관 또는 민간 기관·단체에 위탁할 수 있다.
③ 이용권의 신청·발급 등에 필요한 사항은 여성가족부령으로 정한다.

제22조(비용 지원의 신청) ① 보호자는 제20조제1항에 따른 아이돌봄서비스의 비용 지원을 신청할 수 있다.
② 제1항에 따라 신청을 할 때에는 다음 각 호의 자료 또는 정보의 제공에 대한 보호자 및 그 가구원의 동의 서면을 제출하여야 한다.
1. 「금융실명거래 및 비밀보장에 관한 법률」 제2조제2호 및 제3호에 따른 금융자산 및 금융거래의 내용에 대한 자료 또는 정보 중 예금의 평균잔액과 그 밖에 대통령령으로 정하는 자료 또는 정보(이하 "금융정보"라 한다)
2. 「신용정보의 이용 및 보호에 관한 법률」 제2조제1호에 따른 신용정보 중 채무액과 그 밖에 대통령령으로 정하는 자료 또는 정보(이하 "신용정보"라 한다)
3. 「보험업법」 제4조제1항 각 호에 따른 보험에 가입하여 납부한 보험료와 그 밖에 대통령령으로 정하는 자료 또는 정보(이하 "보험정보"라 한다)

③ 제1항에 따른 비용 지원의 신청 방법·절차 및 제2항에 따른 동의의 방법·절차 등에 필요한 사항은 여성가족부령으로 정한다.

제23조(금융정보등의 제공) ① 국가 및 지방자치단체는 제20조제1항에 따라 아이돌봄서비스 비용을 지원할 때에는 제22조에 따른 비용 지원을 신청한 자(이하 "비용 지원 신청자"라 한다) 및 그 가구원의 재산을 평가하기 위하여 「금융실명거래 및 비밀보장에 관한 법률」 제4조제1항과 「신용정보의 이용 및 보호에 관한 법률」 제32조제2항에도 불구하고 비용 지원 신청자 및 그 가구원이 제22조제2항에 따라 제출한 동의 서면을 전자적 형태로 바꾼 문서로 금융기관등(「금융실명거래 및 비밀보장에 관한 법률」 제2조제1호에 따른 금융회사등, 「신용정보의 이용 및 보호에 관한 법률」 제2조제6호에 따른 신용정보집중기관을 말한다. 이하 같다)의 장에게 금융정보·신용정보 또는 보험정보(이하 "금융정보등"이라 한다)의 제공을 요청할 수 있다.
② 제1항에 따라 금융정보등의 제공을 요청받은 금융기관등의 장은 「금융실명거래 및 비밀보장에 관한 법률」 제4조제1항과 「신용정보의 이용 및 보호에 관한 법률」 제32조에도 불구하고 명의인의 금융정보등을 제공하여야 한다.

③ 제2항에 따라 금융정보등을 제공한 금융기관등의 장은 금융정보등의 제공사실을 명의인에게 통보하여야 한다. 다만, 명의인의 동의가 있는 경우에는 「금융실명거래 및 비밀보장에 관한 법률」 제4조의2제1항과 「신용정보의 이용 및 보호에 관한 법률」 제32조제7항에도 불구하고 통보하지 아니할 수 있다. <개정 2015. 3. 11.>
④ 제1항 및 제2항에 따른 금융정보등의 제공요청 및 제공은 「정보통신망 이용촉진 및 정보보호 등에 관한 법률」 제2조제1항제1호에 따른 정보통신망을 이용하여야 한다. 다만, 정보통신망의 손상 등 불가피한 경우에는 그러하지 아니하다.
⑤ 제1항 및 제2항에 따른 업무에 종사하거나 종사하였던 사람은 업무를 수행하면서 취득한 금융정보등을 이 법에서 정한 목적 외의 다른 용도로 사용하거나 다른 사람 또는 기관에 제공하거나 누설하여서는 아니 된다.
⑥ 제1항, 제2항 및 제4항에 따른 금융정보등의 제공요청 및 제공 등에 필요한 사항은 대통령령으로 정한다.

제24조(조사 · 질문 등) ① 여성가족부장관 또는 지방자치단체의 장은 비용지원 신청자 및 지원이 확정된 사람에 대하여 비용 지원 대상 자격확인을 위하여 필요한 서류나 그 밖의 소득 · 재산 등에 관한 자료의 제출을 요구할 수 있으며, 소속 공무원으로 하여금 비용 지원 신청자 및 지원이 확정된 사람의 주거, 그 밖의 필요한 장소에 출입하여 서류 등을 조사하게 하거나 관계인에게 필요한 질문을 하게 할 수 있다.
② 여성가족부장관 또는 지방자치단체의 장은 제1항에 따른 조사 또는 비용을 지원하기 위하여 필요한 국세 · 지방세 · 토지 · 건물 · 건강보험 · 국민연금 · 고용보험 · 산업재해보상보험 등에 관한 자료의 제공을 관계 기관의 장에게 요청할 수 있다. 이 경우 자료의 제공을 요청받은 관계 기관의 장은 특별한 사유가 없는 한 이에 응하여야 한다.
③ 여성가족부장관 또는 지방자치단체의 장은 비용 지원 신청자 또는 지원이 확정된 사람이 제1항에 따른 서류 또는 자료의 제출을 거부하거나 조사 · 질문을 거부 · 방해 또는 기피하는 경우에는 비용 지원의 신청을 각하하거나 지원결정을 취소 · 중지 또는 변경할 수 있다.
④ 제1항에 따른 조사 · 질문의 범위 · 시기 및 내용에 관하여 필요한 사항은 여성가족부령으로 정한다.
⑤ 지원대상에 대한 주민등록 주소지 등을 파악하기 위하여 「전자정부법」 제36조제1항에 따라 행정정보를 공동이용할 수 있다.

제25조(아이돌봄지원통합정보시스템의 구축 및 운영 등) ① 여성가족부장관은 이 법에 따른 아이돌봄 지원 업무를 전자화하고 업무 수행에 필요한 정보를 효율적으로 처리하기 위하여 아이돌봄지원통합정보시스템(이하 "통합정보시스템"이라 한다)을 구축 · 운영할 수 있다. <개정 2023. 4. 11.>
② 여성가족부장관은 통합정보시스템을 구축 · 운영하는 데 필요한 정보로서 다음 각 호의 어느 하나에 해당하는 정보를 수집 · 보유 · 이용할 수 있으며, 수집 · 보유 · 이용하는 정보에 「개인정보 보호법」 제2조제1호에 따른 개인정보가 포함된 경우에는 사전에 정보주체(만 14세 미만 미성년자의 경우에는 그 법정대리인을 말한다)의 동의를 받

아야 한다. <개정 2023. 4. 11.>

1. 제6조, 제10조의2 및 제32조에 따른 아이돌보미 결격사유, 건강진단 및 자격정지에 관한 정보
2. 제9조, 제10조의3, 제10조의4, 제11조 및 제17조에 따른 서비스기관 등의 지정 및 지정취소에 관한 정보
3. 제12조, 제13조 및 제13조의2에 따른 아이돌봄서비스 제공에 관한 정보
4. 제18조의2에 따른 아이돌보미 만족도 조사에 관한 정보
5. 제19조의2에 따른 육아도우미 신원 확인에 관한 정보
6. 제20조부터 제24조까지에 따른 아이돌봄서비스 비용 지원 및 금융정보등의 제공에 관한 정보
7. 그 밖에 대통령령으로 정하는 아이돌봄서비스 및 육아도우미 관련 업무 수행에 필요한 정보

③ 여성가족부장관은 관계 중앙행정기관, 지방자치단체 및 관련 기관・단체(이하 "관계 중앙행정기관등"이라 한다)에 통합정보시스템 구축・운영에 필요한 자료・정보의 제공을 요청하고, 제공받은 목적의 범위에서 이를 수집・보유・이용할 수 있다. 이 경우 자료・정보의 제공을 요청받은 관계 중앙행정기관등은 정당한 사유가 없으면 이에 따라야 한다. <신설 2023. 4. 11.>

④ 통합정보시스템은 제1항에 따른 업무를 수행하기 위하여 「사회보장기본법」 제37조제2항에 따른 사회보장정보시스템과 연계하여 운영할 수 있다. <신설 2023. 4. 11.>

⑤ 여성가족부장관은 통합정보시스템을 여성가족부령으로 정하는 법인이나 단체 등 전문기관에 위탁하여 운영할 수 있다. <신설 2023. 4. 11.>

⑥ 제2항부터 제5항까지에 따라 통합정보시스템의 자료 또는 정보를 취득・관리・이용한 사람은 그 직무상 알게 된 자료・정보를 목적 외로 사용하거나 제3자에게 제공・누설하여서는 아니 된다. <신설 2023. 4. 11.>

⑦ 여성가족부장관은 통합정보시스템 구축・운영의 전 과정에서 개인정보 보호를 위하여 필요한 시책을 마련하여야 한다. <신설 2023. 4. 11.>

⑧ 그 밖에 통합지원시스템의 구축과 운영에 필요한 사항은 대통령령으로 정한다. <신설 2023. 4. 11.>

[제목개정 2023. 4. 11.]

제26조(비용의 보조) 국가나 지방자치단체는 이 법에 따른 업무 수행에 필요한 비용이나 중앙지원센터, 광역지원센터 및 서비스기관의 운영에 드는 비용의 전부 또는 일부를 보조할 수 있다. <개정 2016. 3. 2., 2020. 5. 19.>

제27조(비용 및 보조금의 반환명령) 국가나 지방자치단체는 중앙지원센터, 광역지원센터 및 서비스기관의 설치・운영자, 이 법에 따라 업무위탁을 받은 기관의 장 등이 다음 각 호의 어느 하나에 해당하는 경우에는 이미 교부한 비용과 보조금의 전부 또는 일부의 반환을 명할 수 있다. <개정 2020. 5. 19.>

1. 사업 목적 외의 용도에 보조금을 사용한 경우

2. 거짓이나 그 밖의 부정한 방법으로 보조금을 교부받은 경우
3. 이 법 또는 이 법에 따른 명령을 위반한 경우

제6장 지도 및 감독 등

제28조(지도 및 명령) 여성가족부장관, 시 · 도지사 및 시장 · 군수 · 구청장은 원활한 아이돌봄서비스 지원 수행을 위하여 아이돌보미, 중앙지원센터, 광역지원센터 및 서비스기관에 대하여 필요한 지도와 명령을 할 수 있다. <개정 2020. 5. 19.>

제28조의2(아이돌보미 실태조사) ① 여성가족부장관은 아이돌봄서비스 개선을 위하여 3년마다 아이돌봄서비스에 관한 실태조사를 실시하여야 한다.
② 여성가족부장관은 제1항에 따른 실태조사를 위하여 필요한 경우 관계 중앙행정기관의 장, 지방자치단체의 장, 「공공기관의 운영에 관한 법률」에 따른 공공기관의 장, 그 밖에 관련 시설 · 법인 · 단체의 장에게 필요한 자료의 제출 등 협조를 요청할 수 있다. 이 경우 관계 중앙행정기관의 장 등은 특별한 사유가 없으면 그 요청에 따라야 한다.
③ 제1항에 따른 실태조사의 방법과 내용 등에 관하여 필요한 사항은 여성가족부령으로 정한다.
[본조신설 2020. 5. 19.]

제29조(질문 및 검사) ① 여성가족부장관, 시 · 도지사 및 시장 · 군수 · 구청장은 아이돌보미, 중앙지원센터, 광역지원센터 및 서비스기관에 대하여 아이돌봄서비스 운영 · 관리 · 제공 등에 관련된 자료의 제출을 명하거나 소속 공무원으로 하여금 관계인에게 질문을 하거나 관계 서류를 검사하게 할 수 있다. <개정 2020. 5. 19.>
② 제1항에 따라 관계 공무원이 그 직무를 수행할 때에는 그 권한을 표시하는 증표를 지니고 이를 관계인에게 내보여야 한다.

제30조(비밀누설금지) 중앙지원센터, 광역지원센터, 서비스기관 및 제7조제4항, 제18조제3항, 제18조의2제2항, 제19조제2항, 제19조의2제4항, 제21조제2항에 따라 업무위탁을 받은 기관에 종사하고 있거나 종사한 사람, 아이돌보미는 업무수행 중 알게 된 비밀을 누설하여서는 아니 된다. <개정 2020. 5. 19.>

제31조(청문) 시 · 도지사, 시장 · 군수 · 구청장은 제9조제2항 및 제17조제1항에 따라 교육기관, 중앙지원센터, 광역지원센터 및 서비스기관의 지정을 취소하고자 하는 경우 청문을 하여야 한다. <개정 2020. 5. 19.>

제32조(아이돌보미 자격정지) 여성가족부장관은 아이돌보미가 다음 각 호의 어느 하나에 해당하면 3년 이내의 범위에서 여성가족부령으로 정하는 바에 따라 그 자격을 정지시킬 수 있다. 다만, 제1호에 해당하는 경우 자격을 정지시켜야 한다. <개정 2020. 5. 19.>
1. 다음 각 목의 어느 하나에 해당하는 행위를 한 경우
   가. 아이의 신체에 폭행을 가하거나 상해를 입히는 행위
   나. 아이를 모욕하거나 협박하는 행위

다. 아이를 유기하거나 의식주를 포함한 기본적 보호를 소홀히 하는 행위

라. 아이의 주거지에서 행한 절도 등 불법행위

마. 아이돌봄서비스 제공 장소에서 「청소년 보호법」 제2조제4호가목에 따른 청소년 유해약물을 이용하는 행위

2. 아이돌보미가 업무 수행 중 고의나 중대한 과실로 아이 또는 보호자에게 신체상 또는 재산상 손해를 입힌 경우
3. 제10조에 따른 보수교육을 연속하여 3회 이상 받지 아니한 경우
4. 영리를 목적으로 보호자에게 불필요한 서비스를 알선·유인하거나 이를 조장한 경우

제33조(아이돌보미 자격취소) 여성가족부장관은 아이돌보미가 다음 각 호의 어느 하나에 해당하면 그 자격을 취소하여야 한다. <개정 2015. 12. 1., 2016. 3. 2., 2020. 5. 19.>

1. 거짓이나 그 밖의 부정한 방법으로 자격을 취득한 경우
2. 아이돌보미가 업무 수행 중 고의나 중대한 과실로 아이 또는 보호자에게 신체상 또는 재산상 손해를 입혀 금고 이상의 형을 선고받은 경우
3. 「아동복지법」 제17조의 금지행위를 하여 같은 법 제71조제1항에 따른 처벌을 받은 경우

3의2. 「아동복지법」 제3조제7호의2에 따른 아동학대관련범죄로 처벌을 받은 경우

3의3. 「아동복지법」 제3조제7호의2에 따른 아동학대관련범죄로 「아동학대범죄의 처벌 등에 관한 특례법」 제36조제1항에 따른 보호처분이 확정된 경우

4. 제32조에 따른 자격정지처분을 3회 이상 받은 경우
5. 제32조에 따른 자격정지처분기간 종료 후 3년 이내에 자격정지처분에 해당하는 행위를 한 경우
6. 제32조에 따른 자격정지처분기간에 아이돌보미로 활동한 경우
7. 제6조제1호부터 제6호까지의 어느 하나에 해당하게 된 경우

제34조(권한 등의 위임 및 위탁) ① 여성가족부장관 또는 시·도지사는 이 법에 따른 권한의 일부를 대통령령으로 정하는 바에 따라 시·도지사 또는 시장·군수·구청장에게 위임할 수 있다.

② 여성가족부장관은 이 법에 따른 업무의 일부를 대통령령으로 정하는 바에 따라 법인이나 단체에 위탁할 수 있다.

제7장 벌칙

제35조(벌칙) ① 제25조제6항을 위반하여 통합정보시스템의 자료·정보를 목적 외로 사용하거나 제3자에게 제공·누설한 사람은 5년 이하의 징역 또는 5천만원 이하의 벌금에 처한다. <신설 2023. 4. 11.>

② 다음 각 호에 해당하는 자는 1년 이하의 징역 또는 1천만원 이하의 벌금에 처한다. <개정 2014. 3. 24., 2020. 5. 19., 2023. 4. 11.>

1. 거짓이나 그 밖의 부정한 방법으로 제9조제1항에 따른 지정기준을 위반하여 교육기

관 지정을 받은 자
2. 거짓이나 그 밖의 부정한 방법으로 제10조의3제3항에 따른 지정기준을 위반하여 중앙지원센터 지정을 받은 자
3. 거짓이나 그 밖의 부정한 방법으로 제10조의4제3항에 따른 지정기준을 위반하여 광역지원센터 지정을 받은 자
4. 거짓이나 그 밖의 부정한 방법으로 제11조제1항에 따른 지정기준을 위반하여 서비스기관 지정을 받은 자
5. 제17조제2항을 위반하여 중앙지원센터, 광역지원센터 및 서비스기관의 지정을 다시 받은 자
6. 거짓이나 그 밖의 부정한 방법으로 제20조에 따른 비용을 지원받거나 타인으로 하여금 지원받게 한 자
7. 제30조를 위반하여 업무수행 중 알게 된 비밀을 누설한 사람

제36조(양벌규정) 법인의 대표자나 법인 또는 개인의 대리인, 사용인, 그 밖의 종사자가 그 법인 또는 개인의 업무에 관하여 제35조의 위반행위를 하면 그 행위자를 벌하는 외에 그 법인 또는 개인에게도 해당 조문의 벌금을 과(科)한다. 다만, 법인 또는 개인이 그 위반행위를 방지하기 위하여 해당 업무에 관하여 상당한 주의와 감독을 게을리하지 아니한 경우에는 그러하지 아니하다.

제37조(과태료) ① 다음 각 호의 어느 하나에 해당하는 자에게는 300만원 이하의 과태료를 부과한다. <개정 2013. 5. 28., 2015. 12. 1., 2020. 5. 19.>
1. 제8조를 위반한 사람
2. 제10조의4제4항 또는 제11조제4항을 위반하여 변경사항에 대한 승인을 받지 아니하거나 변경사항을 신고하지 아니한 자
3. 제13조제2항을 위반하여 정당한 사유 없이 아이돌봄서비스의 제공을 거부한 자
4. 제13조의2를 위반하여 정당한 사유 없이 아이돌봄서비스를 우선적으로 제공하지 아니한 자
5. 제29조제1항을 위반하여 자료를 제출하지 아니하거나 거짓자료를 제출한 자 또는 질문 · 검사를 거부 · 방해 · 기피하거나 거짓으로 답변한 자

② 제1항에 따른 과태료는 대통령령으로 정하는 바에 따라 여성가족부장관, 시 · 도지사 또는 시장 · 군수 · 구청장이 부과 · 징수한다.

부칙 <법률 제19338호, 2023. 4. 11.>

이 법은 공포 후 6개월이 경과한 날부터 시행한다.

아동학대범죄의 처벌 등에 관한 특례법(약칭: 아동학대처벌법)

[시행 2023. 12. 26.] [법률 제19832호, 2023. 12. 26., 일부개정]
법무부(여성아동인권과) 02-2110-3139

제1장 총칙

제1조(목적) 이 법은 아동학대범죄의 처벌 및 그 절차에 관한 특례와 피해아동에 대한 보호절차 및 아동학대행위자에 대한 보호처분을 규정함으로써 아동을 보호하여 아동이 건강한 사회 구성원으로 성장하도록 함을 목적으로 한다.

제2조(정의) 이 법에서 사용하는 용어의 뜻은 다음과 같다. <개정 2016. 1. 6., 2016. 5. 29., 2021. 3. 16., 2023. 12. 26.>

1. "아동"이란 「아동복지법」 제3조제1호에 따른 아동을 말한다.
2. "보호자"란 「아동복지법」 제3조제3호에 따른 보호자를 말한다.
3. "아동학대"란 「아동복지법」 제3조제7호에 따른 아동학대를 말한다. 다만, 「유아교육법」과 「초·중등교육법」에 따른 교원의 정당한 교육활동과 학생생활지도는 아동학대로 보지 아니한다.
4. "아동학대범죄"란 보호자에 의한 아동학대로서 다음 각 목의 어느 하나에 해당하는 죄를 말한다.
   가. 「형법」 제2편제25장 상해와 폭행의 죄 중 제257조(상해)제1항·제3항, 제258조의2(특수상해)제1항(제257조제1항의 죄에만 해당한다)·제3항(제1항 중 제257조제1항의 죄에만 해당한다), 제260조(폭행)제1항, 제261조(특수폭행) 및 제262조(폭행치사상)(상해에 이르게 한 때에만 해당한다)의 죄
   나. 「형법」 제2편제28장 유기와 학대의 죄 중 제271조(유기)제1항, 제272조(영아유기), 제273조(학대)제1항, 제274조(아동혹사) 및 제275조(유기등 치사상)(상해에 이르게 한 때에만 해당한다)의 죄
   다. 「형법」 제2편제29장 체포와 감금의 죄 중 제276조(체포, 감금)제1항, 제277조(중체포, 중감금)제1항, 제278조(특수체포, 특수감금), 제280조(미수범) 및 제281조(체포·감금등의 치사상)(상해에 이르게 한 때에만 해당한다)의 죄
   라. 「형법」 제2편제30장 협박의 죄 중 제283조(협박)제1항, 제284조(특수협박) 및 제286조(미수범)의 죄
   마. 「형법」 제2편제31장 약취, 유인 및 인신매매의 죄 중 제287조(미성년자 약취, 유인), 제288조(추행 등 목적 약취, 유인 등), 제289조(인신매매) 및 제290조(약취, 유인, 매매, 이송 등 상해·치상)의 죄
   바. 「형법」 제2편제32장 강간과 추행의 죄 중 제297조(강간), 제297조의2(유사강간), 제298조(강제추행), 제299조(준강간, 준강제추행), 제300조(미수범), 제301조(강

간등 상해 · 치상), 제301조의2(강간등 살인 · 치사), 제302조(미성년자등에 대한 간음), 제303조(업무상위력 등에 의한 간음) 및 제305조(미성년자에 대한 간음, 추행)의 죄

사. 「형법」 제2편제33장 명예에 관한 죄 중 제307조(명예훼손), 제309조(출판물등에 의한 명예훼손) 및 제311조(모욕)의 죄

아. 「형법」 제2편제36장 주거침입의 죄 중 제321조(주거 · 신체 수색)의 죄

자. 「형법」 제2편제37장 권리행사를 방해하는 죄 중 제324조(강요) 및 제324조의5(미수범)(제324조의 죄에만 해당한다)의 죄

차. 「형법」 제2편제39장 사기와 공갈의 죄 중 제350조(공갈), 제350조의2(특수공갈) 및 제352조(미수범)(제350조, 제350조의2의 죄에만 해당한다)의 죄

카. 「형법」 제2편제42장 손괴의 죄 중 제366조(재물손괴등)의 죄

타. 「아동복지법」 제71조제1항 각 호의 죄(제3호의 죄는 제외한다)

파. 가목부터 타목까지의 죄로서 다른 법률에 따라 가중처벌되는 죄

하. 제4조(아동학대살해 · 치사), 제5조(아동학대중상해) 및 제6조(상습범)의 죄

4의2. "아동학대범죄신고등"이란 아동학대범죄에 관한 신고 · 진정 · 고소 · 고발 등 수사 단서의 제공, 진술 또는 증언이나 그 밖의 자료제출행위 및 범인검거를 위한 제보 또는 검거활동을 말한다.

4의3. "아동학대범죄신고자등"이란 아동학대범죄신고등을 한 자를 말한다.

5. "아동학대행위자"란 아동학대범죄를 범한 사람 및 그 공범을 말한다.
6. "피해아동"이란 아동학대범죄로 인하여 직접적으로 피해를 입은 아동을 말한다.
7. "아동보호사건"이란 아동학대범죄로 인하여 제36조제1항에 따른 보호처분(이하 "보호처분"이라 한다)의 대상이 되는 사건을 말한다.
8. "피해아동보호명령사건"이란 아동학대범죄로 인하여 제47조에 따른 피해아동보호명령의 대상이 되는 사건을 말한다.
9. "아동보호전문기관"이란 「아동복지법」 제45조에 따른 아동보호전문기관을 말한다.

9의2. "가정위탁지원센터"란 「아동복지법」 제48조에 따른 가정위탁지원센터를 말한다.

10. "아동복지시설"이란 「아동복지법」 제50조에 따라 설치된 시설을 말한다.
11. "아동복지시설의 종사자"란 아동복지시설에서 아동의 상담 · 지도 · 치료 · 양육, 그 밖에 아동의 복지에 관한 업무를 담당하는 사람을 말한다.

제3조(다른 법률과의 관계) 아동학대범죄에 대하여는 이 법을 우선 적용한다. 다만, 「성폭력범죄의 처벌 등에 관한 특례법」, 「아동 · 청소년의 성보호에 관한 법률」에서 가중처벌되는 경우에는 그 법에서 정한 바에 따른다.

제2장 아동학대범죄의 처벌에 관한 특례

제4조(아동학대살해 · 치사) ① 제2조제4호가목부터 다목까지의 아동학대범죄를 범한 사람이 아동을 살해한 때에는 사형, 무기 또는 7년 이상의 징역에 처한다.

② 제2조제4호가목부터 다목까지의 아동학대범죄를 범한 사람이 아동을 사망에 이르

게 한 때에는 무기 또는 5년 이상의 징역에 처한다.
[전문개정 2021. 3. 16.]

제5조(아동학대중상해) 제2조제4호가목부터 다목까지의 아동학대범죄를 범한 사람이 아동의 생명에 대한 위험을 발생하게 하거나 불구 또는 난치의 질병에 이르게 한 때에는 3년 이상의 징역에 처한다.

제6조(상습범) 상습적으로 제2조제4호가목부터 파목까지의 아동학대범죄를 범한 자는 그 죄에 정한 형의 2분의 1까지 가중한다. 다만, 다른 법률에 따라 상습범으로 가중처벌되는 경우에는 그러하지 아니하다.

제7조(아동복지시설의 종사자 등에 대한 가중처벌) 제10조제2항 각 호에 따른 아동학대 신고의무자가 보호하는 아동에 대하여 아동학대범죄를 범한 때에는 그 죄에 정한 형의 2분의 1까지 가중한다.

제8조(형벌과 수강명령 등의 병과) ① 법원은 아동학대행위자에 대하여 유죄판결(선고유예는 제외한다)을 선고하면서 200시간의 범위에서 재범예방에 필요한 수강명령(「보호관찰 등에 관한 법률」에 따른 수강명령을 말한다. 이하 같다) 또는 아동학대 치료프로그램의 이수명령(이하 "이수명령"이라 한다)을 병과할 수 있다.

② 아동학대행위자에 대하여 제1항의 수강명령은 형의 집행을 유예할 경우에 그 집행유예기간 내에서 병과하고, 이수명령은 벌금형 또는 징역형의 실형(實刑)을 선고할 경우에 병과한다.

③ 법원이 아동학대행위자에 대하여 형의 집행을 유예하는 경우에는 제1항에 따른 수강명령 외에 그 집행유예기간 내에서 보호관찰 또는 사회봉사 중 하나 이상의 처분을 병과할 수 있다.

④ 제1항에 따른 수강명령 또는 이수명령은 형의 집행을 유예할 경우에는 그 집행유예기간 내에, 벌금형을 선고할 경우에는 형 확정일로부터 6개월 이내에, 징역형의 실형을 선고할 경우에는 형기 내에 각각 집행한다.

⑤ 제1항에 따른 수강명령 또는 이수명령이 벌금형 또는 형의 집행유예와 병과된 경우에는 보호관찰소의 장이 집행하고, 징역형의 실형과 병과된 경우에는 교정시설의 장이 집행한다. 다만, 징역형의 실형과 병과된 이수명령을 모두 이행하기 전에 석방 또는 가석방되거나 미결구금일수 산입 등의 사유로 형을 집행할 수 없게 된 경우에는 보호관찰소의 장이 남은 이수명령을 집행한다.

⑥ 제1항에 따른 수강명령 또는 이수명령은 다음 각 호의 내용으로 한다.

1. 아동학대 행동의 진단·상담
2. 보호자로서의 기본 소양을 갖추게 하기 위한 교육
3. 그 밖에 아동학대행위자의 재범예방을 위하여 필요한 사항

⑦ 형벌과 병과하는 보호관찰, 사회봉사, 수강명령 및 이수명령에 관하여 이 법에서 규정한 사항 외에는 「보호관찰 등에 관한 법률」을 준용한다.

제9조(친권상실청구 등) ① 아동학대행위자가 제5조 또는 제6조의 범죄를 저지른 때에는

검사는 그 사건의 아동학대행위자가 피해아동의 친권자나 후견인인 경우에 법원에 「민법」 제924조의 친권상실의 선고 또는 같은 법 제940조의 후견인의 변경 심판을 청구하여야 한다. 다만, 친권상실의 선고 또는 후견인의 변경 심판을 하여서는 아니 될 특별한 사정이 있는 경우에는 그러하지 아니하다.

② 검사가 제1항에 따른 청구를 하지 아니한 때에는 특별시장·광역시장·특별자치시장·도지사·특별자치도지사(이하 "시·도지사"라 한다) 또는 시장·군수·구청장(자치구의 구청장을 말한다. 이하 같다)은 검사에게 제1항의 청구를 하도록 요청할 수 있다. 이 경우 청구를 요청받은 검사는 요청받은 날부터 30일 내에 그 처리 결과를 시·도지사 또는 시장·군수·구청장에게 통보하여야 한다. <개정 2020. 3. 24.>

③ 제2항 후단에 따라 처리 결과를 통보받은 시·도지사 또는 시장·군수·구청장은 그 처리 결과에 대하여 이의가 있을 경우 통보받은 날부터 30일 내에 직접 법원에 제1항의 청구를 할 수 있다. <개정 2020. 3. 24.>

제3장 아동학대범죄의 처리절차에 관한 특례

제10조(아동학대범죄 신고의무와 절차) ① 누구든지 아동학대범죄를 알게 된 경우나 그 의심이 있는 경우에는 특별시·광역시·특별자치시·도·특별자치도(이하 "시·도"라 한다), 시·군·구(자치구를 말한다. 이하 같다) 또는 수사기관에 신고할 수 있다. <개정 2020. 3. 24.>

② 다음 각 호의 어느 하나에 해당하는 사람이 직무를 수행하면서 아동학대범죄를 알게 된 경우나 그 의심이 있는 경우에는 시·도, 시·군·구 또는 수사기관에 즉시 신고하여야 한다. <개정 2016. 5. 29., 2019. 1. 15., 2020. 3. 24., 2022. 12. 27.>

1. 「아동복지법」 제10조의2에 따른 아동권리보장원(이하 "아동권리보장원"이라 한다) 및 가정위탁지원센터의 장과 그 종사자
2. 아동복지시설의 장과 그 종사자(아동보호전문기관의 장과 그 종사자는 제외한다)
3. 「아동복지법」 제13조에 따른 아동복지전담공무원
4. 「가정폭력방지 및 피해자보호 등에 관한 법률」 제5조에 따른 가정폭력 관련 상담소 및 같은 법 제7조의2에 따른 가정폭력피해자 보호시설의 장과 그 종사자
5. 「건강가정기본법」 제35조에 따른 건강가정지원센터의 장과 그 종사자
6. 「다문화가족지원법」 제12조에 따른 다문화가족지원센터의 장과 그 종사자
7. 「사회보장급여의 이용·제공 및 수급권자 발굴에 관한 법률」 제43조에 따른 사회복지전담공무원 및 「사회복지사업법」 제34조에 따른 사회복지시설의 장과 그 종사자
8. 「성매매방지 및 피해자보호 등에 관한 법률」 제9조에 따른 지원시설 및 같은 법 제17조에 따른 성매매피해상담소의 장과 그 종사자
9. 「성폭력방지 및 피해자보호 등에 관한 법률」 제10조에 따른 성폭력피해상담소, 같은 법 제12조에 따른 성폭력피해자보호시설의 장과 그 종사자 및 같은 법 제18조에 따른 성폭력피해자통합지원센터의 장과 그 종사자
10. 「119구조·구급에 관한 법률」 제2조제4호에 따른 119구급대의 대원

11. 「응급의료에 관한 법률」 제2조 제7호에 따른 응급의료기관등에 종사하는 응급구조사
12. 「영유아보육법」 제7조에 따른 육아종합지원센터의 장과 그 종사자 및 제10조에 따른 어린이집의 원장 등 보육교직원
13. 「유아교육법」 제2조제2호에 따른 유치원의 장과 그 종사자
14. 아동보호전문기관의 장과 그 종사자
15. 「의료법」 제3조제1항에 따른 의료기관의 장과 그 의료기관에 종사하는 의료인 및 의료기사
16. 「장애인복지법」 제58조에 따른 장애인복지시설의 장과 그 종사자로서 시설에서 장애아동에 대한 상담·치료·훈련 또는 요양 업무를 수행하는 사람
17. 「정신건강증진 및 정신질환자 복지서비스 지원에 관한 법률」 제3조제3호에 따른 정신건강복지센터, 같은 조 제5호에 따른 정신의료기관, 같은 조 제6호에 따른 정신요양시설 및 같은 조 제7호에 따른 정신재활시설의 장과 그 종사자
18. 「청소년기본법」 제3조제6호에 따른 청소년시설 및 같은 조 제8호에 따른 청소년단체의 장과 그 종사자
19. 「청소년 보호법」 제35조에 따른 청소년 보호·재활센터의 장과 그 종사자
20. 「초·중등교육법」 제2조에 따른 학교의 장과 그 종사자
21. 「한부모가족지원법」 제19조에 따른 한부모가족복지시설의 장과 그 종사자
22. 「학원의 설립·운영 및 과외교습에 관한 법률」 제6조에 따른 학원의 운영자·강사·직원 및 같은 법 제14조에 따른 교습소의 교습자·직원
23. 「아이돌봄 지원법」 제2조제4호에 따른 아이돌보미
24. 「아동복지법」 제37조에 따른 취약계층 아동에 대한 통합서비스지원 수행인력
25. 「입양특례법」 제20조에 따른 입양기관의 장과 그 종사자
26. 「영유아보육법」 제8조에 따른 한국보육진흥원의 장과 그 종사자로서 같은 법 제30조에 따른 어린이집 평가 업무를 수행하는 사람

③ 누구든지 제1항 및 제2항에 따른 신고인의 인적 사항 또는 신고인임을 미루어 알 수 있는 사실을 다른 사람에게 알려주거나 공개 또는 보도하여서는 아니 된다.

④ 제2항에 따른 신고가 있는 경우 시·도, 시·군·구 또는 수사기관은 정당한 사유가 없으면 즉시 조사 또는 수사에 착수하여야 한다. <신설 2021. 1. 26.>

제10조의2(불이익조치의 금지) 누구든지 아동학대범죄신고자등에게 아동학대범죄신고등을 이유로 불이익조치를 하여서는 아니 된다.
[본조신설 2016. 5. 29.]

제10조의3(아동학대범죄신고자등에 대한 보호조치) 아동학대범죄신고자등에 대하여는 「특정범죄신고자 등 보호법」 제7조부터 제13조까지의 규정을 준용한다.
[본조신설 2016. 5. 29.]

제10조의4(고소에 대한 특례) ① 피해아동 또는 그 법정대리인은 아동학대행위자를 고소

할 수 있다. 피해아동의 법정대리인이 아동학대행위자인 경우 또는 아동학대행위자와 공동으로 아동학대범죄를 범한 경우에는 피해아동의 친족이 고소할 수 있다.
② 피해아동은「형사소송법」제224조에도 불구하고 아동학대행위자가 자기 또는 배우자의 직계존속인 경우에도 고소할 수 있다. 법정대리인이 고소하는 경우에도 또한 같다.
③ 피해아동에게 고소할 법정대리인이나 친족이 없는 경우에 이해관계인이 신청하면 검사는 10일 이내에 고소할 수 있는 사람을 지정하여야 한다.
[본조신설 2016. 5. 29.]

제11조(현장출동) ① 아동학대범죄 신고를 접수한 사법경찰관리나「아동복지법」제22조 제4항에 따른 아동학대전담공무원(이하 "아동학대전담공무원"이라 한다)은 지체 없이 아동학대범죄의 현장에 출동하여야 한다. 이 경우 수사기관의 장이나 시·도지사 또는 시장·군수·구청장은 서로 동행하여 줄 것을 요청할 수 있으며, 그 요청을 받은 수사기관의 장이나 시·도지사 또는 시장·군수·구청장은 정당한 사유가 없으면 사법경찰관리나 아동학대전담공무원이 아동학대범죄 현장에 동행하도록 조치하여야 한다. <개정 2020. 3. 24.>
② 아동학대범죄 신고를 접수한 사법경찰관리나 아동학대전담공무원은 아동학대범죄가 행하여지고 있는 것으로 신고된 현장 또는 피해아동을 보호하기 위하여 필요한 장소에 출입하여 아동 또는 아동학대행위자 등 관계인에 대하여 조사를 하거나 질문을 할 수 있다. 다만, 아동학대전담공무원은 다음 각 호를 위한 범위에서만 아동학대행위자 등 관계인에 대하여 조사 또는 질문을 할 수 있다. <개정 2020. 3. 24., 2021. 1. 26.>
1. 피해아동의 보호
2.「아동복지법」제22조의4의 사례관리계획에 따른 사례관리(이하 "사례관리"라 한다)
③ 시·도지사 또는 시장·군수·구청장은 제1항에 따른 현장출동 시 아동보호 및 사례관리를 위하여 필요한 경우 아동보호전문기관의 장에게 아동보호전문기관의 직원이 동행할 것을 요청할 수 있다. 이 경우 아동보호전문기관의 직원은 피해아동의 보호 및 사례관리를 위한 범위에서 아동학대전담공무원의 조사에 참여할 수 있다. <신설 2020. 3. 24.>
④ 제2항 및 제3항에 따라 출입이나 조사를 하는 사법경찰관리, 아동학대전담공무원 또는 아동보호전문기관의 직원은 그 권한을 표시하는 증표를 지니고 이를 관계인에게 내보여야 한다. <개정 2020. 3. 24.>
⑤ 제2항에 따라 조사 또는 질문을 하는 사법경찰관리 또는 아동학대전담공무원은 피해아동, 아동학대범죄신고자등, 목격자 등이 자유롭게 진술할 수 있도록 아동학대행위자로부터 분리된 곳에서 조사하는 등 필요한 조치를 하여야 한다. <신설 2021. 1. 26.>
⑥ 누구든지 제1항부터 제3항까지의 규정에 따라 현장에 출동한 사법경찰관리, 아동학대전담공무원 또는 아동보호전문기관의 직원이 제2항 및 제3항에 따른 업무를 수행할 때에 폭행·협박이나 현장조사를 거부하는 등 그 업무 수행을 방해하는 행위를 하여서는 아니 된다. <개정 2020. 3. 24., 2021. 1. 26.>
⑦ 제1항에 따른 현장출동이 동행하여 이루어지지 아니한 경우 수사기관의 장이나 시

·도지사 또는 시장·군수·구청장은 현장출동에 따른 조사 등의 결과를 서로에게 통지하여야 한다. <신설 2021. 1. 26.>

제11조의2(조사) ① 아동학대전담공무원은 피해아동의 보호 및 사례관리를 위한 조사를 할 수 있다. 이 경우 아동학대전담공무원은 아동학대행위자 및 관계인에 대하여 출석·진술 및 자료제출을 요구할 수 있으며, 아동학대행위자 및 관계인은 정당한 사유가 없으면 이에 따라야 한다. <개정 2021. 1. 26.>

② 시·도지사 또는 시장·군수·구청장은「유아교육법」및「초·중등교육법」에 따른 교원의 교육활동 중 행위가 아동학대범죄로 신고되어 조사 중인 사건과 관련하여 관할 교육감이 의견을 제출하는 경우 이를「아동복지법」제22조제3항제3호에 따른 아동학대 사례의 판단에 참고하여야 한다. <신설 2023. 12. 26.>

③ 제1항에 관하여는「행정조사기본법」제4조, 제5조, 제9조, 제10조, 제17조, 제21조를 준용한다. 이 경우 "행정조사"는 "제1항에 따른 아동학대전담공무원의 조사"로, "행정기관"은 "시·도 또는 시·군·구"로, "조사대상자"는 "아동학대행위자 및 관계인"으로 본다. <개정 2023. 12. 26.>

[본조신설 2020. 3. 24.]

제12조(피해아동 등에 대한 응급조치) ① 제11조제1항에 따라 현장에 출동하거나 아동학대범죄 현장을 발견한 경우 또는 학대현장 이외의 장소에서 학대피해가 확인되고 재학대의 위험이 급박·현저한 경우, 사법경찰관리 또는 아동학대전담공무원은 피해아동, 피해아동의 형제자매인 아동 및 피해아동과 동거하는 아동(이하 "피해아동등"이라 한다)의 보호를 위하여 즉시 다음 각 호의 조치(이하 "응급조치"라 한다)를 하여야 한다. 이 경우 제3호의 조치를 하는 때에는 피해아동등의 이익을 최우선으로 고려하여야 하며, 피해아동등을 보호하여야 할 필요가 있는 등 특별한 사정이 있는 경우를 제외하고는 피해아동등의 의사를 존중하여야 한다. <개정 2016. 5. 29., 2020. 3. 24.>

1. 아동학대범죄 행위의 제지
2. 아동학대행위자를 피해아동등으로부터 격리
3. 피해아동등을 아동학대 관련 보호시설로 인도
4. 긴급치료가 필요한 피해아동을 의료기관으로 인도

② 사법경찰관리나 아동학대전담공무원은 제1항제3호 및 제4호 규정에 따라 피해아동등을 분리·인도하여 보호하는 경우 지체 없이 피해아동등을 인도받은 보호시설·의료시설을 관할하는 시·도지사 또는 시장·군수·구청장에게 그 사실을 통보하여야 한다. <개정 2016. 5. 29., 2020. 3. 24.>

③ 제1항제2호부터 제4호까지의 규정에 따른 응급조치는 72시간을 넘을 수 없다. 다만, 본문의 기간에 공휴일이나 토요일이 포함되는 경우로서 피해아동등의 보호를 위하여 필요하다고 인정되는 경우에는 48시간의 범위에서 그 기간을 연장할 수 있다. <개정 2021. 1. 26.>

④ 제3항에도 불구하고 검사가 제15조제2항에 따라 임시조치를 법원에 청구한 경우에는 법원의 임시조치 결정 시까지 응급조치 기간이 연장된다. <신설 2021. 1. 26.>

⑤ 사법경찰관리 또는 아동학대전담공무원이 제1항에 따라 응급조치를 한 경우에는 즉시 응급조치결과보고서를 작성하여야 한다. 이 경우 사법경찰관리가 응급조치를 한 경우에는 관할 경찰관서의 장이 시·도지사 또는 시장·군수·구청장에게, 아동학대전담공무원이 응급조치를 한 경우에는 소속 시·도지사 또는 시장·군수·구청장이 관할 경찰관서의 장에게 작성된 응급조치결과보고서를 지체 없이 송부하여야 한다. <개정 2020. 3. 24., 2021. 1. 26.>

⑥ 제5항에 따른 응급조치결과보고서에는 피해사실의 요지, 응급조치가 필요한 사유, 응급조치의 내용 등을 기재하여야 한다. <개정 2021. 1. 26.>

⑦ 누구든지 아동학대전담공무원이나 사법경찰관리가 제1항에 따른 업무를 수행할 때에 폭행·협박이나 응급조치를 저지하는 등 그 업무 수행을 방해하는 행위를 하여서는 아니 된다. <개정 2020. 3. 24., 2021. 1. 26.>

⑧ 사법경찰관리는 제1항제1호 또는 제2호의 조치를 위하여 다른 사람의 토지·건물·배 또는 차에 출입할 수 있다. <신설 2021. 1. 26.>

[제목개정 2020. 3. 24.]

제13조(아동학대행위자에 대한 긴급임시조치) ① 사법경찰관은 제12조제1항에 따른 응급조치에도 불구하고 아동학대범죄가 재발될 우려가 있고, 긴급을 요하여 제19조제1항에 따른 법원의 임시조치 결정을 받을 수 없을 때에는 직권이나 피해아동등, 그 법정대리인(아동학대행위자를 제외한다. 이하 같다), 변호사(제16조에 따른 변호사를 말한다. 제48조 및 제49조를 제외하고는 이하 같다), 시·도지사, 시장·군수·구청장 또는 아동보호전문기관의 장의 신청에 따라 제19조제1항제1호부터 제3호까지의 어느 하나에 해당하는 조치를 할 수 있다. <개정 2020. 3. 24.>

② 사법경찰관은 제1항에 따른 조치(이하 "긴급임시조치"라 한다)를 한 경우에는 즉시 긴급임시조치결정서를 작성하여야 하고, 그 내용을 시·도지사 또는 시장·군수·구청장에게 지체 없이 통지하여야 한다. <개정 2020. 3. 24.>

③ 제2항에 따른 긴급임시조치결정서에는 범죄사실의 요지, 긴급임시조치가 필요한 사유, 긴급임시조치의 내용 등을 기재하여야 한다.

제14조(임시조치의 청구) ① 검사는 아동학대범죄가 재발될 우려가 있다고 인정하는 경우에는 직권으로 또는 사법경찰관이나 보호관찰관의 신청에 따라 법원에 제19조제1항 각 호의 임시조치를 청구할 수 있다.

② 피해아동등, 그 법정대리인, 변호사, 시·도지사, 시장·군수·구청장 또는 아동보호전문기관의 장은 검사 또는 사법경찰관에게 제1항에 따른 임시조치의 청구 또는 그 신청을 요청하거나 이에 관하여 의견을 진술할 수 있다. <개정 2020. 3. 24.>

③ 제2항에 따른 요청을 받은 사법경찰관은 제1항에 따른 임시조치를 신청하지 아니하는 경우에는 검사 및 임시조치를 요청한 자에게 그 사유를 통지하여야 한다. <개정 2020. 3. 24.>

제15조(응급조치·긴급임시조치 후 임시조치의 청구) ① 사법경찰관이 제12조제1항제2호

부터 제4호까지의 규정에 따른 응급조치 또는 제13조제1항에 따른 긴급임시조치를 하였거나 시·도지사 또는 시장·군수·구청장으로부터 제12조제1항제2호부터 제4호까지의 규정에 따른 응급조치가 행하여졌다는 통지를 받은 때에는 지체 없이 검사에게 제19조에 따른 임시조치의 청구를 신청하여야 한다. <개정 2020. 3. 24.>

② 제1항의 신청을 받은 검사는 임시조치를 청구하는 때에는 응급조치가 있었던 때부터 72시간(제12조제3항 단서에 따라 응급조치 기간이 연장된 경우에는 그 기간을 말한다) 이내에, 긴급임시조치가 있었던 때부터 48시간 이내에 하여야 한다. 이 경우 제12조제5항에 따라 작성된 응급조치결과보고서 및 제13조제2항에 따라 작성된 긴급임시조치결정서를 첨부하여야 한다. <개정 2021. 1. 26.>

③ 사법경찰관은 검사가 제2항에 따라 임시조치를 청구하지 아니하거나 법원이 임시조치의 결정을 하지 아니한 때에는 즉시 그 긴급임시조치를 취소하여야 한다.

제16조(피해아동에 대한 변호사 선임의 특례) ① 아동학대범죄의 피해아동 및 그 법정대리인은 형사 및 아동보호 절차상 입을 수 있는 피해를 방지하고 법률적 조력을 보장하기 위하여 변호사를 선임할 수 있다.

② 제1항에 따른 변호사는 검사 또는 사법경찰관의 피해아동 및 그 법정대리인에 대한 조사에 참여하여 의견을 진술할 수 있다. 다만, 조사 도중에는 검사 또는 사법경찰관의 승인을 받아 의견을 진술할 수 있다.

③ 제1항에 따른 변호사는 피의자에 대한 구속 전 피의자심문, 증거보전절차, 공판준비기일 및 공판절차에 출석하여 의견을 진술할 수 있다. 이 경우 필요한 절차에 관한 구체적 사항은 대법원규칙으로 정한다.

④ 제1항에 따른 변호사는 증거보전 후 관계 서류나 증거물, 소송계속 중의 관계 서류나 증거물을 열람하거나 등사할 수 있다.

⑤ 제1항에 따른 변호사는 형사 및 아동보호 절차에서 피해아동 및 그 법정대리인의 대리가 허용될 수 있는 모든 소송행위에 대한 포괄적인 대리권을 가진다.

⑥ 검사는 피해아동에게 변호사가 없는 경우 형사 및 아동보호 절차에서 피해아동의 권익을 보호하기 위하여 국선변호사를 선정하여야 한다.

[전문개정 2021. 3. 16.]

제17조(준용) ① 아동학대범죄의 조사·심리에 관하여는 「성폭력범죄의 처벌 등에 관한 특례법」 제29조부터 제32조까지, 제34조부터 제41조까지 및 「아동·청소년의 성보호에 관한 법률」 제29조를 각각 준용한다. 이 경우 "성폭력" 또는 "아동·청소년대상 성범죄"는 "아동학대범죄"로, "피해자"는 "피해아동"으로 본다. <개정 2020. 3. 24.>

② 아동학대범죄사건의 형사 및 아동보호 절차에서 참고인이나 증인이 13세 미만의 아동이거나 신체적인 또는 정신적인 장애로 의사소통이나 의사표현에 어려움이 있는 경우 「성폭력범죄의 처벌 등에 관한 특례법」 제36조부터 제39조까지를 준용한다. 이 경우 "성폭력범죄"는 "아동학대범죄"로, "피해자"는 "참고인이나 증인"으로 본다. <신설 2020. 3. 24.>

제17조의2(증인에 대한 신변안전조치) ① 검사는 아동학대범죄사건의 증인이 피고인 또는 그 밖의 사람으로부터 생명·신체에 해를 입거나 입을 염려가 있다고 인정될 때에는 관할 경찰서장에게 증인의 신변안전을 위하여 필요한 조치를 할 것을 요청하여야 한다.
② 증인은 검사에게 제1항의 조치를 하도록 청구할 수 있다.
③ 재판장은 검사에게 제1항의 조치를 하도록 요청할 수 있다.
④ 제1항의 요청을 받은 관할 경찰서장은 즉시 증인의 신변안전을 위하여 필요한 조치를 하고 그 사실을 검사에게 통보하여야 한다.
[본조신설 2021. 1. 26.]

제17조의3(교원에 대한 아동학대범죄사건 처리에서의 특례) ① 사법경찰관은 「유아교육법」 및 「초·중등교육법」에 따른 교원의 교육활동 중 행위가 아동학대범죄로 신고되어 수사 중인 사건과 관련하여 관할 교육감이 의견을 제출하는 경우 이를 사건기록에 편철하고 아동학대범죄사건 수사 및 제24조 후단에 따른 의견을 제시할 때 참고하여야 한다.
② 검사는 제1항과 같은 아동학대범죄사건을 수사하거나 결정할 때 사건기록에 편철된 관할 교육감의 의견을 참고하여야 한다.
[본조신설 2023. 12. 26.]

제4장 아동보호사건

제18조(관할) ① 아동보호사건의 관할은 아동학대행위자의 행위지, 거주지 또는 현재지를 관할하는 가정법원으로 한다. 다만, 가정법원이 설치되지 아니한 지역에서는 해당 지역의 지방법원(지원을 포함한다. 이하 같다)으로 한다.
② 아동보호사건의 심리와 결정은 단독판사(이하 "판사"라 한다)가 한다.

제19조(아동학대행위자에 대한 임시조치) ① 판사는 아동학대범죄의 원활한 조사·심리 또는 피해아동등의 보호를 위하여 필요하다고 인정하는 경우에는 결정으로 아동학대행위자에게 다음 각 호의 어느 하나에 해당하는 조치(이하 "임시조치"라 한다)를 할 수 있다. <개정 2020. 3. 24.>

1. 피해아동등 또는 가정구성원(「가정폭력범죄의 처벌 등에 관한 특례법」 제2조제2호에 따른 가정구성원을 말한다. 이하 같다)의 주거로부터 퇴거 등 격리
2. 피해아동등 또는 가정구성원의 주거, 학교 또는 보호시설 등에서 100미터 이내의 접근 금지
3. 피해아동등 또는 가정구성원에 대한 「전기통신기본법」 제2조제1호의 전기통신을 이용한 접근 금지
4. 친권 또는 후견인 권한 행사의 제한 또는 정지
5. 아동보호전문기관 등에의 상담 및 교육 위탁
6. 의료기관이나 그 밖의 요양시설에의 위탁
7. 경찰관서의 유치장 또는 구치소에의 유치

② 제1항 각 호의 처분은 병과할 수 있다.

③ 판사는 피해아동등에 대하여 제12조제1항제2호부터 제4호까지의 규정에 따른 응급조치가 행하여진 경우에는 임시조치가 청구된 때로부터 24시간 이내에 임시조치 여부를 결정하여야 한다. <개정 2020. 3. 24.>

④ 제1항 각 호의 규정에 따른 임시조치기간은 2개월을 초과할 수 없다. 다만, 피해아동등의 보호를 위하여 그 기간을 연장할 필요가 있다고 인정하는 경우에는 결정으로 제1항제1호부터 제3호까지의 규정에 따른 임시조치는 두 차례만, 같은 항 제4호부터 제7호까지의 규정에 따른 임시조치는 한 차례만 각 기간의 범위에서 연장할 수 있다. <개정 2020. 3. 24.>

⑤ 제1항제6호에 따라 위탁을 하는 경우에는 의료기관 등의 장에게 아동학대행위자를 보호하는 데에 필요한 사항을 부과할 수 있다.

⑥ 제1항제6호에 따라 민간이 운영하는 의료기관 등에 아동학대행위자를 위탁하려는 경우에는 제5항에 따라 부과할 사항을 그 의료기관 등의 장에게 미리 고지하고 동의를 받아야 한다.

⑦ 법원은 제1항에 따른 임시조치를 결정한 경우에는 검사, 피해아동등, 그 법정대리인, 변호사, 시·도지사 또는 시장·군수·구청장 및 피해아동등을 보호하고 있는 기관의 장에게 통지하여야 한다. <개정 2020. 3. 24.>

⑧ 제1항제5호에 따른 상담 및 교육을 행한 아동보호전문기관의 장 등은 그 결과보고서를 판사와 검사에게 제출하여야 한다.

⑨ 제1항 각 호의 위탁 대상이 되는 상담소, 의료기관, 요양시설 등의 기준과 위탁의 절차 및 제7항에 따른 통지의 절차 등 그 밖에 필요한 사항은 대법원규칙으로 정한다.

제20조(임시조치의 고지) 법원은 제19조 제1항 제6호 및 제7호의 조치를 한 경우에는 그 사실을 아동학대행위자의 보조인(제44조에서 준용하는 「가정폭력범죄의 처벌 등에 관한 특례법」 제28조에 따른 보조인을 말한다. 이하 같다)이 있는 경우에는 보조인에게, 보조인이 없는 경우에는 아동학대행위자가 지정한 사람에게 통지하여야 한다. 이 경우 제19조 제1항 제7호의 조치를 하였을 때에는 아동학대행위자에게 변호사 등 보조인을 선임할 수 있으며 항고를 제기할 수 있음을 고지하여야 한다.

제21조(임시조치의 집행) ① 판사는 제19조제1항 각 호에 규정된 임시조치의 결정을 한 경우에는 가정보호사건조사관, 법원공무원, 사법경찰관리 또는 구치소 소속 교정직공무원으로 하여금 집행하게 할 수 있다.

② 제1항에 따른 집행담당자는 아동학대행위자의 임시조치 이행상황에 대하여 시·도지사 또는 시장·군수·구청장에게 통보하여야 한다. <신설 2020. 3. 24.>

③ 피해아동등 또는 가정구성원은 제19조제1항제1호 및 제2호의 임시조치 후 주거, 학교 또는 보호시설 등을 옮긴 경우에는 관할 법원에 임시조치 결정의 변경을 신청할 수 있다. <개정 2020. 3. 24.>

④ 시·도지사 또는 시장·군수·구청장은 아동학대행위자의 임시조치 이행을 관리하고, 아동학대행위자가 임시조치 결정을 이행하지 않거나 그 집행에 따르지 아니하는

경우 적절한 조치를 하여야 한다. <신설 2020. 3. 24.>

제22조(임시조치의 변경) ① 아동학대행위자, 그 법정대리인이나 보조인은 제19조제1항 각 호에 따른 임시조치 결정의 취소 또는 그 종류의 변경을 관할 법원에 신청할 수 있다.

② 판사는 정당한 이유가 있다고 인정하는 경우에는 직권 또는 제1항의 신청에 따라 결정으로 해당 임시조치를 취소하거나 그 종류를 변경할 수 있다.

③ 판사는 임시조치를 받은 아동학대행위자가 제19조제1항제5호 및 제6호의 임시조치 결정을 이행하지 아니하거나 그 집행에 따르지 아니하면 직권 또는 검사, 시·도지사, 시장·군수·구청장, 피해아동등, 그 법정대리인이나 변호사 또는 제19조제1항 각 호의 위탁 대상이 되는 기관의 장의 청구에 따라 결정으로 그 임시조치를 변경할 수 있다. <개정 2016. 5. 29., 2020. 3. 24.>

제23조(임시로 후견인의 임무를 수행할 사람) ① 판사는 제19조제1항제4호의 임시조치로 인하여 피해아동등에게 친권을 행사하거나 후견인의 임무를 수행할 사람이 없는 경우 그 임시조치의 기간 동안 시·도지사 또는 시장·군수·구청장, 아동권리보장원의 장, 아동보호전문기관의 장 및 가정위탁지원센터의 장으로 하여금 임시로 후견인의 임무를 수행하게 하거나 그 임무를 수행할 사람을 선임하여야 한다. <개정 2016. 5. 29., 2019. 1. 15., 2020. 3. 24.>

② 제1항의 경우 판사는 피해아동등의 이익을 최우선으로 고려하고 그 의견을 존중하여야 하며, 피해아동등, 변호사, 시·도지사 또는 시장·군수·구청장, 아동권리보장원의 장, 아동보호전문기관의 장 및 가정위탁지원센터의 장 등 피해아동등을 보호하고 있는 사람은 그 선임에 관하여 의견을 제시할 수 있다. <개정 2016. 5. 29., 2019. 1. 15., 2020. 3. 24.>

③ 법원이 제1항에 따른 조치를 한 경우에는 그 사실을 피해아동등, 변호사, 시·도지사 또는 시장·군수·구청장, 아동권리보장원의 장, 아동보호전문기관의 장 및 가정위탁지원센터의 장 등 피해아동등을 보호하고 있는 사람에게 고지하여야 한다. <개정 2016. 5. 29., 2019. 1. 15., 2020. 3. 24.>

④ 제1항에 따라 임시로 후견인의 임무를 수행하는 사람은 피해아동등이 소유한 재산의 보존 및 피해아동등의 보호를 위한 범위에서만 후견인의 임무를 수행할 수 있다. <개정 2020. 3. 24.>

⑤ 임시로 후견인의 임무를 수행하는 사람에 대해서는 「민법」 제949조를 준용한다.

⑥ 임시로 후견인의 임무를 수행하는 사람에 대한 선임, 사임 및 변경의 절차 등에 필요한 사항은 대법원규칙으로 정한다.

제24조(사법경찰관의 사건송치) 사법경찰관은 아동학대범죄를 신속히 수사하여 사건을 검사에게 송치하여야 한다. 이 경우 사법경찰관은 해당 사건을 아동보호사건으로 처리하는 것이 적절한 지에 관한 의견을 제시할 수 있다.

제25조(검사의 결정 전 조사) ① 검사는 아동학대범죄에 대하여 아동보호사건 송치, 공소제기 또는 기소유예 등의 처분을 결정하기 위하여 필요하다고 인정하면 아동학대행

위자의 주거지 또는 검찰청 소재지를 관할하는 보호관찰소의 장에게 아동학대행위자의 경력, 생활환경, 양육능력이나 그 밖에 필요한 사항에 관한 조사를 요구할 수 있다.

② 제1항의 요구를 받은 보호관찰소의 장은 지체 없이 이를 조사하여 서면으로 해당 검사에게 통보하여야 하며, 조사를 위하여 필요한 경우에는 소속 보호관찰관에게 아동학대행위자 또는 관계인을 출석하게 하여 진술요구를 하는 등의 방법으로 필요한 사항을 조사하게 할 수 있다.

③ 제2항에 따른 조사를 할 때에는 미리 아동학대행위자 또는 관계인에게 조사의 취지를 설명하여야 하고, 그 인권을 존중하며, 직무상 비밀을 엄수하여야 한다.

④ 검사는 아동학대범죄에 관하여 필요한 경우 시·도지사, 시장·군수·구청장 또는 아동보호전문기관의 장에 대하여 제1항의 결정에 필요한 자료의 제출을 요구할 수 있다. <개정 2020. 3. 24.>

⑤ 검사는 제1항의 결정을 할 때에는 보호관찰소의 장으로부터 통보받은 조사 결과 및 시·도지사, 시장·군수·구청장 또는 아동보호전문기관의 장으로부터 제출 받은 자료 등을 참고하여 피해아동 보호와 아동학대행위자의 교화·개선에 가장 적합한 결정을 하여야 한다. <개정 2020. 3. 24.>

제26조(조건부 기소유예) 검사는 아동학대범죄를 수사한 결과 다음 각 호의 사유를 고려하여 필요하다고 인정하는 경우에는 아동학대행위자에 대하여 상담, 치료 또는 교육받는 것을 조건으로 기소유예를 할 수 있다.

1. 사건의 성질·동기 및 결과
2. 아동학대행위자와 피해아동과의 관계
3. 아동학대행위자의 성행(性行) 및 개선 가능성
4. 원가정보호의 필요성
5. 피해아동 또는 그 법정대리인의 의사

제27조(아동보호사건의 처리) ① 검사는 아동학대범죄로서 제26조 각 호의 사유를 고려하여 제36조에 따른 보호처분을 하는 것이 적절하다고 인정하는 경우에는 아동보호사건으로 처리할 수 있다. <개정 2016. 5. 29.>

② 다음 각 호의 경우에는 제1항을 적용할 수 있다. <신설 2016. 5. 29.>

1. 피해자의 고소가 있어야 공소를 제기할 수 있는 아동학대범죄에서 고소가 없거나 취소된 경우
2. 피해자의 명시적인 의사에 반하여 공소를 제기할 수 없는 아동학대범죄에서 피해자가 처벌을 희망하지 아니한다는 명시적 의사표시를 하였거나 처벌을 희망하는 의사표시를 철회한 경우

제28조(검사의 송치) ① 검사는 제27조에 따라 아동보호사건으로 처리하는 경우에는 그 사건을 제18조제1항에 따른 관할 법원(이하 "관할 법원"이라 한다)에 송치하여야 한다.

② 검사는 아동학대범죄와 그 외의 범죄가 경합(競合)하는 경우에는 아동학대범죄에 대한 사건만을 분리하여 관할 법원에 송치할 수 있다.

제29조(법원의 송치) 법원은 아동학대행위자에 대한 피고사건을 심리한 결과 제36조에 따른 보호처분을 하는 것이 적절하다고 인정하는 경우에는 결정으로 사건을 관할 법원에 송치할 수 있다.

제30조(송치 시의 아동학대행위자 처리) ① 제28조 또는 제29조에 따른 송치결정이 있는 경우 아동학대행위자를 구금하고 있는 시설의 장은 검사의 이송지휘를 받은 때부터 관할 법원이 있는 시(특별시, 광역시, 특별자치시 및 「제주특별자치도 설치 및 국제자유도시 조성을 위한 특별법」 제10조제2항에 따른 행정시를 포함한다. 이하 같다) · 군에서는 24시간 이내에, 그 밖의 시 · 군에서는 48시간 이내에 아동학대행위자를 관할 법원에 인도하여야 한다. 이 경우 법원은 아동학대행위자에 대하여 제19조에 따른 임시조치 여부를 결정하여야 한다. <개정 2015. 7. 24.>

② 제1항에 따른 인도와 결정은 「형사소송법」 제92조, 제203조 또는 제205조의 구속기간 내에 이루어져야 한다.

③ 아동학대행위자에 대한 구속영장의 효력은 제1항 후단에 따라 임시조치 여부를 결정한 때에 상실된 것으로 본다.

제31조(송치서) ① 제28조 또는 제29조에 따라 사건을 아동보호사건으로 송치하는 경우에는 송치서를 보내야 한다.

② 제1항의 송치서에는 아동학대행위자의 성명, 주소, 생년월일, 직업, 피해아동과의 관계 및 행위의 개요와 가정 상황을 적고 그 밖의 참고자료를 첨부하여야 한다.

제32조(이송) ① 아동보호사건을 송치 받은 법원은 사건이 그 관할에 속하지 아니하거나 적정한 조사 · 심리를 위하여 필요하다고 인정하는 경우에는 결정으로 그 사건을 즉시 다른 관할 법원에 이송하여야 한다.

② 법원은 제1항에 따른 이송결정을 한 경우에는 지체 없이 그 사유를 첨부하여 아동학대행위자와 피해아동, 그 법정대리인, 변호사 및 검사에게 통지하여야 한다.

제33조(보호처분의 효력) 제36조에 따른 보호처분이 확정된 경우에는 그 아동학대행위자에 대하여 같은 범죄사실로 다시 공소를 제기할 수 없다. 다만, 제41조제1호에 따라 송치된 경우에는 그러하지 아니하다.

제34조(공소시효의 정지와 효력) ① 아동학대범죄의 공소시효는 「형사소송법」 제252조에도 불구하고 해당 아동학대범죄의 피해아동이 성년에 달한 날부터 진행한다.

② 아동학대범죄에 대한 공소시효는 해당 아동보호사건이 법원에 송치된 때부터 시효 진행이 정지된다. 다만, 다음 각 호의 어느 하나에 해당하는 경우에는 그 때부터 진행된다.

1. 해당 아동보호사건에 대하여 제44조에 따라 준용되는 「가정폭력범죄의 처벌 등에 관한 특례법」 제37조제1항제1호에 따른 처분을 하지 아니한다는 결정이 확정된 때
2. 해당 아동보호사건이 제41조 또는 제44조에 따라 준용되는 「가정폭력범죄의 처벌 등에 관한 특례법」 제27조제2항 및 제37조제2항에 따라 송치된 때

③ 공범 중 1명에 대한 제2항의 시효정지는 다른 공범자에게도 효력을 미친다.

제35조(비밀엄수 등의 의무) ① 아동학대범죄의 수사 또는 아동보호사건의 조사·심리 및 그 집행을 담당하거나 이에 관여하는 공무원, 보조인, 진술조력인, 아동보호전문기관 직원과 그 기관장, 상담소 등에 근무하는 상담원과 그 기관장 및 제10조제2항 각 호에 규정된 사람(그 직에 있었던 사람을 포함한다)은 그 직무상 알게 된 비밀을 누설하여서는 아니 된다.

② 신문의 편집인·발행인 또는 그 종사자, 방송사의 편집책임자, 그 기관장 또는 종사자, 그 밖의 출판물의 저작자와 발행인은 아동보호사건에 관련된 아동학대행위자, 피해아동, 고소인, 고발인 또는 신고인의 주소, 성명, 나이, 직업, 용모, 그 밖에 이들을 특정하여 파악할 수 있는 인적 사항이나 사진 등을 신문 등 출판물에 싣거나 방송매체를 통하여 방송할 수 없다.

③ 피해아동의 교육 또는 보육을 담당하는 학교의 교직원 또는 보육교직원은 정당한 사유가 없으면 해당 아동의 취학, 진학, 전학 또는 입소(그 변경을 포함한다)의 사실을 아동학대행위자인 친권자를 포함하여 누구에게든지 누설하여서는 아니 된다.

제36조(보호처분의 결정 등) ① 판사는 심리의 결과 보호처분이 필요하다고 인정하는 경우에는 결정으로 다음 각 호의 어느 하나에 해당하는 보호처분을 할 수 있다.

1. 아동학대행위자가 피해아동 또는 가정구성원에게 접근하는 행위의 제한
2. 아동학대행위자가 피해아동 또는 가정구성원에게 「전기통신기본법」 제2조제1호의 전기통신을 이용하여 접근하는 행위의 제한
3. 피해아동에 대한 친권 또는 후견인 권한 행사의 제한 또는 정지
4. 「보호관찰 등에 관한 법률」에 따른 사회봉사·수강명령
5. 「보호관찰 등에 관한 법률」에 따른 보호관찰
6. 법무부장관 소속으로 설치한 감호위탁시설 또는 법무부장관이 정하는 보호시설에의 감호위탁
7. 의료기관에의 치료위탁
8. 아동보호전문기관, 상담소 등에의 상담위탁

② 제1항 각 호의 처분은 병과할 수 있다.

③ 제1항제3호의 처분을 하는 경우에는 피해아동을 아동학대행위자가 아닌 다른 친권자나 친족 또는 아동복지시설 등으로 인도할 수 있다.

④ 판사가 제1항제3호의 보호처분을 하는 경우 보호처분의 기간 동안 임시로 후견인의 임무를 수행할 사람의 선임 등에 대하여는 제23조를 준용한다.

⑤ 법원은 제1항에 따라 보호처분의 결정을 한 경우에는 지체 없이 그 사실을 검사, 아동학대행위자, 피해아동, 법정대리인, 변호사, 시·도지사 또는 시장·군수·구청장, 보호관찰관 및 보호처분을 위탁받아 하는 보호시설, 의료기관, 아동보호전문기관 또는 상담소 등(이하 "수탁기관"이라 한다)의 장에게 통지하여야 한다. 다만, 수탁기관이 국가나 지방자치단체가 운영하는 기관이 아닌 경우에는 그 기관의 장으로부터 수탁에 대한 동의를 받아야 한다. <개정 2020. 3. 24.>

⑥ 제1항제4호부터 제8호까지의 규정에 따라 처분을 한 경우에는 법원은 아동학대행

위자의 교정에 필요한 참고자료를 보호관찰관 또는 수탁기관의 장에게 보내야 한다.
⑦ 제1항제6호의 감호위탁기관은 아동학대행위자에 대하여 그 성행을 교정하기 위한 교육을 하여야 한다.

제37조(보호처분의 기간) 제36조제1항제1호부터 제3호까지 및 제5호부터 제8호까지의 규정에 따른 보호처분의 기간은 1년을 초과할 수 없으며, 같은 항 제4호의 사회봉사·수강명령의 시간은 각각 200시간을 초과할 수 없다.

제38조(보호처분 결정의 집행) ① 법원은 가정보호사건조사관, 법원공무원, 사법경찰관리, 보호관찰관 또는 수탁기관 소속 직원으로 하여금 보호처분의 결정을 집행하게 할 수 있다.
② 제1항에 따른 집행담당자는 아동학대행위자의 보호처분 이행상황에 관하여 시·도지사 또는 시장·군수·구청장에게 통보하여야 한다. <신설 2020. 3. 24.>
③ 보호처분의 집행에 관하여 이 법에서 정하지 아니한 사항에 대하여는 아동보호사건의 성질에 위배되지 아니하는 범위에서 「형사소송법」, 「보호관찰 등에 관한 법률」 및 「정신건강증진 및 정신질환자 복지서비스 지원에 관한 법률」을 준용한다. <개정 2016. 5. 29., 2020. 3. 24.>
④ 시·도지사 또는 시장·군수·구청장은 아동학대행위자의 보호처분 이행을 관리하고, 아동학대행위자가 보호처분 결정을 이행하지 않거나 그 집행에 따르지 아니하는 경우 적절한 조치를 하여야 한다. <신설 2020. 3. 24.>

제39조(보고와 의견 제출 등) ① 법원은 제36조제1항제4호부터 제8호까지의 규정에 따른 보호처분을 결정한 경우에는 보호관찰관 또는 수탁기관의 장에게 아동학대행위자에 관한 보고서 또는 의견서 제출을 요구할 수 있고, 그 집행에 대하여 필요한 지시를 할 수 있다.
② 보호관찰관 또는 수탁기관의 장은 제1항의 경우 외에도 아동학대행위자가 제36조제1항제4호부터 제8호까지의 규정에 따른 보호처분을 이행하지 아니하거나 그 집행에 따르지 아니하는 경우에는 보호처분의 이행 실태에 대한 보고서 또는 의견서를 법원에 제출하여야 한다.

제40조(보호처분의 변경) ① 법원은 보호처분이 진행되는 동안 필요하다고 인정하는 경우에는 직권 또는 검사, 시·도지사, 시장·군수·구청장, 보호관찰관 또는 수탁기관의 장의 청구에 의하여 결정으로 보호처분의 종류와 기간을 변경할 수 있다. <개정 2020. 3. 24.>
② 법원은 필요한 경우 제38조제1항에 따른 집행담당자로 하여금 집행상황을 보고하도록 할 수 있으며, 가정보호사건조사관으로 하여금 보호처분에 관한 집행상황에 대하여 조사하도록 할 수 있다. <신설 2020. 3. 24.>
③ 제1항에 따라 보호처분의 종류와 기간을 변경하는 경우 종전의 처분기간을 합산하여 제36조제1항제1호부터 제3호까지 및 제5호부터 제8호까지의 규정에 따른 보호처분의 기간은 2년을, 같은 항 제4호의 규정에 따른 사회봉사·수강명령의 시간은 400시간

을 각각 초과할 수 없다. <개정 2020. 3. 24.>

④ 법원은 제1항에 따라 처분변경 결정을 한 경우에는 지체 없이 그 사실을 검사, 아동학대행위자, 피해아동, 법정대리인, 변호사, 보조인, 시·도지사 또는 시장·군수·구청장, 보호관찰관 및 수탁기관의 장에게 통지하여야 한다. <개정 2020. 3. 24.>

제41조(보호처분의 취소) 법원은 보호처분을 받은 아동학대행위자가 제36조제1항제4호부터 제8호까지의 규정에 따른 보호처분 결정을 이행하지 아니하거나 그 집행에 따르지 아니하면 직권 또는 검사, 피해아동, 그 법정대리인, 변호사, 시·도지사, 시장·군수·구청장, 보호관찰관이나 수탁기관의 장의 청구에 의하여 결정으로 그 보호처분을 취소하고 다음 각 호에 따라 처리하여야 한다. <개정 2020. 3. 24.>

1. 제28조에 따라 검사가 송치한 사건인 경우에는 관할 법원에 대응하는 검찰청의 검사에게 송치
2. 제29조에 따라 법원이 송치한 사건인 경우에는 송치한 법원에 이송

제42조(보호처분의 종료) 법원은 아동학대행위자의 성행이 교정되어 정상적인 가정생활이 유지될 수 있다고 판단되거나 그 밖에 보호처분을 계속할 필요가 없다고 인정하는 경우에는 직권 또는 검사, 피해아동, 그 법정대리인, 변호사, 시·도지사, 시장·군수·구청장, 보호관찰관이나 수탁기관의 장의 청구에 의하여 결정으로 보호처분의 전부 또는 일부를 종료할 수 있다. <개정 2020. 3. 24.>

제43조(비용의 부담) ① 제19조제1항제6호에 따른 임시조치 또는 제36조제1항제7호 및 제8호에 따른 보호처분을 받은 아동학대행위자는 위탁 또는 보호처분에 필요한 비용을 부담한다. 다만, 아동학대행위자가 지급할 능력이 없는 경우에는 국가가 부담할 수 있다.

② 판사는 아동학대행위자에게 제1항 본문에 따른 비용의 예납(豫納)을 명할 수 있다.

③ 제1항에 따라 아동학대행위자가 부담할 비용의 계산, 청구 및 지급 절차, 그 밖에 필요한 사항은 대법원규칙으로 정한다.

제44조(준용) 아동보호사건의 조사·심리·보호처분 및 민사처리에 관한 특례 등에 대하여는 「가정폭력범죄의 처벌 등에 관한 특례법」 제18조의2, 제19조부터 제28조까지, 제30조부터 제39조까지, 제42조, 제56조부터 제62조까지의 규정을 준용한다. 이 경우 "가정보호사건"은 "아동보호사건"으로, "가정폭력행위자"는 "아동학대행위자"로, "피해자"는 "피해아동"으로, "가정폭력범죄"는 "아동학대범죄"로 본다.

제45조(항고와 재항고) ① 제19조의 임시조치(연장 또는 변경의 결정을 포함한다. 이하 같다), 제36조의 보호처분, 제40조의 보호처분의 변경 및 제41조의 보호처분의 취소에 있어서 그 결정에 영향을 미칠 법령 위반이 있거나 중대한 사실 오인이 있는 경우 또는 그 결정이 현저히 부당한 경우에는 검사, 아동학대행위자, 법정대리인 또는 보조인은 가정법원본원합의부에 항고할 수 있다. 다만, 가정법원이 설치되지 아니한 지역에서는 지방법원본원합의부에 하여야 한다.

② 법원이 제44조가 준용하는 「가정폭력범죄의 처벌 등에 관한 특례법」 제37조에 따

라 처분을 하지 아니한다는 결정을 한 경우 그 결정이 현저히 부당할 때에는 검사, 피해아동, 그 법정대리인 또는 변호사는 항고할 수 있다. 이 경우 항고법원에 관하여는 제1항을 준용한다.

③ 항고는 그 결정을 고지받은 날부터 7일 이내에 하여야 한다.

④ 임시조치·보호처분의 항고·재항고에 관하여는 「가정폭력범죄의 처벌 등에 관한 특례법」 제50조부터 제54조까지의 규정을 준용한다. 이 경우 "가정보호사건"은 "아동보호사건"으로 본다.

제5장 피해아동보호명령

제46조(피해아동보호명령사건의 관할) ① 피해아동보호명령사건의 관할은 아동학대행위자의 행위지·거주지 또는 현재지 및 피해아동의 거주지 또는 현재지를 관할하는 가정법원으로 한다. 다만, 가정법원이 설치되지 아니하는 지역에 있어서는 해당 지역의 지방법원으로 한다.

② 피해아동보호명령사건의 심리와 결정은 판사가 한다.

제47조(가정법원의 피해아동에 대한 보호명령) ① 판사는 직권 또는 피해아동, 그 법정대리인, 변호사, 시·도지사 또는 시장·군수·구청장의 청구에 따라 결정으로 피해아동의 보호를 위하여 다음 각 호의 피해아동보호명령을 할 수 있다. <개정 2017. 12. 19., 2020. 3. 24.>

1. 아동학대행위자를 피해아동의 주거지 또는 점유하는 방실(房室)로부터의 퇴거 등 격리
2. 아동학대행위자가 피해아동 또는 가정구성원에게 접근하는 행위의 제한
3. 아동학대행위자가 피해아동 또는 가정구성원에게 「전기통신기본법」 제2조제1호의 전기통신을 이용하여 접근하는 행위의 제한
4. 피해아동을 아동복지시설 또는 장애인복지시설로의 보호위탁
5. 피해아동을 의료기관으로의 치료위탁

5의2. 피해아동을 아동보호전문기관, 상담소 등으로의 상담·치료위탁

6. 피해아동을 연고자 등에게 가정위탁
7. 친권자인 아동학대행위자의 피해아동에 대한 친권 행사의 제한 또는 정지
8. 후견인인 아동학대행위자의 피해아동에 대한 후견인 권한의 제한 또는 정지
9. 친권자 또는 후견인의 의사표시를 갈음하는 결정

② 아동보호전문기관의 장은 시·도지사 또는 시장·군수·구청장에게 제1항에 따른 피해아동보호명령의 청구를 요청할 수 있다. 이 경우 시·도지사 또는 시장·군수·구청장은 요청을 신속히 처리해야 하며, 요청받은 날부터 15일 이내에 그 처리 결과를 아동보호전문기관의 장에게 통보하여야 한다. <신설 2020. 3. 24.>

③ 제1항 각 호의 처분은 병과할 수 있다. <개정 2020. 3. 24.>

④ 판사가 제1항 각 호의 피해아동보호명령을 하는 경우 피해아동, 그 법정대리인, 변

호사, 시·도지사 또는 시장·군수·구청장 및 아동보호전문기관의 장은 관할 법원에 대하여 필요한 의견을 진술할 수 있다. <개정 2020. 3. 24.>

⑤ 판사가 제1항제7호 및 제8호의 피해아동보호명령을 하는 경우 피해아동보호명령의 기간 동안 임시로 후견인의 임무를 수행할 자의 선임 등에 대하여는 제23조를 준용한다. <개정 2020. 3. 24.>

⑥ 제1항제4호·제5호·제5호의2·제6호의 규정에 따른 위탁 대상이 되는 아동복지시설, 의료기관, 아동보호전문기관·상담소 등, 연고자 등의 기준과 위탁의 절차 및 집행 등에 필요한 사항은 대법원규칙으로 정한다. <개정 2017. 12. 19., 2020. 3. 24.>

⑦ 판사는 제1항제5호의2에 따른 피해아동보호명령을 하는 경우 필요하다고 인정하는 때에는 피해아동의 보호자를 그 과정에 참여시킬 수 있다. <신설 2017. 12. 19., 2020. 3. 24.>

제48조(보조인) ① 피해아동 및 아동학대행위자는 피해아동보호명령사건에 대하여 각자 보조인을 선임할 수 있다.

② 피해아동 및 아동학대행위자의 법정대리인·배우자·직계친족·형제자매, 아동학대전담공무원, 아동보호전문기관의 상담원과 그 기관장 및 제16조에 따른 변호사는 보조인이 될 수 있다. <개정 2020. 3. 24.>

③ 변호사(「변호사법」에 따른 변호사를 말한다. 이하 제49조에서 같다)가 아닌 사람을 보조인으로 선임하거나 제2항에 따른 보조인이 되려면 법원의 허가를 받아야 한다.

④ 판사는 언제든지 제3항의 허가를 취소할 수 있다.

⑤ 제1항에 따른 보조인의 선임은 심급마다 보조인과 연명날인한 서면으로 제출하여야 한다.

⑥ 제2항에 따른 보조인이 되고자 하는 자는 심급별로 그 취지를 신고하여야 한다. 이 경우 보조인이 되고자 하는 자와 피해아동·아동학대행위자 사이의 신분관계 또는 보조인이 되고자 하는 자의 직위를 소명하는 서면을 첨부하여야 한다.

⑦ 제1항에 따른 보조인은 독립하여 절차행위를 할 수 있고, 제2항에 따른 보조인은 독립하여 피해아동 또는 아동학대행위자의 명시한 의사에 반하지 아니하는 절차행위를 할 수 있다. 다만, 법률에 다른 규정이 있는 때에는 예외로 한다.

제49조(국선보조인) ① 다음 각 호의 어느 하나에 해당하는 경우 법원은 직권에 의하거나 피해아동 또는 피해아동의 법정대리인·직계친족·형제자매, 아동학대전담공무원, 아동보호전문기관의 상담원과 그 기관장의 신청에 따라 변호사를 피해아동의 보조인으로 선정하여야 한다. <개정 2020. 3. 24., 2021. 3. 16.>

1. 피해아동에게 신체적·정신적 장애가 의심되는 경우
2. 빈곤이나 그 밖의 사유로 보조인을 선임할 수 없는 경우
3. 그 밖에 판사가 보조인이 필요하다고 인정하는 경우

② 법원은 아동학대행위자가 「형사소송법」 제33조제1항 각 호의 어느 하나에 해당하는 경우에는 직권으로 변호사를 아동학대행위자의 보조인으로 선정할 수 있다.

③ 제1항과 제2항에 따라 선정된 보조인에게 지급하는 비용에 대하여는 「형사소송비

용 등에 관한 법률」을 준용한다.

제50조(피해아동보호명령의 집행 및 취소와 변경) ① 관할 법원의 판사는 제47조제1항제1호부터 제5호까지, 제5호의2 및 제6호의 규정에 따른 피해아동보호명령을 하는 경우, 가정보호사건조사관, 법원공무원, 사법경찰관리 또는 구치소 소속 교정직공무원으로 하여금 이를 집행하게 하거나, 시·도지사 또는 시장·군수·구청장에게 그 집행을 위임할 수 있다. <개정 2017. 12. 19., 2020. 3. 24.>

② 판사는 제1항에 따른 집행담당자에게 피해아동보호명령의 집행상황보고서 또는 의견서를 요구할 수 있고, 그 집행에 필요한 지시를 할 수 있으며, 필요한 경우 가정보호사건조사관으로 하여금 피해아동보호명령의 집행과 관련한 사항에 대하여 조사하도록 할 수 있다. <신설 2020. 3. 24.>

③ 피해아동, 그 법정대리인, 변호사, 시·도지사 또는 시장·군수·구청장은 제47조제1항에 따른 보호명령의 취소 또는 그 종류의 변경을 신청할 수 있으며, 아동보호전문기관의 장은 시·도지사 또는 시장·군수·구청장에게 보호명령의 취소 또는 그 종류의 변경 신청을 요청할 수 있다. <개정 2020. 3. 24.>

④ 판사는 상당한 이유가 있다고 인정하는 때에는 직권 또는 제3항의 신청에 따라 결정으로 해당 피해아동보호명령을 취소하거나 그 종류를 변경할 수 있다. <개정 2020. 3. 24.>

⑤ 법원은 제51조제1항에 따른 피해아동보호명령의 기간이 종료된 경우 시·도지사 또는 시장·군수·구청장에게 그 사실을 통지하여야 한다. <신설 2021. 1. 26.>

제51조(피해아동보호명령의 기간) ① 제47조제1항제1호부터 제5호까지, 제5호의2 및 제6호부터 제8호까지의 피해아동보호명령의 기간은 1년을 초과할 수 없다. 다만, 관할 법원의 판사는 피해아동의 보호를 위하여 그 기간의 연장이 필요하다고 인정하는 경우 직권 또는 피해아동, 그 법정대리인, 변호사, 시·도지사 또는 시장·군수·구청장의 청구에 따른 결정으로 6개월 단위로 그 기간을 연장할 수 있다. <개정 2017. 12. 19., 2020. 3. 24.>

② 보호관찰소의 장 및 아동보호전문기관의 장은 시·도지사 또는 시장·군수·구청장에게 제1항 단서에 따른 피해아동보호명령의 연장 청구를 요청할 수 있으며, 시·도지사 또는 시장·군수·구청장은 요청받은 날부터 15일 이내에 그 처리 결과를 요청자에게 통보하여야 한다. <신설 2020. 3. 24.>

③ 제1항에 따라 연장된 기간은 피해아동이 성년에 도달하는 때를 초과할 수 없다. <개정 2020. 3. 24.>

제52조(피해아동에 대한 임시보호명령) ① 관할 법원의 판사는 제47조에 따른 피해아동보호명령의 청구가 있는 경우에 피해아동 보호를 위하여 필요하다고 인정하는 때에는 결정으로 임시로 제47조제1항 각 호의 어느 하나에 해당하는 조치(이하 "임시보호명령"이라 한다)를 할 수 있다.

② 임시보호명령의 기간은 피해아동보호명령의 결정 시까지로 한다. 다만, 판사는 필

요하다고 인정하는 경우에는 그 기간을 제한할 수 있다.

③ 판사가 제47조제1항제7호 및 제8호에 따라 임시보호명령을 한 경우 그 임시보호명령의 기간 동안 임시로 후견인의 임무를 수행할 자의 선임 등에 대하여는 제23조를 준용한다.

④ 임시보호명령의 집행 및 취소와 변경에 대하여는 제50조를 준용한다. 이 경우 "피해아동보호명령"은 "임시보호명령"으로 본다.

제53조(이행실태의 조사) ① 관할 법원은 가정보호사건조사관, 법원공무원, 사법경찰관리 또는 보호관찰관 등으로 하여금 임시보호명령 및 피해아동보호명령의 이행실태에 대하여 수시로 조사하게 하고, 지체 없이 그 결과를 보고하도록 할 수 있다.

② 관할 법원은 임시보호명령 및 피해아동보호명령을 받은 아동학대행위자가 그 결정을 이행하지 아니하거나 집행에 따르지 아니하는 때에는 그 사실을 관할 법원에 대응하는 검찰청 검사에게 통보할 수 있다.

제54조(병합심리) 법원은 사건의 관련성이 인정되어 병합하여 심리할 필요성이 있는 경우에는 피해아동보호명령사건과 아동보호사건을 병합하여 심리할 수 있다.

제55조(아동학대전담공무원 등에 대한 교육) 법무부장관 등 관계 행정기관의 장은 아동학대전담공무원, 사법경찰관리 및 아동보호전문기관의 종사자에게 아동학대사건의 조사와 사례관리에 필요한 전문지식, 이 법에서 정한 절차, 관련 법제도, 국제인권조약에 명시된 아동의 인권 및 피해아동 보호를 위한 조사방법 등에 관하여 교육을 실시하여야 한다. <개정 2020. 3. 24., 2021. 1. 26.>

[제목개정 2020. 3. 24.]

제55조의2(자료요청 및 면담) ① 법무부장관은 아동학대 및 아동보호의 실태를 파악하고 제도를 개선하기 위하여 시·도지사 또는 시장·군수·구청장, 아동권리보장원의 장 및 아동보호전문기관의 장에게 관련 통계 등 자료를 요청할 수 있다.

② 법무부장관은 중대한 아동학대 사건이 발생하여 필요하다고 인정하면 해당 사건의 실태파악 및 제도개선을 위하여 관련 공무원, 아동보호전문기관 또는 관계인을 면담하거나 질문할 수 있다.

[본조신설 2020. 3. 24.]

제56조(준용) ① 피해아동보호명령사건의 조사·심리에 관하여는 「가정폭력범죄의 처벌 등에 관한 특례법」 제19조부터 제22조까지, 제30조부터 제32조까지 및 제34조부터 제36조까지의 규정을 준용한다. 이 경우 "가정보호사건"은 "아동보호사건"으로, "가정폭력행위자"는 "아동학대행위자"로, "피해자"는 "피해아동"으로, "가정폭력범죄"는 "아동학대범죄"로, "보호처분"은 "피해아동보호명령"으로 본다.

제57조(항고와 재항고) ① 제47조에 따른 피해아동보호명령(제51조에 따른 연장의 결정을 포함한다) 및 제50조에 따른 그 취소 또는 종류의 변경, 제52조에 따른 임시보호명령 및 그 취소 또는 종류의 변경에 있어서 그 결정에 영향을 미칠 법령 위반이 있거나

중대한 사실오인이 있는 때 또는 그 결정이 현저히 부당한 때에는 피해아동, 아동학대행위자, 법정대리인, 변호사, 시·도지사, 시장·군수·구청장 또는 보조인은 가정법원 본원합의부에 항고할 수 있다. 다만, 가정법원이 설치되지 아니한 지역에서는 지방법원본원합의부에 하여야 한다. <개정 2020. 3. 24.>

② 판사가 피해아동보호명령의 청구를 기각한 경우 피해아동, 그 법정대리인, 변호사, 시·도지사 또는 시장·군수·구청장은 항고할 수 있다. 이 경우 항고법원에 관하여는 제1항을 준용한다. <개정 2020. 3. 24.>

③ 아동보호전문기관의 장은 시·도지사 또는 시장·군수·구청장에게 제1항 및 제2항에 따른 항고를 요청할 수 있다. <신설 2020. 3. 24.>

④ 제1항 및 제2항에 따른 피해아동보호명령 등의 항고 및 재항고에 관하여는 「가정폭력범죄의 처벌 등에 관한 특례법」 제49조제3항 및 제50조부터 제53조까지의 규정을 준용한다. <개정 2020. 3. 24.>

제58조(위임규정) 피해아동보호명령사건의 조사·심리에 필요한 사항은 대법원규칙으로 정한다.

제6장 벌칙

제59조(보호처분 등의 불이행죄) ① 다음 각 호의 어느 하나에 해당하는 아동학대행위자는 2년 이하의 징역 또는 2천만원 이하의 벌금 또는 구류에 처한다.

1. 제19조 제1항 제1호부터 제4호까지의 어느 하나에 해당하는 임시조치를 이행하지 아니한 아동학대행위자
2. 제36조 제1항 제1호부터 제3호까지의 어느 하나에 해당하는 보호처분이 확정된 후에 이를 이행하지 아니한 아동학대행위자
3. 제47조에 따른 피해아동보호명령, 제52조에 따른 임시보호명령이 결정된 후에 이를 이행하지 아니한 아동학대행위자

② 상습적으로 제1항의 죄를 범한 아동학대행위자는 5년 이하의 징역이나 5천만원 이하의 벌금에 처한다. <개정 2017. 12. 19.>

③ 제8조제1항에 따라 이수명령을 부과받은 사람이 보호관찰소의 장 또는 교정시설의 장의 이수명령 이행에 관한 지시에 불응하여 「보호관찰 등에 관한 법률」 또는 「형의 집행 및 수용자의 처우에 관한 법률」에 따른 경고를 받은 후 재차 정당한 사유 없이 이수명령 이행에 관한 지시에 불응한 경우 다음 각 호에 따른다. <개정 2017. 12. 19.>

1. 벌금형과 병과된 경우에는 500만원 이하의 벌금에 처한다.
2. 징역형의 실형과 병과된 경우에는 1년 이하의 징역 또는 1천만원 이하의 벌금에 처한다.

제60조(피해자 등에 대한 강요행위) 폭행이나 협박으로 아동학대범죄의 피해아동 또는 제2조 제2호에 따른 보호자를 상대로 합의를 강요한 사람은 7년 이하의 징역에 처한다.

제61조(업무수행 등의 방해죄) ① 제11조 제2항·제3항, 제12조 제1항, 제19조 제1항 각

호, 제36조 제1항 각 호 또는 제47조 제1항 각 호에 따른 업무를 수행 중인 사법경찰관리, 아동학대전담공무원이나 아동보호전문기관의 직원에 대하여 폭행 또는 협박하거나 위계 또는 위력으로써 그 업무수행을 방해한 사람은 5년 이하의 징역 또는 5천만원 이하의 벌금에 처한다. <개정 2020. 3. 24., 2021. 1. 26.>

② 단체 또는 다중의 위력을 보이거나 위험한 물건을 휴대하여 제1항의 죄를 범한 때에는 그 정한 형의 2분의 1까지 가중한다.

③ 제1항의 죄를 범하여 사법경찰관리, 아동학대전담공무원이나 아동보호전문기관의 직원을 상해에 이르게 한 때에는 3년 이상의 유기징역에 처한다. 사망에 이르게 한 때에는 무기 또는 5년 이상의 징역에 처한다. <개정 2020. 3. 24.>

제62조(비밀엄수 등 의무의 위반죄) ① 제35조제1항에 따른 비밀엄수 의무를 위반한 보조인, 진술조력인, 아동보호전문기관 직원과 그 기관장, 상담소 등에 근무하는 상담원과 그 기관장 및 제10조 제2항 각 호에 규정된 사람(그 직에 있었던 사람을 포함한다)은 3년 이하의 징역이나 5년 이하의 자격정지 또는 3천만원 이하의 벌금에 처한다. 다만, 보조인인 변호사에 대하여는 「형법」 제317조 제1항을 적용한다. <개정 2016. 5. 29.>

② 제10조제3항을 위반하여 신고인의 인적사항 또는 신고인임을 미루어 알 수 있는 사실을 다른 사람에게 알려주거나 공개 또는 보도한 자는 3년 이하의 징역이나 3천만원 이하의 벌금에 처한다. <개정 2016. 5. 29.>

③ 제35조제2항의 보도 금지 의무를 위반한 신문의 편집인·발행인 또는 그 종사자, 방송사의 편집책임자, 그 기관장 또는 종사자, 그 밖의 출판물의 저작자와 발행인은 500만원 이하의 벌금에 처한다.

제62조의2(불이익조치 금지 위반죄) ① 제10조의2를 위반하여 아동학대범죄신고자등에게 파면, 해임, 해고, 그 밖에 신분상실에 해당하는 신분상의 불이익조치를 한 자는 2년 이하의 징역 또는 2천만원 이하의 벌금에 처한다.

② 제10조의2를 위반하여 아동학대범죄신고자등에게 다음 각 호의 어느 하나에 해당하는 불이익조치를 한 자는 1년 이하의 징역 또는 1천만원 이하의 벌금에 처한다.

1. 징계, 정직, 감봉, 강등, 승진 제한, 그 밖에 부당한 인사조치
2. 전보, 전근, 직무 미부여, 직무 재배치, 그 밖에 본인의 의사에 반하는 인사조치
3. 성과평가 또는 동료평가 등에서의 차별과 그에 따른 임금 또는 상여금 등의 차별 지급
4. 교육 또는 훈련 등 자기계발 기회의 취소, 예산 또는 인력 등 가용자원의 제한 또는 제거, 보안정보 또는 비밀정보 사용의 정지 또는 취급 자격의 취소, 그 밖에 근무조건 등에 부정적 영향을 미치는 차별 또는 조치
5. 주의 대상자 명단 작성 또는 그 명단의 공개, 집단 따돌림, 폭행 또는 폭언, 그 밖에 정신적·신체적 손상을 가져오는 행위
6. 직무에 대한 부당한 감사 또는 조사나 그 결과의 공개

[본조신설 2016. 5. 29.]

제63조(과태료) ① 다음 각 호의 어느 하나에 해당하는 사람에게는 1천만원 이하의 과태료를 부과한다. <개정 2020. 3. 24., 2021. 1. 26.>

1. 정당한 사유 없이 판사의 아동보호사건의 조사·심리를 위한 소환에 따르지 아니한 사람
2. 정당한 사유 없이 제10조제2항에 따른 신고를 하지 아니한 사람
3. 정당한 사유 없이 제11조제6항을 위반하여 사법경찰관리, 아동학대전담공무원 또는 아동보호전문기관의 직원이 수행하는 현장조사를 거부한 사람

3의2. 정당한 사유 없이 제11조의2제1항 후단을 위반하여 아동학대전담공무원의 출석·진술 및 자료제출 요구에 따르지 아니하거나 거짓으로 진술 또는 자료를 제출한 사람

4. 정당한 사유 없이 제13조제1항에 따른 긴급임시조치를 이행하지 아니한 사람
5. 정당한 사유 없이 제36조제1항제4호부터 제8호까지의 보호처분이 확정된 후 이를 이행하지 아니하거나 집행에 따르지 아니한 사람
6. 정당한 사유 없이 제39조에 따른 보고서 또는 의견서 제출 요구에 따르지 아니한 사람

② 제1항에 따른 과태료는 대통령령으로 정하는 바에 따라 관계 행정기관의 장이 부과·징수한다.

제64조(벌칙적용에 있어서 공무원의 의제) 아동보호전문기관의 장과 그 직원 및 진술조력인은 「형법」 제129조부터 제132조까지의 규정에 따른 벌칙의 적용에서는 공무원으로 본다.

부칙 <법률 제19832호, 2023. 12. 26.>

제1조(시행일) 이 법은 공포한 날부터 시행한다.

제2조(의견 참고 등에 관한 적용례) 제11조의2제2항 및 제17조의3의 개정규정은 이 법 시행 당시 조사·수사 중인 사건에 대하여도 적용한다.

저출산 · 고령사회기본법

[시행 2024. 4. 24.] [법률 제20112호, 2024. 1. 23., 일부개정]
보건복지부(인구정책총괄과) 044-202-3363

제1장 총칙

제1조(목적) 이 법은 저출산 및 인구의 고령화에 따른 변화에 대응하는 저출산 · 고령사회정책의 기본방향과 그 수립 및 추진체계에 관한 사항을 규정함으로써 국가의 경쟁력을 높이고 국민의 삶의 질 향상과 국가의 지속적인 발전에 이바지함을 목적으로 한다.

제2조(기본이념) 이 법은 국가의 지속적인 발전을 위한 인구 구성의 균형과 질적 향상을 실현하고, 국민이 건강하고 안정된 노후생활을 할 수 있도록 하는 것을 기본이념으로 한다.

제3조(정의) 이 법에서 사용하는 용어의 정의는 다음과 같다.

1. "인구의 고령화"라 함은 전체인구에서 노인의 인구비율이 증가하는 현상을 말한다.
2. "저출산 · 고령사회정책"이라 함은 저출산 및 인구의 고령화에 따른 변화에 대응하기 위하여 수립 · 시행하는 정책을 말한다.

제4조(국가 및 지방자치단체의 책무) ① 국가는 종합적인 저출산 · 고령사회정책을 수립 · 시행하고, 지방자치단체는 국가의 저출산 · 고령사회정책에 맞추어 지역의 사회 · 경제적 실정에 부합하는 저출산 · 고령사회정책을 수립 · 시행하여야 한다.

② 국가 및 지방자치단체는 다른 법률의 규정에 의하여 중 · 장기계획 및 연도별 시행계획 등 주요정책을 수립하는 경우 제20조의 규정에 의한 저출산 · 고령사회기본계획을 고려하여야 한다.

제5조(국민의 책무) ① 국민은 출산 및 육아의 사회적 중요성과 인구의 고령화에 따른 변화를 인식하고 국가 및 지방자치단체가 시행하는 저출산 · 고령사회정책에 적극 참여하고 협력하여야 한다.

② 국민은 가정 및 지역사회의 일원으로 상호연대를 강화하고 각자의 노후생활을 건강하고 충실하게 영위할 수 있도록 노력하여야 한다.

제6조(다른 법률과의 관계) 국가는 저출산 · 고령사회정책과 관계되는 다른 법률을 제정 또는 개정하는 경우 이 법의 목적과 기본이념에 맞도록 하여야 한다.

제2장 저출산 · 고령사회정책의 기본방향

제1절 저출산 대책

제7조(인구정책) 국가 및 지방자치단체는 적정인구의 구조와 규모를 분석하고 인구변동을 예측하여 국가 및 지방자치단체의 지속적인 성장과 발전을 위한 인구정책을 수립·시행하여야 한다.

제7조의2(인구교육) 국가 및 지방자치단체는 국민이 저출산 및 인구의 고령화 문제의 중요성을 이해하고, 결혼 · 출산 및 가족생활에 대한 합리적인 가치관을 형성할 수 있도록 하는 인구교육을 활성화하여야 하며, 이에 필요한 시책을 강구하여야 한다.
[본조신설 2012. 5. 23.]

제8조(자녀의 출산과 보육 등) ① 국가 및 지방자치단체는 모든 자녀가 차별받지 아니하고 안전하고 행복한 생활을 영위하며 교육과 인성함양에 도움을 주는 사회환경을 조성하기 위한 시책을 강구하여야 한다.
② 국가 및 지방자치단체는 자녀를 임신 · 출산 · 양육 및 교육하고자 하는 자가 직장생활과 가정생활을 병행할 수 있도록 사회환경을 조성 · 지원하여야 한다.
③ 국가 및 지방자치단체는 자녀를 양육하려는 자에게 양질의 보육서비스를 제공하기 위한 시책을 강구하여야 한다.

제9조(모자보건의 증진 등) ① 국가 및 지방자치단체는 임산부 · 태아 및 영유아에 대한 건강진단 등 모자보건의 증진과 태아의 생명존중을 위하여 필요한 시책을 수립 · 시행하여야 한다.
② 국가 및 지방자치단체는 임신 · 출산 · 양육의 사회적 의미와 생명의 존엄성 및 가족구성원의 협력의 중요성 등에 관한 교육을 실시하여야 한다.
③ 국가 및 지방자치단체는 임신 · 출산 및 양육에 관한 정보의 제공, 교육 및 홍보를 실시하기 위하여 필요한 기관을 설치하거나 그 업무를 관련 기관에 위탁할 수 있다.

제10조(경제적 부담의 경감) ① 국가 및 지방자치단체는 자녀의 임신 · 출산 · 양육 및 교육에 소요되는 경제적 부담을 경감하기 위하여 필요한 시책을 강구하여야 한다. <개정 2012. 5. 23.>
② 국가 및 지방자치단체는 제1항에 따른 시책의 강구 및 지원을 위하여 자녀의 임신 · 출산 · 양육 및 교육에 소요되는 비용의 통계조사를 실시할 수 있다. <신설 2012. 5. 23.>
③ 국가 및 지방자치단체는 아동 양육에 따른 경제적 부담을 경감하기 위하여 200만원 이상의 첫만남이용권(이하 "이용권"이라 한다)을 출생아동에게 지급할 수 있다. <신설 2021. 12. 14., 2023. 12. 26.>
④ 제3항에도 불구하고 수급아동이 「아동복지법」 제52조제1항제1호의 아동양육시설이나 같은 항 제4호의 공동생활가정에서 보호조치되고 있는 경우 등 보건복지부장관이 정하는 경우에는 같은 법 제42조의 자산형성지원사업에 따라 개설된 출생아동 명의의 계좌에 입금하여 지급할 수 있다. <신설 2021. 12. 14.>

⑤ 이용권을 지급받으려는 보호자(아동의 친권자 · 후견인 또는 그 밖의 사람으로서 아동을 사실상 보호 · 양육하고 있는 사람을 말한다) 또는 보건복지부장관이 정하는 보호자의 대리인은 출생아동의 주민등록 주소지 관할 특별자치시장 · 특별자치도지사 · 시장 · 군수 · 구청장에게 이용권의 지급을 신청할 수 있다. <신설 2021. 12. 14.>

⑥ 제3항 및 제4항에 따른 이용권의 지급 대상 · 금액 · 방법, 이용기한 및 지급 절차 등에 관하여 필요한 사항은 대통령령으로 정한다. <신설 2021. 12. 14., 2023. 12. 26.>

제2절 고령사회정책

제11조(고용과 소득보장) ① 국가 및 지방자치단체는 일할 의욕과 능력이 있는 고령자가 최대한 일할 수 있는 환경을 조성하여야 한다.

② 국가 및 지방자치단체는 연금제도 등 노후소득보장체계를 구축하고 노인에게 적합한 일자리를 창출하는 등 국민이 경제적으로 안정된 노후생활을 할 수 있도록 필요한 조치를 강구하여야 한다.

제12조(건강증진과 의료제공) ① 국가 및 지방자치단체는 성별 · 연령별 건강상의 특성과 주요 건강위험요인을 고려하여 국민의 건강증진을 위한 시책을 강구하여야 한다. <개정 2014. 3. 18.>

② 국가 및 지방자치단체는 노인을 위한 의료 · 요양 제도 등을 확립 · 발전시키고 필요한 시설과 인력을 확충하기 위하여 노력하여야 한다.

제13조(생활환경과 안전보장) 국가 및 지방자치단체는 노후생활에 필요한 기능과 설비를 갖춘 주거와 이용시설을 마련하고 노인이 안전하고 편리하게 이동할 수 있는 환경을 조성하는 등 쾌적한 노후생활환경을 조성하고 재해와 범죄 등 각종 위험으로부터 노인을 보호하기 위하여 필요한 시책을 강구하여야 한다.

제14조(여가 · 문화 및 사회활동의 장려) ① 국가 및 지방자치단체는 노후의 여가와 문화활동을 장려하고 이를 위한 기반을 조성하여야 한다.

② 국가 및 지방자치단체는 자원봉사 등 노인의 사회활동 참여를 촉진하는 사회적 기반을 조성하여야 한다.

제15조(평생교육과 정보화) ① 국가 및 지방자치단체는 모든 세대가 평생에 걸쳐 학습하고 능력과 적성에 따라 교육을 받을 수 있도록 교육의 기회를 제공하고, 이를 위한 교육시설의 설치 · 인력의 양성 및 프로그램의 개발 등 필요한 시책을 강구하여야 한다.

② 국가 및 지방자치단체는 세대간 정보의 격차를 해소하기 위하여 정보화 교육, 프로그램 개발 및 장비 보급 등 필요한 시책을 강구하여야 한다.

제15조의2(노후설계) 국가 및 지방자치단체는 국민이 행복하고 활기찬 노후생활을 설계하기 위하여 재무, 건강, 여가, 사회참여 등 각 분야에서 적절한 상담과 교육을 받을 수 있도록 필요한 시책을 강구하여야 한다.

[본조신설 2012. 5. 23.]

제16조(취약계층노인 등) 국가 및 지방자치단체는 저출산 · 고령사회정책을 수립 · 시행함에 있어서 여성노인 · 장애노인 등 취약계층의 노인에 대하여 특별한 배려를 하고 도시 · 농어촌지역간 격차 등 지역의 특수한 상황을 반영하여야 한다.

제17조(가족관계와 세대간 이해증진) 국가 및 지방자치단체는 효행을 장려함으로써 노인이 가정과 사회에서 공경받을 수 있도록 하고 세대간 교류의 활성화와 세대간 이해를 증진함으로써 민주적이고 평등한 가족관계가 형성되도록 필요한 사회환경을 조성하여야 한다.

제18조(경제와 산업 등) 국가 및 지방자치단체는 인구의 고령화에 따른 경제 · 산업구조 및 노동환경의 변화에 부응하는 시책을 수립 · 시행하여야 한다.

제19조(고령친화적 산업의 육성) ① 국가 및 지방자치단체는 인구의 고령화에 따른 상품 및 서비스 수요의 변화에 대비한 새로운 산업을 육성하기 위한 기반을 구축하여야 한다.
② 국가 및 지방자치단체는 노인에게 필요한 용구와 용품 등의 연구개발 · 생산 및 보급의 활성화를 위하여 필요한 시책을 강구하여야 한다.

제3장 저출산 · 고령사회정책의 수립 및 추진체계

제20조(저출산 · 고령사회기본계획) ① 정부는 저출산 · 고령사회 중 · 장기 정책목표 및 방향을 설정하고, 이에 따른 저출산 · 고령사회기본계획(이하 "기본계획"이라 한다)을 수립 · 추진하여야 한다.
② 보건복지부장관은 관계 중앙행정기관의 장과 협의하여 5년마다 기본계획안을 작성하고, 제23조의 규정에 의한 저출산 · 고령사회위원회 및 국무회의의 심의를 거친 후 대통령의 승인을 얻어 이를 확정한다. 수립된 기본계획을 변경할 때에도 또한 같다. <개정 2008. 2. 29., 2010. 1. 18.>
③ 기본계획에는 다음 각 호의 사항이 포함되어야 한다.
1. 저출산 · 고령사회정책의 기본목표와 추진방향
2. 기간별 주요 추진과제와 그 추진방법
3. 필요한 재원의 규모와 조달방안
4. 그 밖에 저출산 · 고령사회정책으로 필요하다고 인정되는 사항
④ 삭제 <2008. 2. 29.>
⑤ 기본계획의 수립절차 등에 관하여 필요한 사항은 대통령령으로 정한다.

제21조(연도별 시행계획) ① 중앙행정기관의 장은 기본계획에 따라 소관별로 연도별 시행계획(이하 "시행계획"이라 한다)을 수립 · 시행하고, 지방자치단체의 장은 기본계획 및 중앙행정기관의 시행계획에 따라 당해 지방자치단체의 시행계획을 수립 · 시행하여야 한다.
② 중앙행정기관의 장은 지방자치단체의 시행계획이 기본계획 및 중앙행정기관의 시행계획에 위반되는 경우에는 당해 지방자치단체의 장에게 이를 변경하도록 요구하고,

지방자치단체의 시행계획의 이행상황을 기본계획에 따라 점검할 수 있다.

③ 관계 중앙행정기관의 장 및 지방자치단체의 장은 제1항의 규정에 의한 다음 해의 시행계획 및 지난 해의 추진실적을 대통령령이 정하는 바에 따라 보건복지부장관에게 제출하고, 보건복지부장관은 이를 종합하여 제23조의 규정에 의한 저출산·고령사회위원회의 심의를 받아야 한다. <개정 2008. 2. 29., 2010. 1. 18.>

④ 국가 및 지방자치단체는 매년 시행계획에 따른 추진실적을 평가하고 그 결과를 저출산·고령사회정책에 반영하여야 한다. 이 경우 국가 및 지방자치단체는 저출산·고령사회 대응에 미치는 영향이 큰 사업에 대하여 심층적인 평가를 실시할 수 있다. <개정 2021. 12. 14.>

⑤ 시행계획의 수립·시행 및 평가 그 밖의 필요한 사항은 대통령령으로 정한다.

제22조(업무의 협조) ① 국가 및 지방자치단체는 기본계획 및 시행계획의 수립·시행을 위하여 관계 공무원 또는 관계 전문가의 의견을 듣거나 관계 기관 및 단체 등에 필요한 자료제출 등 협조를 요청할 수 있다.

② 보건복지부장관은 기본계획안의 작성을 위하여 관계 중앙행정기관 및 지방자치단체의 장에게 저출산·고령사회 관련 계획 및 정책, 관련 자료 또는 의견의 제출 등 필요한 협조를 요청할 수 있다. <개정 2008. 2. 29., 2010. 1. 18.>

③ 제1항 및 제2항의 규정에 의한 협조요청을 받은 자는 특별한 사유가 없는 한 이에 응하여야 한다.

제23조(저출산·고령사회위원회) ① 저출산·고령사회정책에 관한 중요사항을 심의하기 위하여 대통령 소속하에 저출산·고령사회위원회(이하 "위원회"라 한다)를 둔다. <개정 2010. 1. 18., 2012. 5. 23.>

② 위원회는 다음 각 호의 사항을 심의한다. <개정 2012. 5. 23.>

1. 저출산 및 인구의 고령화에 대비한 중·장기 인구구조의 분석과 사회경제적 변화전망에 관한 사항
2. 저출산·고령사회정책의 중·장기 정책목표와 추진방향에 관한 사항
3. 기본계획에 관한 사항
4. 시행계획에 관한 사항
5. 저출산·고령사회정책의 조정 및 평가에 관한 사항
6. 그 밖에 저출산·고령사회정책에 관한 중요사항으로서 제5항의 간사위원이 부의하는 사항

③ 위원회는 위원장 1인을 포함한 25인 이내의 위원으로 구성한다.

④ 위원장은 대통령이 되고, 위원은 다음 각 호의 자가 된다. <개정 2010. 1. 18., 2012. 5. 23.>

1. 대통령령으로 정하는 관계 중앙행정기관의 장
2. 고령화 및 저출산에 관하여 학식과 경험이 풍부한 자 중에서 위원장이 위촉하는 자

⑤ 위원회에 간사위원 2인을 두며, 간사위원은 보건복지부장관과 제4항제2호의 위원 중 대통령이 지명하는 자가 된다. <신설 2012. 5. 23.>

⑥ 위원회의 구성 및 운영 등에 관하여 필요한 사항은 대통령령으로 정한다. <개정 2012. 5. 23.>
[전문개정 2008. 2. 29.]

제23조의2(위원회의 사무기구) ① 위원회의 원활한 운영을 지원하고, 사무를 처리하기 위하여 위원회에 사무기구를 둔다.
② 제1항에 따른 사무기구의 구성 · 조직 및 운영 등에 필요한 사항은 대통령령으로 정한다.
[본조신설 2024. 1. 23.]

제24조 삭제 <2008. 2. 29.>

제25조 삭제 <2008. 2. 29.>

제26조(관계행정기관의 협조) 위원회는 저출산 · 고령사회정책을 심의하기 위하여 필요한 경우 관계 행정기관에 자료를 요청할 수 있다. 이 경우 관계 행정기관의 장은 특별한 사정이 없는 한 이에 따라야 한다.

제27조(국회보고) 정부는 기본계획 · 시행계획 및 이에 대한 평가 등을 확정한 후 지체 없이 국회에 보고하여야 한다.

제4장 보칙

제28조(전문인력의 양성) ① 국가 및 지방자치단체는 저출산 및 인구의 고령화에 따른 변화에 대응하기 위하여 필요한 분야의 전문인력을 양성하여야 한다.
② 국가 및 지방자치단체는 제1항의 규정에 의한 전문인력을 양성하기 위하여 연구소 · 대학 그 밖에 필요하다고 인정하는 기관을 전문인력 양성기관으로 지정하고, 해당 전문인력 양성기관에 대하여 필요한 지원을 할 수 있다.

제29조(조사 및 연구) ① 국가 및 지방자치단체는 저출산 및 인구의 고령화에 따른 변화에 대응하기 위하여 필요한 조사 및 연구를 실시하여야 한다.
② 국가 및 지방자치단체는 제1항의 규정에 의한 조사 및 연구를 수행하기 위하여 조사연구기관을 설치하거나 연구소 · 대학 그 밖에 필요하다고 인정하는 기관에 조사 및 연구를 위탁할 수 있다.

제30조(민간의 참여) 국가 및 지방자치단체는 저출산 · 고령사회정책에 관하여 민간부문이 참여할 수 있는 환경을 조성하여야 한다.

제30조의2(인구의 날) ① 인구구조 불균형이 초래하는 정치적 · 경제적 · 사회적 파급영향에 대하여 국민의 이해와 관심을 높이고, 저출산 · 고령화 대응에 민간의 참여를 유도하기 위하여 매년 7월 11일을 인구의 날로 정한다.
② 국가와 지방자치단체는 인구의 날 취지에 적합한 행사와 교육 · 홍보 사업을 실시하도록 노력하여야 한다.

[본조신설 2011. 8. 4.]

제31조(국제교류의 활성화) 국가 및 지방자치단체는 저출산 및 인구의 고령화와 관련한 국제기구 및 국제회의에 참여하고, 정보교환 및 공동조사연구 등 국제협력사업의 추진을 통하여 국제교류를 활성화하여야 한다.

제32조(지원) ① 국가 및 지방자치단체는 이 법에 따른 저출산·고령사회정책의 시행을 위하여 관계 법률이 정하는 바에 따라 조세의 감면 등 필요한 지원을 하여야 한다. <개정 2021. 12. 14.>

② 국가 및 지방자치단체는 저출산·고령사회정책과 관련된 교육 및 홍보 등을 수행하는 기관 또는 단체에 대하여 업무수행에 필요한 지원을 할 수 있다. <신설 2021. 12. 14.>

부칙 <법률 제20112호, 2024. 1. 23.>

이 법은 공포 후 3개월이 경과한 날부터 시행한다.

참고문헌

OECD(2023). 한눈에 보는 연금 2023.

강시은, 이재림(2017). 한국판 헬리콥터 부모역할 지각 척도(Helicopter Parenting Scale) 타당화: 30대 초반까지의 청년을 대상으로. 한국가족관계학회지, 22(2), 3-25. http://dx.doi.org/10.21321/jfr.22.2.3

경북여성정책개발원(2022). 경상북도 공동육아나눔터 기능 활성화 방안 123.

교육과학기술부, 서울대학교 학부모정책센터, 인천광역시교육청(2012). 밥상머리교육 학부모용 길라잡이.

교육부(2015. 11. 25.) 학생의 꿈과 끼를 키워 행복교육을 실현하는 중학교 자유학기제 시행 계획(안).

교육부(2021. 11. 24.) 더 나은 미래, 모두를 위한 교육: 2022 개정 교육과정 총론 주요사항(시안).

교육부(2021. 9. 7.). 2021년 1차 학교폭력실태조사 결과 발표.

교육부, 국가평생교육진흥원, 전국학부모지원센터(2020a). 2021 드림레터 모음집 [고등학교 편]. 서울: 국가평생교육진흥원 전국학부모지원센터.

교육부, 국가평생교육진흥원, 전국학부모지원센터(2020b). 2021 드림레터 모음집 [중학교 편]. 서울: 국가평생교육진흥원 전국학부모지원센터.

교육부, 국가평생교육진흥원, 전국학부모지원센터(2022). 2021 드림레터 모음집 [중학교 편]. 서울: 국가평생교육진흥원 전국학부모지원센터.

교육부, 국가평생교육진흥원, 전국학부모지원센터, 경기도교육청(2014a). 고등학교 학부모를 위한 자녀교육. 서울: 국가평생교육진흥원.

교육부, 국가평생교육진흥원, 전국학부모지원센터, 경기도교육청(2014b). 유치원 학부모를 위한 자녀교육. 서울: 국가평생교육진흥원.

교육부, 국가평생교육진흥원, 전국학부모지원센터, 경기도교육청(2014c). 중학교 학부모를 위한 자녀교육. 서울: 국가평생교육진흥원.

교육부, 국가평생교육진흥원, 전국한부모지원센터, 경기도교육청(2014d). 초등학교(1~3학년) 학부모를 위한 자녀교육. 서울: 국가평생교육진흥원.

교육부, 국가평생교육진흥원, 전국한부모지원센터, 경기도교육청(2014e). 초등학교(4~6학년) 학부모를 위한 자녀교육. 서울: 국가평생교육진흥원.

교육부, 이화여자대학교 학교폭력예방연구소(2022). 학교폭력 사안처리 가이드북. 세종: 교육부.

구현영(2018). 대학생의 부모-자녀 관계 발달 경험. 한국아동간호학회, 24(4), 420-433. https://doi.org/10.4094/chnr.2018.24.4.420

구현정, 김경민(2019). 대화로 해결하는 능력. 서울: (주)박이정.

권은비, 이정희, 김선미(2015). 조부모전환기 조모가 인식한 손자녀 양육지원과 가족의 역동. 한국자원경영학회지, 19(1), 111-138.

김광현, 강성배(2016). 대학 신입생의 대학생활적응 척도 개발 및 타당화. 교양교육연구, 10(3), 253-293.

김미옥, 송승민, 이사라(2015). 맞벌이 가정 조모의 손자녀 양육경험과 양육갈등에 관한 현상학적 연구: 조모와 취업모 관점에서. 한국보육지원학회지, 11(4), 239-269. http://dx.doi.org/10.14698/jkcce.2015.11.239

김미혜, 성기옥, 팽경희, 최희진, 최소영(2011). 손자녀 양육 조부모와 자녀와의 갈등에 영향을 미치는 요인: 조부모의 특성을 중심으로. 한국노년학, 31(4), 905-923.

김민선, 손병덕(2019). 학교 부적응 중학생을 위한 학교적응력향상프로그램 효과 메타분석: 학교교사, 학교생활, 학교수업, 학교친구 효과크기를 중심으로. 청소년학연구, 26(5), 277-301. http://dx.doi.org/10.21509/KJYS.2019.05.26.5.277

김민정(2021). 초등학교 아동의 기질과 자아중심성과의 관련성 분석: 상상적 청중과 개인적 우화를 중심으로. 초등교육학연구, 28-1, 75-90.

김성범, 최선아(2018). 휴먼테라피기반 부모교육이 ADHD 청소년 부모의 양육스트레스 및 우울 감소에 미치는 영향. 특수교육재활과학연구, 57(2), 243-263.

김수영, 이민홍, 장수지(2014). 노인일자리사업 참여노인의 심리사회적 건강 변화에 관한 연구. 노인복지연구, 64, 371-393.

김순미(2017). 세대간 이전: 자녀의 부모부양이 부모의 상속결정에 미치는 영향. 한국가족자원경영학회지, 21(1), 19-44.

김승원, 한정란, 김은상, 이선희(2021). 기혼 여성 자녀의 시부모 및 친정부모와의 세대간 결속 및 친밀감. 노년교육연구, 7(2), 1-18. https://doi.org/10.31748/KSEG.2021.7.2.1

김승혜, 김영미, 최희영(2021). 장난이 폭력이 되는 순간. 서울: 담담사무소.

김승희(2020). 부모교육. 서울: 동문사.

김아미(2019). 미디어 리터러시 교육과 디지털 시민성: 행복한교육 2019년 9월호. https://happyedu.moe.go.kr/happy/bbs/selectHappyArticleImg.do?bbsId=BBSMSTR_000000000191&nttId=9444에서 7월 30일 인출.

김애란, 유경숙, 유혜자, 이병례(2015). 부모교육. 경기: 정민사.

김영선, 이재림, 최새은(2021). 학령기 가족식사의 실태, 어머니의 인식, 실천적 제언. 가족정책연구, 1(1), 79-94. https://doi.org/10.52946/jfp.2021.1.1.79

김유경(2019). 중·장년층의 이중부양 부담과 정책 과제. 보건복지포럼 2019년 5월호, 74-92.

김은정(2015). 부모 자녀 관계를 통해서 본 20대 청년층의 성인기 이행 과정 연구. 가족과 문화, 27(1), 69-116.

김인혜, 여정성(2020). 캥거루족 부모와 비캥거루족 부모의 생활만족도 비교 연구. 소비자학연구, 31(1), 223-242. http://dx.doi.org/10.35736/JCS.31.1.11

김재희(2020). 중·고등학생의 온라인 진로활동과 진로개발역량 및 자기주도학습의 관계. 취업진로연구, 11(1), 1-30.

김정진(2018). 최고의 부모들은 아이를 어떻게 키웠을까. 서울: ㈜도서출판 예문.

김정택, 심혜숙(1999). MMTIC 안내서. 서울: 한국심리검사연구소.

김현정(2001). MBTI 성격유형에 따른 부모의 양육태도와 자녀의 학습 및 진로지도 프로그램. 울산대학교 석사학위논문.

노경선(2007). 아이를 잘 키운다는 것. 서울: 위즈덤하우스.

노윤호(2019). 학교폭력의 모든 것. 서울: 시공사.

노은영, 권현용(2015). 중년기 여성의 가족건강성 수준에 따른 가족건강성과 스트레스 대처행동이 심리적 안녕감에 미치는 영향. 교육문화연구, 25(2), 399-414.

문은미, 이주희(2016). 사회초년생이 직업적응과정에서 경험하는 어려움: 중소기업에 취업한 대학졸업자를 중심으로. 한국심리학회지: 상담 및 상담치료, 28(3), 743-775.

문현아, 차승은(2020). 가족의 노인 돌봄 경험과 딜레마: 누가 돌보고 어디서 돌봐야 하는가. 가족과 문화, 32(1), 102-131. http://dx.doi.org/10.21478/family.32.1.202003.004

박경순, 박영란, 염유식(2015). 성인자녀와의 사회적 지원 교환이 농촌노인의 우울감에 미치는 영향. 노인복지연구, 68, 273-301.

박미진(2019). 워킹맘의 아이들 시간 관리. 서울: 아주좋은날.

박인호, 소철환, 조정익, 유승택, 이승현, (...), 오연균(2012). 청소년기 10대 임신에서 임산부와 신생아의 주산기 문제점. 대한신생아학회, 127-133. http://dx.doi.org/10.5385/jksn.2012.19.3.127

박재범(2020). 2030세대의 양성평등의식, 부모됨의 인식, 출산의식의 구조적 관계분석. 인문사회21, 11(6), 2349-2364. http://dx.doi.org/10.22143/HSS21.11.6.166

박종서, 최선영, 변수정, 조성호, 김주현, (...), 염아림(2020). 한국 가족의 변동 특성과 정책적 함의: 1997년 외환위기 이후 변화를 중심으로. 세종: 한국보건사회연구원.

박종훈, 이성우(2018). 복지에 대한 태도에 관한 연구: 세대 간 차이는 존재하는가? 국정관리연구, 13(3), 31-57.

배상률, 박남수, 백강희(2017). 청소년 사이버일탈 유형별 대책 연구. 세종: 한국청소년정책연구원.

배희분, 이혜정(2020). 비혼 여자 청소년의 임신갈등 경험에 관한 연구. 청소년학연구, 27(1), 85-114. http://dx.doi.org/10.21509/KJYS.2020.01.27.01.85

서수균, 전지혜, 안정신, 정영숙(2015). 중년부모와 대학생 자녀 간 갈등에 관한 탐색적 연구. 한국심리학회지: 임상, 34(4), 971-990.

성광진(2023.12.19.). 인성교육과 학생인권조례가 존재해야 하는 이유. 디트뉴스24. https://www.dtnews24.com/news/articleView.html?idxno=761745

송원숙(2021). 디지털 미디어 리터러시에 영향을 주는 요인에 관한 탐색적 연구-SNS 이용 행태, 부모의 양육태도를 중심으로. 리터러시연구, 12(2), 265-293.

송유순, 조정숙(2019). 아이의 자존감을 높이는 대화법. 경기: 예감.

시·도(지역) 학부모지원센터 요람(2018).

안지령 외(2018). 부모교육론. 서울: 동문사.

양외금, 정민자(2021). 부부 대상 성공적 노화 연구 동향 분석. 부부가족상담연구, 2(1), 1-13.

엄연주, 이규영(2019). 학교 성교육이 초등학교 고학년 학생의 성지식·성태도·라이프스킬에 미치는 효과: 성별 차이를 중심으로. 학습자중심교과교육연구, 19(19), 445-465. http://dx.doi.org/10.22251/jlcci.2019.19.19.445

여성가족부(2017). 부모교육 매뉴얼. 서울: 여성가족 정책과.

여성가족부(2017a). 부모교육 매뉴얼 제5권: 영아 부모. 서울: 여성가족부.

여성가족부(2017b). 부모교육 매뉴얼 제6권: 유아 부모. 서울: 여성가족부.

여성가족부(2017c). 부모교육 매뉴얼 제7권: 초등학생 부모. 서울: 여성가족부.

여성가족부(2018). 2018 학교 밖 청소년 실태조사.

여성가족부(2022). 아이돌보미지원사업 안내.

여성가족부, 대한산부인과의사회(2017). 임신·출산 좋은부모되기: 부모용.

연미희, 김지은, 김진숙(2020). 예비부모교육. 서울: 동문사.

연미희, 김진숙(2015). 부모교육. 서울: 동문사.

오수향(2017). '말의 힘'으로 키우는 대화 육아. 서울: (주)대성 KOREA.COM.

오영순, 안연경(2013). STEP 부모교육 프로그램이 어머니들의 자아존중감 및 어머니-자녀 간 의사소통에 미치는 영향. 유아교육·보육행정연구. 17(1), 75-96.

오은영(2016). 못 참는 아이 욱하는 부모. 서울: (주)대성 KOREA.COM.

오호영(2017). 캥거루족 실태분석과 과제. 2017년 한국노동패널 학술대회. 3-28.

유계숙, 장경은(2016). 혼합적 분석방법으로 살펴본 헬리콥터부모역할의 속성. 청소년시설환경, 14(3), 1-15.

윤태영(2020). "내가 가정의 요양사잖아요."-가족요양보호사의 돌봄 경험에서 나타난 가족실천. 노인복지연구, 75(3), 147-178. https://doi.org/10.21194/kjgsw.75.3.202009.147

이경은(2021). 학교 밖 청소년을 자녀로 둔 부모 경험에 관한 현상학적 연구. 한국가족복지학, 68(2), 93-125. https://doi.org/10.16975/kjfsw.68.2.4

이경진, 권연희, 황아람(2020). 손자녀 양육을 지원하는 조부모의 경험에 관한 질적 메타분석. 인지발달중재학회지, 11(3), 93-113. http://dx.doi.org/10.21197/JCEI.11.3.5

이기순(2019). 청소년상담 이슈페이퍼 3호. 부산: 한국청소년상담복지개발원.

이민규(2001). 생각을 바꾸면 세상이 달라진다. 경기: 교육과학사.

이상균, 정현주(2013). 학교폭력 경험과 부모양육 행동 간의 종단적 관계 및 잠재유형분석: 부모교육프로그램의 필요성을 중심으로. 학교사회복지, 24, 1-29.

이소영, 임지영(2013). 저출산·고령화 대응 인구 자질 향상 방안: 고령 임산부의 출산 실태와 정책 과제. 세종: 한국보건사회연구원.

이여봉(2006). 가족안의 사회 사회안의 가족. 경기: 양서원.

이여봉(2011). 부양지원과 세대 갈등: 딸과 친정부모 그리고 며느리와 시부모. 가족과 문화, 23(1), 41-76.

이연승(2017). 예비부모교육. 경기: 공동체.

이용미, 도현심(2018). 부-자녀 및 모-자녀 의사소통이 학령기 아동의 친구관계 질에 미치는 영향: 공감의 매개효과. 아동학회지, 39(2), 65-79.

이용화, 김지현, 임소연, 채명옥, 이혜림, 오진아(2014). 헬리콥터 양육에 대한 진화론적 개념분석. 한국아동간호학회, 20(4), 237-246.

이원영, 김정미(2018). 대학생을 위한 예비부모교육. 서울: 학지사.

이윤경, 강은나, 김세진, 변재관(2017). 노인의 지역사회 계속 거주(Aging in place)를 위한 장기요양제도 개편 방안. 한국보건사회연구원.

이윤경, 김세진, 황남희, 임정미, 주보혜, (...), 김경래(2020). 2020년도 노인실태조사. 세종: 한국보건사회연구원.

이윤진, 권미경, 김승진(2015). 조부모 영유아 손자녀 양육실태와 지원 방안 연구. 서울: 육아정책연구소.

이의빈, 김진원(2021). 부모의 과잉간섭이 대학교 신입생 자녀의 우울을 매개로 신체화 증상에 미치는 영향. 보건사회연구, 41(3), 92-109.

이재연, 김경희(1989). 부모교육. 서울: 양서원.

이재운, 조규천(2008). 우리 한자어 1,000가지. 경기: ㈜위즈덤하우스.

이지혜, 황남희(2019). 노인일자리사업이 노인가구의 경제적 생활수준에 미치는 영향 분석: 소득과 소비 변화를 중심으로. 보건사회연구, 39(1), 11-38.

http://.doi.org/10.15709/hswr.2019.39.1.11

이진경, 이재림(2018). 한국 청년의 세대 간 양가성과 세대 간 결속의 연관성 탐색. 한국가정관리학회지, 37(1), 1-21. http://dx.doi.org/10.7466/JKHMA.2019.37.1.1

이진경, 이재림(2018). 한국판 세대 간 심리적 양가성 척도 타당화: 청년자녀를 중심으로. 한국가족관계학회지, 23(3), 105-130.

이희영, 김문정(2018). REBT 기반 부모교육 프로그램이 유아기 자녀를 둔 어머니의 양육스트레스 감소와 양육효능감 증진에 미치는 효과. 수산해양교육연구, 30(3), 896-906. https://doi.org/10.13000/JFMSE.2018.06.30.3.896

임정기, 노혜진(2020). 노인 돌봄가족은 무엇을 경험하고 필요로 하는가. 한국사회복지학, 72(4), 151-179.

장영애(2015). 아버지의 양육행동, 양육참여도, 아동이 지각한 아버지-자녀 간 의사소통이 아동의 리더십에 미치는 영향. 한국지역사회생활과학학회지.

장혜진, 이정림, 윤은주, 김해인(2013). 영유아 행복을 위한 부모역량 제고방안 연구. 서울: 육아정책연구소.

장휘숙(2008). 성인초기의 발달과업과 시작시기에 관한 탐색적 연구. 한국심리학회지: 발달, 21(4), 109-126.

전도근(2012). 아빠 대화법. 서울: 지식채널.

전지원(2021). 청년세대의 회복탄력성에 대한 헬리콥터 부모역할과 사회자본의 효과성 검증. 디지털융복합연구, 19(3), 425-436. https://doi.org/10.14400/JDC.2021.19.3.425

전지혜, 서수균(2018). 중년부모가 지각한 대학생자녀갈등척도 개발 및 타당화. 사회과학연구, 29(1), 47-61. http://dx.doi.org/10.16881/jss.2018.01.29.1.47

정가원, 김영란, 홍승아, 배호중, 김수진, 김보영(2020). 가족 내 노인돌봄현황과 지역사회 통합돌봄 지원방안. 서울: 한국여성정책연구원.

정경연, 박정묘, 이동갑, 김영란(2010). 열여섯 빛깔아이들. 서울: ㈜어세스타.

정경희(2018). 노인의 가족 현황과 전망. 보건복지포럼 2018(10).

정동철 외(2017). 초등학생 학교폭력 실태와 대응 방안. 진천: 한국교육개발원.

정득, 김은수, 이종석(2017). 청소년의 팬덤활동과 자아존중감: 학습적응도의 조절효과. 청소년상담연구, 25(2), 343-367.

정민자, 노현미, 백경희, 최미정(2011). 좋은 부모가 되기 위한 엄마아빠 자격증 열공집. 서울: 신정출판사.

정병삼(2010). 부모지도감독이 청소년의 비행친구 접촉과 일탈행동에 미치는 종단적 억제효과. 청소년상담연구, 18(2), 149-165.

정옥분, 정순화(2008). 부모교육. 서울: 학지사.

정철영(2021). 현 정부의 진로교육 정책 성과와 새 정부의 진로교육 혁신 방안. 한국진로교육학회 제 53차 추계학술대회 자료집.
정현주, 이호준, 김하나(2012). 학교폭력 가/피해자 부모교육 프로그램. 서울: 한국청소년상담복지개발원.
정혜신(2018). 당신이 옳다. 서울: (株)해냄출판사.
조은영 외(2021). 소통이 힘든 당신에게. 서울: ㈜ 열린길.
조희선, 김서현(2016). 30대 중산층 기혼여성의 여성중심 수정확대가족 선택동기와 생활복지. 지역사회연구, 24(1), 27-50.
지혜은, 박경숙(2018). 성공적 노화와 성공적 노화에 영향을 미치는 요인의 성별 비교. 사회보장연구, 34(2), 209-237.
차경욱, 정다은, 구윤혜(2018). 중장년층의 상속·증여의향에 관한 연구: 노후준비여부의 조절효과를 중심으로. 소비자학연구, 29(4), 215-237.
찾기쉬운 생활법령정보(2022. 6. 15.). 학교폭력대책심의위원회의 심의. https://easylaw.go.kr/CSP/CnpClsMain.laf?csmSeq=1408&ccfNo=4&cciNo=2&cnpClsNo=2에서 2022년 7월 26일 인출.
찾기쉬운 생활법령정보(2022. 6. 15.). 학교폭력의 신고 및 고발. https://www.easylaw.go.kr/CSP/CnpClsMain.laf?csmSeq=1408&ccfNo=3&cciNo=1&cnpClsNo=1에서 2022년 7월 26일 인출.
채명옥, 임소연, 이용화, 김지현, 오진아(2016). 한국어판 헬리콥터 양육 측정도구의 신뢰도 및 타당도 검증. 한국아동간호학회, 22(3), 207-214.
최성애(2014). 나와 우리 아이를 살리는 회복탄력성. 서울: (株)해냄출판사.
최성애, 조벽(2012). 최성애·조벽 교수의 청소년 감정코칭. 서울: 해냄출판사.
최연실(2019). 비혼성인자녀-부모 동거에 관한 웹 문서의 의미구조 분석과 가족치료적 함의. 가족과 가족치료, 27(3), 345-371.
최윤실(2013). 스스로 주도하는 지혜로운 힘! 자기주도학습을 위한 코칭 가이드. 서울: 국가평생교육진흥원.
최혜순(2011). 부모교육. 서울: 동문사.
최효찬(2012). 현대 명문가의 자녀교육. 경기: ㈜위즈덤하우스.
최희진, 한경혜(2017). 세대 간 지원교환의 장기적·단기적 호혜성: 아들과 딸의 비교. 한국노년학, 37(1), 83-102.
추지윤, 이은지(2020). 고등학생의 학교적응에 영향을 미치는 요인 분석: 경기교육종단연구(GEPS)를 중심으로. 교육논총, 40(4), 261-285. http://dx.doi.org/ 10.25020/je.2020.40.4.261
통계청(2020). 2020년 출생통계(확정). 국가승인통계 제10103호 출생통계.
통계청(2021). KOSTAT 통계플러스 2021 봄호. 서울: 통계청 통계개발원.

하종덕(2008). 영재아 부모의 성격유형과 양육태도에 대한 연구. 영재교육연구, 18(2), 293-311.

한국가정법률 상담소(2018). 행복한 삶을 위한 비폭력 대화.

한국교육개발원, 충청북도교육청(2022). 2023학년도 자기주도학습전형 입학담당관 업무 안내서. 충북: 한국교육개발원.

한국언론진흥재단(2019). 2019 10대 청소년 미디어 이용 조사. 서울: 한국언론진흥재단.

한국언론학회(2021). 코로나19시대의 미디어리터러시 실천과 전략: 돌봄 연계 미디어리터러시.

한다혜, 김소연, 김난도(2021). 캥거루족 가구의 소비패턴 유형화와 가구주의 삶의 만족도에 대한 연구. 소비문화연구, 24(4), 173-203. http://dx.doi.org/10.17053/jcc.2021.24.4.009

한성심, 김현자, 김유진, 신현정, 임미혜(2008). 예비부모교육. 경기: 공동체.

홍성희(2018). 기혼자녀의 성별에 따른 부모에 대한 경제적 지원 및 수혜의 영향 요인. 한국가족자원경영학회지, 22(1), 79-98.

홍영의, 한경혜, 민주홍(2021). 노년기 세대 간 대면접촉빈도로 살펴본 자녀관계망 변화. 가족과 문화, 33(2), 1-37.

홍지선, 계은경(2016). 여성 진로장벽에 관한 국내 연구동향과 향후 과제: 진로발달단계를 중심으로. 상담학연구, 17(3), 225-250.

황매향, 조효진, 조윤진, 방지원(2013). 대학생의 일의 의미와 진로결정과정에서의 경험에 대한 질적연구. 한국심리학회지: 일반, 32(3), 675-699.

Ainsworth, M. D. (1973). The development of infant mother attachment. In B. M. Caldwell, & H. N. Ricciuti (Eds.), *Review of child development research* (Vol. 3). Chicago, IL: University of Chicago Press.

Arnett, J. J. (2007). Emerging adulthood: What is it, and what is it good for? *Child Development Perspectives, 1*(2), 68-73.

Berenbaum, S. A., Beltz, A. M., & Corley, R. (2015). The importance of puberty for adolescent development: Conceptualization and measurement. *Advances in Child Development and Behavior, 48*, 53-92.

Bowlby, J. (1988). *A secure base: Parent-child attachment and healthy human development.* New York: Basic Books.

Donna Dunning. (2008). 성격과 커뮤니케이션. 서울: ㈜어세스타.

Elkind, D. (1967). Egocentrism in Adolescence. *Child Development, 38*, 1025-1034.

Gordon Lawrence (2000). 성격유형과 학습스타일. 서울: 한국심리검사연구소.

Gordon, T. (1970). *P.E.T. Parent Effectiveness Training*. NY: Wyden Books.
Janet Penley (1998). 성격유형과 자녀양육태도. 서울: 한국심리검사연구소.
Jeni Hooper (2012). 아이의 행복 플로리시. 경기도: 도서출판 물푸레.
Marshall B. Rosenberg (2017). 비폭력 대화, 서울: 한국 nvc 센터.
Martin, E. P. Seligman (2016). 긍정심리학. 경기: 도서출판 물푸레·한국긍정심리연구소.

<웹사이트>

Dewar, G. (2017). When bullies get bullied by others: Understanding bully-victims. https://parentingscience.com/bully-victims/에서 2022년 8월 3일 인출.

McLeod, S. (2019). Sensorimotor stage of cognitive development. https://www.simplypsychology.org/sensorimotor.html에서 2022년 8월 2일 인출.

McLeod, S. (2021). Concrete Operational Stage of Cognitive Development. https://www.simplypsychology.org/concrete-operational.html에서 2022년 8월 2일 인출.

MetLife 360Health(2021). 출산 과정. https://insu.greenpio.com/MetLife360health/healthinfo/thema_viw.asp?cindex=7208&mcode=MF0102005에서 2022년 8월 2일 인출.

Pathways.org(2022). How kids learn to play: 6 stages of play development. https://pathways.org/kids-learn-play-6-stages-play-development/에서 2022년 8월 2일 인출.

SBS 스페셜 제작팀(2010). 밥상머리의 작은 기적. 경기: ㈜웅진씽크빅.

YTN(2017. 6. 27.) [초등학생이 아프다①][단독] 학교폭력 피해자 10명 중 6명은 초등학생. https://www.ytn.co.kr/_ln/0103_201706271000070845에서 2022년 8월 2일 인출.

경향신문(2022. 1. 24.). ‘육아 열공’ 하는 할머니·할아버지들…서초구, 올해 ‘손주돌보미’ 수당 인상도. https://www.khan.co.kr/national/national-general/article/202201241546001에서 2022년 7월 20일 인출.

네이버 심리학용어사전(2014). 조망 수용. https://terms.naver.com/entry.naver?cid=41991&categoryId=41991&docId=2094150에서 2022년 7월 31일 인출.

대한산부인과학회. 산전 진단검사. https://www.ksog.org/public/index.php?sub=1&third=2에서 2022년 8월 3일 인출.

동아사이언스(2022. 5. 27.) 코로나19로 소녀들의 사춘기 빨라졌나... 복잡해진 ‘원인 규명’. https://m.dongascience.com/news.php?idx=54542에서 2022년 7월 31일 인출.

동아일보(2018. 5. 4.) '위기의 부포세대' 자녀에 신세 안진다면서… 63%가 "노후 대책은 없다" https://www.donga.com/news/Main/article/all/20180503/89927131/1에서 2022년 7월 25일 인출.

동아일보(2022. 7. 13.) '절친'과 '같은 반 친구'의 차이점 알려주기[오은영의 부모마음 아이마음].https://www.donga.com/news/Opinion/article/all/20220712/114419357/1에서 2022년 8월 2일 인출.

매거진한경(2021. 2. 5.). "취업? 독립? 일부러 안하나요, 못하는거죠" 2021 新캥거루족 보고서. https://magazine.hankyung.com/job-joy/article/202102051167d에서 2022년 7월 19일 인출.

매경프리미엄(2018. 2. 26.) 분유로 첫째를, 모유로 둘째를 키운 엄마의 생각. https://www.mk.co.kr/premium/special-report/view/2018/02/21570/에서 2022년 8월 3일 인출.

메디게이트뉴스(2019. 6. 20.). '뜨거운 감자' 상속과 증여의 문재, 쟁족을 아십니까. https://www.medigatenews.com/news/2041545433?category=column에서 2022년 7월 20일 인출.

메디게이트뉴스(2022. 2. 9.) 코로나19에 감염된 임산부는 어떻게 해야 하나…고열·호흡곤란 등 주의. https://m.medigatenews.com/news/1749281313에서 2022년 8월 3일 인출.

메디컬타임즈(2021. 1. 7.) 인구절벽 가속화에 긴장한 산과 "저출산 지원정책 올인". https://m.medicaltimes.com/News/NewsView.html?ID=1138107에서 2022년 8월 3일 인출.

메디팜헬스(2019. 6. 14.) 10대 청소년, 성관계 경험 증가... "20명 중 1명 성 경험, 10명 중 4명은 피임 안해". http://medipharmhealth.co.kr/news/article.html?no=55465에서 2022년 7월 30일 인출.

베이비뉴스(2021. 4. 23.) "분유 먹인다고 너무 죄책감 갖지 않아도 됩니다". https://www.ibabynews.com/news/articleView.html?idxno=94655에서 2022년 8월 3일 인출.

베이비뉴스(2021. 5. 20.). "코로나 때문에 지친 부모들... 양육효능감 올려야 합니다" https://www.ibabynews.com/news/articleView.html?idxno=95331에서 2022년 7월 30일 인출.

베이비타임즈(2022. 8. 4.) "아동 발달단계 맞지 않아"...'만5세 입학' 철회 토론회 열려. https://www.babytimes.co.kr/news/articleView.html?idxno=59427에서 2022년 8월 3일 인출.

보건복지부. 노인장기요양보험제도란? https://www.mohw.go.kr/react/policy/index.jsp?

PAR_MENU_ID=06&MENU_ID=06390301&PAGE=1&topTitle=에서 2022년 7월 21일 인출.

복지로(2022). 가정양육수당 http://www.bokjiro.go.kr

부산일보(2022. 7. 10.) "학교 싫어" 대면수업 거부하는 아이, 전문적 상담 받아야. http://www.busan.com/view/busan/view.php?code=2022070516324672541에서 2022년 7월 27일 인출.

서울신문(2020. 12. 31.) 집에 갇힌 아이들… 학습 격차보다 '발달 격차'가 더 두렵다. https://www.seoul.co.kr/news/newsView.php?id=20210101009028에서 2022년 8월 2일 인출.

서초구가족센터. https://seochofamily.com/child_biz.php에서 2022년 7월 22일 인출.

세바시. https://www.youtube.com/watch?v=6u7Hu7eQuiw&t=6s에서 2023년 12월 28일 인출.

아시아경제(2022. 5. 26.) n번방 진짜 주인은 청소년이었다……12세 초등생까지 가담. https://www.asiae.co.kr/article/2020052610584888306에서 2022년 7월 30일 인출.

아이돌봄지원 홈페이지. http://www.idolbom.go.kr

에듀인뉴스(2020. 6. 29.) [인터뷰] 정혜경 교사 "학부모와 교사, 멀~리서 봐야 좋은 사이라고요?" https://www.eduinnews.co.kr/news/articleView.html?idxno=30741에서 2022년 8월 2일 인출.

에듀진(2017. 3. 31.) '홀랜드검사'로 내 특성에 맞는 진로찾기!. http://www.edujin.co.kr/news/articleView.html?idxno=15327에서 2022년 8월 2일 인출.

에듀진(2022. 3. 14.). 문해력, 자기주도학습의 핵심이다 [자기주도학습 실천노트]. http://www.edujin.co.kr/news/articleView.html?idxno=38281에서 2022년 7월 29일 인출.

연합뉴스(2021. 3. 24.) "살찌느니 죽겠어요"... 10대 건강 위협하는 '프로아나 신드롬' https://www.yna.co.kr/view/AKR20210323128200797에서 2022년 7월 30일 인출.

연합뉴스(2022. 2. 16.) 임신 중 코로나백신 접종하면 아기에게 강한 면역 생긴다. https://www.yna.co.kr/view/AKR20220216027000009에서 2022년 8월 3일 인출.

연합뉴스(2022. 2. 23.). 2030 미혼 무주택자 77% "내 집 꼭 있어야". https://www.yna.co.kr/view/MYH20220223023800038에서 2022년 7월 20일 인출.

임팩트온(2022. 6. 14.). 【MZ칼럼】 MZ세대, 18세에서 41세...한 세대로 묶어도 될까. http://www.impacton.net/news/articleView.html?idxno=4235에서 2022년 7월 19일 인출.

자치법규정보시스템 홈페이지(2022). http://www.elis.go.kr

전국 학부모지원센터 홈페이지. www.parent.go.kr

전라북도교육청 취업지원센터(2020). 직업계고 안내. https://www.jbe.go.kr/job/index.jbe?menuCd=DOM_000001502002000000에서 2022년 7월 27일 인출.

조선에듀(2016. 10. 4.). [할빠&할마의 육아톡톡 3] "엄격한 조부모 아닌 친구처럼 놀아주세요." http://edu.chosun.com/site/data/html_dir/2016/10/04/2016100402129.html에서 2022년 7월 20일 인출.

조선일보(2021.10. 12.) 7살 아이가 그린 '오징어 게임' 그림 올렸다가…아동학대 논란. https://www.chosun.com/culture-life/culture_general/2021/10/12/ZDFNA7HIIZH43FJGR5LC3SDQKU/에서 2022년 8월 3일 인출.

중앙육아종합지원센터 홈페이지. http://central.childcare.go.kr/ccef/main.jsp

중앙일보(2021. 6. 16.). [더오래] 간병은 시간돈과 싸움... 퇴사 고민하는 분 잠깐만. https://www.joongang.co.kr/article/24083807#home에서 2022년 7월 20일 인출.

질병관리청 국가건강정보포털(2022). 소아 비만. https://health.kdca.go.kr/healthinfo/biz/health/gnrlzHealthInfo/gnrlzHealthInfo/gnrlzHealthInfoView.do에서 2022년 8월 3일 인출.

차여성의학연구소(2018). 체외수정 시험관아기. https://chaimc.chamc.co.kr/infertility/medicine/In_vitro_fertilization.cha#none에서 2022년 8월 2일 인출.

코메디닷컴(2022. 5.21.) 앞당겨진 여아 사춘기... 소녀들에게 무슨 일이?. https://kormedi.com/1399376/앞당겨진-여아-사춘기소녀들에게-무슨-일이?/에서 2022년 7월 31일 인출.

코메디닷컴(2022. 6. 14.). 간병하다 몸져눕다.. 송해 선생의 경우 [김용의 헬스앤]. https://kormedi.com/1403711/간병하다-몸져눕다-송해-선생의-경우/에서 2022년 7월 20일 인출.

통계청. 2021년 혼인 이혼 통계. https://kostat.go.kr/portal/korea/kor_nw/1/1/index.board?bmode=read&aSeq=417326에서 2022년 7월 19일 인출.

푸른나무재단_투게더 프로젝트(2020, 4. 20.). [투게더 프로젝트] 장난과 폭력사이_학교폭력예방영상_시사교양콘텐츠_푸른나무재단. [동영상 파일]. https://www.youtube.com/watch?v=b3PgiqUc1Cs에서 2022년 7월 27일 인출.

한겨레신문(2016. 9. 19.). 29살? 39살? 대한민국 '청년'은 몇 살까지입니까?. https://www.hani.co.kr/arti/society/society_general/761748.html에서 2022년 7월 19일 인출.

한겨레신문(2020. 7. 2.) 집도 학교도... 발붙일 곳 없는 '10대 성소수자'. https://www.hani.co.kr/arti/society/society_general/951871.html에서 2022년 7월 30일 인출.

한겨레신문(2021. 10. 1.). 생계급여 부양의무자 기준 폐지됐다는데, 저도 받을 수 있나요? https://www.hani.co.kr/arti/society/health/1013544.html에서 2022년 7월 25일 인출.

한겨레신문(2021. 5. 3.). 자녀의 손을 놓아야 할 시간. https://www.hani.co.kr/arti/economy/economy_general/993595.html에서 2022년 7월 19일 인출.

한겨레신문(2021. 5. 8.) "코로나19 학습결손, 정말 심각하게 보고 있다". https://www.hani.co.kr/arti/society/society_general/994346.html에서 2022년 8월 2일 인출.

한겨레신문(2021. 6. 21.) 학폭 가해자보다 더 상처가 되는 부모의 말들. https://www.hani.co.kr/arti/society/schooling/1000289.html에서 2022년 7월 26일 인출.

한겨레신문(2021. 8. 24.) 엄마의 말이 독이 아니라 '길'이 되려면. https://www.hani.co.kr/arti/society/schooling/1008844.html에서 2022년 7월 30일 인출.

한겨레신문(2022. 6. 6.) 수행평가에 정신없어도 이건 놓치면 안 됩니다. https://www.hani.co.kr/arti/society/schooling/1045896.html에서 2022년 7월 27일 인출.

한겨레신문(2022. 7. 18.) "미디어 역량이 삶의 역량... 가짜뉴스 판별 넘어 시민성 교육해야". https://www.hani.co.kr/arti/society/schooling/1051445.html에서 2022년 7월 30일 인출.

한경 사회(2016. 5. 6.). 대학까지 점령한 '헬리콥터 맘'. https://www.hankyung.com/society/article/2016050610871에서 2022년 7월 19일 인출.

한경라이프(2022. 1. 20.) "임신부, 안정 빼고 다 해도 된다"…서울대 교수 깜짝 발언 [건강!톡] https://www.hankyung.com/life/article/2022012021577에서 2022년 8월 3일 인출.

한경비즈니스(2021. 8. 27). 아이가 달라지려면 부모가 먼저 달라져야 한다. https://magazine.hankyung.com/business/article/202108179122b에서 2022년 7월 30일 인출.

한국강사신문(2022. 6. 14.) 유경준의 『우리 아이는 왜 학원을 다녀도 성적이 오르지 않을까?』 출간. http://www.lecturernews.com/news/articleView.html?idxno= 99253에서 2022년 8월 2일 인출.

한국건강진흥원 홈페이지. http://www.kihf.or.kr/

한국일보(2017. 11. 23.) 맘카페 떠들썩하게 만든 '엘사 게이트' 영상. https://www.hankookilbo.com/News/Read/201711231255319495에서 2022년 8월 3일 인출.

한국일보(2020. 12. 21.) 착하기만 했던 딸, 집 나가 나쁜 아이들과 어울려요. https://www.hankookilbo.com/News/Read/A2020122011310000760에서 2022년 7월 30일 인출.

헬스조선(2017. 5. 3.) 3세 미만 아이, 스마트폰 자주 보면 두뇌 발달 안 된다.

https://m.health.chosun.com/svc/news_view.html?contid=2017050203122에서 2022년 8월 3일 인출.

헬스조선(2021. 6. 18.). “내 자식인데...” 학대 받고도 감출 뿐인 노인들 https://health.chosun.com/site/data/html_dir/2021/06/18/2021061801230.html에서 2022년 7월 25일 인출.

https://ko.wikipedia.org/wiki

https://100.daum.net/encyclopedia/view/18XXXXXX2488

국가정보센터 형법 https://www.law.go.kr/lsSc.do?section=&menuId=1&subMenuId=15&tabMenuId=81&eventGubun=060101&query=+%ED%98%95%EB%B2%95+%EC%A0%9C251%EC%A1%B0#J251:0

https://www.healthline.com/health/parenting/stages-of-puberty#summary

http://www.psychiatricnews.net/news/articleView.html?idxno=33258

https://www.sciencetimes.co.kr/news/왜 가족에게 더 많은 화를 낼까 강력한 유대관계에 대한 믿음 때문 2014.07.03 09:26 이슬기 객원기자

http://www.ohmynews.com/NWS_Web/Series/series_premium_pg.aspx?CNTN_CD=A0002845887&CMPT_CD=P0001&utm_campaign=daum_news&utm_source=daum&utm_medium=daumnews

ogue.co.kr/2022/07/11/일하는-사람에겐-갭이어가-필요하다/?utm_source=kakaonews&utm_medium=partnership

다음 한국어 사전https://dic.daum.net/word/view.do?wordid=kkw000130452&supid=kku000162291 사회

한국문화대백과사전 http://encykorea.aks.ac.kr/Contents/SearchNavi?keyword=%ED%83%9C%EA%B5%90&ridx=0&tot=6

경인뉴스 https://post.naver.com/viewer/postView.naver?memberNo=24167781&volumeNo=33015039

다음사전 https://dic.daum.net/search.do?q=%EC%82%AC%ED%9A%8C

아트인사이트 https://www.artinsight.co.kr/news/view.php?no=60603

저자소개

■ 정민자

울산대학교 아동가정복지학과 교수
울산성가족상담소 소장(현)
울산시 건강가정지원센터장 역임
울산시 여성복지국장 역임 외 다수
서울대학교 학사 졸업
서울대학교 대학원 석사 및 박사 수료
저서: 건강가정론(공저), 성과 사랑, 결혼과 가족(공저) 외 다수

■ 윤경원

울산대학교 아동가정복지학과 강사
여성가족부 부모교육 강사
울산시 다문화가족지원센터 사무국장 역임
울산대학교 대학원 박사 졸업

■ 도유록

울산대학교 연구 교수
서울대학교 학사 졸업
서울대학교 대학원 석사
미국 델라웨어 인간발달과 가족학 박사

좋은 부모되기를 위한

예비부모교육

초판 1쇄 발행 / 2022년 8월 31일
초판 2쇄 발행 / 2023년 8월 30일
초판 3쇄 발행 / 2024년 2월 20일

•

공저자 / 정민자 · 윤경원 · 도유록
발행인 / 이 중 수
발행처 / **동 문 사**

•

서울특별시 서대문구 홍제원 1길 12
(홍제동 137-8)
Tel: 02)736-3718(대), 736-3710, 3720
Fax: 02)736-3719
등록번호: 1974.04.27 제9-17호
가격: 23,000원

•

ISBN: 979-11-6328-465-9 (93370)
E-mail: dong736@naver.com
www.dongmunsa.com